한국의 의료갈등과 의료정책

─진단과 해석─

최희경

한국의 의료갈등과 의료정책
—진단과 해석—

———

초판 제1쇄 발행 2007. 3. 10.
초판 제2쇄 발행 2008. 10. 20.

———

지은이 최희경
펴낸이 김경희
펴낸곳 ㈜지식산업사
　　　　본사 • 경기도 파주시 교하읍 문발리 520-12
　　　　　　　전화 (031)955-4226~7 팩스 (031)955-4228
　　　　서울사무소 • 서울시 종로구 통의동 35-18
　　　　　　　전화 (02)734-1978　팩스 (02)720-7900
　　　　인터넷한글문패 지식산업사
　　　　인터넷영문문패 www.jisik.co.kr
　　　　전자우편 jsp@jisik.co.kr

———

등록번호 1-363
등록날짜 1969. 5. 8.

———

ISBN 978-89-423-3069-0   03330

———

책값은 뒤표지에 있습니다.

———

이 책을 읽고 문의하고자 하는 이는
지식산업사 전자우편으로 연락 바랍니다.

사랑하는 부모님께
이 책을 바칩니다

일러두기

1. 면담자료에서 발췌한 인용구는 응답자가 구술한 대로 최대한 충실히 옮겼으나 비어나 속어, 지나치게 직설적인 표현은 눈표(***)로 표기하되 괄호 안에 저자의 해석을 실었다.

    예) 나중에 *****(허를 찔린 거죠).

2. 제시된 문구만으로는 의미가 불명확한 인용구의 경우 괄호 안에 저자의 설명을 더하였고, 추가 설명이 필요한 경우 대괄호([ ]) 안에 보충 문구를 첨가하였다.

    예) 그들이(약사들이) 그러면 무한정 [한약 처방을] 할 수 있는 것과 같습니다.

책머리에

마지막 교정 원고를 넘기면서 책 전체를 통해 가장 많이 쓴 표현이 무엇일까 짚어보았다. 내용을 수정하거나 삭제할 수도 없으면서 마음을 불편하게 하는 단어가 반복되고 있었다. '분노했다'는 표현. 1990년대 한약분쟁에서부터 최근에 이르기까지 의사, 한의사, 약사, 시민단체, 언론, 정치권, 공무원, 그리고 국민 ─온 나라가 분노한 의료분야였으니, 이것만으로도 국민건강은 적잖이 해를 입은 셈이다.

이 책은 그 많은 분노를 일으켰던 의료단체(의료전문직)들 사이의 갈등과 관련 의료정책에 관한 것이다. 한약분쟁과 의약분쟁, 최근의 양한방 갈등과 의료보험수가 갈등의 네 가지 사례를 대상으로 갈등의 성격과 영향요인, 갈등으로 말미암은 의료전문직 체제의 변화와 정부 정책의 의미를 분석하였다. 본 연구는 특별히 사회학적인 시각에서 관련 단체들의 특징과 상호관계, 그리고 정책의 내부과정을 파악함으로써, 기존 연구의 연대기적 기술 중심의 논의를 지양하고 '속 이야기'를 밝혀보고자 하였다. 면담 내용을 직접 인용한 것도 실제의 상황을 사실적으로 제시하고 비공식적이지만 실질적으로 정책과정에 영향을 주는 요인을 찾는 데 주력하였기 때문이다.

본 연구는 전문가주의(professionalism)라는, 전문가들의 가치와 구실, 그들의 직업적 자율성과 사회적 중요성에 대한 이론적 논의에서 출발하였다. 전문가주의에 관해서는 국내 학계에서도 깊이 있는 논의가 많지 않았지만 정책과정에서도 관련 단체들이 제대로 고민해 보지 못한 부분이다. 세부 영역에 대한 관할권 주장, 경제적 이해관계, 의료보험수가 등 기술적인 현안들에 치중하기보다 프로페셔널리즘이라는 기본 시각에서 관련 단체들이 스스로의, 그리고 서로의 처지와 위치에 대해 이해하고 고민할 수 있는 작은 계기를 이 책이 제공할 수 있었으면 좋겠다.

국내 정책학계에서는 비주류에 속하는 질적 조사방법이 이 책의 주된 연구방법이다. 관련 정책에 깊이 관여한 각 단체 핵심 인사들과 의료전문인들 36명과의 심층면담이 현장조사를 통해 실행되었으며 이들 자료를 분석과 논의에 직접 활용하였다. 연구 전반에 걸쳐 또박또박 교과서식 조사방법과 절차를 고집하여 질적인 연구방법의 논리성과 체계성을 확인하고자 하였다. 이 책의 부록에서 상술한 연구방법과 현장조사 실제에 관한 내용은 이러한 노력의 산물이다.

연구의 전 과정을 통해 저자는 특정단체나 사안에 치우치지 않도록 최선으로 노력하였다. 장점이라고 내세우는 것이 아닌, 연구의 한계에 대한 고백이다. 우리 사회에서 의료분야만큼 사안마다 적군과 아군이 분명한, 그야말로 '전장'인 부문도 많지 않은 듯하다. 연구를 진행하면서 나는 이 분야에 발을 들인 것을 얼마나 후회했는지 모른다. 특별히 어느 단체나 사안에 특정한 가치를 부여하고 출발한 연구가 아니었으므로 쟁점마다 관련자들의 진의와 면담 내용에 수십 번도 더 의구심을 가졌고 꼭 그만큼 이해하고자 노력하였다. 앞으로 나의 목표는 이런 기계적인 객관성에 대한 추구가 아니라, 제대로 이해하고 정당한 근거로써 판단하여 특정 정책이나 단체에 소신 있게 '치우치는' 것이다. 그러나 이 연구에서만큼은 아직 이에 미치지 못했다. 따라서 세 의료단체, 또는 이 책에서 논의된 모든 단체가 본 연구에 불평한다면 나는 다소 우쭐해할 수도 있을 것 같다—사회과학에서 논란이 없는 연구 성과는 인터넷 게시판에서 아무도 댓글을 달지 않는 글만큼이나 무의미할 것이므로. 그러나 특정단체로부터만 비난이나 우호적인 평가를 받는다면 스스로의 부족한 능력을 반성하면서도 얼마쯤 억울할 것같다.

이 책은 저자의 에딘버러 대학 사회정책학 박사학위 논문을 번역 정리한 것을 기본으로 하고, 의료단체의 경제적 이윤추구 동기와 전문직과 국가의 관계에 대한 이론적 논의를 더한 것이다. 또 학위를 취득할 무렵부터 2006년 말까지 2년여 동안 별도의 연구로 학술지에 실은 글들이 일부 추가되었다. 특히 학위 논문이 담았던 2003년 중반까지의 상황에 더하여 2006년 말까지 변화한 정황이 내용에 보완되었다.

책으로 내보겠다고 마음먹은 뒤 두어 해를 보내면서, 자고 일어나면 사건이 터지고 상황이 변해버리는 우리 의료체계의 복잡하고 변화무쌍한 현실 때문에 무던히도 속을 앓았다. 원고는 하루가 멀다 하고 수정되었으며 새로운 정황을 담아야 했다. 의료단체들의 갈등은 영원한 현재진행형임을 이 책을 쓰면서 제대로 이해한 셈이다. 마지막 교정지를 넘기는 지금에도 의료법 개정안을 두고 사회적으로 큰 파장이 일고 있다. 이 책에서 담고 있는 개별 의료단체들의 특징과 의료전문직 체제의 정황, 그리고 정부 의료정책의 동향이 현 사태를 진단하고 해결점을 찾는 데 시사하는 바가 있을 것으로 기대한다.

이 책이 학문적으로 정책적으로 기여하는 바가 있다면, 그것은 바쁜 일정 가운데서도 기꺼이 인터뷰에 응해주신 서른여섯 분의 응답자와 그 밖에 여러 경로로 귀한 자료를 제공해주신 분들의 덕이다. 연구에 관심과 도움을 아끼지 않았고 누구보다 큰 기대로 책의 출판을 응원해주셨던 영국 에딘버러 대학 Alex Robertson 교수님과 최근 호주국립대학(ANU)으로 자리를 옮긴 Kerry Jacobs 교수님께도 자랑과 늦은 인사를 전해야겠다. 행정학의 바탕을 알뜰히 다져주신 이영조 은사님, 학문적인 논의의 즐거움뿐만 아니라 존중과 화합이라는 귀한 가치를 일상으로 보여주시는 경북대 행정학과 모든 교수님들께도 감사를 드린다.

첫 교정지를 받았을 때의 설렘을 잊지 못한다. 처음 저서를 내는 젊은 교수가 평생을 두고 간직하게 될 소중한 순간을 선물로 주신 지식산업사 김경희 대표님과 편집부 선생님들께 감사드린다.

끝으로, 항상 내 편에 서주는 우리 언니, 내가 언니 동생이어서 얼마나 신나고 좋은지 모른다는 얘기를 꼭 전하고 싶다.

2007년 2월
저자 최희경

차 례

III. 한약분쟁

IV. 의약분쟁

V. 양한방 갈등

VI. 의료보험수가 갈등

Ⅶ. 결 론

〈부록: 조사방법과 현장조사의 실제〉

I 서 론

1. 연구의 배경과 목적
: 의료전문직 갈등과 의료전문직 체제

"중세 이래, 다양한 의료단체들 사이에는 놀랄 정도의 광폭하고 적대적인 갈등이 지속되어 왔다." 서구의 의료전문직 갈등에 대한 Inglis(1965: 33)의 표현이다. 19세기 영국에서 일어난 내과의사(physicians) · 외과의사(surgeons) · 약제사(apothecaries)들 사이의 분쟁1)을 빗대어 '서로 죽고 죽이는 식의 싸움(internecine strife)'이라 기술하거나 의료단체와 정부 사이의 갈등 결과를 두고 '패배와 다름없는 승리(pyhrric victory)'라고 표현한 외국 문헌들을 보면, 최근 10여 년 동안 지속되어 왔던 우리나라 의료단체들 사이의 갈등이 결코 '전례가 없는' 특이한 상황은 아니었음을 알 수 있다.

우리만큼 단기간에 빠른 성장과 변화를 경험한 사회도 많지 않다. 주로 '발전'이라는 용어로 지칭되어 온 이러한 현상은 경제 부문에서 가장 뚜렷하게 나타났지만 의료 부문 또한 급속한 성장과 변화를 경험하였다. 우리나라에서 의료정책은 총 사회복지 경비의 50퍼센트 이상을 지출할 만큼 중요한 위치를 차지하고 있는데2) 의료정책 중심의 사회보장지출은 우리나라 사회복지체제의 유형을 결정짓는 중요한 요인이기도 하다(최희경, 2003: 850-851).

---

1) 의료분야에서 '분쟁'이라는 용어는 '의료분쟁'에서와 같이 '의료행위로 말미암아 생기는 분쟁'으로 사용할 수도 있으나(의료법 제 54조의 2), 한약분쟁이나 의약분쟁에서와 같이 의료전문직들 사이의 갈등 내지 마찰을 지칭하는 표현으로 쓰이기도 한다. 이 책에서 분쟁은 후자의 의미로 사용한다. 의료갈등이라는 용어 또한 의료단체들 사이의 갈등이라는 의미로 사용한다.

2) 그러나 2003년 현재 우리나라의 보건의료지출은 GDP의 5.6퍼센트로서 OECD 국가들 가운데 가장 낮은 수준이다. 보건의료지출 가운데 정부 등 공공지출이 차지하는 비중은 49퍼센트인데 이는 미국 44.4퍼센트, 멕시코 46.4퍼센트 다음의 낮은 수치로 나타나 보건의료지출에 대한 가계 등 민간부문의 부담이 큰 것으로 나타났다(OECD, 2005).

의료 서비스의 공급체계가 제도적으로 안정되고 그 수요가 증가한 시발점은 고도 경제성장을 구가하던 70년대 후반이었다. 급속한 경제성장을 경험하면서 정부는 사회복지정책과 프로그램에 관심을 두게 되었으며 특히 의료보장제도에 역점을 두었다. 의료 서비스가 국민 개개인의 일상과 직결되는 분야였던 만큼, 정치적 지지가 필요했던 정부는 의료보장제도의 시행을 사회복지정책의 제일 순위로 고려하였다. 1977년부터 시작된 제4차 경제개발 5개년계획의 목표에 종전과는 달리 사회개발이 추가되었고 1976년 12월, 의료보험 확대방안을 중심으로 개정된 의료보험법이 국회를 통과하면서 포괄적 강제가입방식 의료보장제도의 바탕이 마련되었다. 그 뒤 10여 년 동안 의료보험제도의 범위는 급속히 확대되어 1989년 전국민의료보험제도가 시행되기에 이르렀는데, 이러한 제도적 지원과 경제성장에 힘입어 의료수요는 급격히 팽창하였다.

'80년대는 의료 서비스 공급체계가 본격적으로 확대된 시기였다. 의과대학들이 신설되고 입학생이 증원되면서 의료인과 의료기관의 수는 크게 증가하였다. 면허시험을 통해 의료인으로서 자격을 갖추면 의료기관을 개설하거나 의료기관에 취업하는 데 전혀 장벽이 없고 90퍼센트 이상의 의료기관·의료인 및 병상을 민간부문이 설치·운영하는 상황에서 의료전문 단체 사이의 경쟁은 치열해졌다3). 한편 의료보험제도의 급여 확대와 의료수요의 급증, 그리고 이를 반영하지 못한 채 낮은 수준으로 지속된 의료보험료의 불합리한 시스템은 곧이어 의료보험재정의 위기를 가져왔다.

이렇게 복잡하게 얽힌 상황 속에서 불안정하게 지속되던 의료체계는 '90년대 들어 의료전문 단체들에 의해 공개적인 갈등 국면을 맞게 되었다. 우리나라 의료체계에서 가장 영향력 있는 전문단체인 의사·한의사·

---

3) 전문의, 일반의, 약사 등 구체적인 의료인별 현황은 우리나라 통계가 OECD에 제출되지 않고 있어 다른 국가들과의 비교가 어렵다. 다만 진료활동을 하고 있는 의사들(practicing physicians)의 수는 인구 1,000명당 1.6명으로 나타나 OECD 국가 가운데 터키와 멕시코 다음으로 가장 낮은 수준이다(OECD, 2005).

약사단체가 각기 잇따라 서로 마찰을 빚기에 이른 것이다.

1993년에 시작된 한약분쟁은 당시까지 한의계의 독점 영역으로 일반에 간주되었던, 그러면서도 법률적 제도적으로는 약사들에게 모호한 방식으로 엄격히 금지되지 않고 있었던 한약조제권을 약사 측이 주장하면서 발생하였다. 분쟁의 발단은 약국에 재래식 한약장을 둘 수 없도록 하여 약사들에게 사실상 한약조제를 금지해 왔던 기존의 조항을 보건복지부가 삭제함으로써 일어났다. 약사들은 한약을 포함한 모든 약의 전문가로서 한약조제의 당위성을 주장하였고 한의사들은 이러한 '약사들의 침공'에 대항하여, 두 의료단체는 약 5년에 걸쳐 첨예하게 대립하였다.

1997년, 의약분업제도 시행에 관한 논의가 진행되면서 또 다른 의료 갈등이 수면 위로 떠올랐다. 당시까지 의사와 약사는 약의 처방과 조제를 동시에 행할 수 있었다. 약의 처방권은 의사와 약사들에게 의료전문인으로서의 자율성과 자부심의 상징이었으며, 약의 조제는 약의 판매에서 얻는 공식 수입뿐만 아니라 이른바 약가 마진이라는 제약회사로부터의 음성적 수입을 기대할 수 있는 기회였다. 의약분업제도의 시행은 이러한 약의 처방권과 조제권을 분리하려는 것으로, 의사단체와 약사단체, 그리고 의사단체와 정부 사이에 심각한 갈등을 일으켰다.

그러나 의료단체들의 갈등은 여기에 그치지 않았다. 한약분쟁이나 의약분쟁만큼 전격화한 것은 아니지만 최근 의사단체와 한의계 사이의 갈등이 가시화되고 있다. 의사들은 의료계와 한의계를 통합하는 의료일원화를 주장하고 있는 반면, 한의계는 현재와 같이 독립적인 의료체제로 운영되기를 희망하고 있다. 이러한 기본적인 입장 차이를 전제로 두 의료단체는 구체적인 사안들을 두고 갈등하고 있는데, 2003년 3월경에 불거진 IMS 시술 분쟁이 대표적인 사례이다.

또한 세 의료단체는 의료보험체계 안에서 자신들에게 적용되는 수가를 높이고자 경쟁하고 갈등한다. 보험급여비를 의료단체 사이에 어떻게 배분할 것인가는 최근 주목받고 있는 새로운 사안이며 의사, 한의사, 약사 개개인에게 직접 관련된다는 점에서 현실적으로 중요한 문제이다.

의료전문직 사이의 갈등은 최근 10여 년 동안 우리 사회 전체를 동요시켰다. 분쟁 당사자인 의료단체들뿐만 아니라 정부와 시민단체, 언론 등이 분쟁에 적극 관여하였다. 특히 분쟁의 당사자가 사회적으로 상당한 지위와 영향력을 행사하는 의료전문인들이었던 만큼 갈등의 결과와 여파는 여느 단체들 사이의 갈등에 비할 수 없을 만큼 컸으며 의료단체들의 관계와 관련 정책이 중요한 사안으로 부상하였다.

본 연구는 '90년대 이후 발생한 의료전문직들의 갈등 사례를 검토함으로써 우리나라 의료전문직 체제의 특징과 변화를 파악하고 분쟁에서의 정부 활동과 정책 동향을 이해하기 위한 것이다. 한약조제를 둘러싼 한의계와 약사단체 사이의 한약분쟁, 의약분업제도로 말미암은 의료계와 약사단체 사이의 의약분쟁, 의료 일원화 등을 둘러싼 의료계와 한의계의 갈등, 그리고 의료보험제도 안에서 발생하는 이상 세 단체의 갈등을 구체적인 분석 사례로 선정하였다. 한약분쟁과 의약분쟁은 사회적으로 큰 문제가 되었던 사안이지만 의료계와 한의계의 갈등, 그리고 의료보험체계에서의 갈등은 앞의 두 분쟁에 견주어 아직 공론화하지 않고 있거나 사회 일반에 널리 알려지지 않은 사례들이다.

각각의 사례에서는 갈등의 전개 과정과 성격, 관련 단체들의 특징과 전략, 분쟁의 요인과 분쟁으로 말미암은 의료전문직 체제의 변화, 그리고 갈등의 주도세력과 정부 역할 등을 차례로 검토한다. 네 사례를 분석함으로써 개별 의료전문 단체와 의료전문직 체제가 어떻게 변화하였는지를 검토하는데, 구체적으로는 갈등의 성격과 영향요인, 정부의 역할과 정책이 분쟁을 거치면서 어떻게 변화하였는지 파악한다.

분석과 논의의 주된 이론적 근거는 Abbott(1988)의 전문직 체제론이다. 《전문직 체제(The System of Professions)》라는 저서에서, Abbott은 거시적인 관점에서 특정단체들로 구성된 전문직 체제의 갈등 상황과 변화를 조망하고 있는데, 영국·독일·프랑스·미국 등에서의 전문직 체제 내 갈등과 특징을 사례로 제시하고 있다. 전문직 체제의 내적 외적 다양한 환경 요인을 포괄적으로 고려하여 전체적인 상황을 파악하고 있는 이러한 관점은 우리나라의 복잡하고 역동적인 의료전문직 갈등과 변화를 설명하는 데 적합하다. 특히 Abbott의 사회학적 시각은 공공정책 연구에서 간과하기 쉬운, 비공식적이지만 실제로 중요한 논점들을 밝히는 데 유용할 것으로 기대된다.

본 연구는 현장조사를 통한 인터뷰를 주된 조사방법으로 활용하였다. 특히 세 의료단체와 정부, 언론계, 시민단체를 대표하는 주요 인사들과의 심층 인터뷰는 우리나라 의료전문직 체제와 관련 정책의 실제적인 내부 과정을 보여주는 가치 있는 자료를 제공한다.

본 저서는 다음의 순으로 기술된다. 먼저 앞서 제시한 연구의 배경과 목적에 이어 I장의 이하에서는 최근 본 연구의 핵심 개념인 의료전문직 체제에 대한 설명과 잇따른 의료전문직 갈등을 이해하는 데 필요한 기본 정황을 서술한다. 주요 세 의료전문직의 발전 과정과 특성, 그리고 우리나라 의료보험제도의 진전 과정과 재정 현황은 의료전문직 체제 전반의 특성을 파악하고 정부의 관련 정책과 역할을 이해하는 데 중요한 배경이며 의료전문직 갈등의 저변에 자리한 원인과 성격을 이해하는 데 필수적이다.

II장은 네 차례의 갈등 사례를 분석하는 데 필요한 이론적 논의로 구성된다. 의료단체는 대표적인 전문직종으로서 전문가주의(professionalism) 이론의 주요 논의 대상으로 다루어져왔다. 본 장에서는 기존의 전문가주의 이론을 소개하고, 각 이론이 우리나라 의료전문직 갈등을 설명하는 데 어떤 한계점이 있는지 논의하며, 우리나라의 사례를 논의하는 데 가장 적합하다고 판단되는 Abbott(1988)의 전문직 체제이론을 상술한다. 또한 Abbott의 이론에서는 소홀하게 다루어진 의료전문직의 이윤추구 동기에 관한 이론적 논의와 전문직과 정부 사이의 관계에 관한 이론적 논의를 다른 선행연구들로부터 보완한다. 이어서 국내의 관련 선행연구들을 검토하고 이들과 비교하여 본 연구의 특징을 제시하며 연구방법에 관해 서술한다.

III장부터 VI장까지는 네 가지 의료전문직 갈등 사례를 분석한 것이

다. Ⅲ장의 한약분쟁과 Ⅳ장의 의약분쟁은 사회적으로 큰 파장을 일으
켰던 공개적인 의료전문직 갈등이었다. Ⅴ장의 양한방 갈등은 아직 본
격화하지는 않았으나, 2003년 이후 최근까지 지속적으로 확대되고 있는
분쟁이며, 그 잠재적인 파장이 어느 사례에 못지않을 것으로 예측되고
있다. Ⅵ장의 의료보험수가 갈등은 일반에게 잘 알려져 있지 않지만 사
실상 의료단체들이 가장 민감하게 받아들이는 현실적 사안이다. 본 연
구에서는 관련 단체들의 내부 자료 등을 적극 활용하여 의료보험제도
안에서 복잡하게 진행되고 있는 세 의료단체 사이의 관계를 분석하였
다. 각 사례는 Ⅱ장의 연구방법에서 제시한 바와 같이 갈등의 전개, 갈
등의 원인과 성격, 분쟁 관련 단체의 대응 및 역할, 분쟁의 요인과 의
료전문직 체제의 변화, 그리고 갈등관리와 정부의 역할 순으로 분석,
논의된다.

　Ⅶ장은 결론 부분으로, Ⅱ장의 이론적 논의를 바탕으로 네 가지 사
례를 분석한 내용을 요약하여, 우리나라 의료전문직 체제가 어떻게 변
화하였는지 제시하고 분쟁의 성격과 영향요인들에 관해 검토한다. 또한
각 분쟁에서 정부가 어떻게 대응하였으며 의료전문직 갈등과 관련하여
의료정책이 어떤 기능을 하고 어떤 의미를 ·나타내는지에 관해 논의한
다. 끝으로, 장차 지노믹스(Genomics) 시대의 의료전문직 체제와 의료정
책은 어떤 형태로 전개될 것인지에 대한 논의로 연구를 맺는다.

　부록에서는 연구방법에 관하여 상술하였다. 본 연구의 주된 조사방법
인 면접조사를 중심으로, 조사설계에서부터 예비조사와 현장조사 실제
에 이르기까지 조사과정 전반을 경험적 사례로 제시하였다.

2. 우리나라 의료전문직 체제의 특성

1) 의료전문직 체제의 개념과 범주

체제이론의 일반적인 개념과 특성4)을 적용하여 본 연구에 필요한 의료전문직 체제의 개념과 특성을 정리할 수 있다. 먼저 의료전문직 체제란 다수의 의료전문직(medical profession, 의료전문단체)으로 구성된 실체이며, 의료전문직들은 상호의존성과 상호관련성을 통해 관계를 유지한다. 본 연구는 주요 논의 대상인 의사단체, 한의사단체, 약사단체의 세 단체가 의료전문직 체제를 구성하는 주요 전문단체 또는 전문직이라고 설정한다.

다소의 이견이 있으나 현실적으로 이들 세 단체는 분명 우리나라에서 가장 중요하고 영향력 있는 의료 서비스 공급자로 기능해왔고 최근 10여 년 동안 의료갈등의 당사자들이었기 때문에 본 연구에서는 이들을 모두 의료전문직으로 일컫는다.5)

---

4) 개방체제는 복수의 구성요소들이 상호 연관되고 상호작용하며 전체를 이루는 실체이다. 체제는 경계를 통해 환경과 구분되고 투입·전환·산출·환류로 이어지는 일련의 과정을 통해 환경과 상호작용하며 이러한 상호작용은 순환적이고 연속적으로 발생한다 (Krone, 1980: 14; Katz and Kahn, 1966: 23-30; Littlejohn, 1983: 41-45; Monge, 1977).

5) 이들 세 단체 모두를 의료전문직이라 칭할 수 있는가에 대해서는 현실에서 논란이 있다. 현장조사에서도 확인된 바와 같이 실제로 많은 의사들이 한의사와 약사를 의료전문인으로 칭하는 데 반대하고 있으며 한의사들 또한 약사를 의료전문인으로 보는 데 이견을 제시한다. 의사와 한의사 모두 약사에 대해서는 의료법상의 의료인이 아니라는 점을 강조하고 있다. 실제로 의료법에 따르면 의사와 한의사는 치과의사, 간호사, 조산사와 함께 보건복지부 장관이 면허증을 수여하는 의료인에 포함되나 약사는 의료인에 포함되지 않는다(의료법 제2조). 그러나 2000년 제정된 보건의료기본법에 따르면 보건의료인이라는 새로운 용어를 제시하고 있는데 '보건의료 관계 법령이 정하는 바에 의하여 자격 면허 등을 취득하거나 보건의료 서비스에 종사하는 것이 허용된 자'라고 하여 약사를 포함하고 있다(보건의료기본법 제3조 3항).

이들 세 의료단체와 그 구성원은 각각 다음과 같이 표기한다. 먼저 서구에서 도입되어 현재 우리나라 의료공급자 체계의 주류인, 한의사들이 이른바 양방 또는 양의라고 부르는 영역과 그 전문인들에 대해서는 의료계, 의사단체, 의사라는 용어를 쓴다. 특별히 한의계와 의료계의 갈등을 논의하는 Ⅴ장에서는 한방에 대비하여 양방이라는 용어를 혼용한다. 전통의학 부문에 대해서는 한의계, 한방, 한의사단체, 한의사라는 용어를 쓰며 약사의 영역에 대해서는 약사회, 약사단체, 약사라는 용어를 쓴다.

〈그림 Ⅰ-1〉은 본 연구에서 설정한 우리나라 의료전문직 체제와 환경의 범주를 보여주고 있다.

〈그림 Ⅰ-1〉 의료전문직 체제와 환경

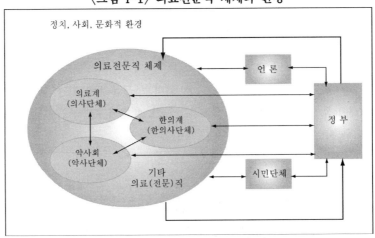

의료전문직 체제는 외부 환경과 갈등 및 협조 등 다양한 형태로 상호작용하며 유지된다. 이때 환경은 체제를 둘러싸고 있는 사회·정치·경제·문화적 상황과 관련 단체를 총괄한다. 본 연구에서는 연구 목적에 따라 의료전문직 체제와 상호작용하는 가장 중요한 주체로서 정부를 설정하였다. 정부의 정책은 의료전문직 체제에 변화를 주며, 의료전문직 사이

의 갈등과 그로 말미암은 전문직 체제의 변화는 다시 정부 정책에 영향
을 준다. 정부의 개념 및 범위에 관해서는 보건복지부, 국회의원, 장관,
공무원 등과 같이 가능한 한 구체적으로 명시하고자 하였다. 이러한 구
체적 명시가 없으면 이들 모두를 포괄하는 일반적 개념으로서의 정부를
의미한다. 정부 외에 중요한 환경으로서 시민단체를 설정하였으며 그
밖의 언론과 여론 등의 역할과 정황에 대해서도 설명하였다.

　Abbott의 전문직 체제이론에서도 이들 주체의 중요성은 직간접적으로
제시되고 있다. Abbott은 정부를 다른 환경 요인과 같은 정도로만 다루
고 있어 비교적 그 의미가 우리나라에서보다는 약하다고 볼 수 있지만,
전문직 사이의 갈등이 발생하는 법적 영역으로서 여전히 비중 있게 논
하고 있다. 시민단체와 언론은 Abbott이 주장하는 여론의 장과 관련하여
중요하게 논의할 부분이다. Abbott(1988)의 전문직 체제이론에 관해서는
Ⅱ장의 이론적 논의에서 상세히 다룬다.

2) 주요 세 의료전문직의 특성과 현황

　우리나라 의료체계에서 가장 중요한 세 의료전문직은 의사단체와 한
의사단체, 그리고 약사단체이다. 지난 10여 년 동안 의료갈등과 분쟁의
당사자이기도 한 이들은 각기 다른 역사와 특징을 가지고 발전하였다.
각 단체의 역사, 전문지식, 조직적 특징과 최근의 정치적 영향력은 사
회학적 관점을 강조하는 본 연구의 중요한 배경이다. 이들을 간단히 살
펴보면 다음과 같다.

의료계

　서양의학이 우리나라에 소개된 것은 19세기 말이다. 1876년 강화도
조약과 개항으로 많은 일본인들이 조선으로 들어오자, 일본은 1877년
부산 재생의원을 시작으로 의원들을 설립하여 이들을 진료하도록 하였
다. 1885년 설립된 왕립 의료원인 광혜원은 미국과 유럽의 기독교 선교

활동의 일환으로 도입된 병원의 시초였다. 1894년 갑오개혁은 서양의학이 전면에 등장하는 데 결정적인 계기를 마련하는데, 기존의 전통 한의에 대한 법률이 서양의학에 대한 법률로 대체되면서 공식적으로 서양의학만이 유일한 의료제도로 인정받게 된 것이다. 1899년에는 정부의 공식 직제에 의한 첫 공공병원으로 내부병원(內部病院)이 설립되었다.

해방 이후 미군정과 6.25전쟁을 거치면서 정부는 미국으로부터 의료지식과 기술, 의료제도와 교육체계를 도입하였다. 당시 대부분의 공공병원과 선교병원은 부족한 의료진과 노후된 장비, 그리고 재정난으로 많은 어려움을 겪었다. 1945년부터 대학병원이 설립되었고 1958년 전문의 제도가 도입되면서 민간의료기관이 발전할 수 있는 토대가 마련되었는데, '70년대 이후 급속한 경제성장과 의료수요의 급증을 배경으로 민간의료기관은 공공의료기관보다 앞서 발전하였다. 공공병원과 선교병원 또한 활로를 모색하기 시작하여 국립대학병원은 공사로, 도립·시립병원은 지방공사로 전환되었다. 외국계 선교병원은 '70년대에 이르러 소유권을 대부분 한국인에게 이전하였는데, '60년대 이래 그 수는 거의 증가하지 않았으나 발전을 거듭하여 유수한 종합병원으로 자리 잡았다. 의과대학의 신설과 입학생 증원으로 '80년대 이래 의사들의 수는 급증하였으며 의원의 수 또한 크게 증가하였고 의료시장에서 이들 사이의 경쟁은 급격히 심화되었다(남은우·김재수, 2000).

전문지식과 기술의 측면에서 의사들은 다른 어느 의료전문인보다 우월한 위치에 있다. 진단과 처치를 위한 과학적이고 합리적인 이론과 방법, 최신장비 등은 의료계의 큰 강점이다. 생활방식이 서구화하고 경제가 발전하면서 국민들은 서구식 병의원을 선호하게 되었으며 새로운 지식과 기술이 지속적으로 도입되는 서양의학에 강한 신뢰를 보여 왔다. 고가의 의료장비를 경쟁적으로 도입하고 있는 병의원들의 실태와 새로운 치료 및 수술방법에 대한 환자들의 높은 수요는 첨단 의료지식과 기술에 대한 의사와 환자 모두의 높은 관심을 반영한다[6].

의사가 되기 위한 기존의 제도에 따르면 의과대학에서 예과 2년과

본과 4년의 교육과정을 거쳐 학사학위를 받은 뒤 한국보건의료인국가
시험원에서 실시하는 의사국가시험에 합격하고 보건복지부장관의 면허
를 받아야 한다. 2003학년도부터 도입된 의학전문대학원 제도에 따르
면, 학사학위를 취득한 뒤 의학입문시험인 MEET(Medical Education Eligibility
Test)를 거쳐 의학전문대학원에 입학한 학생은 기존 의과대학의 본과 과
정에 해당하는 과정을 이수하고 의사면허국가시험에 응시한다.

현재 의사면허국가시험에 합격한 일반의들 가운데 대부분이[7] 전문의
과정에 등록하고 있는데 1년의 수련의 과정과 4년의 전공의 과정을 거
쳐 전문의 시험에 합격하면 전문의 자격증을 취득한다.[8]

의료계에서 가장 중요한 단체는 대한의사협회와 대한병원협회이다.
1908년에 설립된 대한의사협회는 2005년 말 현재 면허의사 88,383명 가
운데 69,097명을 회원으로 하는(윤현병, 2006: 145), 가장 영향력 있는 의
료전문 단체이다. 대한병원협회는 1959년에 설립되었고 2006년 현재
1,386개의 국공립 및 사립병원을 대표하고 있다(대한병원협회, 2006). 병원
협회의 주된 기능은 병원들의 재정상태를 점검하고 병원 내 노사문제
를 관리하며 수련의와 전공의 정원을 조정하는 것이다. 의사협회가 개
별 의사와 의원들의 참여로 큰 영향력을 행사하는 반면 병원협회는 자
본력을 바탕으로 의료계와 의료정책에 영향력을 행사한다.

의료계는 전통적으로 상당한 계층제 문화를 유지해왔다. 의과대학에
서부터 수련의, 전공의 과정까지 이어지는 구성원 사이의 엄격한 상하
관계 때문이다. 의료계의 구성원들은 의과대학에 입학하는 순간부터 전
문의 자격을 획득하여 개별적으로 의원을 설립하거나 병원 등에 취업

---

6) 2003년 현재 우리나라의 인구 100만 명당 MRI 기기 대수는 9.0으로 OECD 국가들 가운
   데 9번째로 많으며 10년 전인 1993년 대비 증가율로는 헝가리(2003년 현재 2.6대) 다음
   으로 가장 높다(OECD, 2005).
7) 백화종·황나미(1997: 29)의 연구에 따르면 의사국가시험에 합격한 의사의 98퍼센트가
   다시 전문의 과정에 등록한다.
8) 정부의 제1차 보건의료인력개발 기본계획안(2006~2010)은 기존 의사면허제도의 개선방
   안으로서 단계적 면허발급 도입과 면허 정기평가제 도입을 제안하고 있다(보건복지부·
   한국보건사회연구원, 2006).

하기까지 약 15년의 기간을 계층제적 조직에서 생활한다. 전문의 제도는 의료계의 계층적 구조와 문화를 강화하는 역할을 해왔다. 전문의 자격을 획득할 때까지 의대생들은 선후배 관계에 따라, 그리고 수련의와 전공의들은 병원 내 훈련과정에 따라 통제된다. 그러나 일단 전문의 자격을 획득하고 개인 의원을 설립한 뒤에는 통제나 규제를 거의 받지 않고 전문가로서 자율성을 누린다.

의료계의 계층제적 조직 성향은 의약분쟁 기간 동안 의료계를 이끄는 힘이 되기도 하였다. 수련의와 전공의들은 분쟁에 적극 참여하며 강성의 태도를 보인 핵심 주체였다. 이들은 정부와 약사단체에 맞서 의과대학 학생들을 설득하여 단체행동에 참여토록 하였고 의사들을 조직화하였다.

최근 의학전문대학원 제도가 도입되면서 종전의 신입생들보다 학문적 사회적 경험이 많고 연령이 높은 학생들이 교육과정에 유입됨에 따라(뉴시스, 2006c), 또한 최근 엄격한 계층제 조직의 부작용이 노출되고 이슈화함에 따라(한겨레, 2006a), 기존의 엄격한 조직문화와 교육 풍토는 변화를 맞을 것으로 보인다. 2006년 7월 노동부로부터 설립 허가를 받아 탄생한 전공의 노동조합 또한 의료계의 조직 문화에 새로운 전기가 될 것으로 보인다.[9]

의료계의 정치적 영향력은 의료단체들 가운데서 가장 강력한 것으로 알려져 있다. 1949년, 사회부 산하의 보건국이 독립된 정부부처인 보건부로 승격되는 데 의사협회가 중심 구실을 맡았고 초대 보건부 장관과 차관도 의과대학 교수였으며 그 뒤로도 의료계는 의료단체들 가운데 역대 국회의원과 보건복지부 장관을 가장 많이 배출하였다(보건복지부, 2006b; 박윤형 외, 2004a: 17-26). 2000년 국회의원 선거 때 의료계는 협회

---

[9] 인턴과 레지던트들을 구성원으로 하는 전공의 노동조합의 결성은 2006년 출범한 장동익 의사협회회장의 선거 공약이기도 하였다. 병원경영상의 문제와 노조 응집력에 대한 회의적 시각 등에도 불구하고(중앙일보, 2006b) 전공의 노조는 기존의 전공의 지위와 처우를 변화시키는 데 새로운 기점이 될 것으로 기대된다.

차원에서 의사출신 후보들을 지지한 결과 4명의 당선자를 배출하였다. 이는 약사출신 당선자 2명, 한의사출신 당선자가 없었던 결과에 비하면 가장 큰 성과였다. 2004년에도 '의사단체의 정치세력화'를 내세워 의사출신 국회의원 만들기에 노력하였으며 그 결과 3명이 당선되었고 2005년 4·30 보궐선거로 1명이 추가되어 17대 국회에서도 총 4명의 의사출신 국회의원이 활동하고 있다. 이 또한 약사출신 당선자 2명에 견주면 많은 숫자이다. 그러나 이러한 외형적인 정치력의 우월성에도 불구하고 의사협회가 의약분쟁 전까지는 의사단체의 권익을 위해 적극적이지 않았으며 안일했다는 평가가 현장조사 동안 적지 않았다.

2006년 지방선거에서는 약사출신자가 15명이 당선된 데 견주어 의사출신은 3명만 당선되어(비례대표 제외) '참패'한 것으로 나타났다. '지방' 선거였으므로 협회 차원에서 처음부터 크게 관심을 두지 않았다는 평가가 나오고 있는데, 선거결과를 두고 의사협회는 앞으로 정치적 로비에 더욱 노력하겠다고 밝힌 바 있다(뉴시스, 2006b; 메디파나뉴스, 2006).

한의계

한의계에서는, 삼국시대 이전 철기 시대에도 전통 치료법이 있었음을 들어, 이를 우리나라 전통의학의 시발점으로 보고 있다. 692년 통일신라 때 중국의 한의학 이론인 음양오행론이 도입되는 한편 독자적인 의술을 발전시켜 《신라법사방(新羅法師方)》으로 정리하기도 하였다. 고려시대 전통 의학은 국교였던 불교와 밀접하게 관련되었다. 의료를 담당하는 관청과 교육기관을 두어 중국의 한의학과 차별화하는 전통 한의학을 발전시키기 위한 노력이 이루어졌다. 신토불이의 개념을 바탕으로 우리나라 고유의 의학이라는 개념이 시작된 것도 이때였다. 전통의 관습과 문화를 고려한 총합적인 의료체계가 확립된 것은 조선시대에 이르러서였는데 사상의학과 침술, 《동의보감》 등의 저서가 전통의학의 대표적인 성과로 기록되고 있다.

1894년 갑오개혁과 함께 정부기구개편에 따라 내부아문(內部衙門)에 위

생국이 신설됨으로써 한의학은 제일 의학으로서의 위치를 양의학에 내
어주었으며 1895년에는 궁내 전통의학을 담당하던 전의감 제도가 폐지
되었다. 1900년 의사규칙(醫士規則)이 반포되면서 당시 전통 의료인의 명
칭은 의사(醫士)로 전환되었으나 1913년 일제가 이 규칙을 강제 폐기하
였고 의료인에 대한 새로운 개념과 범위를 규정한 의사규칙(醫師規則)을
반포하였다. 새로운 의사규칙(醫師規則)으로 의료체계는 양의학 중심으로
개편되었으며, 양의를 의사(醫師)로, 한의는 의생(醫生)으로 공식 명칭이
구분되었다(여인석 외, 2002).[10]

해방과 함께 현 대한한의사협회의 전신인 조선의사회가 창설되었다
(대한한의사협회, 2006b). 1947년에는 4년제 한의과대학이 설립되었고 1951
년 제정된 의료법이 1952년부터 시행되면서 보건사회부는 대한한의사
협회를 정식으로 인가하였다. 이는 우리나라 의료계가 양의와 한의의
이원화 체계임을 공식적으로 인정한 것이다. 1961년 10월 군사정부는
의료체계에서 한의를 인정하지 않는 법안을 통과시켰으나 한의사들과
한의대학 학생들의 저항이 잇따르자 5개월 뒤 철회하였다. 1964년 한의
과대학은 현행 6년제로 개편되었으며 최근 들어 우수한 인재들이 선호
하는 대학의 하나로 손꼽히고 있다. 한편 2008년 개원을 목표로 부산대
학교 한의학전문대학원 설립이 확정되어 국립대학에서의 한방교육이라
는 한의계의 숙원은 성과를 보게 되었다.

한방에서는 인간의 육체가 개별의 소우주라는 철학을 바탕으로, 음양
과 자연을 지배하는 기(氣)로서 병을 치유할 수 있다고 믿는다. 한의사
들은 한방이 병의 근본을 치유하기 때문에 외형적 증상만을 다루는 양
의와는 기본적으로 다르다고 주장한다(대한한의사협회, 2006a). 이러한 관
점에서 한의사들은 서양 의학의 특징을 한의에 그대로 적용하는 데 반
대한다. 한의의 가장 중요한 특징은 질병과 관련된 모든 요인들을 전체

10) 고미숙(2006: 298-331)은 근대 과학성을 기반으로 '위생(衛生)'의 가치를 추구하는 서양의
학이 일제의 정책을 통해 '양생(養生)'을 추구하는 전통의학과 한방철학을 어떻게 열등
한 존재로 전락시키고 대체하였는지 깊이있게 논의하고 있다.

로서 고려하여 질병 치유의 모든 과정을 통합하는 것이고 질병 또한 특정 부분에 국한하여 진단하는 것이 아니라 몸의 전체를 전제로, 부분들 사이의 유기적 연계라는 측면에서 파악한다.

전통적인 전인적(holistic) 시술의 개념에 근거하여 한의사들은 최근 인정된 한약사 제도에도 적지 않게 회의적이다. 한약분쟁의 결과 등장한 한약사는 서양의학의 약사와 같이 한의에서 한약 조제만을 담당하는 전문가이다. 한약사 제도는 한방에서도 약의 처방과 제조라는 기능을 구분해야 함을 전제한 것으로, 한방의 원래 철학과는 상치되는 것이다. 한의사 전문의 제도 또한 한의계의 또 다른 쟁점이다. 정부의 한의장기 발전계획에 의거하여 2002년 최초로 한방 전문의 자격시험이 시행되었다. 그러나 전문의 제도를 두고 한의사들 사이에는 심각한 이견이 있다. 제도의 개념 자체가 한방의 원리에 부합되지 않는다는 의견에서부터 기존 한의사들의 전문의 시험 응시자격을 두고 논란이 일고 있다.

한약사 제도와 전문의 제도를 둘러싼 갈등의 뒷면에는 전통 한의학의 과학화에 대한 서로 다른 시각이 자리하고 있다. 과학적이지 못하다는 것은 한방의 가장 큰 약점으로 지적되어 왔으며 의사와 약사들이 한방의 가치를 높게 평가하지 않는 중요한 이유이다. 현장조사에서도 밝혀진 바와 같이 한의사들은 이러한 견해가 서구식 편견이라고 일축하면서도 다른 한편으로는 서양의학의 제도와 의료방식을 도입하고자 노력하고 있다.

한의사가 되기 위해서는 6년 과정의 한의과대학을 졸업하고 한의사 국가시험에 합격해야 한다. 한의사 전문의가 되기 위해서는 1년 동안의 수련의 과정과 3년 동안의 전공의 과정을 마치고 한의사 전문의 자격시험에 합격해야 한다. 1999년 한의사 전문의 제도가 도입되고 최초의 한방전문의자격시험이 2002년에 시행됨에 따라 현행 규정은 기존 한의사들을 위한 전문의 자격시험인정과 전문의자격인정에 특례를 두고 있다(한의사전문의의수련및자격인정등에관한규정). 그러나 이를 두고 한의사들 사이에 마찰이 있다.

2006년 현재 한의사 수는 약 1만 7천 명이며 한의사협회에는 15개의 지역별 협회지부가 있다. 한방 의료기관은 의원과 병원으로 구분되는데 〈표 Ⅰ-1〉에서 보는 바와 같이 한방병원보다는 한의원의 수가 압도적이며 한의원에 종사하는 한의사가 89퍼센트로 또한 대다수를 차지하고 있다.

〈표 Ⅰ-1〉 한방 의료기관 유형별 한의사 현황(2004)

	계	한방병원	한의원	기타
의료기관 수	9,350	154	9,196	-
한의사 수	11,177 (100%)	1,139 (10%)	10,003 (89%)	35

자료: 보건복지부, 보건복지통계연보

소수의 한의사로 운영되는 한의원이 전형적인 한방 의료기관 형태이며 이는 한의의 전통적인 도제식 교육 방법과도 부합된다. 이러한 관리적 조직적 특성으로 한방은 일제 치하에서도 서민들 사이에서 그 명맥을 유지할 수 있었던 것으로 평가된다. 그러나 오늘날에 이르러 대규모 자본이 유입되고 최신 설비를 갖춘 한방병원이 등장하면서, 한방의 전통적인 성격도 변화하고 있다. 한방병원은 특히 한의의 과학화와 현대화에 적극적이다.

대한한의사협회가 절대 다수의 소규모 의료기관인 한의원을 대변하는 반면 대한한방병원협회는 대규모 의료기관인 한방병원을 대표하고 지원한다. 전자가 개별 한의사의 이익 보호에 역점을 둔다면 후자는 대형 병원의 경영자 대표 모임으로 그 입장에 차이가 있다. 최근의 쟁점들에서도 두 단체는 서로 다른 시각을 보여주고 있다. 첫째, 한의사협회는 한방의 의약분업제도에 회의적이나 한방병원협회는 비교적 긍정적이다. 대규모 의료기관인 병원은 전문과목과 기능에 따른 분업을 바탕으로 하여 운영되고 있기 때문이다. 둘째, 전문의 제도와 양한방 협진 체제에 대해 한방병원협회가 상대적으로 적극적인 태도를 보이는 반면 한의사협회의 시각은 부정적이다. 한방병원들로서는 전문의 제도와 양한방 협진제도가 해당 병원과 나아가 한의계의 과학화에 기여할 것으로 보고 있다.

한의계의 정치적 역량에 관해 살펴보면, 전현직 한의사들이 정치계에 직접 입문한 경우는 흔치 않은데 2000년과 2004년 국회의원 선거에서도 한의사 단체는 당선자를 내지 못하였다. 2006년 지방선거에서도 의료계나 약사회에 견주어 현저히 낮은 성과를 보였는데, 한 명의 한의사출신 당선자를 내었을 뿐이다(메디파나뉴스, 2006). 대신 전통적 특성과 민족유산에 대한 국민들의 우호적 시각에 힘입어 한의계는 여론으로부터 상당한 지지를 얻고 있다.

약사단체

서양의 약학과 약품이 들어온 것은 20세기 초, 서양문물의 유입과 함께였던 것으로 알려지고 있다. 일제하에 약사 교육기관이 설립되었고 국내에 첫 약사가 배출된 것은 1912년이다(김신근, 1990). 1945년 해방을 맞을 때까지 약사들은 주로 연구자로 기능해왔으며 직접 약품을 조제하거나 판매하는 일은 드물었다.

약사의 수와 영향력이 본격적으로 증가한 것은 '50년대부터였다. 약사의 성장을 설명하는 몇 가지 주장들을 살펴보면, 무엇보다 교육정책이 이들의 수를 크게 증대시켰다는 주장이 있다. 교육법이 개정되면서 1952년부터 1956년 사이에 11개의 약학대학이 설립되었다. 당시 많은 전문대학들이 종합대학으로의 승격을 희망하였는데, 그 요건으로 이공계열의 단과대학을 하나 이상 설립하여야 했다. 다른 이공계열 대학, 즉 공학대학이나 농업대학 또는 의과대학에 견주어 약학대학은 상대적으로 시설 등의 측면에서 설치가 용이하였으므로 승격을 희망하는 대학들에게 먼저 고려대상이었다(김종원, 1996). 또한 1953년에 제정된 약사법에 따라 약국을 열고 운영할 수 있는 독점적인 권한이 약사에게 부여됨으로써 약사는 가장 선호되는 전문직종의 하나로 떠올랐고 약학대학은 우수 인재들을 유치할 수 있었다.

또한 경제정책과 서구 자본이 약사들을 증가시켰다는 주장이 있다(홍경표, 2002). 6.25전쟁 이후 '50년대 말까지 미국 원조정책의 일환으로 8개의 제약회사가 국내에 설립되었는데, 이들 산업은 국내 경제개발 주도에 상당한 역할을 하였다. 한국은 미국의 유망한 약품 시장으로 등장하였으며 약품의 수요를 늘리고 시장을 확장하고자 많은 약사들이 필요했다는 것이다.

부족한 의사 인력을 대신하여 약사가 환자를 진료하고 약을 처방, 조제하여 왔다는 것은 우리나라 의료체계를 설명할 때 중요한 대목이다. '80년대 초까지만 하더라도 의사를 대한다는 것은 많은 환자들에게 쉽지 않은 일이었다. 의사의 수와 의료 시설은 부족하였고 비용도 여전히 높았다. 가벼운 질환자는 병의원보다 약국을 찾았고 약사는 이러한 수요에 부합하는 사실상의 일반의로서 기능하였다.

'80년대 들어 이러한 환경은 급격히 변화하였다. 가장 중요한 요인은 먼저 의과대학 수와 입학정원이 급증하면서 의사의 수가 크게 늘어나기 시작한 것이다. 또한 의료보험제도의 적용범위가 급속도로 확대되어 1989년에는 전국민의료보험제도가 시행되었고 환자는 낮은 비용으로 의료기관을 이용할 수 있게 되었다. 따라서 약국의 기능과 약사의 역할은 위축되었고 약사의 수는 지속적으로 증가하여 약사들은 전문가적 정체성 측면에서 또한 재정적 측면에서 어려움을 겪기 시작하였다.

의사·한의사와 비교할 때, 약사들은 스스로의 전문가적 정체성과 전문지식의 성격에 적지 않은 혼란과 위기의식을 느껴왔다. 의료체계에서 약사는 환자를 직접 진단하는 주류 전문인이라기보다는 치료를 위한 지원자의 위치에 있기 때문이다. 약사회의 모든 노력은 이러한 정체성의 위기를 극복하기 위한 것으로 요약된다. 최근 10여 년 동안 약사들은 전문지식과 전문영역을 확대하고 위상을 드높이고자 신속하고 효과적인 행보를 계속해왔다.

최근 약사들이 정책적으로 거둔 가장 큰 결실은 기존의 4년제 약학대학 교육체제를 6년제로 전환한 것이다. 이는 약사의 전문가적 위상 강화에 결정적인 계기가 될 것으로 보인다. 현행 교육제도에 따르면, 약사가 되고자 하는 이들은 4년제 약학대학을 거쳐 학사 학위를 취득하고 약사면허시험에 합격해야 한다. 그러나 2009학년도부터는 약학대학 수업연한이 일반 학부과정 2년에 약학 전문교육 4년으로 구성되어 종전의 4년에서 6년으로 연장된다. 학부 2년 과정 뒤에는 약학입문자격시험(PCAT, Pharmacy College Admission Test)을 치러야 한다.

대한약사회는 1928년에 설립되었다. 2004년 말 현재 약사들의 고용구조는 〈표 Ⅰ-2〉와 같다. 약사들의 83퍼센트가 개인 약국에서 일을 하며 그 가운데 85퍼센트(전체 약사의 71퍼센트)가 소유주이다. 특히 45 대 55의 비율로 여성 약사가 남성 약사보다 많은 점이 눈에 띈다. 여성의 사회활동이 상대적으로 미약했던 우리 사회의 특성에서 약사라는 직업은 여성으로서 가질 수 있는 최고 전문직종의 하나로 평가되어 왔으며 경제적 안정을 누릴 수 있는 직업으로 선호되어 왔다.

여성 약사의 8퍼센트가 병의원 등 의료기관에서 근무하고 있는 반면 남성 약사의 1퍼센트만이 의료기관에 취업하고 있다. 의사로부터 일반 직원에 이르기까지 계층적인 구조와 문화가 형성되어 있는 병원이라는 조직에서 약사는 의사의 하위 직책이나 지원, 보조 정도의 역할로 인식되는 경향이 있었는데 이러한 근무 환경은 여성 약사보다 남성 약사에

〈표 Ⅰ-2〉 약사들의 고용 현황(2004. 12.)

		남성	여성	계
약국	대표약사	9,563(79%)	9,360(64%)	18,923(71%)
	근무약사	879(7%)	2,343(16%)	3,222(12%)
	소계	10,442(87%)	11,703(81%)	22,145(83%)
의료기관(병의원 등)		114(1%)	1,218(8%)	1,332(5%)
기타 취업		942(8%)	812(6%)	1754(7%)
미취업		552(5%)	798(5%)	1,350(5%)
총계		12,050(100%)	14,531(100%)	26,581(100%)

자료: 대한약사회 자료(http://www.kpanet.or.kr/kpa_intro/condition.jsp) 재구성

게 상대적으로 더 불편하게 여겨졌을 가능성이 크다. 남성 약사의 의료
기관 근무 비율이 현저히 낮은 이유도 이러한 조직 문화적 측면에서
설명될 수 있을 것이다.

의료단체들 가운데 의사단체의 정치력이 가장 앞선다는 것이 일반론
이지만, 실제로 약사회의 정치력이 크게 뒤지지 않는다는 의견도 설득
력이 있다.[11] 약사 출신의 국회의원과 장관들이 의사 출신 다음으로 많
다(김범진, 1994). 3공화국 당시 강력한 정치력을 발휘했던 고 민관식 약
사회명예회장은 '60년대 후반 약사회 회장을 맡으면서 약사회 발전에
절대적인 영향력을 미쳤던 인사이다(데일리팜, 2006a; 병원신문, 2006). '80
년대 들어서면서 약사의 정계진출은 눈에 띄게 활발해졌는데, 10년 동
안 3대에 걸친 총선에서 31명이 입후보, 11명이 의정에 진출하는 성과
를 거두었다(보건신문, 2006).

2006년 현재 국회의원 가운데 약사 출신 의원은 2명으로 의사단체에
견주어 적은 숫자이다. 그러나 약사회가 정치권에서 다양한 비공식 네
트워크를 강점으로 한다는 점은 현장조사에서도 확인되고 있다. 2006년
지방선거에서는 어느 의료단체보다 많은 당선자를 배출하였다. 비례대
표를 제외할 경우 의사출신 당선자가 3명(기초단체장 1명, 기초의회의원 2
명)인데 반해 약사출신 당선자는 15명(기초단체장 4명, 광역의회의원 8명, 기
초의회의원 3명)에 이른다(뉴시스, 2006b; 메디파나뉴스, 2006).

약사회의 적극적이고 효과적인 로비활동은 정부 관계자나 언론계에
도 잘 알려져 있는데 공무원들의 영향력이 특히 높이 평가되고 있다(이
용철, 1995). 다른 의료전문 단체에서도 특채 공무원을 추천, 배출해왔지
만 보건복지부 안에는 약사출신의 공무원 수가 가장 많다.[12] 이들은 약

---

11) 1990년대 중반 문민정부의 정치자금 스캔들에서 약사회가 거론되기도 하였다(신동아,
   2000).
12) 1992년 12월 자료에 따르면 약사회의 추천을 받은 약사 출신의 공무원은 40명인 반면
   한의사 출신 공무원은 전무하였다(김주환, 1994: 65; 서울YMCA, 1994: 435). 2005년 말 현
   재 보건복지부 본부에 의사출신 공무원은 7명이며 약사출신 공무원은 9명이다(보건복지
   부, 2006a).

사회 활동에 직간접적으로 우군 노릇을 하고 있다는 것이 현장조사에
서도 중론이었다.

3) 의료전문인력의 증가와 기능 중복

세 의료단체의 성장 실태와 이들 사이의 중첩된 역할과 기능에 대한
논의는 최근의 의료전문직 갈등을 이해하는 데 의미 있는 실마리를 제
공한다.

〈그림 Ⅰ-2〉는 우리나라 의료 서비스 공급체계에서 가장 중요한 기능
을 담당하고 있는 의사, 한의사, 약사들 수의 증가를 나타내고 있다.

〈그림 Ⅰ-2〉 의료전문인력의 증가 추이(1970~2003)

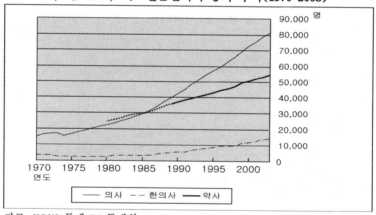

자료: KOSIS 통계 DB(통계청, 2006)
* 1981~1984, 1986~1989의 해당 연도 약사 수 통계는 제시되지 않아 추정
선(…)으로 대체함.

1985년 이후부터 의사의 수가 약사의 수를 앞서고 있는데 '80년대부
터 '90년대까지 정부가 의과대학의 수와 입학정원을 크게 증대시켰기
때문이다. 1980년 의과대학은 19개였으나 1990년에 31개로 늘어났고
2006년 현재 41개 의과대학이 운영되고 있다.[13] 1997년의 한 연구에 따

르면 의사들이 곧 과잉공급될 것이라는 점이 지적되었다(백화종·황나미, 1997). 그러나 '90년대까지 정부는 우리나라 의료체계가 더 많은 의사를 필요로 한다는 연구 결과(송건용 외, 1994)에 주목해왔다.

의료인의 증가는 의료기관 수의 증가로 이어졌다. 현행 의료법은 의료인은 의료기관을 개설하지 않고 의료업을 할 수 없으며, 특별한 경우 외에는 소속 의료기관에서 의료업을 수행토록 규정하고 있다(의료법 제3조).[14] 의료기관의 절대 다수인 약 95퍼센트가 병원과 한방병원이 아닌 개인이 설립하는 의원과 한의원인 만큼 의료인 수의 증대에 거의 비례하여 의료기관이 증가해왔다(통계청, 2005). 더욱이 의료설비와 인력의 90퍼센트 이상을 민간이 소유, 운영하고 있는 만큼 이러한 수적 증가는 의료시장에서 치열한 경쟁으로 이어졌다.

〈그림 Ⅰ-3〉 의원·한의원·약국의 증감 추이(1970~2003)

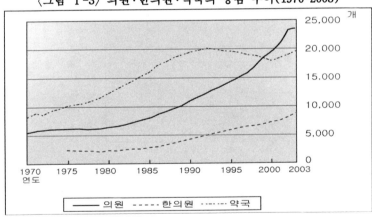

자료: KOSIS 통계 DB(통계청, 2006)

---

13) 1990년대 이후 보건복지부는 의사의 수를 통제하기 위한 방안을 모색하고 있는 반면, 교육부는 의과대학 신설과 정원 증대를 허용해 오고 있다. 한편 의과대학 신설과 관련하여 뇌물수수죄로 정치인들이 입건되기도 하였다(대한의사협회·대한전공의협의회, 2000: 372-373).

14) 2007년 의료법 개정안에 따르면 의사면허만 있으면 의료기관에 소속되지 않더라도 환자를 진료하는 것이 가능하도록 되어 있어 '프리랜서 의사제'가 본격화할 예정이다.

〈그림 Ⅰ-4〉 종합병원·병원·한방병원의 증감 추이(1970~2003)

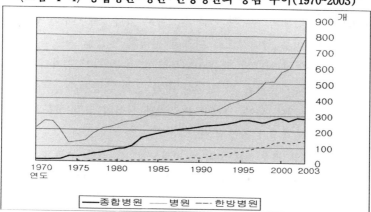

자료: KOSIS 통계 DB(통계청, 2006)

의료기관은 규모와 설치 전문과목에 따라 종합병원, 병원, 한방병원, 의원, 한의원 등으로 구분된다(의료법 제3조).[15] 〈그림 Ⅰ-3〉과 〈그림 Ⅰ-4〉에서 보는 바와 같이 양방 의료기관이 다른 어떤 의료기관보다 급속히 증가하고 있다. 지난 30여 년 동안 병원수가 크게 증가하여 환자들의 대규모 의료기관 선호 경향을 간접적으로 반영하고 있다. 의료기관의 근간인 의원과 한의원은 지속적으로 높은 증가율을 보이고 있다. 그 수가 적기는 하지만 가장 빠른 증가율을 보이고 있는 것은 한방병원의

15) 여기서는 본 연구범위에 포함되는 의사, 한의사, 약사와 관련되는 의료기관에 한하여 설명하며 그 밖에 의료법에 제시된 치과병원, 치과의원, 조산원에 대해서는 논외로 한다. 기존 의료법에 따르면 종합병원은 의사와 치과의사가 의료를 행하는 곳으로서, 입원환자 100인 이상을 수용할 수 있는 시설을 갖추고 내과, 외과, 소아과, 산부인과, 진단방사선과, 마취통증의학과, 진단검사의학과 또는 병리과, 정신과와 치과를 포함한 9개 이상의 진료과목, 300병상 이하인 경우에는 내과·외과·소아과·산부인과 가운데 3개 진료과목, 진단방사선과, 마취통증의학과와 진단검사의학과 또는 병리과를 포함한 7개 이상의 진료과목을 설치하며 각 진료과목마다 전속하는 전문의를 두고 주로 입원환자에 대하여 의료를 행할 목적으로 개설하는 의료기관을 말한다. 병원 또는 한방병원이라 함은 의사 또는 한의사가 각각 그 의료를 행하는 곳으로서 입원환자 30인 이상을 수용할 수 있는 시설을 갖추고 주로 입원환자에 대하여 의료를 행할 목적으로 개설하는 의료기관을 말한다. 의원 또는 한의원이라 함은 의사·치과의사 또는 한의사가 각각 그 의료를 행하는 곳으로서, 진료에 지장이 없는 시설을 갖추고 주로 외래환자에 대하여 의료를 행할 목적으로 개설하는 의료기관을 말한다(의료법 제3조).

수이다.

1992년을 정점으로 약국의 수는 감소하고 있어 1989년부터 실시된 전 국민의료보험 이후 상대적으로 위축된 약국의 역할을 유추할 수 있다. 그러나 의약분업이 시행된 뒤 2001년부터 그 수는 다시 증가하고 있다.

의료전문인과 의료기관 및 약국의 수가 급속히 증가해 온 것에 더하 여 세 의료전문직종 사이, 그리고 의료기관 사이의 역할 구분이 명확하 지 않았던 것은 경쟁과 갈등의 또 다른 중요한 배경이다.

먼저 의사들의 경우 전문의와 일반의 사이의 역할 구분이 명확하지 않다. 현실적으로 일반의 자격만으로 독자적인 의료행위를 할 수 있는 기회가 많지 않다. 의사국가시험에 합격하면 일반의가 되지만 실제로 그 자격만으로 개원하거나 병원에 취업되는 경우는 거의 없기 때문이 다. 대다수의 젊은 일반의들이 전문의가 되기를 희망하고 있으며 실제 로 전체 의사의 90퍼센트가 전문의이거나 또는 그 과정에 있다.[16] 종합 병원에서 수련의나 전공의 과정을 이수하는 동안 이들의 자율적이고 독자적인 진료행위는 사실상 금지되며 선배 또는 상사인 전문의의 통 제와 지시 아래 교육과 훈련을 받는다. 일반의의 신분으로서 자율적인 진료행위를 할 수 있는 거의 유일한 경우는 군 복무의 일환으로 공중 보건의 임무를 수행하는 3년 동안이다. 석·박사 학위가 있는 경우 군의 관으로 먼저 선발되며 그 밖에는 보건소장, 보건지소장, 교도소 의사, 지방공사 의료원 등에서 독립적인 진료행위를 할 수 있다.

이와 달리 전문의 가운데 상당수가 개인 의원을 운영하며 일차의료 기관으로서 사실상 일반의 구실을 맡고 있다. 건강보험심사평가원의 통 계에 따르면, 산부인과에서 일반의원으로 간판을 바꾼 의료기관은 2003 년 말 131개에서 2006년 6월말 304개, 외과에서 일반의원으로 바꾼 경 우는 2003년 말 916개에서 2006년 말 1,014개 등, 자신의 전문과목을 밝

---

16) 1997년 자료에 따르면 의사의 90퍼센트가 전문의이다(백화종·황나미, 1997: 29). 고령의 일반의들이 퇴임하고 신세대 일반의들의 전문의 지원 경향이 뚜렷해짐에 따라 이 비율 은 최근 더욱 높아졌을 것으로 추정된다.

히지 않고 개업한 일반의원이 2006년 말 현재 전체 의원 25,573개의 17.8퍼센트인 4,569개이다(한겨레, 2006b). 의사협회의 한 통계에 따르면 100퍼센트의 예방의학과 의원, 97퍼센트의 마취과 의원, 85퍼센트의 흉부외과 의원, 57퍼센트의 결핵과 의원, 31퍼센트의 일반외과 의원들이 고유의 전문과목을 표기하는 대신 공식적으로 일반의원이라는 명칭으로 개원하고 있다(대한의사협회·대한전공의협의회, 2000: 325).

의약분업제도가 시행되기 전까지는 약사들이 상당부분 일반의로서 활동해 왔다. 즉, 환자의 증상을 판단하여 약을 처방하고 조제함으로써 일차의료기관으로서의 기능을 하였다. 특히 '80년대까지 의료기관의 문턱은 여전히 높았으므로 약국은 이를 대신할 수 있는 접근성 높고 저렴한 준의료기관으로서 국민보건생활의 중심에 자리할 수 있었다.

한편 한방에 전문의 제도가 도입된 것은 최근이다. 2002년 처음으로 한방 전문의들이 배출되었는데 이들은 대부분 한방병원에서 근무하고 있다. 한의사들 사이에도 전문의의 개념은 여전히 논란의 대상이다.

이상에서 보는 바와 같이 우리나라 의료체계에서는 전문의와 일반의의 공식적인 자격과 실제적인 역할이 일치하지 않고 있다. 세 의료단체들 사이의 기능 또한 최근까지 명확히 구분되지 않고 있다. 먼저 양한방 이원 의료체계를 통해, 환자 진료라는 동일 영역에 서로 다른 접근법이 인정되고 있다. 따라서 의료계와 한의계 사이의 경쟁과 영역 분쟁은 구조적으로 피할 수 없는 상황이다. 여기에 더하여 2000년 의약분업제도 시행 전에는 의사와 약사 사이의 역할이 상당 부분 중첩되어 있었다. 양자 모두 약의 처방과 조제를 동시에 할 수 있었으므로 가벼운 질환 환자를 두고 의원과 약국이 경쟁관계에 설 수밖에 없었다. 한편 '90년대 중반까지 한약조제는 한의계의 독점 영역이었으나 한약분쟁 이후 제한된 범위에서 약사도 한약을 조제할 수 있게 되어 한약의 처방과 조제를 둘러싼 기능 분담이 또 다른 쟁점으로 떠오르고 있다.

의료전달체계도 제대로 운영되지 않고 있다. 1989년 1차, 2차, 3차 의료기관을 구분한 의료전달제도가 도입되었고 환자가 2차 병원에서 치료

받고자 할 때는 최초 검진을 담당한 일차의료기관 의사의 소견서를 필요로 하도록 되어 있다. 그러나 출산, 응급치료, 치과 진료, 재활, 가정의학, 혈우병 등 진료전달체계 적용의 예외를 광범하게 인정하고 있다. 따라서 대부분의 의료기관이 거의 동일한 의료 공급자로서 경쟁하는 상황이며 환자들은 소규모 의원보다 대형 병원을 선호하는 경향이 있어(보건복지부, 2002) 의료기관 사이의 시설 경쟁은 더욱 가속화하고 있다.[17]

의료직종 사이, 그리고 의료기관 사이의 역할 구분이 불분명한 상황에서 급증한 의료전문인의 수는 의료 서비스 공급자 체계에 긴장과 갈등을 고조시켜 왔으며 잇따른 의료갈등의 중요한 배경이 되었다.

4) 의료보험제도의 운영과 재정 실태

의료보험제도의 역사와 재정 실태 또한 의료단체들의 관계를 분석하는 데 필요한 정보이다. 특히 갈등 사례 가운데 의약분쟁, 양한방의 IMS 분쟁, 그리고 의료보험수가 갈등을 이해하는 데 필수적이다.

우리나라에 사회의료보험제도가 도입된 시기는 1977년이다.[18] 의료보험제도에 대한 사전검토나 준비는 극히 부족한 상황이었음에도 이 시기의 다른 주요 정책과 마찬가지로 당시 정권의 정치적 결정에 따라 전격 도입되었다.[19] 제도 개편과정에서 노총, 경제인연합회, 의사협회 등 이익집단의 참여가 있었으나 그다지 중요한 영향을 미치지 못했던 것으로 평가되고 있는데 60~70년대 주요 복지정책의 결정과정이 관료

---

17) 의료법 개정안에 따르면 의료광고 규제가 대폭 완화되고 병의원의 부대사업 범위도 넓어지며 본격적인 영리사업이 추진될 것이므로 의료기관들 사이의 경쟁은 더욱 치열해질 것으로 보인다.

18) 의료보험제도의 역사와 재정에 관한 기초적인 내용은 문옥륜(1990), Kim(2003), 국민건강보험공단 홈페이지(http://www.nhic.or.kr) 등을 참조하였다.

19) 우리나라 의료보험제도가 충분한 검토 없이 급속히 확대되었다는 것은 인근 아시아 국가들과의 비교에서도 확인된다. 일본, 대만, 싱가포르가 전국민의료보험제도를 설립하였을 당시 1인당 실질 GDP는 각각 9,290달러(1961), 9,750달러(1995), 8,464달러(1986)였다. 1989년도 우리나라의 1인당 실질 GDP가 5,370달러였던 것에 비하면 높은 경제수준이다 (Gertler, 1995).

주도적 형태였음을 보여주는(김영종, 1995: 175) 또 다른 사례이다.

500인 이상 종업원을 둔 사업장을 대상으로 한 직장의료보험에서 출발한 의료보험제도는 공무원과 사립학교교직원 의료보험, 지역의료보험의 설치와 함께 그 적용범위를 급속히 확대시켜 1989년 전국민의료보험제도로 시행되기에 이르렀다. 동년 10월에는 의료계가 강력히 반발하였음에도 약국의료보험이 시행되었다. '90년에는 1만 9천여 개의 약국이 의료보험 1차 요양기관으로 지정받고 약국의료보험에 참여하였다(보건신문, 2006).

1997년 정부는 공무원 및 사립학교교직원 의료보험과 직장의료보험의 기관을 통합하였고 2000년 7월에는 지역의료보험까지 통합, 단일 기구로서 국민건강보험공단이 설치되었다. 또한 이때 의료보험수가 결정 방법을 전환하였는데, 개별 의료 서비스에 상대가치를 부과하는 상대가치점수제를 채택하는 한편 보험수가는 의약계대표로 구성된 요양급여비용협의회와 국민건강보험공단이 협상을 거쳐 결정하도록 하는 계약제가 도입되었다. 2003년 7월에는 그동안 세 개의 유형별로 운영되던 의료보험재정이 하나로 통합되었다.

국민건강보험공단은 보험 업무를 총괄하는 단일의 보험자이다. 국민건강보험공단은 보험가입자와 피부양자의 기록을 관리하는 등 의료보험 업무 관리에 책임을 지고 보험료를 징수하고 급여비를 지불하며 기타 관련 사업을 운영한다. 건강보험심사평가원은 건강보험 운영과 관련된 또 다른 주요 기관으로서 의료기관이 청구한 진료비를 심사하고 진료가 적정하게 이루어졌는지 평가한다. 보건복지부는 국민건강보험과 관련된 제도와 정책 전반을 운영하고 관련 법률을 집행하며 국민건강보험공단과 건강보험심사평가원의 연간 계획과 예산을 승인한다.

건강보험의 재원은 피보험자와 피보험자의 고용주가 지불하는 보험료가 주를 이루며 정부 지원이 일부 포함된다. 단일의 보험자, 즉 국민건강관리보험공단이 의료보험을 운영하고 있지만 보험료 산정 방식은 지역가입자와 직장가입자가 서로 다르다. 지역가입자의 보험료 부과는 가입자의 소득, 재산, 생활수준과 경제활동참가율 등을 참작하여 결정되며, 직장가입자의 경우 표준보수월액에 보험요율을 곱하여 산정하고 고용인과 고용주가 함께 부담한다.[20]

의료 서비스의 과소비와 도시 대형 병원에 환자가 집중되는 현상을 방지하고자 현행 의료보험제도는 환자의 본인부담제를 운영하고 있다. 환자는 총 진료비의 20~55퍼센트를 분담하고 있는데, 그 비율은 의료기관 종별과 의료 서비스 유형 등에 따라 차이가 있다(국민건강보험공단, 2006b). 약국을 이용할 경우 환자는 약품 비용과 조제료 등의 30퍼센트를 분담한다.

현행 의료제도에서 의료 서비스의 가격체계는 두 가지로 구분된다. 의료보험의 적용을 받는 보험 서비스의 가격 결정은 보험공단과 공급자 단체 대표기구인 요양급여협의회가 합의하여 계약토록 되어 있으며 합의가 성사되지 않을 경우 건강보험정책심의위원회에서 결정한다. 비보험 의료 서비스의 경우, 의사가 자율적으로 진료비를 결정하여 시·군·구 청장에게 신고하도록 되어있다. 실제로는 개별 전문과목협회 등의 단체가 해당 의료 서비스의 "적정 가격을 설정, 권장(의사7)"한다. 비보험 의료 서비스의 진료비는 환자 개인이 부담한다.[21]

의료보험수가는 비보험 의료 서비스의 가격에 견주어 현저히 낮게 책정되어 왔다. 서로 다른 서비스에 대한 양자의 가격을 직접 비교하는 것은 무리가 있으나 특정 서비스의 의료보험 적용 전후 가격을 비교해 보면 낮은 보험수가 수준을 확인할 수 있다. 일례로, "침술의 경우 의료보험이 적용되기 전 가격은 1회 치료에 약 3만 원"이었다. 침술이 의료보험 적용을 받기 시작한 것은 1987년부터인데 "현재(2003년) 모든 유

---

20) 민간부문 고용인의 경우 보험료의 50퍼센트는 고용주가, 나머지 50퍼센트는 고용인 부담이다. 공무원의 경우 정부와 개인이 보험료를 50퍼센트씩 분담하며 사립학교 교직원의 경우 학교 측이 30퍼센트, 정부 지원 20퍼센트, 그리고 개인이 50퍼센트의 보험료를 부담한다(국민건강보험공단, 2006b).

21) 2007년 의료법에 개정안에 따르면 개별 의료기관이 비보험 의료 서비스의 진료비를 환자들에게 직접 홍보할 수 있다.

형의 침술이 의료보험 적용을 받고 있으며 회당 가격은 대체로 약 9천
원(한의사9)"으로 알려져 있다. 비보험 의료 서비스의 가격이 필요 이상
으로 높은 것은 경쟁적인 설비 투자와 지나치게 낮은 의료보험수가 사
이의 격차를 보전하기 위해서라는 주장(노병인, 2006)은 주목할 만하다.

현행 의료보험제도에서 모든 의료기관은 의료보험요양기관으로 지정
된다. 진료비 청구에 대한 지불은 국민건강보험공단에서 하는데 건강보
험심사평가원은 의료기관이 제출한 청구서를 심사 평가하여 그 결과를
국민건강보험공단에 보낸다. 의약품에 대한 급여비는 의료기관에 의약
품을 공급하는 개인이나 업체에게 직접 지불되며 의약품의 양을 기재
한 보고서와 의료기관의 명칭은 국민건강보험공단에 제출된다.

2000년부터 정부는 의료보험수가 결정에 상대가치점수제도를 도입하
였다. 상대가치점수제란 의료 서비스의 개별 항목별[22]로 상대가치를 부
여하고 그에 단위가치당 환산점수를 곱하여 수가를 결정하는 것을 의
미한다. 따라서 항목별 상대가치와 환산점수를 결정하는 것이 의료보험
수가 결정의 핵심이다. 개별 의료 서비스의 상대가치점수는 종전에는
건강보험정책심의위원회의 상대가치점수평가팀에서 심의하고 보건복지
부 장관이 고시하였다. 2003년 8월, 건강보험심사평가원에 상대가치점
수연구개발단이 설치된 뒤 그 기관에서 업무를 담당하고 있다. 지금까
지 수가결정에서 가장 중요한 것은 모든 서비스 항목에 영향을 주는
단위당 환산가치의 결정이었다.

2000년부터 국민건강보험공단 이사장과 의료 서비스 공급자들대표로
구성된 요양급여비용협의회의 대표가 매년 환산가치를 근거로 의료보
험수가를 계약하도록 되어 있다.[23] 계약이 결렬될 경우 결정은 건강보

---

22) 2004년 12월 현재 급여 항목은 총 34,351개이며 비급여 항목은 9,414개이다(유시민,
   2005).
23) 1999년까지 의료보험수가는 정부가 결정하였는데 재정경제원(경제기획원)과 보건복지부
   (보건사회부)가 협의, 결정하였다. 그러나 실제로는 물가 안정이라는 원칙에 근거하여
   재정경제원의 영향력이 수가 결정에 좀 더 지배적이었던 것으로 알려지고 있다(박은철,
   2003: S430-S431).

험정책심의위원회에서 행해지는데(국민건강보험법 제4조),[24] 동 위원회는
가입자대표·공급자대표·공익대표들로 구성된다. 2005년에는 건강보험
관리공단과 요양급여비용협의회 사이에 계약이 성사되었으나 2000년부
터 2004년까지, 그리고 2006년에는 계약이 결렬되어 건강보험정책심의
위원회에서 보험수가가 결정되었다.

〈표 I-3〉은 2002년 상반기 동안 국민건강보험공단이 지불한 진료비

〈표 I-3〉 의료 서비스 공급자별 보험급여비 실적(2002)

(금액단위: 백만 원, 기관수 단위: 개)

	보험급여비 (A)	의료기관 또는 약국 수 (B)	개별의료기관 또는 약국당 평균보험급여비 (A/B)
총 계	13,691,582 (100%)		
의료계 계	8,785,625 (64.2%)		
종합전문 요양기관	1,819,753	43	42,319
종합병원	1,654,465	249	6,644
병원	861,181	785	1,097
의원	4,360,059	21,837	200
보건소 등	90,166	n.a.*	
한의계 계	597,284 (4.4%)		
한방병원	51,811	157	330
한의원	545,473	7,218	76
약국	3,665,086 (26.8%)	17,823	206
치과 및 기타	643,588 (4.7%)	n.a.*	

자료: 건강보험심사평가원(2002)
* n.a.: 동질적이지 않은 의료기관들을 함께 분류한 관계로 의미 없다고 판단
되어 수치를 제시하지 않음.

---

24) 당초에는 국민건강보험법 제42조에 의거, 건강보험심의조정위원회가 설치되었으나 2002
년 국민건강보험재정건전화특별법이 제정되면서 건강보험정책심의위원회(건정심)로 대
체되었다. 한시법이었던 동 특별법이 2006년말 효력을 상실하면서, 개정된 국민건강보
험법에 따라 기존의 건강보험정책심의위원회가 의료보험수가 결정 관련 기능을 지속하
게 되었다.

규모를 의료기관 유형별로 구분한 것이다. 의료기관은 보험급여비 외에 환자들로부터 본인부담금을 받고 있고 비보험 의료 서비스로부터의 수입이 있기 때문에 〈표 I-3〉이 의료기관의 전체 수입을 나타내지는 않는다. 비보험 의료 서비스에서 발생하는 수입이 알려져 있지 않다는 점은 의료보험수가를 결정할 때 늘 논란이 되는 사안이기도 하다. 또한 표에서 기관별 지불 금액은 평균치만을 나타내고 있어 특정 범주 안에서 기관별 소득 분포를 반영하지 못한다는 한계가 있다.

그럼에도 이 표는 의료 서비스 공급 주체별 의료보험수입 실태와 관련된 몇 가지 정보를 제공하고 있다. 먼저 보험급여비의 가장 많은 부분이 종합병원에 할당되고 있으며 개별 한의원에 가장 적은 부분이 적용되고 있다. 또한 개별 약국에 돌아가는 보험급여비가 개별 의원에 돌아가는 부분보다 다소 많다는 점이 눈에 띈다. 총 지급의 63퍼센트가 의료계에 배정되고 있으며 27퍼센트가 약국, 4퍼센트가 한의계의 몫으로 배분되고 있다.

지난 20여 년 동안 지속된 저보험료-저수가-저급여 정책은 준비가 부족했던 의료보험제도를 초기에 정착시키고자 정부가 선택한 불가피한 전략이었다. 이는 곧 의료 서비스 공급자들로부터 불만을 불러일으킴과 동시에 이들에게 제공되는 제약회사의 음성수입을 묵인 또는 합리화하는 배경이 되었다. 낮은 보험료로 건강보험의 수입은 크게 증가하지 않았던 것과 달리, 가계소득의 증가와 노령화 등으로 의료 서비스 수요는 급증하였으며 보험 혜택 또한 크게 확대됨으로써 '90년대 중반 이후 보험재정은 심각한 어려움을 겪고 있다(신영석, 2000; 신영석 외, 1999; 최희경, 1997). 1994년부터 1998년까지 의료보험의 지출은 연간 21퍼센트씩 증가하였으나 동기간 보험요율의 증가율은 12퍼센트에 그쳤다는 통계 또한 이러한 사실을 뒷받침하고 있다(국민건강보험공단, 2006a).

1996년부터 지역의료보험이, 그리고 1997년부터는 직장의료보험과 공무원 및 사립학교교직원 의료보험이 적자를 기록하기 시작하였는데 특히 지역의료보험의 재정 상황은 급격히 악화되었다. 2000년 7월 의약분

업제도의 시행 시점과 맞물려 의료보험의 적자폭은 더욱 커졌고 2001년
한 해 동안 약 2조 4천억 원이라는 최대 규모의 적자를 기록하였다.

〈그림 I-5〉는 '90년부터 2005년까지 의료보험재정 총계 실태를 보여
주고 있다. 1996년부터 2001년까지 보험급여비가 보험수입을 초과하여
적자를 기록하고 있다. 의료보험 재정난은 의료단체 사이에 새로운 갈
등을 초래하였으며 정부와 의료 서비스 공급자들 사이의 관계를 더욱
악화시키는 계기가 되었다.

〈그림 I-5〉 연도별 의료보험재정 실태(1990~2005)

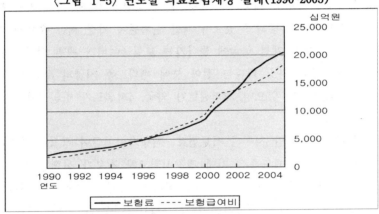

자료: 국민건강보험공단 통계자료실(2006)
* 보험료(수입)에는 정부지원금(보험재정국고지원금 및 담배부담금)이 포함됨.

이에 정부는 2002년 2월부터 담배사업의 부담금을 올려 건강증진기
금을 보험급여비로 사용토록 하는 등 재정안정대책을 마련하였으며 보
험재정은 2003년부터 흑자로 돌아섰다. 경기침체로 말미암은 의료기관
이용률 둔화도 재정 안정화에 기여하였다. 그러나 정부가 건강보험 보
장 범위를 확대하고 의료 서비스에 대한 수요가 증가하면서 2006년 말
현재 보험 재정은 다시 적자의 위기에 놓였다. 정부는 당초 담뱃값 인
상으로 재원을 충당하고자 하였으나 무산되었고 2006년 12월, 보험가입
자 측의 반대에도 불구하고[25] 이듬해의 보험료는 6.5퍼센트 인상되었다.

한편 보험료가 인상되었지만 2007년도 당기 적자는 불가피할 것으로 보여 보장성 강화 계획의 일부 축소, 가벼운 질환에 대한 환자 부담 확대 등의 추가 조치가 이어질 계획이다(이데일리, 2006; 연합뉴스, 2006a).

이상에서 세 의료전문직의 발전 과정과 현황, 그리고 의료보험의 진전 과정과 최근 현황을 살펴보았다. 이들 정황은 세 단체 사이의 최근 갈등과 의료전문직 체제의 특성 및 변화를 이해하는 데 기본이 되는 핵심적인 정보이다.

우리나라 의료전문직 체제에서 의사단체는 가장 많은 인력과 자본, 그리고 첨단 지식과 기술의 전문성을 보유한 주류 세력이다. 오랜 역사와 전통, 민족 의학이라는 상징성과 이에 바탕을 둔 국민의 지지를 확보한 한의계는 의료계의 주된 경쟁자이며, 약사단체 또한 이들 두 의료단체에 뒤지지 않을 정도의 인적 자원과 영향력을 갖추고 전문영역을 확보해나가고 있다.

지난 30여 년 동안 세 의료전문직 구성원의 수는 급증하였으며 의료기관과 약국 또한 급격히 증가하였다. 이에 더하여 전문의와 일반의 사이의 역할이 불분명하고 세 의료단체 사이, 의료기관들 사이의 기능 분담이 불명확한 상황에서 의사, 한의사, 약사 사이의 경쟁은 격화되었다.

사회의료보험제도의 도입과 범위 확대는 의료 공급자단체들에게 새로운 갈등 요소로 등장하였다. 의료보험수가 수준은 특히 의약분쟁 때 중요한 쟁점으로 등장하였으며 의료보험 재정난은 의료단체들의 갈등을 압박하는 현실적인 요인이 되었다.

---

25) 12월 1일 건정심 최종 회의에서 정부가 제시한 타협안, 즉 수가 2.3퍼센트 인상과 보험료율 6.5퍼센트 인상안에 대한 표결에서 보험가입자대표 전원이 반발, 퇴장하였다.

Ⅱ 의료전문직 갈등에 대한 이론적 논의

의료직은 법조계, 회계 분야와 더불어 대표적인 전문직으로 인정되어 왔다. 따라서 의료단체의 성향과 특징, 활동 등을 분석하는 데 전문가주의(professionalism) 이론은 중요한 논거를 제공한다. 특히 Abbott(1988)의 전문직 체제이론은 전문관할 영역에 영향을 주는 다양한 환경 요인을 제시함으로써 복잡한 우리나라의 의료갈등 사례를 분석하는 데 유용한 논점을 제공한다.

한편 Abbott의 이론에서는 충분히 설명되고 있지 않지만 우리나라의 사례에서 중요하게 논의되어야 할 부분들이 있다. 전문가단체의 경제적 이윤추구 동기와 정부의 역할이 그것이다. Abbott의 연구는 정부의 역할을 여러 환경 요인 가운데 하나로만 다루고 있어 정부가 중요한 주체이고 변수인 우리나라의 사례를 설명하는 데 부족한 면이 있다. 또한 전문가단체의 경제적 동기에 대해서도 별도의 논의를 하지 않고 있는데 이 점은 우리나라의 사례를 설명하는 데 보완되어야 할 사항이다. 이들 두 요인에 대해서는 다른 관련 문헌들을 검토하여 본 연구의 논거로 활용한다.

1. 전문가주의와 우리나라의 의료전문직 갈등

1) 전문가주의 이론의 적용

전문가주의(professionalism)란 특정 직업의 구성원들로 하여금 특정한 지식과 기술을 바탕으로 자율적으로 직업 생활을 운영, 유지해갈 수 있도록 하는 일단의 제도와 가치를 의미한다(Freidson, 2001: 17). 전문가주의 이론은 다양한 논점과 시각, 그리고 내용을 포함하고 있는데, 여기서는 우리나라 의료전문직 갈등 사례에 적용될 수 있는 전문가주의 이론들을 중심으로, 다음 세 가지로 구분하여 설명한다.

첫째, 갈등을 통한 개별 의료전문 단체의 변화 또는 발전이라는 측면에 초점을 두고자 한다면 전문가주의 이론의 초기 연구들이 유용하다. Carr-Saunders & Wilson의 《The Professions》(1934)가 발표된 이후 전문직에 대한 연구는 전문가단체의 개념과 특정 단체의 전문화 과정(professionalization)에 관심을 두었다. Greenwood는 이념형으로서 전문가단체가 갖추어야 할 핵심 요건이 무엇인지 밝히고자 하였는데, 전문가들 사이의 그리고 전문인과 고객 사이의 관계를 규정하는 윤리 강령, 고객들이 인식하는 전문가적 권위, 공식 협회를 통해 규정·유지되는 전문가적 문화가 이에 포함된다고 주장하였다(Vollmer & Mills, 1966: 9). Caplow(1954)는 전문가단체가 발전하는 데는 일련의 과정이 있으며[26] 이들 과정을 거쳐

---

[26] Caplow는 전문화 과정의 내용이 분명하고 그 순서조차 명백하다고 주장하였다. 첫 번째 단계는 협회의 창설 단계로, 일정 기준을 제시하여 자격을 갖춘 이들만을 구성원으로 받아들인다. 두 번째 단계에서는 전문가단체의 명칭을 변경한다. 종전의 비전문단체로서의 성향을 탈피하고 특정 전문 기능을 강조하며 특정 전문영역에 대한 기술적 독점권을 주장할 수 있는 명칭으로 바꾼다. 세 번째 단계는 윤리 강령을 개발하고 공표하는 과정이다. 윤리 강령에서는 해당 단체의 사회적 유용성을 주장하고 공공복지에 기여할 수 있는 근거를 제시하며 무자격자나 유사 단체를 배제할 수 있는 엄격한 기준을

야만 특정 단체는 전문화될 수 있다고 보았다(Vollmer & Mills, 1966: 19).[27]

그러나 개별 단체의 전문화 과정에 대한 초기 전문가주의 이론을 우리나라 의료전문직 갈등 사례에 적용하는 데는 한계가 있다. 세 주요 의료단체의 외형적인 전문화 과정은 '60년대에 이미 거의 마무리되었기 때문이다. 최근의 분쟁을 거치면서 이들 단체가 조직적 정치적으로 발전한 것은 사실이나 이에 대한 부분은 초기 전문가주의 이론의 일부분에 지나지 않는다. 특히 초기 전문가주의 이론은 전문가단체들 사이의 또는 전문가단체와 환경 사이의 관계보다는 개별 전문가단체의 발전에 초점을 두고 있어 우리나라의 사례를 설명하는 데 한계가 있다.

둘째, 우리나라의 의료갈등 사례들을 전문가적 권력 또는 전문가단체의 이해관계라는 점에 초점을 두고 연구하고자 할 경우 전문가주의 이론 가운데 독점주의 이론 또는 권력이론이 유용하다. Freidson(1970a, 1970b)은 전문가주의 권력이론의 창시자라 할 수 있는데, 그에 따르면 동료의식이나 신뢰가 아닌 우월성과 자율성이 진정한 전문가주의 이론의 핵심이다. Freidson은 특정 단체가 전문가단체로 인식되려면 사회 내 강력한 정치적 경제적 엘리트 계층으로부터 지지를 얻는 것이 필수적이라고 주장한다.

Johnson은 《Professions and Power》(1972)에서 특정 전문 서비스의 소비자와 생산자 사이의 관계에 초점을 두고 이들의 관계에서 전문가의 업무를 통제하고 규제하는 서로 다른 유형들을 제시하였다.[28] Johnson은 개별 전문직의 역사적 발전 과정이 서로 다르기 때문에 전문직의 통제

규정한다. 네 번째 단계는 일종의 정치적 활동으로, 유사단체의 진입을 막고자 대중의 지지를 확보하고자 하는 노력을 포함한다.

27) 한편 전문화 과정과 동시에 행해지는 주요 활동으로는, 전문가단체가 직간접적으로 규제하는 교육과 훈련기관의 설립·운영, 입학과 최종 자격획득에 대한 협회 차원에서의 개입과 규제, 신용과 배타적 특권을 법적으로 보장받는 것과 윤리 강령의 규정들을 정교하게 발전시키고 인근 전문가단체들과 갈등을 거쳐 관계를 정립하는 것 등이 제시되고 있다(Caplow, 1954: 139 140; Vollmer & Mills, 1966: 20 21).

28) 동료들 사이에 행해지는 전문가들의 자체적인 통제, 후원자나 지역사회에 의한 통제, 국가와 같은 제3자의 직접 개입에 의한 통제가 그것이다.

에 대한 영향 또한 다른 양상으로 나타날 것으로 보았다. 그의 이론은 복잡한 산업 사회에서 전문가단체에 대한 통제를 논의하는 데 사회학적 틀을 제공한 것으로 평가된다.

Larson의 역작인 《The Rise of Professionalism》(1977)에 따르면, 전문가 집단은 사회적으로 중요한 영역을 지적 조직적으로 지배하고자 하는 시장 조직이다. Larson은 전문가 집단을 자본주의 사회의 계급 구조와 연관하여 연구하였다. 그녀는 전문화 과정을 전문가 집단이 자신들의 사회적 위상이나 특권뿐만 아니라 경제적 지위를 개선하고자 추진하는 집단 이동 프로젝트(collective mobility project)로 분석하였다. Larson은 전문가단체의 자본 이익 추구 성향을 강조하면서, 특정 단체가 일단 전문가적 지위에 오르면 그들의 직업윤리나 이데올로기는 자본주의적 인식과 일치하는 방향으로 강화된다고 주장하였다.

전문가단체와 국가의 관계는 독점주의 이론가들에게 중요한 이슈였다. 이들은 전문화 과정과 전문가 업무에 국가가 적극 개입해 왔다는 점에 주목하고 특정 단체가 전문적으로 인지되고 자격증을 받고 법제화되는 데는 정부에 의존하는 것이 불가피함을 강조하였다. 전문가단체의 경제적 이윤추구 동기를 설명하는 데도 이들 독점주의자들의 연구와 이론이 유용하다.

우리나라의 의료갈등 사례에서 경제적 동기와 정부의 역할은 중요한 논점인 만큼 독점주의 이론이 유용한 논거를 제시한다. 그러나 독점주의 이론은 우리의 경우를 전체적으로 파악하는 데 한계가 있다. 독점주의는 전문가단체의 권력 또는 자본이득이라는 특정 요인에 초점을 두고 있어 편향된 시각을 초래할 수 있기 때문이다. 한국의 사례는 복잡한 정황에서 다양한 이유로 세 의료단체가 서로 대치하고 있는 상황이므로 좀 더 거시적이고 체제적인 시각에서 논의될 필요가 있다.

셋째, 다양한 요인과 환경을 고려하여 체제론적인 시각에서 우리나라의 의료전문직 갈등을 분석하는 데는 Abbott(1988)의 연구가 이론적 근거로서 유용하다. 앞서 논의한 전문가주의 이론들이 개별 전문가단체나 전문화 과정의 개념과 특성, 또는 지배나 권력의 특징적인 면을 강조한데 견주어, Abbott은 전문직의 특성과 활동을 좀 더 거시적인 시각, 즉 전문가단체의 체제라는 관점에서 파악하고 있다. 그는 전문가단체의 일상과 활동에 가장 기본적인 현상은 다른 전문가단체들과의 경쟁이라고 주장하며 개별 전문직이 아닌 여러 전문가단체로 구성된 체제 전반과 환경에 논의의 초점을 두었다. 또한 경쟁에 관한 연구만이 특정 전문직의 등장과 성공, 그리고 실패의 원인을 설명해줄 수 있다고 보았다.

본 연구의 목적은 개별 의료전문직 갈등 사례를 분석하여 주요 의료전문 단체들이 어떤 관계를 형성하고 있고 이들로 구성된 의료공급자 체계가 분쟁을 겪으면서 어떻게 변화하고 있는지를 파악하는 데 있다. 최근 10여 년 동안 우리나라 세 의료전문직의 관계는 Abbott이 제시하고 있는 전문 관할영역의 변화로 말미암은 갈등으로 설명될 수 있다. 그의 이론은 다양한 요인이 관련된 우리나라의 복잡하고 역동적인 의료 상황을 설명할 수 있을 것으로 기대되며 포괄적이고 체계적인 관점을 제공할 수 있을 것으로 보인다.

2) Abbott의 전문직 체제이론

Abbott(1988)은 전문가적 활동의 핵심이 특정 전문가단체와 그 업무, 즉 관할영역의 연계라는 주장으로 논의를 시작한다. 개별 전문직과 일단의 특정 업무는 관할영역 또는 관할권(jurisdiction)이라는 개념으로 결속되어 있다. 관할영역이 특정 전문가단체에 소속 또는 연계되는 정도는 실제 업무 과정에서 결정되는데 실제로 어떤 연계도 절대적이거나 영원한 것은 아니다. 전문가단체들 사이에는 다양한 상호작용이 일어나고 여러 형태의 상호관계가 형성되어 이른바 전문직 체제가 구성된다. 전문단체들은 이러한 체제 안에서 서로 경쟁하는데, 특정 전문직의 성공은 해당 단체의 노력뿐만 아니라 경쟁 단체의 상황과 체제 구조의 결과이며 그 업무는 외부 요인에 따라 생성, 변형, 소멸된다(Abbott, 1988: 33).

전문단체들은 특정 관할영역에 배타적 권한을 가지고 있음을 사회가 인지해주기를 희망하고 요구한다. 특정 관할권에 대한 보장이란 해당 업무와 공식적인 보수 지급에 대한 독점권, 자발적인 고용과 자체교육 및 훈련에 대한 권한, 그리고 전문가적 훈련·고용·자격증 부여에 대한 통제권 보증을 의미한다(Abbott, 1988: 59). 전문가단체들은 특별히 다음의 세 영역—법적 영역, 여론의 장, 그리고 실무현장에서 전문영역과 관할권을 주장한다.

첫째, 전문가단체가 대중에게 공개적으로 자신들의 관할권을 주장할 수 있다(Abbott, 1988: 60-62). 여론의 장에서 특정 영역에 대한 통제권을 주장한다는 것은 전문가들이 선호하는, 또는 적절하다고 여기는 업무를 수행할 수 있는 권리와 다른 단체를 배제하고 그 업무를 공식적으로 관할할 수 있는 권리에 대한 주장이 포함된다. 여론을 향한 관할권의 주장은 동시에 사회적 문화적 권위에 대한 주장이다. 여론의 장은 법적 영역으로 통하는 경로이며 전문가 갈등의 중요한 전장이다. 전문가단체들은 공공의 장에서 자신들의 이미지를 구축한 뒤 그러한 이미지로 법적 제도가 자신들에게 유리하게 설치될 수 있도록 압력을 행사한다.

둘째, 공공의 영역에서 행해진 관할권 주장은 법적 제도화 과정에서 더욱 확연히 드러난다(Abbott, 1988: 62-64). 관할영역에 대한 법적인 주장과 다툼은 입법과정에서, 사법기관에서, 그리고 행정 또는 기획 기구에서 행해진다. 여기서 관할영역에 대한 주장은 그 내용을 더욱 구체화하고 공식화하며 다른 영역에서의 주장보다 확정적이고 변동이 쉽지 않은 특성을 지닌다.

마지막으로 실무현장에서의 관할권 주장은 특정 업무에 대한 현실적 통제권을 주장하는 것이다(Abbott, 1988: 64-67). 현장실무에서는 업무가 무엇인지 또는 업무를 어떻게 구성할 것인지에 대한 논란은 거의 일어나지 않는다. 일반적으로 현장에서는 잘 정리되어 이해되고 널리 알려진 업무 방식이 있기 때문이다. 그러나 실무에서 전문가적 업무를 수행하는 데는 복잡성과 다양성이 수반되어 다른 전문 관할영역과의 경계가 명확히 구분되지 않는 경우가 자주 발생한다. 이 경우 전문직 체제에서 우월한 위치에 있는 전문가단체는 자신들의 전문 관할영역이 분명하고 특수함을 강조하는 반면, 하위에 있는 단체는 주류단체와의 유사성을 강조한다.

전문단체로서는 자신의 관할영역을 소유하는 것뿐만 아니라 이를 방어하고 확장하는 것 또한 중요한 목표이다. 그러나 이들 단체는 상호관계를 통해 체제를 유지하기 때문에 실제 상황에서는 완전한 관할권을 소유한다는 것이 쉽지 않으며 이를 대신할 만한 대안적 운영이 행해지고 있다. 복종, 분업, 지적 관할권이나 조언적 관할권의 확보, 고객층의 차별화 등은 독점 관할권을 지니는 대신 인근 전문단체들과 관계하며 나름대로의 관할권을 지속하는 대안적 방법들이다(Abbott, 1998: 71-78).

타협에 따라 관할권이 제약을 받는 가장 대표적인 경우는 복종인데 의사와 간호사의 관계가 대표적인 예이다. 복종의 유지에는 공식적인, 즉 법적이고 공공적인 복종이 강조되는데 법적으로 확보된 복종관계는 현장 실무를 통해 비공식적으로 확립된 복종관계보다 도전 받을 가능성이 적고 안정적이다. 실무현장에서 복종 관계를 지속하기 위해서는 복잡한 상징적 질서, 예를 들면 직함이나 존대어의 사용, 정복 착용 등의 준수를 함께 필요로 한다.

분업을 통해 관할권을 유지한다는 것은 기능적으로는 상호의존적으로 그러나 구조적으로는 평등하게 특정 영역을 분화, 담당함을 뜻한다. 그러나 일반적으로 관련 단체들의 업무가 유사하고 그 경계는 매우 불분명하기 때문에 전문단체들 사이에 분업을 통한 관할권 해결은 현실적으로 쉽지 않다.

고객 층화에 따른 관할권 분담은 전문단체의 규모와 그 단체가 공급할 수 있는 서비스 양의 관계를 반영한다. 일반적으로 어떤 전문서비스에 대한 수요가 특수한 환경 요인으로 급증하여 공급을 초과하면 고객의 층화 현상이 일어난다. 즉 고객들 사이에 부가적인 대가를 치르고서도 양질의 전문서비스를 이용할 수 있는 계층과 상대적으로 낮은 가격과 낮은 품질의 서비스를 활용할 수밖에 없는 계층이 구분된다. 서로 다른 고객층 가운데 어떤 고객을 대하느냐에 따라 전문서비스 공급자들 사이에도 계층이 발생한다. 관할권을 부분적으로만 인정받는 방법 가운데 이러한 고객 층화 방법은 실무현장에서 발생하며 가시적이고 외형적이라기보다는 비가시적이고 암묵적으로 내재하는 경향을 보인다.

한편 전문직의 사회조직이나 단체는 관할권 주장의 유형과 성공여부에 영향을 준다(Abbott, 1998: 79-85). 전문직의 사회 조직을 논의하는 데는 몇 가지 가정이 필요하다. 첫째, 전문직의 조직이 강력할수록 관할권에 대한 주장은 더 효과적으로 성과를 거둘 수 있다. 둘째, 전문가단체가 분명하게 인지될 수 있는 단일의 범국가 조직을 결성하는 것은 공공을 향한 주장 또는 법적 주장의 선결요건이다. 셋째, 덜 조직화한 전문직이 실무현장의 경쟁에서는 더 유리한 예외의 경우가 있는데, 명확한 업무 범위나 구조가 없다는 특성이 오히려 업무의 범위를 자유롭게 변동시킬 수 있는 장점이 되기 때문이다.

특정 관할권의 배타성 때문에 전문직들은 상호의존적인 관계를 형성하며 이러한 상호의존성이야말로 체제의 중요한 특징이다. 따라서 전문직 체제에서 한 전문직의 변동은 다른 전문직에 영향을 줄 수밖에 없다. 전문직 체제 안의 관할권 변동은 일반적으로 두 방식에서 비롯된다. 하나는 새로운 관할영역을 만들거나 기존의 관할영역을 소멸시키는 외부의 힘으로 발생하고, 다른 하나는 새로운 영역을 추구하는 기존 또는 새로운 전문직의 의도와 노력으로 발생한다. 관할영역이나 관할권의 변동은 전문직 체제에서 연쇄적인 교란을 일으킨다(Abbott, 1988: 90-91).

Abbott은 개별 전문영역 관할권에, 이어서 체제 전반에 영향을 주고 변화시키는 요인들에 관심을 두었다. Abbott은 전문직 체제의 내적 외적 요인들이 어떻게 체제를 교란시키는지, 이들 변동과 교란이 어떻게 확산되고 흡수·소멸되는지 설명하고자 영국, 미국, 프랑스, 독일의 역사적인 사례들을 제시하였다.

체제 내적 변동요인

전문직 체제의 변동에 영향을 주는 내부 요인으로 먼저 내부 성층화 (internal stratification)를 들 수 있다(Abbott, 1988: 118-121). 체제 안의 여러 전문직 사이의 다양한 계층은 전문가단체 사이의 관계와 전문가단체 체제 전반에 영향을 준다. 내부 성층화는 전문직의 위상, 고객 계층, 업무조직, 경력의 유형 등에 따라 발생한다. 내부 성층화는 체제를 교란시키기도 하고 교란을 제거하기도 하며 전문직종들의 상호연계에 영향을 준다.

전문직 체제에서 가장 높은 위상을 차지하는 전문직이나 단체는 가장 순수하게 전문가적 환경에서 전문 업무의 핵심을 담당하는 이들이다 (Abbott, 1988: 118). 고객들이 첫 번째로 접하는 일선 창구의 전문가들은 대중의 존경을 받을 수 있지만, 해당 전문직 안에서는 일반적으로 가장 낮은 위상에 있다. 이러한 상황에서 전문가들은 가능한 한 정형화한 일반 업무와 영역에서 벗어나 순수한 고유의 전문가적 영역에 머물고자 하는 경향이 있다. Abbott은 이러한 현상을 순수 전문성으로의 회귀(profes-sional regression)라고 부르면서 전문가들이 이러한 성향을 지니는 것은 불가피하다고 보았다(Abbott, 1988: 119). 상위의 전문가들은 내부의 상하 지위를 구분하여 자신들의 높은 지위가 유지될 수 있도록 방어한다. 전문직 체제의 이러한 성층화 경향은 체제의 혼란을 일으키기도 하며 흡수하기도 한다. 내부 지위의 차이는 고객층의 차이 및 업무조직 사이의 구분과 결합되어 전문직 안에서의 소득, 권력, 특권의 격차를 확대시킨다.

고객층화는 전문직들의 관계에서 중요한 요인이다(Abbott, 1988: 122-124). 두 전문가단체가 동일한 관할영역을 공유하고 있고 상하관계를 이루고 있다면 일반적으로 상위의 전문가단체는 상위계층의 고객을, 하위의 전문가단체는 하위계층의 고객을 담당할 가능성이 높다. 이러한 상황은 특정 전문직 내부관계나 전문직 사이의 관계에 영향을 주며 나아가 전문가단체 체제 전체에 영향을 준다.

동일한 전문직 안에서도 전문가들은 다양한 직장과 현장에서 서로 다른 위상과 수입을 누린다(Abbott, 1988: 125-127). 특정 전문직에서 훈련 중에 있거나 일상의 규칙적 업무를 담당하는 전문가들은 일반적으로 위임된 업무만을 담당한다. 전문직 안에 하위 분야가 형성되는 것은, 전문서비스에 대한 수요나 조직, 기술 등이 다른 전문직으로 이동하여 관할권에 영향을 줄 수 있는 상황을 흡수하는 데 필수적인 장치이다. 따라서 특정 전문직 내부의 계층화는 전문직 사이의 경쟁에 영향을 끼친다.

지배세력과 체제 보수주의 또한 중요한 내부 변동요인이다(Abbott, 1988: 134-142). 지배세력이란 전문직 체제에서 영향력을 발휘하는 우월한 세력을 의미하며, 체제 보수주의란 단기적으로는 특정 세력이 체제의 균형을 지연시키거나 파괴할 수 있지만 장기적으로는 체제 전체가 균형에 도달한다고 보는 시각이다. Abbott은 지배세력과 체제 보수주의 경향은 어떠한 체제에서든 존재하기 때문에 결국 문제는 그 정도라고 보았다(Abbott, 1988: 135).

Abbott은 전문가적 권력(professional power)에 대해 '체제의 전반적인 힘(force)이 특정 전문직으로 하여금 더 이상 영향력을 갖지 못하게 압력을 가하고 있음에도 그 전문직이 관할권을 그대로 유지할 수 있는 능력(Abbott, 1988: 136)'이라고 정의하였다. 전문가적 권력의 원천은 몇 가지로 설명할 수 있는데(Abbott, 1988: 135-138), 문제를 정의하고 치유방법을 제시하며 비교나 경쟁을 불허하는 전문가들의 능력이 무엇보다 필수적인 요건이다. 또한 법적 관할권을 실행할 수 있는 수단을 갖춘 협회가 있어야 한다. 권력의 원천은 체제의 외부에도 존재하는데 예를 들면 어떤 전문직은 경쟁을 통해 정부의 지원을 받기도 하며 또 어떤 전문직은 상위 계층의 기관들을 포섭하여 경쟁에 필요한 자금과 명성, 정당성 등을 획득하기도 한다. Abbott은 체제의 외부로부터 권력을 끌어내는 최종적인 수단은 특정 사회 계층과의 연합이라고 보았다.

전문가 권력은 분명 관할권을 둘러싼 갈등에 영향을 주지만 장기적으로 보면 그것만으로 갈등 상황을 설명하기에는 충분치 않다(Abbott, 1988: 140-141). 특정 시점에서 절대적인 독점권을 보장받고 있다고 하더라도 그 지속성을 보장받을 수는 없으며 관할권 갈등에서 항상 유리한 처지에 있는 것은 아니다. 전문단체들 사이의 권력관계가 불안정하고 교란이 발생하는 이유는 다른 강력한 단체, 즉 다른 지배적인 전문집단이나 고객, 정부 등과 같은 주체들의 관여와 활동 때문이다. 이들 외부의 다른 주체들은 관할권을 두고 벌어지는 갈등에서 개별 전문직의 권력을 제한하는 역할을 한다. 전문직 체제에서 지배적 위상이란 단기적인 권력을 의미할 뿐이며 영속성의 보장을 의미하는 것은 결코 아니다.

사회적 변동요인

전문영역 관할의 기회를 새롭게 창출하고 또 소멸시킬 수 있는 중요한 사회적 요인에는 기술, 대규모 조직과 조직의 관료제화, 조직화한 사회와 사회운동 등이 있다(Abbott, 1988: 143-176). 현대 기계 기술의 발달은 새로운 그리고 잠정적인 다수의 전문가 영역을 창출하였다. 대규모 조직의 등장 또한 전문가들의 업무 영역을 크게 변화시켰다. 민간부문과 공공부문 모두에서 대규모 조직은 내외적으로 세분화한 새로운 업무를 창출하였는데, 이들은 전문가적 서비스를 대거 필요로 하는 업무이다. 한편 특정한 사회 동향은 사회 문제를 정의하는 데 새로운 시각을 제공하는데, 이들 동향은 나중에 전문기술과 활동으로 진전된다. 기존의 특정 분야 전문가들이 이러한 새로운 동향의 주도자가 되기도 하며 일반 지도자들이 전문가로 변화하기도 한다.

20세기 전문직의 주요 특징은 조직이 더욱 관료제적인 형태로 변환된 것이다. 상하 계층제 구조의 관료제화 현상은 실무현장에서 두드러질 뿐만 아니라 전문가 협회의 특성에서도 확연하다(Abbott, 1988: 150). 관료제화는 전문직과 그들의 업무 경쟁에 다양한 영향을 끼쳐왔다. 전문직 내부가 분화됨으로써 다른 특정 전문직이 득을 보는 경우도 가끔 있지만 일반적으로는 해당 전문단체의 내부 경쟁에 큰 영향을 끼쳤다(Abbott, 1988: 157).

전문직 체제에 변동을 일으키는 또 다른 중요한 사회적 요인은 전문가단체들의 활동에 관여하고 이들을 규제하는 데 중심 역할을 하는 주체가 누구인가 하는 점이다(Abbott, 1988: 157-167). 이는 특히 우리의 복잡한 의료갈등 사례들을 검토하는 데 중요한 논점이다.

국가와 시대에 따라 전문직 체제에 가장 큰 영향을 준 단체는 실무현장의 전문가단체 자신들에서부터 여론을 형성하는 대중, 법적 체제의 정부에 이르기까지 다양하게 변화해 왔다. Abbott은 이 대목에서 정부의 기능을 논의하고 있다. 프랑스 등의 대륙계 유럽국가에서는 전문직 체제에서 법적 영역이 중요시되어 왔고, 따라서 전통적으로 정부가 강력한 통제력을 행사하며 체제를 이끌어왔다. 프랑스는 전문가 정책에서 전형적인 정부 개입주의 노선을 택한 국가이며 특히 행정부의 영향력이 입법부나 여론의 영향력보다 강력한 특징을 지니고 있다. 미국에서는 전문가단체를 규제하는 데 여론이 전통적으로 큰 구실을 맡아 왔다. 영국에서 전문가단체에 대한 규제는 여전히 입법부의 소관인데, 의회는 전문가단체에 대해 가능한 한 규제를 줄이겠다는 자세다. '80년대 중반 들어 영국과 미국은 프랑스형의 정부 개입주의 규제방식으로 변화하는 경향이 있었다(Abbott, 1988: 157-164). 영국의 의료 영역은 특별히 대중의 통제를 강하게 받아 온 부문인데, 미국에서와 같이 지속적으로 대중과 여론의 영향력이 확대되는 방향으로 진행되고 있다.

한편 일부 전문직은 전문단체들의 경쟁에서 외부 세력을 포섭하는 전략을 활용한다(Abbott,1988: 167-168). 이는 경쟁에 중대한 변수로 작용한다. 포섭을 통해 새로 합류되는 사회단체는 활용 가능한 외부 영향력의 정도를 급격히 증대시키기 때문이다. 외부 영향력의 개입으로 말미암은 전문단체들 사이의 균형 변화는 이어서 또 다른 중요한 변화, 즉 강력한 영향력을 지닌 소수 전문가단체의 부상을 초래한다. 과두체제 아래 새로운 업무의 배분은 경쟁이 아니라, 단지 권력의 정도에 따라 행해진다. 이들 과두의 전문가단체들은 광범한 관할영역에 걸쳐져 있는 많은 준전문가단체 또는 비전문가단체들을 통제하며 자신들은 앞서 포섭한 외부 권력에 의존하는 성향을 띤다. 소수의 전문가단체들이 다수의 준

전문가 또는 비전문가단체들을 강력하게 통제할수록 단체들 사이의 경쟁은 의미를 상실한다.

문화적 변동요인

전문직과 그들의 업무가 연관되는 문화 구조 또한 전문직 체제에 변화를 일으킨다. 전문가단체들의 관계를 변형시키는 문화 요인으로 전문지식, 관할권의 정통성과 도덕적 근거, 근대 대학의 등장과 발전 등이 있다.

전문지식은 전문직의 경쟁을 구체화하는 외부 요인이다. 지식의 변화는 다소 상반되는 두 형태로 구분된다. 하나는 새로운 지식이 부가되는 것이고, 다른 하나는 기존의 오래된 지식이 새로운 지식으로 대체되는 것이다. 각각 성장, 대체라고 불릴 수 있는 이들 지식변화의 과정은 전문직들에게 서로 다른 영향을 끼친다(Abbott, 1988: 178-179). 전문지식의 성장은 전문직이 더 세부적으로 구획·분화하도록 하는데, 한 전문가가 알아야 하는 지식의 양과 정도가 일정수준에서 유지될 수 있도록 하기 위해서이다. 지식의 대체는 전문직들로 하여금 핵심 전문지식을 선별하고 그 정수에 다가가도록 하는데, 전문지식의 핵심이야말로 세부적인 사실이나 방법과 같은 실용적·현실적 정보보다 훨씬 오래 유지될 수 있기 때문이다.

전문 업무가 사회적으로 정통성을 인정받는다면 전문직의 핵심 활동인 진단, 치유, 해석은 좀 더 포괄적인 사회 문화의 중심가치와 연계되며 나아가 문화적 권위를 지닌다. 다른 외부 요인들과 같이 이러한 변화는 전문직에 직접 영향을 주기보다는 체제의 구조 관계를 통해 간접적으로 영향을 준다(Abbott, 1988: 184). 관할권에 대한 윤리적 근거는 특정 단체가 관할권을 주장할 때 정통성의 근거로 매우 중요하다.

전문직에서 정통성의 근거는 과거에는 사회적 기원과 특성 등의 가치였으나 점차 기법의 과학화나 합리화, 그리고 전문서비스의 효율성으로 변화해 왔다. 일반 교양과 철학을 중시한 신사주의가 과학성, 효율

성, 책임성이라는 가치로 대체됨으로써 전문직 사이에 경쟁의 내용과
결과는 급격히 변형되었다. 이러한 변화는 사회문화 전반의 가치 변화
를 반영하는 것이다. 전문직들은 새로운 가치에 맞춰 자신들의 정통성
을 변화시켜야 했고 그렇지 못한 경우 기존 관할영역이 위기에 처하는
상황을 맞이해야 했다(Abbott, 1988: 195). 그러나 새로운 형태의 정통성에
적응하기를 거부하여 중요한 관할권을 잃은 전문직은 사실상 없었다.
그 이유는 주요 전문직들이 새로운 형태의 정통성에 서서히 적응해왔
으며 기존의 오랜 정통성을 그대로 고집한 예는 거의 없었기 때문이다.
또한 이러한 변화 추세를 거부하고 견딜 만큼 극단적으로 강력한 전문
직은 없었기 때문이다. 정통성의 가치는 현대 전문직의 역사 전반에 걸
쳐 현저히 변화하였으므로 국가마다 큰 차이가 있기는 하지만, 그 변화
가 실제 전문직들 사이의 관할권 변동에 미친 영향은 극히 미미하다.
새로운 가치는 개혁 세력이나 새롭게 등장한 전문직에게 새로운 이데
올로기로 받아들여졌다.

근대 대학의 발전 또한 중요한 문화적 요인이다(Abbott, 1988: 195-211).
지식과 높은 교육은 전문화 과정의 중요한 요인으로 간주되어 왔다. 대
학은 현대사회에서 가장 핵심적인 지식의 전당이며 대부분의 전문 교
육이 대학에서 이루어져 왔다. 대학은 젊은 전문가들을 양성, 훈련시키
는 기본적인 기능과 함께 전문 기술과 서비스의 배타적 행사를 가능케
하는 권위와 근거를 제공한다. 또한 대학은 지식 발전의 중심지로서 구
실하며 학계의 전문가들로 하여금 현장실무에 유용한 새로운 기술과
지식을 개발토록 한다. 이러한 소임과 위상을 지닌 근대 대학의 발전은
전문직을 강화하고 이들의 관할권 주장에 근거를 제공하였다.

Abbott은 이상과 같은 상황과 구조에서 어떻게 전문직들 사이에 갈등
이 발생하며 전문직 내부의 변화가 어떻게 외적 위상에 영향을 주는지
설명하고자 하였다. 또한 체제 내외의 요인들이 왜 동일한 형태가 아닌
다른 형태로 전문직에 영향을 주는지 설명하고자 하였다.

2. 의료전문직의 이윤추구 동기에 관한
이론적 논의

전문직의 경제적 이윤추구 동기는 Abbott이 중요하게 다루지 않은 요인의 하나이지만, 우리나라의 사례를 설명하는 데 간과할 수 없는 부분이다. 전문직의 경제적 이윤추구 동기와 행태에 대해서는 다양한 시각에서 많은 연구들이 진행되어 왔다.

전문가주의 규범에 충실한 Parsons(1954)에 따르면, 현대 자본주의 경제체제에서 전문가들 또한 다른 경제 주체와 마찬가지로 사익을 추구하지만 이때 이익은 부에 관한 것이라기보다는 지위, 권력, 명성 등이다. Parsons의 견해는 '60년대에 이르러 사회과학의 여러 분야에서 비판을 받았다. 사회학, 역사학, 철학 등 각 분야의 학자들은 Parsons의 주장이 '순진한' 것이라고 지적하였다.

전문가주의 이론 가운데 Larson(1977)의 연구는 전문가의 이윤추구 동기에 비판적인 자세를 견지한다. Larson(1977)은 전문직의 경제적 이해관계를 직접적으로 지적하면서, 전문화 과정은 특수한 전문지식과 기술이라는 희소 자원의 가치를 사회적 경제적 보상으로 전환하려는 시도라고 주장하였다(Larson, 1977: xvii). 희소자원의 유지는 시장에서 전문 기술이나 서비스에 대한 독점권을 유지하고 사회계층에서 상위 신분을 유지하려는 경향으로 나타난다. Larson(1977)의 연구는 전문가주의 이론 가운데 의료단체의 권력 현상을 시장체제에서 경제적 이윤추구라는 현상으로 지적한 최초의 성과로 평가된다.

전통적으로 경제학자들은 의사가 다른 경제주체와 크게 다르지 않으며, 이들 또한 사익추구의 동기에 따라 행동한다고 보고 의사들의 이윤추구는 자연스러운 동기라고 가정한다. 이들의 주장은 의료인의 사익추구라는 '일반 동기'에 초점을 두고 전문가적 책임의 가치나 실효성을 전혀 고려하지 않기 때문에 Parsons의 견해와는 차이가 있다(Moore, 2005: 2).

최근 경제학계에서는 의사의 이윤추구 동기를 비판하는 주장들이 적극적으로 제시되고 있다. 의사통제모형에 따르면, 의사들의 사익 추구는 사회의 자원 배분을 왜곡시킨다(Santerre & Neun, 1996: 226-228). 매우 다양한 의료 서비스가 존재하기 때문에 의사와 환자 사이에는 정보의 불균형이 존재할 수밖에 없고 소비자는 의료 서비스의 적정 소비량에 관해 상대적으로 열악한 정도의 정보만을 가지고 있다. 이러한 정보의 불균형으로 말미암아 소비자는 의사의 조언과 권고에 더욱 의존한다. 의사는 의료 서비스의 공급자일 뿐만 아니라 의료 서비스의 수요 수준을 결정하는 데 중요한 역할을 하므로 의사는 잠정적으로 착취자의 처지에 설 수 있다고 본다. 즉 환자의 불완전한 정보 수준에 대해 의사는 자신에게 더욱 많은 보상을 가져다 줄 수 있는 불필요한 의료 서비스를 권고함으로써 조언자 노릇을 남용할 가능성이 있다. 이와 같은 주장에 따르면 의사는 자신의 경제적 이익을 늘리고자 환자의 수요 곡선을 조작할 가능성이 있다.

의료인의 이윤추구 동기와 관련하여, 부당한 방법으로 소득 또는 소득 외의 이익을 추구해 온 사례들을 지적하고 분석하는 연구들이 최근 활발히 이루어지고 있다(Morreim, 1996; Rodwin, 1993). 특히 제약회사가 마케팅 전략의 일환으로 의료인에게 지급하는 각종 금전적·비금전적 이득은 의료전문직의 대표적인 비윤리 행위로 지적되고 있다(Kassirer, 2005; Ubel, 2005; Chren et al, 1995). 의사들이 제약업계와 재정적으로 관여하는 경우는 미국에서도 비교적 최근 들어 공론화되고 있는데(Kassirer, 2005: 134), 이는 우리나라 의약분쟁에서 쟁점이 되었던 약가 마진과 비교 검토해볼 가치가 있다.

Kassirer(2005: 133)에 따르면, 제약업계는 의도적·비의도적으로 자사 약품에 대한 매우 효과적인 마케팅 수단으로서 의사, 의사 조직, 의료기관, 간호사, 사회 유명인사, 의료 자선단체, 일반대중에 이르는 광범하고 상호 밀접하게 얽힌 네트워크를 엮어낸다. 제약업계의 마케팅 네트워크는 다른 어떤 산업체에서보다 성공적인 이윤 성과를 창출하는 것으로 알려져 있다. 일반인들은 이러한 네트워크가 존재하는지조차 모르지만 마케팅에 관여하는 의사들의 네트워크는 그야말로 방대하다.

제약업계의 마케팅 전략에 따라 재정 관여가 이루어지는 대표적인 사례로는 의사들과 일반 대중을 향한 광고, 약판매원과 의사 사이의 대면 접촉, 의사들을 대상으로 하는 선물·교육·약품 판촉 활동, 의사들이 저서나 논문 등을 통해 제약업계 활동을 지지·홍보하는 경우 등이 포함된다. 이러한 모든 활동에는 실제로 의사들에게 가치가 있는 제약회사의 재정적 자원이 수반되는데, 이는 동시에 제약회사의 마케팅 목표에 부합하는 것이다.

대부분의 미국 최상위 의료기관과 의료 문제에 대한 최고 전문가들이 실제로 하나 또는 그 이상의 제약회사에 따라 고용되고 있다는 것은 널리 알려진 사실이라고 한다(Popeo & Samp, 2003). 의료기관들의 주요 회의가 개최되면 제약회사들이 후원하는 다양한 소규모 회의들이 함께 열리는데, 이는 학계와 업계 사이의 밀접한 관련성을 보여준다. 제약업체로부터 재정지원을 받는 의사들은 학술지나 의료잡지에 관련 글을 게재하는 방식으로 관여한다(Crews, 2002; Desnick, 2003; Stelfox et al, 1998). 미국식품안전청(FDA)의 판정 또한 제약업계의 재정적 이해관계에 따라 영향을 받으며(Cauchon, 2000) 임상진료지침을 설정하는 위원회 구성원들도 재정 갈등에서 거의 자유롭지 않다고 한다. 그 밖에도 의사들과 제약업체 사이의 재정적 이해관계에 대한 여러 유형과 사례들이 제시되고 있다(Kassirer, 2005: 137-138).

Martin(1999), Ubel(2005) 등의 연구를 바탕으로 하면, 의료전문인의 이윤추구 동기는 개인성향론과 조직문화론 그리고 사회환경 영향론으로 구분할 수 있다. 개인성향론은 의료전문인 개인의 성향 또는 특성에서 이윤추구 동기를 설명하는 것이다. 조직문화적 설명은 특정 의료전문직이나 단체의 구조나 문화로 말미암아 이윤추구 동기가 형성된다고 보는 것이다. 사회환경 영향론은 좀 더 거시적인 관점으로, 의료체계와 사회 환경 일반에 따라 의료전문인이 경제적 이윤을 추구한다는 것이다. 이러한 구분 사이에 명확한 경계선을 긋기는 현실적으로 어려우며 중첩되는 부분이 많다. 그러나 이러한 구분은 이윤추구의 유형과 결과, 그리고 그 대책을 논의하는 후속 연구를 위해서도 실효성이 있을 것이다.

첫째, 전통적으로 사회학자들은 전문인의 이윤추구 행태를 주로 전문가 개인의 동기라는 견지에서 파악하는 경향이 있었다. 전문인들은 자신의 업무 영역에서 복합적이고 다양한 동기를 지니고 있는데, 소득과 사회적 인지와 같은 보상 동기, 뛰어난 전문가적 성취와 관련되는 장인적 동기, 그리고 이타주의나 정직성과 같은 도덕적 동기 등이 그것이다 (Martin, 2000). 이들 다양한 동기는 복잡한 방식으로 상호작용하며 대개는 서로 강화하는 방향으로 나아가지만 가끔 충돌하는 갈등 상황이 발생하기도 한다. 가장 전형적인 이해갈등은 Carson이 지적한 바와 같이 보상적 동기와 전문가적 책임 사이에서 발생한다(Martin & Gabard, 2001: 315-316).

Ubel(2005: 143-145)은 환자에게 최선의 이익이 돌아가도록 일할 것으로 여겨지는, 그리고 자신의 재정적 이해관계에 따라 임상 판단을 할 것으로는 여겨지지 않는 의사들이, 왜 회사의 순이익 증대를 제일 목표로 하는 제약업계 마케터들의 영향을 받는가에 대한 첫 번째 대답으로 의사들은 스스로 제약업계의 '영향력에 흔들리지 않는다는 환상(illusion of invulnerability)'을 가지고 있음을 제시하였다. 판매원과의 관계에 관해 의사들과 실제 면담해본 결과 의사들은 판매원이나 제약회사가 의사의 임상결정에 영향을 주고자 노력한다는 것을 알고 있었고, 업계로부터 받는 정보가 항상 공정한 것은 아니라는 것도 인지하고 있었으며, 그러한 정보가 자회사 제품에 유리하도록 생성되어 있다는 것도 알고 있었다. 그러면서도 의사들은 제약회사 측과의 대화가 새로운 제품에 대한 정보로 유용한 것이고 의사들 스스로는 그러한 정보에 편중되지 않을 것이라고 여기고 있었는데, 왜냐하면 학술문헌과 정보가 자신들을 업계

의 영향으로부터 보호해줄 것이라 확신하고 있었기 때문이다.[29]

그러나 Ubel(2005: 144)은 이러한 의사들의 주장이 환상이라고 한다. 많은 연구 결과가 업계와의 상호작용이 의사에게 영향을 주고 있음을 보여준다(Bowman, 1986; Bowman & Pearle, 1988; Caudill, et al., 1996, Chren & Landefeld, 1994). 의사들의 약품에 대한 믿음은 과학적 문헌보다는 제약회사의 광고와 더 밀접하게 관련되어 있음을 밝혀주는 연구도 있다(Avorn, et al., 1982). 또한 미국 전역에 걸쳐 일반의를 대상으로 행한 연구 결과, 혈압 치료약에 대한 의사들의 믿음이 과학적 문헌을 반영하는 것은 아니었다. 일반의들은 새로 나온 좀 더 비싼 혈압 치료약이 더 효과적이거나 지속성이 있다고 믿고 있었다(Ubel, et al., 2003).

둘째, Ubel(2005: 149)이 의사와 제약업계 사이에 만연한 유착을 설명하고자 제시한 또 다른 요인은 조직의 문화 또는 풍토와 관련된다. Ubel은 의과대학 학생들이 고학년이 될수록 환자들에게 증상에 대한 충분한 설명이나 수술의 위험성에 대한 고지 등과 같은 윤리적 의무를 등한시한다는 사실을 파악하였다. 특히 레지던트 과정을 마쳤을 때 그러한 현상은 두드러지게 나타났다. Ubel은 그 이유가, 유능하고 존경 받을 만한 전문들이 밑에서 훈련을 받으면서, 이들 전문의들이 환자에게 세부적인 고지 임무나 윤리 규정을 지키지 않은 채 검진한다는 사실을 인지하고 그대로 받아들이기 때문이라고 보았다. 즉 "저렇게 훌륭한 사람이 그러한 방식으로 검진한다면 그것은 옳은 것"이라고 학습한다는 것인데, 문제는 그렇게 '훌륭하고 유능한' 이들이 제약업계에 재정적으로 관여하는 것을 보면 많은 레지던트들은 '그런 관계가 충분히 받아들일 만하다'고 믿는다는 것이다.

셋째, 전문직의 경제적 이익에 대한 동기를 사회환경적 이유에서 설

---

29) 실제로 한 연구에 따르면(Avorn, et al., 1982), 의사들은 대부분의 정보를 의학 문헌에서 얻는다고 믿고 있었으며, 업계대표나 광고가 정보원천이 된다는 응답은 제일 마지막 순위였다. 어떤 의사들은 판매원이 영향을 줄지도 모른다고 인정하면서도 동시에 그러한 영향을 극복할 수 있다고 응답하였는데, 왜냐하면 많은 회사들로부터 그런 방문을 받기 때문이라고 하였다.

명하는 연구들이 많다. 이들 연구는 특히 미국의 시장경제 의료체계를 중점적으로 거론하고 있다. 의료 서비스 수급이 시장체제에서 이루어지고 있는 우리나라에도 이는 시사하는 바가 크다. 의료산업의 발전과 변화로, 의료인들이 전문가 못지않게 기업가와 같은 활동을 하고 있다는 현실과 그에 대한 연구는 최근 들어 특히 많이 주목받고 있다(Committee on Implications of For-Profit Enterprise in Health Care, 1986; Musacchio, 1986).

다양한 사회적 경제적 환경에서 의사나 법조인 등과 같은 전문가의 활동에 기업가적 비중이 커지고 있는 상황에서 현실을 외면할 수 없다는 주장이 많아지고 있다(Moore, 1996: 163; Shimm & Spece, 1996: 163). 의료인의 기업가적 행태에 우호적인 Buchanan(1996) 등은 이른바 '전문가주의 신화'를 비판하면서 현실주의적인 주장을 한다. 전문가주의 신화란, 의사에 대한 대중의 신뢰를 침해하는 것은 옳지 않으며 대중이 의사를 신뢰하는 것은 전문가로 인정하기 때문이고, 바람직하다고 여길 만한 전문가 집단이 실제로 존재한다는 것이다. Buchanan(1996)은 이들 세 가정을 비판적으로 검토하고 기업가적 활동을 증대시키는 압력이 크게 작용하고 있는 현 상황에서 전문가주의 신화는 비현실적이며 전문가들의 이해갈등 문제를 다루는 데 제약이 된다고 주장하였다.

의료인의 기업가적 활동을 옳다고 볼 수는 없지만, 미국 의료계의 특성상 불가피하다고 양보적인 시각에서 보는 이들도 있다. Latham(2001)과 Rodwin(1993) 등은 자신들의 연구에서 행위별 수가제(fee-for-service)가 의사들의 이윤추구 동기를 자극함을 지적하고 있다. 행위별 수가제에서 의사는 환자의 서비스 구매 대리인으로서 역할하며, 관련되는 여러 의료 서비스들 가운데 환자를 도와 신중한 선택을 할 의무가 있다. 그러나 다른 한편 의사는 환자에게 조언하면서 자신에게 더욱 큰 이윤을 가져다줄 수 있는 좀 더 값비싼 의료 서비스 구매를 권하게 된다(Latham, 2001: 285). Latham은 행위별 수가제에서 존재하는 이해갈등의 많은 부분은 의사들의 진단 및 처방 기능과 치료기능을 분리시킴으로써 제거될 수 있을 것이라고 주장하였다(Latham, 2001: 186-187).

한편 현대의학의 지식과 기술이 발전하면서 의료체계는 자금과 경제력에 크게 의존하게 되었다. 의료기술은 첨단 고가 장비를 개발시키며 효과적인 의료과정과 검진, 약품 등과 함께 필수적으로 거대 자본을 요구한다. 의사들은 자본집중적인 장비와 진단 검사에 더욱 의존하고 있다. 이와 더불어 의료인의 양성과 훈련에도 많은 시간과 자본이 요구되고 있다. 이러한 변화는 의료 서비스의 비용을 전반적으로 증대시켜 왔으며, 그 결과 의사의 임상 결정은 더 큰 액수의 의료 서비스를 선호하는 방향으로 진행되고 있다. 의료기술의 발전과 의료비용의 증대는 의료의 상업화 현상을 설명해주는 대표적인 요인이다(Rodwin, 1993: 12).

의사와 제약회사 사이에 만연한 재정적 이해관계는 미국 의료체계의 특성에서 비롯되었다는 Ubel(2005: 146-148)의 설명은 사회환경 요인이 의료전문인의 이윤추구 동기에 어떻게 작용하는지를 보여주는 또 다른 사례이다. 미국 의료체계는 서구 의료체계 가운데 자유시장제도에 가장 편향되어 있다. 경쟁시장체제를 신봉하는 미국의 의료체계는 의료비 증대, 과다한 수술과 치료, 환자에게 전가되는 비용 증대 등의 문제를 초래하고 있는데 이는 의료인의 이윤추구 동기와 밀접하게 관련되어 있다(Bruce and Ernst, 1996: 35-36).

특히 미국정부는 의사의 처방 관습에 영향을 주는 어떠한 역할도 하지 않고 있는데 이러한 정부의 수동성은 약품 비용의 대부분을 미국정부가 부담하지 않기 때문이다. 의료보장 혜택을 받고 있는 미국인의 대다수는 민간재원으로 의료보험혜택을 받고 있으므로 대부분의 미국 의사들은 처방에 대한 비용 절감에 대한 공공의 압력이 없었고 그럴 이유도 없다. 이와는 달리 많은 다른 서구 국가들은 정부가 의료보험이나 의료 서비스를 공급하고 있기 때문에 정부는 의사들에게 의료비용을 절감하도록 압력을 넣어 왔고 이것이 의료전문인을 대상으로 하는 제약회사의 마케팅 전략을 약화시켜 왔다. 미국에서 제약회사들은 대부분의 약품에 대해 다른 국가들에서보다 높은 가격을 책정하며 이런 높은 가격은 다시 엄청난 정치적 로비에 활용되고 있다. 실제로 미국 의사들의 대다수는 의료비용 상승을 전혀 염려하지 않는다(Ubel, 2000). 이들은 의료를 사업으로 여기며 공공재로 보지 않고 따라서 비용과는 상관없이 환자들에게 최상의 이익을 주는 것 밖에는 어떠한 것도 고려할 필요가 없다고 여긴다.

미국 의료체계의 또 다른 특징을 파악하는 데는 '90년대 경제호황과 그로 말미암은 영향을 이해하는 것이 중요하다(Ubel, 2005: 147-148). 오랜 시간 동안 힘든 과정을 거쳐 의사가 된 사람이 자신의 수입을 이들과 비교하였을 때 이윤추구 동기는 더욱 자극 받을 수밖에 없다. '90년대부터 미국의 인터넷 사업 분야와 법조계에서는 고소득 경향이 두드러졌으나 의사들은 재정 압박과 과다한 업무로 어려움을 겪고 있다. 의학계 조직과 연구소들이 재정난을 겪고 있고 보험회사들의 재정 지원은 감소하고 있기 때문이다. 결과적으로 학계의 의사들은 더 많은 환자를 진료하여 더 많은 지원금이나 초과수입을 올려야 한다. 이런 상황에서 제약업계는 의사들에게 상대적으로 쉬운 자금원으로 등장하였다.

의료전문인의 이윤추구 동기에 대한 이상의 논의들은 경제학적인 시각에서부터 사회학적인 측면에 이르기까지 우리나라 의료단체 사이의 갈등을 설명하는 데 중요한 근거들을 제시한다. 특히 제약회사의 마케팅 전략과 관련하여 최근 미국 의료시장의 정황을 설명한 연구들은 의료 서비스 수급에 자유시장을 기본체계로 하고 있는 우리나라에도 시사하는 바가 크다. 또한 이들 연구는 의약분쟁의 출발점이자 핵심 논점이었던 '약가 마진'에 대해 규범적 단정이나 감정적 논의가 아닌, 합리적인 설명을 제시하는 데 도움이 될 것으로 본다.

3. 전문직과 정부 관계에 관한 이론적 논의

정부와 전문직의 관계는 전문직의 경제적 이윤 동기와 함께 Abbott의 연구에서 깊이 있게 논의되지 못한 또 다른 주제이다. Abbott은 정부를 단지 전문가들의 관할권 주장에 영향을 주는 다양한 외부단체의 하나로만 간주하고 있어(Johnson, 1995: 17) 정부의 중요성을 낮게 평가하는 경향이 있다. 전통적으로 정부가 다른 어떠한 요인보다 중요한 변수가 되는 우리나라의 상황을 감안한다면 정부의 역할에 대한 보완적 논의가 필요하다.30)

정부와 전문직 사이의 관계에 대한 가장 일반적인 견해는, 전문가단체에 대한 정부의 관여와 정부 통제에서 벗어나 전문가적 자율성을 확보하려는 전문가단체의 노력을 분리시켜 파악하는 것이다.31) 먼저 정부는 전문가단체의 형성과 발전을 옹호해왔으며 특정 전문가단체의 시장독점을 보장해주었다는 관점이 있다. 정부와 전문가단체의 관계를 체계적으로 정립한 사회학자로 평가되고 있는 Freidson(1970)은 서구의 의료단체가 정부와 정치권력의 보호를 받아 전문가 집단으로 부상하는 과정을 전문화 과정의 특징으로 설명하였다. Freidson(1970)은, 전문가단체가 사회적 경제적으로 아무리 국가로부터 규제를 받는다고 하더라도 정부는 전문 업무에 관한한 전문가단체에 통제를 일임하게 되므로 정부의 규제는 결국 전문가의 자율성을 저해하지 못한다고 보았다(Freidson,

---

30) 이하 전문직과 정부 관계에 관한 이론적 논의는 저자의 별도 논문에서 발췌하였다(최희경, 2004: 129-132).

31) Johnson(1995)은 이러한 이분법적 시각에 반대한다. Johnson(1995)은 Foucault(1979)의 연구를 바탕으로 정부의 전문가 정책은 전문화의 모든 과정과 기술, 메카니즘, 제도, 지식 등이 하나의 일체화한 형태로서 영향력을 행사하여 만들어낸 산물이며 이때 정부는 더 이상 외부적인 조건이나 환경이 아닌 과정의 일부로 융합되는 존재라고 보았다(Johnson, 1995: 21-23).

1970: 24, 43).

전문가 독점주의 이론의 대표적인 학자로 평가되는 Larson(1977)에 따르면, 정부는 제도를 입안하고 집행하는 최고의 권력 주체이면서 동시에 전문화 과정의 조건을 보장하는 기본 조직이다. Larson의 연구 목적은 전문가단체들이 시장 권력을 획득하고자 스스로를 어떻게 조직화하는지 밝히는 데 있었다. 그녀에게 전문화 과정은 특수한 서비스의 공급자들이 기능 수행을 위해 시장을 구성하고 통제해 나가는 과정으로 인식되었다(Larson, 1977: xvi-xvii). Larson은 전문가 프로젝트(professional project)의 개념을 활용하여 이러한 전문화 과정을 설명하고자 하였다.32)

한편 정부와 전문가단체의 관계를 갈등적인 것으로 보는 시각이 있다. Johnson(1995:11)은 전문화 과정에 대한 전통적인 논의들에서 정부의 관여는 전문가단체의 자율성을 저해하는 중요한 장애로 인식되었음을 지적한다. Light(1995: 35-37)는 대항세력(countervailing power)의 개념을 이용하여,33) 의료단체의 전문가적 영향력은 사회 내 의료 수요와 의료 비용을 과다하게 증대시키는 경향이 있는데, 정부를 비롯한 보험자와 노동조합 등은 이러한 전문가 집단의 우월한 영향력을 억제하고자 의료단체에 대한 규제정책을 강화한다고 보았다.34)

---

32) 전문가 프로젝트는 특정 전문단체가 관련 서비스나 노동 시장에서 소득의 기회를 독점하고 다양한 직종들로 구성된 상하계층에서 높은 지위와 특권을 독점하기 위해 행하는 노력과 과정이다. 따라서 경쟁관계에 있는 주변의 단체들을 제거하는 것은 업무 독점화의 필수 과정이다. Larson의 논리에 따르면, 전문직의 독점적 지위와 자율성을 보장하기 위해 국가의 관여와 보호는 필수적이다. 정부가 지지하는 독점권은 결국 정부의 부당한 간섭으로부터 전문가들이 스스로를 보호하는 메커니즘에 귀착한다. Larson은 정부가 특별히 선호하는 전문가 집단을 보호하고 그들의 사회적 계급을 상향시키는 데 적극적인 구실을 맡아 왔다는 점을 강조하였다(Larson, 1977: 51-53).

33) 대항세력이란 정부나 전문가단체 가운데 어느 일방이 권력에서 우위를 점하면 상대방의 영향력은 약화하거나 소멸하는 것이 아니라 우월한 상대방을 억제하기 위한 조치나 행동 등 오히려 강력한 반작용을 하게 되어 결국 양자 사이의 불균형은 상쇄된다는 개념이다(Light, 1995: 25-27).

34) 전문가단체와 정부 사이의 대립 상황을 극단적으로 강조하는 논의로는 비전문화(deprofessionalization) 또는 전문가단체의 무산계급화(proletarianization) 개념이 있다(Freidson, 2001: 129-132). 이들 논의에서 정부는 국가의 특정 목표를 달성하기 위해 전문가단체를 수단으로만 파악하고 이용한다고 주장한다. 전문가단체는 정부의 활동과 행위에 종속되

위의 논의들은 정부가 특정 전문가단체와 어떤 관계를 형성하며 전문가 정책에서 어떤 역할을 하는지 설명하고 있다. 그러나 최근 우리나라의 사례들을 설명하기 위해서는 또 다른 모형이나 이론이 필요하다. '90년대 이후 발생한 의료갈등에는 정부와 해당 의료단체들뿐만 아니라 시민단체를 비롯한 다양한 참여자들이 공식적·제도적으로 관여해 오고 있기 때문이다.

Freidson은 최근 연구에서 정부의 정책 성향과 담당 기관의 조직적 특성을 함께 고려하여 정부가 어떤 형태로 전문가 정책을 운영하는지에 대한 유형들을 제시하였다(Freidson, 2001; 135-138).[35] Freidson(2001)은 먼저 정책 담당기관이 어떤 구성원으로 충원되고 조직되느냐에 따라 계층제적(hierarchical) 형태와 조정적(coordinate) 형태로 구분하였다. 전자는 전문 관료들로 구성되는 계층제 형태의 조직이며 후자는 외부단체나 일반인의 공식적 참여가 광범하게 허용되고 참여자들은 동등한 권한으로 결정에 임할 수 있는 조직 형태이다.

또한 정책 성향에 따라 적극적으로 사회 관리를 의도하고 정책을 통하여 개입하고자 하는 주도적 국가(activist state)와 사회 내 집단들 사이의 상호작용이 가능하도록 최소한의 틀과 제도만을 제공하는 반응적 국가(reactive state)로 구분하였다. 전자에서 정부는 특정 이상이나 목표를 위해 사회단체와 체제 전반을 통제하고 정책에 적극 관여하며 후자에서 정부는 다양한 집단들 사이의 힘의 배분과 그로 말미암은 결과를 수용하는 역할만 하고 최소한의 관여만 하며 사회는 이해단체들의 관계에 따라 자율적으로 운영된다. 이상의 두 기준에 따라 Freidson은 정부의 전문가 정책 운영 형태를 계층제적-반응적 유형, 조정적-반응적

고 정부의 이데올로기에 복종하여 기계적으로 움직이며 더 이상 전문가로서의 자율성이나 영향력, 사회적 지위를 향유하지 못하는 상태에 이른다는 것이 이들 주장의 핵심이다.

35) 전문가 정책에 대한 Freidson의 유형론은 Damaška(1986)의 연구내용을 응용한 것이다. Damaška는 다양한 사법체제 유형을 분류하는 데 국가의 정책 의도와 기관의 구성형태를 기준으로 활용하였다(Damaška, 1986; 18-28, 73-88).

〈표 Ⅱ-1〉 정부의 전문직 정책 유형

		정책 기구의 특성(외부단체의 참여 여부)	
		계층제적 (Hierarchical)	조정적 (Coordinate)
정부의 정책성향	반응적 (Reactive)	**(Ⅰ) 계층제적-반응적 유형** 의사결정 과정에 외부단체의 참여를 공식적으로 허용하지 않지만 정부는 관련 단체들 사이의 힘의 배분에 충실한 정책을 결정하며 전문가단체의 대리인으로서 기능한다.	**(Ⅱ) 조정적-반응적 유형** 외부단체가 정책과정에 공식적으로 참여하며 단체 사이의 상호작용과 그 결과에 따라 정책이 결정된다. 정부는 중립적 위치에서 결정을 추인하고 세부사항을 마련하며 전문가단체의 권익을 보호한다.
	주도적 (Activist)	**(Ⅲ) 계층제적-주도적 유형** 정책결정 과정에 외부단체의 참여를 허용하지 않으며 정부가 자체적으로 확정한 목표에 따라 전문가 정책을 의지대로 형성 집행한다.	**(Ⅳ) 조정적-주도적 유형** 의사결정 과정에 외부관련 단체의 공식적인 참여를 허용하되 정부가 정책 목표와 의지를 가지고 결정을 주도한다.

주: Freidson(2001: 138-141)의 유형론에서 '주도적(Activist) 성향'에 대한 설명을 온건한 형태로 수정함.

유형, 계층제적-주도적 유형, 조정적-주도적 유형으로 구분하였다 (Freidson, 2001:129-141).

그러나 Freidson의 유형론을 우리의 경우에 적용하기 위해서는 얼마간의 수정이 필요하다. 주도적 정책 성향이 포함되는 두 유형(Ⅲ & Ⅳ)은 역사적으로 공산화나 극단적인 전체주의 사회에 적용되는 것으로, 우리나라의 최근 정부 정책을 설명하는 데는 무리가 있기 때문이다. 따라서 Freidson이 제시한 '주도적 성향'을 좀 더 온건하게 해석할 필요가 있다. 〈표 Ⅱ-1〉은 Freidson의 네 가지 유형의 기본 성격을 벗어나지 않으면서 좀 더 설득력 있게 우리나라의 경우를 설명해줄 수 있다.

계층제적-반응적 유형(Ⅰ)에서 정책 기구는 전문적으로 훈련된 관료들로 구성되며 자율적 경쟁을 통해 우월한 위치를 확보한 특정 이익단체를 보호하는 정책을 수행한다. 조정적-반응적 유형(Ⅱ)에서는 정부의 관여가 최소한에 그치고 전문가단체들이 관련 정책에 직접 개입하여 정책을 주도한다.[36] 자유방임주의에 대한 신뢰가 강한 사회나 정부의 영향력이 약하고 관료의 전문성이 미미하며 사회자원이 취약한 체제에서 이러한 정책 형태가 나타난다. 계층제적-주도적 유형(Ⅲ)에서는 국가가 전문가단체의 형성을 주도하고 이들 단체를 정치 권력의 수단으로 활용하며 엄격히 통제한다. 조정적-주도적 유형(Ⅳ)에서 전문가 정책은 일반 시민단체나 지역사회에 따라 형성되고 결정된다. 정부는 궁극적으로 전문가 집단의 권익을 해체하고 일반 사회로 흡수시키기 위한 의도를 가지고 있으며 이의 한 과정으로서 집단적 의사결정 체제를 활용한다. Freidson(2001)의 유형론은 전문가단체와 정부의 관계뿐만 아니라 결정구조와 과정에 관한 상황을 포괄함으로써 우리나라의 갈등 사례들에서 정부의 역할을 분석하는 데 좀 더 유용한 틀이 될 수 있다.

---

36) Freidson(2001)의 조정적-반응적 유형(Ⅱ)은 1990년대부터 정부의 구조 및 운영과 관련하여 자주 거론되고 있는 거버넌스(governance) 또는 협치(co-governance)의 개념과도 유사하다. 거버넌스는 정부의 법적 공식적 권위에 의한 업무수행보다 정부와 기업, 민간단체 등이 다양한 네트워크를 구성하여 공동의 목적을 달성하는 체제를 의미한다. 협치는 권한(power)이 공식적인 정부기관이나 제도의 안팎 모두에 존재한다고 보며, 과정을 중시하여 다른 선호를 가진 주체 사이의 복잡한 이해관계를 반영한 결정이 이루어진다고 본다(김석태, 2006).

4. 본 연구의 특징과 연구방법

본 연구의 특징을 제시하기에 앞서 우리나라 의료전문 단체들 사이의 갈등을 다룬 국내 선행 연구들을 연구대상, 논점, 방법론의 차원에서 검토해보면 다음과 같다.

첫째, 연구대상의 측면에서 보면 의약분쟁을 주제로 한 연구가 가장 많아 이 갈등이 의료계와 사회 전반에 미친 영향이 가장 컸음을 확인할 수 있다. 한약분쟁에 대한 연구는 상대적으로 적은 편이며, 특히 최근 의료계와 한의계 사이의 갈등에 대한 연구는 아직 양한방 협진체계와 의료 일원화에 대한 필요성 또는 가능성에 대한 연구 정도에 국한되고 있다(이상영 외, 1997; 신상문·유동열, 2002). 의료보험제도는 의료부문에서 가장 주목받는 연구 주제 가운데 하나이지만 의료보험을 둘러싼 의료단체들 사이의 관계에 관한 연구는 드물다. 그 이유는 먼저 의료보험수가와 보험료를 결정하는 과정이 비공개로 진행되어 왔고, 따라서 관련 정보는 의사결정 참여자들에 의해 단편적으로만 알려졌기 때문이다. 또한 의료보험수가에 대한 관심이 높아진 것은 의약분업제도 시행 이후 비교적 최근의 일이며 그마저 약계와 한의계보다는 주로 의료계에 중요한 사안이었다는 점도 연구가 미진한 이유이다.

둘째, 국내 의료전문직 갈등을 다룬 연구의 논점들을 살펴보면 분쟁의 원인이 되는 정책의 과정에 대한 검토와 평가, 분쟁의 과정 또는 특징, 시민단체 등 특정 주체의 특징과 역할 등에 초점을 두고 있다. 행정학계와 정치학계의 많은 연구들은 정책형성과 집행과정을 검토, 평가함으로써 정책실패의 원인을 파악하는 데 주력하고 있다. 특히 정책변동의 개념을 적용하거나(전진석, 2003; 김주환, 2004), 분쟁과정에서 정부의 관여와 타협 과정을 검토함으로써 갈등의 원인을 파악하려는 연구가 두드러진다(안병철, 2002b, 2001; 최성두, 2000; 이종엽, 2003; 김순양, 1994).

행정학계와 정치학계에서 의료단체들의 역학 관계를 다룬 연구는 많지 않다. 이수연·김상균(2001)의 연구는 우리나라에서는 흔치 않게 의사들의 전문가주의를 다룬 것이다. 이들은 의약분쟁 동안 의사들의 파업과 그들의 동기 및 이해관계를 검토하여 의사들이 주장하는 전문가주의와 이들의 파업은 사실상 경제적으로 살아남기 위한 이데올로기적 전략이었다는 결론을 내리고 있다. 사회학과 사회복지학계의 연구들은 주로 한국 의료계와 한국사회의 구조라는 관점에서 의료전문직 갈등을 검토하고 있다. 의약분쟁에 대한 사회학적 접근의 필요성을 강조하는 조병희(2000a, 2000b, 2000c)의 연구가 대표적이다. 행정학과 사회학 분야의 연구에서는 특히 의료갈등 동안 시민단체의 부상과 그들의 역할에 초점을 둔 것이 다수 있다(안병철, 2002a; 조병희, 2001; 박상필, 2000).

한편 의료인들의 이윤추구 행태에 대해서는, 사회 일반과 언론에서 많은 비판과 논쟁이 있어 왔으나, 학계에서는 직접 다루고 있는 연구가 드물다. 의료전문 단체가 전문가적 독점 권력을 추구한다는 논의와 함께 그러한 현상의 일부로 의료인들의 이윤추구 행위가 거론된 연구나 (조병희, 2000b, 2003), 의약분쟁 과정에서 나타난 의사집단의 행태가 사실상 전문직업성(professionalism)에 근거한 것이 아니라 생존 전략이었음을 제기한 연구(이수연·김상균, 2001) 정도가 눈에 띈다.

의료전문직 체제에 초점을 두고 최근의 의료전문직 갈등을 연구한 사례는 소수에 그치고 있다. '의료전문직 체제'라는 단어를 직접 사용하고 있지는 않으나 신상문·유동열(2002), 조병희(2000b)의 연구는 주요 세 의료단체 사이의 상호관계를 고려하고 있다는 점에서 본 연구와 일맥상통한다.[37]

---

[37] 신상문·유동열(2002)은 한의계와 약계 사이의 갈등이 한의계의 의약분업에 미치는 영향, 그리고 의료 일원화 및 의료계와 약계 사이의 관계에 미치는 영향을 분석하였다. 특히 이 연구는 한약분쟁의 결과로 의료계의 이원체계, 즉 동서의료체계가 분리되어 공존하는 체제가 지속될 것이라고 주장하였다. 조병희(2000b)의 논문은 분파적인 의료전문 단체 사이의 갈등이 의료 서비스 공급 문제에 국한되지 않고 사회적인 문제로 부각된 이

셋째, 연구 대상과 내용의 다양성에 견주어 이들 선행연구들의 방법론은 서로 크게 다르지 않다. 대부분의 연구는 분쟁의 발생과 진행과정에 따라 연대기적으로 기술, 검토하는 방식을 택하고 있으며, 활용되는 자료 또한 언론자료와 정부 간행물 등에 거의 한정되어 있다. 특히 행정학계의 연구들은 정부에서 발간되는 공식 자료와 문헌에 의존하는 경향이 강하다. 사회학계의 연구들은 좀 더 다양한 자료와 조사방법론을 활용하고 있다. 관련 웹 사이트의 게시물이나(조병희, 2000a) 각 전문가단체의 내부 자료(이수연·김상균, 2001)를 활용한 예가 있다. 조사방법론에서 면접조사가 활용된 경우도 있지만 자료수집의 주된 방법이 아닌 부차적인 정도로만 활용되고 있다(안병철, 2002a; 이수연·김상균, 2001).[38]

의료전문직 갈등에 관한 기존의 국내 문헌과 비교할 때 본 연구는 다음과 같은 특징이 있다. 첫째, 대부분의 연구들은 한약분쟁과 의약분쟁이라는, 갈등이 전면적으로 공론화한 두 사례로 연구대상을 한정하고 있다. 본 연구에서는 이들 두 사례에 더하여 아직 전면화 하지는 않았지만 선행된 두 분쟁보다 더 큰 혼란을 일으킬 수 있는 의료계와 한의계 사이의 갈등을 연구 대상에 포함하였다. 또한 새로운 분쟁 영역과 주제로 부상하고 있는 의료보험제도를 둘러싼 의료단체들의 갈등을 포함하였다. 세 주요 의료단체가 모두 관여된 네 경우를 연구대상으로 포괄하여 거시적인 관점에서 의료공급자 체계를 파악하고자 한다. 특히 후자의 두 갈등 사례에 대한 분석은 의료갈등에 대한 후속연구에 기여할 수 있을 것으로 본다.

둘째, 선행연구의 대부분은 분쟁 당사자인 의료단체들 사이의 관계나 이들에 영향을 주는 특정 요인 또는 주체에 초점을 두고 있으며 의료체계 전체를 다룬 연구는 흔치 않다. 본 연구는 개별 의료전문가단체의

유를 밝히고자 하였다. 또한 전문가적 신뢰에 바탕을 둔 이원적 의료독점체계가 어떻게 성립되었는지, 그리고 의료갈등이 정부, 시민단체, 의료공급자들 사이 구조적 권력배분에 어떤 변화를 초래하였는지 검토하였다.

38) 이들은 연구 도입부에서 관련자들을 면접조사 하였다는 언급만을 제시하고 있으며 그를 통해 수집된 자료의 내용은 별도로 제시하지 않고 있다.

내부적인 요인들뿐만 아니라 정치·사회·문화적 다양한 외부 환경 요소를 포괄적으로 고려하여 의료 서비스 공급자체계 전반을 이해할 수 있는 체계적이고 깊이 있는 시각을 제공하고자 한다. 특히 Abbott의 이론에 근거한 사회학적 접근법은 정부정책에 대한 국내 연구들에서 간과하기 쉬운 비공식적인, 그러나 진실을 설명하는 데 유용한 논점들을 제시한다.

셋째, 본 연구는 주요 세 의료단체와 정부, 시민단체, 언론계의 주요 인사들을 심층면담한 내용을 주된 자료로 활용하였다. 우리나라 의료체계의 민감한 사안을 두고 서로 다른 또는 정반대되는 처지의 핵심 인사들을 심층면담한 자료를 활용한 연구는 전례가 없다. 이들 자료와 그에 대한 분석은 그동안 일반에게 잘 알려지지 않았던 개별 의료단체 내부의, 그리고 정부 정책결정 과정 내부의 역동적인 상황을 면밀하게 보여준다. 관련 단체의 핵심 인사들을 대상으로 한 면접조사 방법은 국내 정책학계에 또 다른 의미가 있다. 국내 행정학이나 정책학 분야에서는 인터뷰를 주된 조사방법으로 활용한 사례가 많지 않으며 그 소수의 사례에서도 보완적인 정도로만 이용되고 있다. 이는 면접조사에 수반되는 비용과 같은 현실적 한계뿐만 아니라 계량분석을 선호하는 우리 학계의 풍토 때문이기도 하다. 본 연구는 심층면담과 엘리트 면접조사를 주된 연구방법으로 활용함으로써 정책과정 내부의 실제 정보를 제공하는 한편, 공공정책 연구 방법론에 다양성과 깊이를 더하리라 기대한다.

본 연구는 우리나라 의료전문직 갈등의 네 가지 사례를 분석하고, 이들 개별 분쟁을 겪으면서 개별 의료전문직과 의료전문직 체제, 그리고 의료정책이 어떻게 변화하였는지 거시적 관점에서 논의하기 위한 것이다.

개별 사례 분석은 〈표 Ⅱ-2〉에서 제시되는 주요 논점별로 행해진다. 먼저 개별 의료전문직 갈등 사례에서 갈등이 어떻게 시작되고 진행되었는지, 갈등의 배경과 전개에 대해 검토하고 갈등의 동기와 성격을 전문적 경제적 정치적 관점에서 분석한다. 갈등의 전문적 성격은 전문영

〈표 Ⅱ-2〉 갈등 사례별 분석 논점

1. 갈등의 전개
2. 갈등의 원인과 성격 1) 갈등의 전문적 성격: 전문영역 관할권 갈등 2) 갈등의 경제적 성격: 의료전문직의 이윤추구 성향 3) 갈등의 정치적 성격: 의료전문직의 정치 성향과 갈등
3. 관련 단체의 대응과 전략 1) 분쟁 주체인 의료전문 단체들의 대응 전략과 성향 2) 시민단체, 언론 등의 역할
4. 갈등의 영향 요인과 의료전문직 체제 변화
5. 갈등의 주도 세력과 정부의 역할

역 관할권을 두고 전문가적 정통성과 지식, 자부심과 가치 등이 어떻게 마찰을 빚는지에 관한 것이며 갈등의 경제적 성격에서는 의료전문직의 이윤추구 성향에 대해 중점적으로 논의한다. 갈등의 정치적 성격에서는 특정 의료전문직이 특정한 정치적·이데올로기적 성향을 지니고 있는지에 관해 분석한다.

이어서, 분쟁 당사자인 개별 의료단체의 조직 특성과 분쟁에 대응하는 단체별 정책과정과 전략 등이 검토된다. 시민단체의 역할과 태도, 언론의 역할과 영향은 중요한 환경 변수로 논의되는데, 이들이 어떻게 분쟁에 관여하였고 규제 또는 조정하였는지 분석한다. 이들 논의를 바탕으로 개별 분쟁에 영향을 끼친 요인들을 종합적으로 논의하고 갈등을 통해 의료전문직 체제가 어떻게 변화하였는지 분석한 뒤, 마지막으로 여론의 장, 법적·제도적 영역, 실무현장에서 각각 갈등의 정황을 주도하는 주체가 누구였는지 검토하고 분쟁상황 전반과 관련 정책에 정부가 어떤 역할을 하였는지 논의한다. 이상의 논의 구조는 이론적 논의를 바탕으로 하고 현장조사를 위한 소주제별 사안 분류와 질의문항을 바탕으로 만들어졌으며 수차에 걸쳐 수정되었다.

〈그림 Ⅱ-1〉 논의의 틀: 의료갈등과 의료전문직 체제의 변화

사례1: 한약분쟁 (1993~1996) 한의계 : 약사단체	사례2: 의약분쟁 (1999~2002) 의료계 : 약사단체	사례3: 양한방 갈등 (2003~2006 현재) 의료계 : 한의계	사례4: 의료보험수가 갈등 (2002~2006 현재) 의료계 : 한의계 : 약사단체

◆ 의료갈등을 거치면서 의료전문직 체제와 의료정책은 어떻게 변화 하였는가?
  ▶ 개별 의료전문직의 변화
  ▶ 의료전문직 갈등의 성격 변화
  ▶ 의료전문직 갈등의 영향요인 변화
  ▶ 정부 역할과 정책 변화

〈그림 Ⅱ-1〉은 개별 의료갈등을 거치는 동안 의료전문직 체제와 정부 정책이 어떻게 변화하였는지 거시적인 관점에서 논의하기 위한 틀이다. 의료갈등의 성격이 어떻게 나타나고 변화하였는지, 어떤 요인들이 분쟁에 영향을 주었는지, 개별 의료단체의 특성과 궁극적으로는 의료전문직 체제 전반과 정부 역할이 어떻게 변화하였는지를 검토한다.

본 연구는 특별히 방법론에서 구체적이고 세밀한 노력을 기울였다. 현장조사를 통해 수집한 일차 자료, 즉 의료계·한의계·약계의 세 전문단체와 정부, 언론 및 시민단체 관계자 36명을 인터뷰한 내용을 주된 자료로 활용하였다. 특히 이들 각 단체의 공식적 비공식적 핵심 인사들을 면담하여 정책의 실제 결정과정을 파악하는 데 초점을 두었다. 인터뷰를 비롯한 현장조사가 집중적으로 행해진 시점은 2003년 2월 초부터 4월 말까지 3개월이었으며 그 뒤 추가적으로 면담과 자료수집이 이어졌다.

주요 인사들을 대상으로 한 엘리트 면담과 심층면담 자료는 이른바 블랙박스라고 알려진 정부와 각 의료단체의 내부 정책결정 과정에 대한 현장감 있고 역동적인 정보를 제공하고 있다. 정부 관계자들을 비롯한 각 단체 주요 인사들의 응답을 통해, 개별 의료단체들이 어떻게 전략을 세우고 어떻게 구성원들을 동원하였으며 다른 단체의 의사결정에 어떻게 대응하고 영향력을 행사하였는지, 정부는 이러한 갈등 상황을 어떻게 관리하였는지 등에 관한 구체적인 과정과 정황을 파악할 수 있다. 특히 개별 의료단체가 어떻게 정부 핵심부와 정치권에 접촉하고 설득하는지에 관한 내용과, 의료보험제도 안에서 관련 단체가 어떻게 상호작용하는지에 관한 정보는 엘리트 인터뷰를 통해 밝혀진 본 연구의 중요한 성과이다.

주제를 구체화하고 인터뷰 대상자를 선정하며 예비조사(pilot survey)를 통해 면담내용과 응답자 선정을 검토, 수정하고 실제 현장조사에 임하여 자료를 수집한 뒤 이들 자료를 분석하기까지, 연구방법과 현장조사의 전 과정에 관해서는 부록에서 상세히 제시하였다.

본 연구에서 응답자들의 신상은 모두 익명 처리되었다. 특정 협회의 최고 결정권자 2명 외에는 응답자들 모두 신분 비밀을 전제로 면접에 응하였기 때문이다. 이 책에서 모든 응답자들은 자신의 직업과 고유 번호가 함께 부여된 코드로 표기되었다.[39] 그러나 응답자들 가운데는 코드로 표기하더라도 직책이나 역할의 고유성과 특성으로 말미암아 응답 내용만으로도 신분이 노출될 수 있는 이들이 있다. 이들의 신원을 최대한 보호하고자 응답 내용 가운데 일부에 대해서는 동일인의 응답이라 하더라도 별도의 코드를 부여함으로써 전혀 다른 제3자가 응답한 것처럼 제시하였다.[40] 실제 면담자의 총수보다 코드로 표기된 응답자 수가 많이 나타난 이유는 이 때문이다.

면접 대상자의 구체적인 신상명세서와 연락처는 당초 본 조사와 연구의 지도위원들과 심사위원회에 제출되었다. 응답자의 신상명세서가

---

39) 개별 응답자를 나타내는 코드 체계의 예시는 다음과 같다: **의사1, 의사2, 한의사1, 한의사 2, 약사1, 약사2, 정부관계자1, 정부관계자2, 시민단체대표1, 시민단체대표2, 언론인1, 언론인2, 종합병원경영자1, 종합병원경영자2.** 한편 Ⅵ장의 의료보험수가 갈등에서는 응답자의 소속 단체만 명시하여도 응답자의 신원이 분명히 드러나므로 다음과 같이 좀 더 포괄적으로 표기한다: **의료공급자측대표A, 의료공급자측대표B, 의료보험가입자측대표A, 의료보험가입자측대표B, 공익대표A** 등.

40) 면담자료와 같은 질적인 자료에서 응답자의 신원을 보호하고자 활용되는 방법 중의 하나이다(Odendahl, 1990).

위원회에 제출된 것이 응답자들과의 비밀보호 약속을 위반했다고는 보기 어렵다. 우선 위원회의 구성원인 지도교수 2명이 비밀보호 보증을 명시한 추천서를 응답자들에게 제공하였으며 다른 심사위원들 또한 응답자 비밀보호 원칙에 대한 충분한 이해와 동의가 있었기 때문이다. 또한 제도적으로, 지도교수들과 심사위원들은 대학의 학위논문심사지침에 따라 논문 지도와 심사 과정에서 알게 된 기밀 사항과 자료원의 기밀을 누설하지 말아야 할 책무에 구속된다.

사회조사에서 응답자의 기밀(confidentiality) 보호에 대한 연구자의 의무와 연구의 정직성(research integrity)이라는 차원에서 자료의 신빙성을 입증해야 하는 처지 사이에는 현실적으로 갈등이 일어날 수밖에 없다. 본 연구는 이 문제에 관해 많은 논의과정과 필요한 절차를 거쳤으며 정보원 비밀보호와 연구의 정직성 확보라는 양대 가치를 병행하고자 노력하였다(부록 참조).

본 연구의 조사방법과 연구과정은, 계량분석 위주의 현행 공공정책 연구 풍토에서 정성적 접근방법을 활용한 선행연구이자 구체적인 사례 연구로 의미가 있을 것으로 본다.

Ⅲ 한약분쟁

1993년에 시작된 한약분쟁은 우리나라 주요 의료전문 단체들 사이에 발생한 최초의 공개적인 갈등이었다. 이는 분쟁의 당사자인 약사단체와 한의사단체뿐만 아니라 의료전문직 체제, 의료체계, 그리고 사회 전반에 파장을 일으킨 일대 사건이었다.

1. 갈등의 전개

한약분쟁은 한약의 조제를 둘러싼 한의사단체와 약사단체 사이의 갈등이었다. 약사들의 한약조제권은 '70년대부터 논란이 되어 왔다. 당시 한방에 대한 수요가 증가하자 약사들은 사적으로 한방강좌를 개설하였고 한약을 다루는 사례가 늘어났다. 약사들은 한약 영역으로 전문관할을 확장하고자 하였으며, 한의사들은 한약조제에 대한 독점권을 주장해 왔다. 1974년, 보사부가 약사들의 한약 조제권을 인정하는 유권해석을 내리자 한의사회는 약사법 개정을 국회에 제출하는 등 정치적 해결을 모색하였다. 그러나 국회보다 행정부의 권한이 강한 당시 정황에서 법적 구속력이 전혀 없는 국회의 부대결의 사항으로 타협이 이루어졌고, 이마저 제대로 지켜지지 않는 등 한의사보다는 약사 측에 사실상 유리한 행정이 이어졌다. 1980년, 양자 사이의 갈등이 더 이상 확대되지 않도록 하는 타협안이 약사법시행규칙에 포함되었다. "약국에는 재래식 한약장 외의 약장을 두어 이를 깨끗이 관리할 것(약사법시행규칙 제11조 제1항 7호)"이라는 조항을 한의사회와 약사회가 각기 스스로에 유리한 내용으로 해석하면서 양자 사이 갈등은 일단 봉합되었다(하용출, 2003: 17-19; 신상문·유동열, 2002: 44-46).

두 단체 사이의 불안정한 균형은 1993년, "당시 정치적 분위기 속에서 상당한 황금분할선으로 여겨졌으며 함부로 손을 대서는 안 되는 보사부의 중요한 금기사항(하용출, 2003: 19)"이었던 위의 조항을 보건복지부가 삭제함으로써 깨어졌다. 보건복지부 측에서는 사문화되어 있었던 규정을 정리한 것이라고 하였으나 한의계 측에서는 동 조항이 이미 '70년대부터 꾸준히 이의를 제기해 온, 약사의 임의 한약조제를 막기 위한 것이었음을 강조하며 복지부의 조치를 비난하였다. 이 사태는 당시 보건복지부에서 약사출신의 공무원이 다수였다는 사실로 말미암아 한의사들로부터 의구심과 분노를 샀다. 특히 당시는 보건복지부 안에 한방을 담당하는 별도의 어떠한 부서도 없었던 때였다. 한의사협회 인사인 **한의사**4는 당시 분쟁의 구체적인 발단을 다음과 같이 설명하였다.

> 1993년 1월에 복지부 ○○○라는 사무관이 기안을 하나 했어요. 약국에 재래식 한약장 둘 수 없다는 약사법[시행규칙] 조항을 삭제하려는 걸로. 곧 복지부에서 통과가 됐고. 그때는 정부의 그런 결정이 무슨 뜻인지 아는 사람이 몇 명 없었어요. 그리고나서 그 뒤에 [한의계에서] 서○○ 원장이 그 사실을 알고 개정 시행령에 반대한다는 글을 신문에 냈어요. "약사들이 한약을 제조하려고 한다…." 그 사람과 다른 한의사 몇 명이서 사태가 심각하다는 걸 알고 협회와 그때 안혁수회장에게 조치를 취하도록 압력을 넣은 거죠. "도대체 뭐하고 있느냐…" 약사들은 약사들대로 서원장 글 반박하는 글을 신문광고에 싣기 시작하고…. 약사들은 "한약이든 신약이든 결국 똑같은 약 아니냐. 그러니까 우리도 한약을 조제할 수 있다"라는 거고. 그러자 전국에서 한의대 학생들하고 한의사들이 순식간에 들고 일어났죠.
>
> -**한의사**4-

한의사들을 인터뷰하는 과정에서 확인된 바와 같이 이들은 해당 규정이 삭제된 사실에 대해 '약사들의 공격' 또는 '약사들의 침범'이라는 표현으로 일관했다. 인터뷰에 응한 한의사들뿐만 아니라 의사와 다른 응답자들조차 한약분쟁의 원인은 약사에게 있고 그 '배후'에는 보건복지부가 있었다는 점에 거의 공통된 의견을 보였다.

정부가 재래식 한약장 조항을 삭제한 데 대해 전국의 한의사들과 한의대 학생들은 '정부와 약사회에 의해 고유 영역이 위협받고 있음'을 주장하며 시위에 나섰으며 사태는 전격적인 분쟁으로 변하였다. 1993년 시민단체인 경제정의실천시민연합이 중재에 나섰다. 분쟁의 타

협안으로 새로운 의료전문 단체인 한약사 제도를 비롯, 기존 약사에
대한 한약 조제권 인정, 한약조제지침서에 따라 50~100종의 제한된
범위에서 한약조제 가능, 한약조제 시험 실시 등이 제안되었다. 약사
들에게는 한약조제가 금지되나 기득권을 인정하여 1년 이상 한약조제
사실이 확인된 약사에 한해 한약조제를 인정하였으며, 그 뒤 2년 동
안 한약조제 시험을 실시하여 합격자에 한해 한약조제가 가능토록 하
였다. 그러나 기득권을 인정받은 약국의 수가 당초 추정치의 배가 넘
는 9,276개 소로 확인되고 한약조제지침서 수록 처방이 한의계와 협의
없이 100종으로 확정되었으며, 한약학과를 기존의 한의대학과 약학대
학이 있는 종합대학교 가운데 약학대학에 설치하기로 결정하자 분쟁
은 다시 확대되었다.

한약조제 자격시험은 분쟁을 더욱 악화시켰다. 1996년 2월, 제1차
한약조제 자격시험에 49명의 약사가 응시하여 37명이 합격하였다. 5
월에 시행된 두 번째 자격시험에서는 23,355명의 약사가 시험을 통과
하여 97퍼센트의 합격률을 보였으며, 6월에 실시된 3차시험에서도 89
퍼센트의 합격률을 보이며 1,389명의 한약조제 약사가 추가로 탄생하
였다.[41] 2차시험 과정에서 당시 한의계 출제위원들이 이의를 제기하
고 중도에 출제를 거부함으로써 약학계 교수진만 시험문제를 출제하
였다. 이러한 상황에 맞서 한의사들과 한의대학 학생들은 시위를 재
개하였다. 감사원의 특별감사 결과 동년 6월, 약사들을 대상으로 한
두 번째 한약조제 자격시험에 하자가 있음이 인정되었으나 정부는
합격자들의 자격을 그대로 인정함으로써 한의계의 또 다른 저항과
시위가 이어졌다.

사태를 해결하고자 정부는 분쟁이 한창이던 1996년 5월, 한약관련 종
합대책을 발표하여 한의계의 저항을 무마하려 했으나 실패하였다. 그
뒤 8월 30일 정부는 다시 한의학 육성발전계획을 발표하여 보건복지부

---

41) 당초 이 자격시험의 잠정 응시자는 기존에 한약을 조제하고 있던 2천 명 정도로 추
정되었으나 이듬해 실제 응시자는 2만 5천 명이 넘는 것으로 확인되었다(김종원, 1996).

안에 한방정책관을 설치하고 임명하는 등 한의계를 설득하는 데 노력을 기울였다. 장기간 수업거부를 하던 한의생들이 이듬해 3월 수업에 복귀함으로써 3년 이상 지속된 한약분쟁은 마무리되었다(경희대 비대위 자료국, 1996).

2. 갈등의 원인과 성격

1) 갈등의 전문적 성격: 전문영역 관할권 갈등

전문지식과 정통성에 대한 갈등

한의계와 약계 사이의 분쟁은 한약조제라는 전문영역 또는 권한을 둘러싼 분쟁이었다. 이를 두고 두 전문단체는 방어자와 공격자의 위치에서 대치하였고 자신들의 영역을 주장하고자 양 단체는 전문지식과 근거를 최대한 동원하였다.

약사들은 한약이 약의 일부임을 강조하며 약의 전문가인 약사가 한약을 조제할 수 있고 조제하는 것이 당연하다고 주장하였다. 이들은 약을 조제하는 데 '과학적이고 기술적으로 우수한 방법과 기구를 활용할 수 있'음을 강조하면서 바로 그 점에 취약한 한의계를 공격하였다. 인터뷰에 응한 약사들은 약에 관한 한 양약이든 한약이든 자신들만이 유일한 전문가임을 강조하였다.

그러나 한의계는 한약을 조제할 자격이 있다는 약사회의 주장에 강력히 반대하였다. 한의사들은 약사 측의 시도를 한의계 전체에 대한 중대한 위협으로 보았으며 이에 맞서고자 한의의 특성, 즉 분야나 과정별로 분리될 수 없는 전인적(holistic) 의료로서의 한의를 강조하였다. 그러나 이러한 학문적이고 논리적인 주장은 갈등이 격화하면서 더 이상 진전되지 못하였으며 대신 국민들에게 전통과 민족적 특성을 호소하는 쪽으로 치중되었다. 이는 한의계에서도 당시의 정책적 오류로 반성하고 있는 부분이었다.

실제 내용이, 기본철학 내용이 빠져있다는 거죠. 그런데 국민들에게는 밥

그릇 싸움으로 비춰졌다는 것이 한의사들의 전술적 한계였다고 생각합니다. 일반인들에게는 어렵다고 하더라도 어차피 OL(여론 지도자)들에게는 충분히 이해를 시킬 수 있었음에도 불구하고 한의협 측에서 그런 걸 못했다, 약사회 전술에 말려서 밥그릇 싸움으로 비춰져서 실패했던……. 학문적 입장에서 접근을 했어야 했는데 그렇지 못했죠.　　　　　　**-한의사2-**

현대 의료와 서구 과학의 관점에서 보았을 때 '전혀 전문적이지 못한' 한방의료의 시술 방식과 일반에게 쉽게 이해되지 않는 한의학 지식은 분쟁 동안 줄곧 약사 측의 공격 대상이 되었다.

한약분쟁의 결과, 한시법에 따라 자격시험을 통과한 약사들은 지정된 100가지 품목 안에서 한약을 조제할 수 있는 권한을 얻었다. 전문영역에 대한 갈등이라는 점에서 본다면 종전의 구도에서 약사들이 이득을 보았다고 판단한다. 조제할 수 있는 한약의 범위가 제한되기는 하였으나 약사들에게 일단 '모든' 한약에 접근할 수 있는 가능성을 열어준 것이었으므로 한의계로서는 불만스러운 결과였다.

약사들이 전부 한의를 할 수 있는 권한을 다 획득한 겁니다. 제한적이라고는 하지만 그 제한에 국가가 관리 감독할 수 있는 방법이 전혀 없습니다. 100가지 처방. 공무원이 100가지 처방이 뭔지 압니까? 모릅니다. 그리고 100가지만 하는지 누가 감독하고 다닙니까? 보건소에서? 택도 없는 소리예요. 0퍼센트예요. 그들이(약사들이) 그러면 무한정 [한약 처방을] 할 수 있는 것과 같습니다.　　　　　　**-한의사2-**

실제로 한약분쟁이 발생한 지 10여년이 지나 약사회는 공개적으로 한약 100처방 제한은 '국민건강을 위해 철폐되어야 하는 독소조항'임을 주장하며 '침체되어가고 있는 약국한약의 활성화를 위해' '체계적인 한약제제 교육의 필요성'을 강조하고 있다(데일리메디, 2005a). 이러한 주장은 특히 약대 6년제가 최종 확정되기 전 인근 의료단체와의 갈등 상황에서 제기된 것이어서 약사회의 체계적인 전략적 행보를 가늠케 하는 대목이기도 하다.

한의사들은 또한 약사들이 한의사처럼 환자를 진료하려 한다는 점에 큰 불만을 나타내었다.

> "진료하지 마." [그렇지만] 진료하는지 않는지 어떻게 압니까? 한의는 철
> 학인데. 그냥 보고서 '어디 안 좋아, 무슨 약 먹어야겠는데' 이거 진룝니까
> 아닙니까? 그 사람들 보기엔 아니라 하겠지만 제가 보기에는 진룝니다. 눈
> 들여다보고 '혀 한번 내밀어보세요', 전부 진룝니다. 문, 망, 절, 진(聞, 望,
> 切, 診), 듣고 보고 만지고 하는 게 다 진룝니다. 양의는, 자기들은 피검사
> 혈액검사 청진기대고 혈압 재고 하는 게 진료지만 우리에게는 이 방에 들
> 어오는 순간에 진료시작이에요.　　　　　　　　　　　　**-한의사2-**

위 응답자의 주장처럼 실제로 약사가 한의사의 진료권을 침해하는지에 대해서는 이론의 여지가 있다. 그러나 한약분쟁을 통해 한의사의 한약조제 독점권을 경쟁단체가 저지하였다는 점은 분명한 사실이다. 이는 한의사들에게 경제적 손실 못지않게 전문성 침해라는 상징적 손실을 의미하였다. 이와 달리, 약사들로서는 한약분쟁을 계기로 한방 영역에 들어섬으로써 전문영역 관할권을 확대하는 데 성공한 것으로 볼 수 있다.

한약사 제도: 전인적 한방 체계의 분할?

한약분쟁에서 나타난 또 다른 전문영역 관할권 이슈는 한약분쟁의 가장 중요한 산물이라 할 수 있는 한약사 제도의 탄생이었다. 한약사 제도의 신설을 두고 한의계와 약사회는 서로 다른 견해를 보였다. 현재 한약조제 자격시험에는 4년제 한약학과를 졸업한 이들만이 응시할 수 있는데 2000년 5월, 처음으로 89명의 한약사들에게 면허가 발급되었다.

한의사들은 한약사 제도의 유용성에 처음부터 대체로 회의적이었다. 그 첫 번째 이유는 한방의 전문가적 논리에 바탕을 둔다. 전인적 치료

라는 한방의 특성에서 볼 수 있듯이, 한의사들은 한방치료의 과정과 논리가 진단, 처치, 제약 등으로 분리될 수 없음을 주장한다.

> [한약사 제도를 도입함으로써] 한의는 서양의학의 논리에 따라 분리되도록 강요된 거죠. **-한의사4-**

분쟁을 타결하기 위한 방편으로 당시 한의계가 한약사 제도의 신설을 수용하기는 하였으나 실제로 바람직한 대안은 아니었다는 것이 한의계의 견해였다.

> 한방에서 의약분리는 말이 안 됩니다. 역할론에 따르자면 한약사는 사실 …… 방편으로 만들어진 건데. **-한의사4-**

> 한약사가 탄생하는 과정이 그런 거죠. '너네(약사들)한테 주느니 차라리 한약사를 하나 만들겠다' 그런 발상이 국가 시스템적으로 안 맞는 얘기고, 새로운 제도와 자격증 교육제도를 만든다는 것이, 이상적으로 보면 양방 한방을 대등하게 교육 발전시키고 의료를 이원화한다, 말은 맞죠. 그러나 내가 입안자라면 약사들이 가질 수 있는 영역과 약사들이 가질 수 없는 영역으로 나눈다면 한약사를 만들 필요는 없는 거죠. 싸움에서 이기고 있던 우리가 강요에 의해 내어놓은 결론이 '너네(약사들)한테는 못주겠다.' …… 굉장히 감정적인 판단이었는데……. **-한의사1-**

한의사들은 또한 "실제로 한약사들이 배출되어도 갈 곳이 없다(**한의사1**)"는 현실적 문제를 지적하였다. 아직은 한약시장에서 한의사의 권한이 절대적이며 한방의약분업이 제도적으로 확립되지 않은 상황에서 한약사의 영향력은 미미할 수밖에 없기 때문이다.[42]

---

42) 대한한약사회 박석재 당시 총무이사의 인터뷰 내용에 따르면, 2004년 8월 현재 약 650명의 한약사가 배출되었으며 250여개의 한약국이 개설되었다. 대학원 진학, 제약회사

한약사에 대한 한의계의 회의적 시각 이면에는 새로운 분쟁의 가능성과 그에 대한 불안이 자리하고 있다. 한방의약분업 시행에 대한 논의가 본격적으로 제기되면 한약사들은 현재 현실적으로 가장 중요한 한방 기능의 하나인 첩약에 대해 독점권을 주장할 것이기 때문이다. 실제로, 2000년에 설립된 대한한약사회는 한방의약분업이 곧 시행될 것이며 그로 말미암아 한약사의 기능이 중요해질 것임을 공식적으로 표명하고 있다(대한한약사회, 2004).

한약사 제도를 신설할 때 우려되었던 한의사와 한약사 사이의 기능 갈등은 점차 현실화되고 있는데 일례로 한약사회는 2001년 한의사협회가 한약학과를 폐과시키려 했다고 주장하고 한의사협회의 사과를 요구하며 공식적인 대화를 거부하였다. 2004년, 한약사회의 한 인사는 공개 인터뷰에서 약사들의 한약조제 위협보다 한약사들이 더 우려하는 바는 한의사들과의 관계라고 밝혔으며(청년한의사회, 2004), 2005년의 인터뷰에서도 한의계와는 신뢰구축이 되지 않아 서로 대화의 장이 마련되지 않고 있다고 말하였다(데일리팜, 2005a).

한편 한의사의 시각과는 반대로 약사 측은 한약사 제도의 신설에 우호적인 시각이었으며 최근까지 대체로 긍정적인 관계를 유지해왔다.

> 그(한약분쟁의) 결과로 나온 한약사. 그게 가지고 있는 사회적 공감대나 논리적인 측면으로는 더없이 좋은 것이었어요. 얼마나 멋있어요. 한의에서도 약을 전문으로 취급하는 한약사가 나와서 한약을 취급하고 연구하고 현대적으로 접목시킨다, 너무 멋있는 거예요. 그[런 논리] 앞에 장사 없다는 거죠.
> -약사7-

면담에 응한 약사들은 약에 대한 처방과 조제는 분리되어야 한다는

및 연구소, 관리약사 등으로 진로를 확정한 한약사들도 있으나 1/3 정도의 한약사가 면허를 활용하지 못하고 있다고 한다. 한방병원에 진출한 한약사는 10명 미만의 소수로 알려져 있다(청년한의사회, 2004).

취지에 부합하는 제도로서 한약사가 신설된 것에 만족하고 있었다. 약
사들의 주장에 따르면 한약사 제도는 논리전에서의 승리이고 성과였다.
의와 약의 분리라는 약사 측의 주장은 뒤에 의약분업제도로 일관되는
중요한 논리였다.

그러나 약사회와 한약사회 사이의 비교적 우호적이던 관계는 약대 6
년제 개편 추진과 함께 한약학과 학생들이 한약학과도 6년제로 개편해
줄 것을 요구하며 새로운 갈등 국면을 맞고 있다(데일리팜, 2004a; 한의대
닷컴, 2004).

이상에서와 같이 한약사 제도는 근본적인 한방의 논리가 아닌 서양
의학의 의약분업 논리에 따라 신설되었다. 한약학과 신설 이후 한약사
제도와 한약학과 학생들에 대해서는 한의계보다 약사 측에서 좀 더 적
극적이고 우호적인 태도를 보여 왔다. 그러나 기본적으로 전문가적인
기능과 역할의 측면에서 보았을 때 한약사의 입지는 한의사와 약사를
위한 기존의 정책에서 어느 정도 스스로의 영역을 확보하느냐에 달려
있다. 한의계와 약사회로서는 한약사 제도를 어떤 방식으로 수용하고
공존할 것인가를 장기적이고 정책적인 시각에서 고려해야 할 상황에
이르렀다.

전문성 강화를 위한 전략

한약분쟁이 진행되면서 한의계와 약계 모두 각자의 전문성을 강화하
고 부각시킬 필요성을 깊이 인식하였다. 먼저 약사회는 정부로부터 약
학대학의 교육연한을 기존의 4년에서 6년으로 변경시키는 안을 약속
받음으로써 의사와 한의사에 견주어 취약하고 열세였던 기존의 전문가
적 지위를 드높이고자 하였다. 약대 6년제 추진은 약사의 사회적 지위
도 함께 향상시켜줄 것으로 기대되었다. 이러한 정부와 약사회의 계획
에 대해 의료계와 당초 한의계는 크게 반대하였으며 '국가적 낭비'라고
비난하였다.

[약대 6년제는] 큰 문제죠. 절대 되어서는 안 되는. 전략적 수준이 아닌 결사반대해야 할.

-**한의사**4-

　의사와 한의사들은 새로운 교육과정으로 약사를 배출하는 것이 약사들의 영향력과 권리를 강화할 것임을 인식하고 있었으며 현재의 의료체계에서 약사단체가 더 이상 강력한 경쟁자로 부상하는 것을 원치 않고 있었다. 그러나 2003년 3월 현장조사 당시 위와 같이 절대 반대를 표명했던 한의계 인사의 주장은 1년여 뒤 무색해지고 만다. 2009년부터 약대는 6년제로 전환되는 것으로 결정되었는데 그러한 최종 결정의 중요한 계기는 역설적이게도 한의사협회가 약사회의 주장에 손을 들어준 것이었기 때문이다(한국의약신문, 2004). 그러나 2004년 6월의 한-약 합의는 일반 한의사들의 약대 6년제 반대 의사를 충분히 반영치 못한 것이어서(메디게이트뉴스, 2004b; 부산광역시한의사회 비상대책위원회, 2004) 뒤에 한의사협회 지도체제 교체의 원인이 되기도 하였다.

　한편 약사와의 분쟁을 계기로 한의사들 또한 전문성 강화의 중요성을 인식하였다. 한의사 전문의 제도는 그러한 노력의 일환으로 도입되었으며 양방에서 사용하고 있는 의료장비와 진단방법의 도입 추진 또한 같은 맥락이다. 그러나 이들 대안 모두 진통을 겪고 있다. 한의사 전문의 제도는 한의계 내부에서도 갈등을 유발하고 있다. 먼저 상당수의 한의사들이 전문의 제도의 기본 개념에 회의적이다. 한방의 핵심은 진단과 치료과정, 그리고 질병을 전체로서 파악한다는 것인데 전문의 제도는 진료 과정과 내용을 세부적으로 분화시키는 서양 의학의 개념에 바탕을 둔 것이기 때문이다. 따라서 전문의 제도는 논리적 측면에서 한의학과에는 맞지 않다는 것이다. 또한 전문의 제도는 현실 운영에서도 한계가 있다는 점이 지적되고 있다.

　한방병원에는 중풍 환자들이 90퍼센트입니다. 예를 들어 전문의 수련과정 경우, 내과라면 심계, 신계 등의 전문분야가 있는데 입원환자가 없습니

다. 외래환자의 80퍼센트도 마찬가지고요. 소아과 전문의가 중풍환자만 계
속 보다가 소아과 전문의를 따게 되는 거죠.   **-한의사5-**

전문의 제도에 대한 한의사 사이의 갈등이 공개화한 것은 정부가 한
의과대학 부교수 이상으로 등록된 자에게 한의사 전문의 자격을 인정해
주고 전임강사와 한방병원에 근무한 경력이 특정 연한을 넘은 자들에게
한의사 전문의자격 1차시험을 면제해주는 등의 특례를 인정하면서부터
였다(한의사전문의의수련및자격인정등에관한규정 제18조, 부칙 제2조, 부칙 제3
조). 개원의 한의사들은 정부의 이러한 조치가 형평에 어긋남을 지적하
며 반발하였다. 이들은 정부가 한의과대학 교수들에게만 특혜를 주는
것이라 주장하였으며 자신들이 한의과대학 교수들에 견주어 "전문지식
과 실제 의술에서 결코 뒤지지 않(**한의사4**)"음을 강조하였다. 한의사들은
한의과대학 교수뿐만 아니라 개원 한의사 또한 별도 전공의 과정 없이
전문의자격시험에 응할 수 있도록 정부를 압박하고 있다.

최근 정부는 제1차 한의약육성발전 5개년 종합계획에 따라 전문의
제도 개선에도 의지를 보이고 있다. 2005년 12월에 발표된 전문의 제도
개선 방안에 따르면, 2006년 2월까지 전문의 제도 개선위원회를 구성하
고 12월까지 개선방안을 협의, 확정하여 단계적으로 개원의의 전문의자
격 인정 문제를 비롯, 2010년까지 전문의 제도 관련 구체적인 프로그램
을 완성한다는 것이다(한의신문, 2006). 그동안 내부 갈등에 싸여 있었던
한의사 전문의 제도가 새로운 전기를 마련할 수 있을지 주목된다.

이상에서와 같이 한의계와 약계 사이의 한약조제를 둘러싼 분쟁은
Abbott(1988)이 주장한 관할권 분쟁의 사례이다. 한의사들은 한약에 대
한 조제권은 자신들의 독점적 권한임을 주장하고 있으나 약사 측은 한
약 또한 약의 일종으로 약사들이 다룰 수 있는 영역이라고 주장하였다.
한방치료의 전인적(holistic) 특성과 기능을 주장하는 한의사들은 치료와
제약의 기능을 각기 분리한다는 양방식 논리 자체를 반대하였다. 그러
나 약사의 한약조제를 인정하고 한약사 제도를 신설한 것은 한의사의

주장이 상당히 후퇴한 선에서 분쟁이 타결되었음을 보여준다.

양 단체 사이의 관할권 분쟁은 근본적으로 서로 다른 전문지식 체계와 정통성 사이의 갈등을 반영한다. 한의사들이 한의의 전인적 치료의 특성을 주장한 반면, 약계는 기능의 분리와 과학성을 강조하는 서구 의학의 관점에서 사안에 접근하고 있었다. 한의사들은 강한 전문가적 자부심과 우월성을 지니고 있었고 이를 근간으로 강경한 주장을 하였는데 이는 Abbott이 주장하는 문화적 요인, 즉 전문지식체계와 정통성이 한약분쟁에서도 중요하게 작용하였음을 의미한다.

분쟁을 통하여 양 단체는 교육 기간을 늘리고 전문의 제도를 도입하는 등 전문성 강화에 노력을 기울였다. 이러한 상황은 Abbott의 또 다른 문화적 요인, 즉 대학을 통한 전문교육이 중요하다는 주장과 일치하는 부분이다. Abbott의 분석에 따르면, 대학과 전문가 교육체계는 전문화 과정의 초기단계에서 중요한 구실을 한다. 이에 비교하여 우리나라 한약분쟁 사례에서 확인되는 것은 각 단체의 초기 전문화 과정 이후에도 교육체계, 특히 교육과정의 형태와 기간은 전문가적 경쟁의 중요한 이슈와 요인이 될 수 있음을 보여준다.

2) 갈등의 경제적 성격: 의료전문직의 이윤추구 성향

면담결과에서도 드러나듯이 한약분쟁에 경제적 이유가 관련되었음은 부인할 수 없는 측면이다. 약사들이 한약 부문에 진입하고자 한 데는 경제적 배경이 있었으며 한의사들 또한 이러한 사실과 그 결과를 민감하게 받아들여 갈등의 경제적 성격을 확인할 수 있었다. 그러나 뒤에 이어질 의약분쟁에서처럼 구체적이거나 분명한 경제적 이슈가 있었던 것은 아니었으며 의료시장체계의 근간에 자리한 서비스 공급자들의 기본적인 이윤추구 성향과, 경쟁으로 말미암은 재정적 어려움 등과 같은 포괄적인 요인 정도로 작용하고 있었다.

'80년대 말까지 약사들의 숫자와 영향력은 지속적으로 증대하였으며 의료기관이 충분하지 않았던 상황에서 '작은 의사'로서의 기능은 상당한 경제적 이윤과 의사에 비견될 만한 전문가적 이미지를 제공하였다. 그러나 의사 수가 급증하고 전 국민 의료보험이 시작되면서 약사들은 재정적으로 어려움을 겪게 되었으며 전문가적 위상 또한 타격을 받기 시작하였다. 이러한 상황에서 약사들은 새로운 분야로의 시장 확대 필요성을 절감하였다.

> 옛날 기사 보면 70년대 초반까지 약사들은 '한약에는 아무 약효 없다'는 글이 많았는데 그 후 오면 '한약도 약사들의 몫'이라고 바뀌게 되었고……. 시장으로 보면 의약분업에 대한 얘기가 되고 있었고 [의료]시장이 개방될 경우 약사들이 단순판매로 넘어갈 경우 국내제약회사들이 카피가 안 되니까 어렵게 될 것이고 그래서 약사들도 새로운 시장개척 차원에서 한의약에 관심을 가지게 된 것이고. …… 이런 면에서 보면 시장의 충돌이고.
>
> -한의사1-

약사들은 현대식 장비와 과학적 설비로 한약을 더욱 저렴한 가격에 공급할 수 있다고 주장하였다. 이는 한의계로서는 작지 않은 위협이었는데 약계에서 저렴한 가격으로 한약을 공급하면 한의 전체에 대한 수요가 그만큼 감소할 것으로 판단되었기 때문이다. 실제로 인터뷰에 응한 약사들 모두 농어촌 지역의 약국이나 도시의 소형 '동네 약국'에서는 한약조제로 상당한 수입을 올리고 있다는 점을 인정하였다.

한의사들 또한 경제적인 이유에서 자유롭지 못했다. 면담에 응한 다른 의료인들의 주장과 마찬가지로, 현행 의료체계에서 의료인들의 첫 번째 관심사는 자신이 운영하는 의료기관을 최소한 유지할 수 있을 만큼 충분한 수익을 확보하는 것이며 "자본주의 시장체제에서 살아남기 위해 돈을 벌어야 하는 것은 불가피"한 것이라 한의사들은 주장하였다.

> 한의원 하나 개원한다는 건, 머, 양의사들도 마찬가지겠지만, 진짜 힘들

고 위험한 일이에요. ****(부유한 배우자를 만나지 못하면) 의원 하나 개원 해놓고 몇 년간 빚에 시달려야 해요. …… 최근에 계속 정부하고 의료단체 들하고 분쟁이 있었는데 매번마다 의료단체들은 '국민의 건강을 위해서'라 고 주장하지만, 그럴듯하죠, 그렇지만 그 말 뒤에는 사실 복잡한 경제적 이 해관계가 깔려있는 거죠.　　　　　　　　　　　　　　　　　-**한의사**4-

　한의계의 한 인사는 구체적인 통계를 제시하며 한의사들이 개인 의 원을 운영하는 데 어려움을 겪고 있다고 주장하였다. 그의 설명 가운데 추정이 어렵다고 알려져 있는 한의계의 비보험 의료 서비스의 수입 규 모가 언급되었는데 이는 한의계 자체적으로 파악하고 있는 자료였다.

　　우리 한방 쪽에서도 [정확한 수입 규모가] 잘 파악되지는 않는데. …… 의보(의료보험) 전체가 금년에(2003년에) 20조원 정도인데 한방 진료비 규모는 [한방]병원 포함해서 7,950억입니다. [의료보험] 총 급여범위의 4.1퍼센트밖 에 안 되고요. 비급여가 그 금액의 약 120퍼센트 미만이니까 약 9,000억 정 도 보죠. 그러니까 한방의 총 진료비는 1조 7천억 미만인거죠. 140개 한방 병원, 8,100개 한의원 다 포함한 겁니다. 기관 당 나누면 월 2,000만원 미만 이라는 건데 기본 운영경비, 재료비 등이 1,700[만원] 정도 들어가고요. 그 러면 월수입이 많지 않다는 얘기죠.　　　　　　　　　　　　　-**한의사**9-

　재정상의 어려움을 토로하는 당사자의 주장을 그대로 받아들이는 데 는 무리가 있다. 또한 "한의계는 의료보험과는 별로 상관없다"라는 한 정부 관계자(**정부관계자**4)의 응답이 시사하는 바, 비보험 의료 서비스로부 터의 수입이 훨씬 많다는 의미를 고려할 때, 위에서 **한의사**9가 밝힌 한 의계의 수입 규모는 과소평가되었을 가능성이 크다. 그럼에도 한의계 전반이 과거보다 재정적으로 어렵다는 주장은 어느 정도 사실인데 먼 저 첫 번째 이유는,

> 현재 한의사가 [매년] 700명씩 들어옵니다. 내가 한의사 될 때 79년도에
> 전국에 2,000여개 한의원이 있었는데 현재 8,000여개입니다. 내가 [한의사
> 면허번호] 3,000번대, 지금 현재 [발급되는 한의사 면허번호]는 15,000번대
> 입니다. 근데 매년 700명씩 늘어나니까 어떻게 감당할거냐…….
>
> -한의사4-

이러한 상황에서 한의사들은 한의의 전통적이고 핵심적인 치료보다
는 고수입을 올릴 수 있는 시술에 관심을 보이게 되었다.

> 국민에게 한방이 꼭 필요하다는 걸 보여줘야 하는 게 우리가 할 일인데
> 지금은 그냥 비만치료 같은……. 사실은 대부분이 한의계 내부에서 아무도
> 인정하지 않는, 그런 키 크는 약이라든가, 그런 것들로만 자꾸……[관심을
> 두려 합니다]
>
> -한의사5-

이상에서와 같이 한약분쟁의 이면에는 두 단체가 각각 직면하고 있
는 경제적 재정적 압력이 작용하고 있었다. 당시 약사들은 경제적 어려
움을 극복하기 위한 대안을 찾고 있었으며, 한의계 또한 한의사들의 급
증으로 말미암은 재정적 어려움을 염려하고 있었기 때문에 약사들의
'영역 침범'에 민감할 수밖에 없었다. 한약 조제에 경제성과 효율성을
높일 수 있다는 약사들의 주장은 한약조제권 주장에 중요한 근거로 작
용하였으며 고가로 한약을 조제, 판매하고 있던 한의사들에 정면 응대
하는 것이었다.

면접조사에서 확인되고 있는 의료단체들의 경제적 동기에서 정황적
이유는 중요한 위치를 차지한다. 현재까지 한방 의료기관과 약국은 개
인 또는 민간단체가 대부분 설립, 운영하여 왔고 정부의 장기계획 없이
한의사와 약사의 숫자는 크게 증가해왔다. 이러한 상황에서 한의사와
약사의 일차적인 현안은 직접 개설, 운영하고 있는 의료기관이나 약국
을 유지하고 이윤을 확보하는 것이었으므로 재정 상황에 영향을 주는

환경적 요인에 양측은 민감하게 반응하였다. 또한 환경적 요인을 공개적으로 표명하고 경제적 이득을 추구하는 두 단체의 행태는 개별적 또는 단체 일부에 의한 것이 아닌 조직 전반의 풍토인 것으로 보였다.

3. 관련 단체의 대응과 전략

1) 한의계의 대응 전략과 성향

한의사들과의 인터뷰 내용은 한의계 내부의 개혁 과정, 한약분쟁에 영향을 준 것으로 판단되는 정부와의 관계와 정치적 과정 등을 보여준다. 한약분쟁 동안 의료전문가 개개인의 전문가적·사회적·정치적 태도 또한 한의계의 결정과 집단행동에 영향을 주었다. 면담 대상자들이 대부분 한의계의 핵심 인사들이었다는 점을 감안하면 이들 정보는 한약분쟁의 특성을 분석하는 데 특히 주효하다.

한의사협회의 지도체제

한의계는 주요 세 의료단체 가운데 유일하게 한약분쟁 이전부터 안마사, 침구사 등, 한방 관련 분야의 준의료인들과 지속적인 갈등을 경험해 왔다. 한의계로서는 "분쟁이 없을 날이 없었(한의사1)"으며, 이로 말미암아 한의사협회는 다른 의료단체에 견주어 상대적으로 일찍 지도체제를 개혁할 수 있었다.

'90년대 초 약사들과의 전면적인 갈등이 있기 전에도 한의사들은 이들과 갈등을 겪고 있었다. 그러나 전면전으로 확대되지는 않고 있었는데 한의사들 스스로도 한약분쟁 만큼 중요하거나 위협적인 것은 아니었음을 인정하였다. 당시 의료체계에서 이미 상당한 기득권층이었던 한의계는 사회적 경제적 약자인 맹인 안마사단체나 침구사단체에 직접 대항할 수 없었다. 그럼에도 이들 단체와의 마찰은 한의계가 경험한 가시적인 전문영역 갈등이었다. 일련의 갈등을 거치면서 한의계는 내부적으로 협회 지도부의 개혁을 경험한다. 소장 한의사들이 당시 집행부의 수동적인 대처를 비판하고 나선 것이다.

> [당시] 한의협 집행부들은 자기들이 돈 잘 벌고 기득권층이었던. 한의계
> 를 수호하겠다든가 발전시키겠다든가…… 그런 생각도 별로 못하고 있었
> 고 상황에 별로 적극적으로 대체하지도 못했죠.   **-한의사4-**

안마사들과의 갈등을 계기로 젊은 한의사들이 지도부에 포함되기 시
작하였고 협회 운영에 직접 참여할 수 있는 기회를 마련하였다.

한의사4에 따르면 한의계 안에서 젊은 세대의 영향력은 1993년 한약
분쟁을 통해 강화되었다. 약사법시행규칙에서 논란이 일었던 재래식 한
약장 관련 조항이 삭제되고 약사들에게 한약조제권이 개방된 직후 한
의협회의 당시 집행부는 소장세력의 압력으로 물러났으며 새로운 지도
체제가 형성되었다. 1996년까지 허창회 회장 집행부는 시위와 파업을
주도하며 투쟁을 이끌었다. 1996년부터 1997년까지 한의사협회는 두 차
례 더 회장단 교체를 경험하였으나 투쟁 기간 동안 약사와 정부에 대
한 한의사들의 투쟁은 비교적 강경기조로 일관하였다.

약사들과의 분쟁기간 동안 한의사협회 집행부의 평균 연령은 급격히
낮아졌다. 한의계는 주요 의료전문 단체들 가운데 집행부 안에서 세대
교체를 가장 먼저 경험한 단체였다.

> 회장은 여전히 나이 많은 층에서 나오지만 집행부에서 실제 결정하고 행
> 동을 이끌고 하는 사람들은 많이 젊어졌죠.   **-한의사4-**

주요 인사들과의 인터뷰 내용에서 보는 바와 같이 한의사협회의 새
집행부는 분쟁기간 동안 한의사들의 강경한 투쟁을 선도하였다. 일반
한의사들은 당시 집행부의 활동을 높이 평가하였다.

> 지금 한의사들이 저뿐만 아니라 그때 지도력이 굉장히 월등했다고 생각

해요. 누구나 다. 구심점이 있었거든요. 단순히 얘기하면 약사에게 말려들
지 않고 방어해야 한다는 구심점. 그 전에나 후에도 그런 게 없었는데.

-한의사3-

협회의 지도체제 아래 당시 1만 명이 채 되지 않았던 한의사들은 4
만 명이 넘는 약사들을 상대로 강한 단결력을 보였다.

약사들하고 싸울 때 한의사들은 놀랄 만큼 잘, 한의협 지시에 적극적으
로 잘 따랐죠. 의원 문 다 닫고 가두시위하고 정부청사 앞에서 시위하고
혈서 쓰고 연좌농성에 단식투쟁……. 전국의 한의과 학생들이 수업거부하
고 시위에 참여했죠. 수천 명의 한의사들이 삭발하고. 돈이든 사람이든
동원하는 데 전혀 문제가 없었어요. 한의사들이 투쟁하는 데 돈 많이 냈죠.
나이 많고 돈 많은 사람들은 개별적으로도 기부 많이 했어요. 수십억 모았
어요. 나도 그때 오, 육백 [만원] 냈던 것 같은데. 전국의 한의사들이 문 다
닫고 서울로 올라와 시위에 참가했죠. 그때 정말 대단했습니다. -한의사4-

한 인터뷰 대상자는 당시 서울에서 열렸던 첫 집회의 경험을 다음과
같이 진술하였다.

[그때 내가] 지도부[에]는 참여 안하고 당시 부산에 있었는데. 모든 정보
는 서울이 가지고 있어요. 정보량이. …… 그냥 일방적인 지시에 따르는
거죠. 부산 성향이 좀 과격하잖아요. 그때 전, 처음 데모할 때, 전날 택시
대절해서 아침에 서울에 도착했어요. 전국에서 최초로 데모하러 온 멤버
안에 포함됐으니까. …… 모든 건 지금도 그렇지만 그때는 이익단체가 서
로 뭉쳐야 한다는 것 때문에 지도층의 일방적 지시에 일사불란하게 따르는
것이 개인의 이익에 최우선이라고 생각했어요. 협회의 지시사항에 따라서
했고. 한국사회의 데모 문화와 밀착되어 있는데 과격해야 모든 걸 얻지, 합
리성을 따지다가는 밀린다는 인식이 누구나에게 있었어요. 지금도 마찬가

지고. 당시 협회가 잘못했냐 아니냐를 당시에는 판단할 경황도 없었고 하고 싶지도 않고 능력도 없었고.   **-한의사3-**

한의사들의 일치된 단체행동은 분쟁이 진행되는 3년여 동안 큰 변동 없이 지속되었으며 이른바 "노동쟁의보다 더 과격(**한의사3**)"한 양상을 띠었다.

한의사협회의 관리·정치 역량

한약분쟁동안 한의사들의 가장 두드러진 강점은 PC통신을 활용한 의사전달망을 구축한 것이었다. 당시는 PC통신이 대중에게 막 보급되기 시작하던 시점이었다.

그때 막대한 정보를 생산해 내는 시스템이 한의협에서 최초로 가동됐고 초창기 하이텔 통신이나 그런 게 당시 한의협하고 같이 구축되고 접목이 잘되었어요. 통신 콘텐츠가 발달되면서 굉장히 확대되었죠. 지금 모든 한의사회 내 콘텐츠가 그때 다 구축되었죠.   **-한의사3-**

PC통신에 따른 의사전달 네트워크는 한의사들의 단결력을 강화시켰으며 신속한 단체행동을 가능케 했다. 한의사들의 평균 연령이 낮고 젊은층이 두터웠기 때문에 이러한 통신망의 운영이 가능하였는데, 이는 다시 젊은 세대의 영향력을 더욱 강화시키는 계기가 되었다.

93년 한약분쟁 생겼을 때 한의사들이 통신망이 제일 발달했어요. 하이텔 안에 한의사 통신망 개설해서 그걸 통해 비상연락 하는 게 주효했고. 그게 가능했던 것이, 전체 집단의 연령층이 낮거든요. 지금 한국 한의사 평균연령이 지금 31살 밖에 안돼요. 평균 연령층도 낮고 컴퓨터 사용 정도가 제일 높았어요. 제가 ** 비대위(비상대책위원회)를 했는데, 전체 회의를 하면 세대간 갈등이 있는데 회의 내용을 통신망에 전부 올려버리면 [특정 계층의 독단적인 결정에 대해] 비판이 쏟아지죠. 그러면 [다시] 바람직한 쪽으로 [수정되어] 몰려갈 수밖에 없었고 모든 자료가 오픈되었었어요. 그런 기록들이 얼마나 오픈되었냐 하면 그런 기록을 가지고 나중에 경희대 학생이 유급이 부당하다 소송 낼 때 소송자료로 제출되었어요. 한의사들이 먼저 그렇게 하고 난 다음에 의사들이나 약사들이(약사들에게도) 통신망이 중요하다는 필요성 인식이 가속화되었죠.   **-한의사1-**

한편 전문가단체가 '정부를 설득'하는, 이른바 '로비'라고 하는 내부과정과 경로에 대한 정보는 접근하기 가장 어려운 부분이었다. 한의계의 한 인사는 특정 문제가 발생했을 때 통상 협회차원에서 어떻게 정부 또는 정치 시스템에 접근하고 설득하는지에 대해 어렵게 답변을 시작하였다. **한의사4**가 제시한 정부와 정치권에 대한 접촉과 설득 과정을 정리하여 제시하면 다음과 같다.[43]

청와대와 집행부 쪽으로는 우선 보건복지부수석 측을 만나야 합니다. 이 단계에서는 우리가 처한 어려운 상황을 전달합니다. 동시에 정부의 장기정책과 부합되는 전략을 우리 측에서 제안할 수 있는데 이는 물론 공공보건의 측면에서 정부가 다룰 만한 가치가 있는 것이어야 하고 동시에 우리(한의)로서도 유리한 것이어야 합니다.

복지부장관, 재경부장관, 총리와도 만나야 합니다. 복지부장관은 물론 우리 일을 처리하는데 가장 중요한 관문이고 재경부는 정부예산 관련하여 열쇠를 쥐고 있으니까. 대부분의 이슈, 특히 한의에서 의료보험수가를 올리는 것은 재경부의 지원이 없으면 곤란합니다. 따라서 재경부의 보증을 미리 받아두어야 합니다. 총리는 이 두 부처 간의 조정 역할을 맡고 있으니까 역시 그 쪽에도 연결하여 상황설명을 해야 합니다.

대부분의 경우 청와대 복지수석 측에서 먼저 전면에 나서는 일은 거의

---

43) 이하 정부와 정치권을 대상으로 하는 설득과정의 인용구들은 의료단체의 정책로비과정에 관한 저자의 별도 논문에서 발췌하였다(최희경, 2006b: 54-57).

없습니다. 장관들 선에서 먼저 얘기가 되고 나면 그 다음에 복지수석 측에서 간단한 언급을 하는 정도입니다. 그렇지만 특별한 사안이나 아주 심각한 사안의 경우에는 복지부수석 측에서 적극 관여하기도 합니다.

고위 정치권에 이어 두 번째로는, 복지부 내 해당 사안을 담당하고 있는 공무원들과 접촉해야 합니다. 이때 중요한 것은 관료들과의 만남은 장관과의 만남보다 앞서서 미리 행해져야 한다는 것입니다. 이때 공무원들이란 국장급일 수도 있고 과장급이나 계장급일 수도 있는데 이 단계에서 공무원들에게 전달되는 설명이나 제시되는 대안은 매우 구체적인 것이어야 합니다. 그들에게 상황의 중요성을 이해시키고 우리의 요청을 받아들이도록 설명하고 설득해야 합니다. 우리가 장관을 만난 다음에 장관이 담당 공무원들에게 그 사안을 물어봤을 때 그 담당 공무원들이 적절한 대답을 할 수 있어야 합니다. 그 대답은 우리가 장관을 만나기 전에 미리 공무원들과 만났을 때 서로 충분히 논의된 내용이 될 수 있도록 사전에 정보가 교류되어야 합니다.

만약 사전에 우리와 관료들이 접촉이 없었던 상태에서 장관이 담당자들에게 질문이나 지시를 먼저 하게 될 경우에는 일이 틀어질 가능성이 높습니다. 공무원들은 자기들이 알지 못했던 상황에 대해 일하는 것을 좋아하지 않습니다. 그럴 경우에는, 담당 공무원들이 장관으로부터 특정 안을 기안토록 지시를 받았다고 하더라도 일방적으로 따르려 들지 않습니다. 지연시키거나 그냥 넘겨버리거나—기안을 하는 데 적극적으로 협조하려 하지 않습니다. 따라서 실무자들로부터 적극적인 협조를 얻기 위해서는 실무자들에게 먼저 충분한 정보와 설명을 해주어야 합니다. 복지부 담당자들 외에 보험공단 실무자들도 중요합니다. 그렇지만 정책의 핵심은 역시 복지부의 공무원들이 쥐고 있습니다.

세 번째로 국회의원들을 만나야 합니다. 구체적으로는 보건복지위원회의 의원들입니다. 그렇지만 그에 못지않게 정부여당과 주요 야당의 각 당 정책실의 리더들을 만나는 것이 더 중요합니다. 사실상 각 당 정책실의 리더들이 자기 정당의 입장을 결정하고 보건복지위원회 의원들로 하여금 그 입장을 대변하도록 하기 때문입니다. 행정부에서 기안된 안이 국회에 제출되었을 때 우리의 입장과 설명을 수긍한 의원이라면 그 안이 통과되도록 도와주게 됩니다.

이에 더하여 사회의 분위기 자체를 우리 쪽으로 유리하게 만들어가는 것이 중요하기 때문에 언론사에 정보를 제공하는 것도 필수적입니다. 신문사나 방송사마다 급수가 있는데 그들 간에도 복잡하고 미묘한 갈등과 경쟁이 있습니다. 신문의 경우 1등급이라면 조선, 중앙, 동아 정도인데 우리 쪽의 중요한 정보나 기사거리는 그들에게 우선 동시에 보내져야 합니다.

-한의사4-

위의 인터뷰 내용은 특정 전문가단체가 정부와 정치권을 어떻게 '설득'하는지 상당히 구체적으로 보여주고 있다. 특히 이 내용은 '90년대 중반 이후 한의계 정책과정에 핵심적인 역할을 담당했던 이의 경험인 만큼 더욱 주목할 만한 것이다.

위 내용의 진위 여부를 직접 확인한다는 것은 쉽지 않다. 연구자는 그 뒤 정부의 한 고위 공무원에게 부탁하여 '한 의료단체의 내부 이야기'라고만 밝히고 위의 내용을 제시한 뒤 정부 안에서 업무 과정을 잘 아는 사람으로서 어떻게 평가하는지 의견을 구하였다. 전자메일을 통한 그의 답변은 다음과 같았다.

우선 해당 interviewee가 매우 성실하게 답을 한 것 같고 어떤 큰 그림에 익숙한 상태에서 이른바 로비과정을 체계적으로 설명하고 있는 느낌을 받습니다. …… 특히 몇몇 미시적인 것에 대하여도 이해나 숙련도가 상당한 느낌인데, 예를 들면 의사결정구조의 복잡성(청와대, 국회, 부처, 언론 등)과 그 우선순위 등을 잘 이해하고 있고, 사무관, 과장 등 실무자들의 내면적/장기적인 힘과 영향력을 제대로 알고 있음. 장관과 실무자들의 의사소통 메커니즘에 대한 판단은 무릎을 칠 정도임. 즉 장관만 먼저 알고 일방적이고 무리한 지시를 하는 경우에 실무자들의 협조를 얻기가 점점 더 힘들어지고 있음. …… 어떤 개별 정책 사안이 어느 한 부처나 기관에서 해결될 수 있는 것이 아니라는 것을 잘 알고 있음. …… 실무 공무원들에 대한 사전 접촉의 중요성을 제대로 인식하고 있다는 것, 또 담당공무원들과의 공생관계도 잘 파악하고 있군요. ……

몇 가지 불분명하거나 갸웃거려지는 부분들: 국회의원들에 대한 내용 중에서 '각 당 정책실의 리더'라고 하는 부분에서 각 상임위원회 내에도 전문위원과 의원마다 보좌관들이 있으므로 복지위 소속 의원이면 웬만한 사안에 대해서는 충분히 각자의 입장과 이해관계가 따로 정립되어 있을 것으로 봅니다. 따라서 초대형 이슈가 아니면 정당별 '정책실의 리더'들에 의한 영향력은 크지 않을 것으로…….

-정부관계자5-

위의 응답에서 확인된 바로는, 한의계 인사가 밝힌 정부 설득 과정은 다른 이익단체들에 견주어 잘 정비되어 있고 체계적이며 내용 자체도 신빙성이 있다. 위 응답자가 의문을 제기한 '각 당 정책실의 리더' 부분에 대해서는, 한의계 인사의 응답이 사실상 '일반 로비 과정'을 너머 '초대형 이슈'였던 한약분쟁─인터뷰의 주된 내용 가운데 하나였던─을 염두에 두고 설명되었으므로 그 또한 설득력 있는 내용이라 할 수 있다.

이상과 같은 한의계의 정부 설득 체계는 한약분쟁을 거치면서 비로소 본격적으로 시도되고 자리 잡은 것이라고 한다. **한의사**4에 따르면 한약분쟁 당시는 위의 절차에 따라 체계적으로 정부를 설득했던 것이 아니며 내부 절차는 여전히 취약했고 혼선이 따랐다고 한다. 이는 당시에 이미 상당한 네트워크를 갖추고 정부를 설득할 수 있는 체제를 확보하고 있었던 약사회에 견주어 불리한 요소였다. 그러나 한약분쟁의 경험을 통해 대정부 설득 체계가 자리를 잡았고 그 뒤의 사안들에서는 '상당한 효과'를 거두고 있다고 자부하고 있었다.

한의계는 정치적 영향력을 강화, 제고하고자 나름대로의 전략을 가지고 있었다. 인터뷰에 응한 주요 인사들은 한의사 출신 국회의원 후보 지원, 대통령 주치의 만들기, 보건복지부의 한의전담기구를 지원하고자 정치권 인사들을 설득하는 작업 등을 전략의 예시로 들었다. 이러한 '일반적 전략' 외에 관련 공무원들에 대한 개별 접근방법도 '경우에 따라' 활용한다고 밝혔는데 고위 공직 인사나 정치권 인사의 질병을 치료해주는 전략은 특히 주효하다고 하였다. 다음의 사례 또한 한의계가 공무원들과 어떻게 관계를 형성하는지 전략적 측면을 보여준다.

> ○○○(특정 공무원 이름 거론)도 겨우 1년 전에 와서 그간의 이 쪽 히스토리나 얘기들을 잘 모르잖아요. 처음에 용어나 무슨 약 이름 같은 것도 힘들 텐데. 공무원이라는 한계가 있잖아요. …… 정말 한 단체에서 마음먹고 한 과의 과장을 흔들려면 그거 못하겠어요. 위에 있는 사람을 밑에서 흔드는 건 쉬운 일이에요. 거기다 그 사람 어떻게든 내가 구워삶아야겠다 싶으면 수단과 방법을 안 가리게 되죠. 그러다보면……. 공무원이(공무원에게) 내가 "당신이 결정 그렇게 하면 모든 의약계가 다 죽어." 막 협박을 하고 성명서 내고 하면……. 또 개인적인 약점을 쥐고 있을 수도 있으니까.
>
> -한의사5-

위의 언급은 한 전문단체의 집행부가 담당 공무원의 성격과 특성을 얼마나 구체적으로 파악, 관리하고 있는지를 보여준다. 또한 특정 의료전문 단체가 정치권과 정부를 접촉하고 설득하는 데 얼마나 적극적으로 임할 수 있는지를 보여주는 사례이다.

약사들과의 분쟁 동안, 한의계는 특별히 일반 국민으로부터 강력한 지지를 얻었다. 국민들은 한의를 단순히 의료부문으로만 보지 않았으며 민족 전통과 정신을 계승하는 중요한 문화유산으로 인식하고 있었다.

> 이미지가 좋았죠. 한국사회가 그래도 민족주의 성향이 강하기 때문에 민족정서라는 차원에서 이미지 메이킹 하기에는 약사보다 유리했고, 여론형성에도 그렇고. 수적으로 열세니까 약자라는 이미지도 있었을 것이고. 전통의학, 조상이라고 하면 동양문화권에서는, 한국사회에서는, 그걸 반박하기

어렵잖아요. …… 일부 약사들이 〔한약을〕 가져가서는 안 된다는 인식이
시민단체나 일반인들에게 먹혀들었다고 보죠.　　　　　　 **-한의사3-**

　한의가 지니고 있는 '민족적' 또는 '전통적' 가치는 분쟁 동안 일반인
들에게 강력한 호소력을 발휘하였다.

　　한약분쟁 당시 한의에서 주로 쓴 무기? 대 언론 작업이 주였겠죠. 국민
들의 정서를 업고 가자는. 그걸로 약사들은 한번씩 치명타를 받았죠. 예를
들어 약값이 비싸다, 도둑놈이다, 물론 그런 직격탄이 되려 날아오기도 했
지만……. 그래도 그 부분은 상당히 주효했어요. 홍보비를 얼마나 많이 썼
는데요. 한번에 천만 원. 일간지도 골고루 내야하니까. 대략 한번에 1억씩.
그걸 일 년 내내 했으니까.　　　　　　　　　　 **-한의사2-**

　　그래서 싸움의 마지막은 결국 일반인들이 판단했는데 양복과 한복, 한옥
과 양옥, 그런 식으로 "한약과 양약이 있는데 한약은 누구 것이냐? 당연히
한의사 것이지." 그렇게 지극히 일반인들의 상식적인 〔것으로 판정되었어
요〕. 우리 전통문화가 아직 서구화 덜 된 일반인들에게 던지니까 판정이 한
의 쪽으로 나게 된 거였죠.　　　　　　　　　　 **-한의사1-**

　언론계의 한 인사도 한약분쟁 당시 국민들이 의료체계에서 한의의 위
상과 역할을 높이 평가하고 두둔했음을 인정하였으며 시민단체와의 유기
적인 관계 또한 친한방 여론 형성에 도움이 되었다고 한다.

　　국민들 정서는 한의가 우리 고유의 의술로서 나름대로의 분야가 있는데
이걸 예를 들면 약초재배나 약초학 등을 제대로 공부 안 한 약사들이 제품
명만 가지고 간단히 만들어서 파는 것이 다방에서 십전대보탕, 쌍화탕, 그
런 식으로, 약방에서도 하는 걸 다방에서도 하듯이 그것과 무엇이 다르냐
고 굉장히 부정적으로 봤던 겁니다. 그것도 진맥을 해보는 것도 아니고. 한

의원에서 진맥과 진찰을 하고 무슨 약이 좋겠다 하는 것도 아니고 그냥 아
주 간단하게 무슨 증상에는 무슨 약입니다—하는 것에 [국민들이] 굉장히
불쾌하게 생각했던 것이죠. 국민의 건강을 너무 소홀히 여기는 것 아니냐,
그래서 한방 편을 들었던 것 같아요.   **-언론인2-**

한의사들의 성향과 태도
한의사들이 약사들에 대항하여 단합된 모습으로 강력히 투쟁하였던
핵심에는 '민족 전통의 수호자'라는 자부심이 있었다.

한의학을 자꾸 공부하거나 진료해보면 우리 역사에 대해 자꾸 접근하게
됩니다. 심하게 보면 민족주의라고 할 수 있는데 완화시키면 전통에 대한
마지막 사수라는 생각이 많이 생깁니다. 학부모들이 동원되었던 것도 정부
에서는 '동원'했다고 보지만 사실은 거기 학부모들 생각은 '이거 우리 것이
었는데 어떻게 양의학 하는 사람들이 달라하느냐'그런 거였고…….
                              -한의사1-

인터뷰에 응하면서 한의계 인사들은, '90년대 한약분쟁 당시 약사들
에 대해 가졌던 불편한 감정을 감추지 않았다.

약사는 과학적인 학문을 배운 사람들이에요. 약학은 굉장히 과학적이고
이화학적인 모든 분석을 다루는 최고의 학문인데 그런 계층이 경제적 이익
때문에 전혀 현대적 의미에서의 과학이라고는 볼 수 없는 패러다임을 자신
의 것이라고 가져오려 했다는 것 자체가 도저히 아직도 이해가 안 돼요.
…… 그 사람들도 약학대 가서 약을 배웠어요. 굉장히 과학적인 거죠. 그
렇지만 한의는 자기들 잣대로 봐서는 비과학적인 거거든요. 쌍화탕으로 뭘
만든다는 데는 과학적인 데이터가 없어요. 그런데 그걸 가지고 자기들 거
다, 나는 아직도 이해할 수가 없어요.   **-한의사3-**

한의사들은 기본적으로 약사들의 '영역 침범'에 분노하였다. 면담에 응한 한의사는 물론이고 관련 홈페이지의 게시판에서 주장되는 바와 같이 한의사들은 약사들의 행위가 한방의 근본적인 자존심을 해하는 것이라고 믿고 있었다. 또한 그러한 감정적 반응의 저변에는, 한의사들은 약사들보다 우월한 존재라는 의식이 자리하고 있었다.

> 우리, 특히 젊은 한의사들은 그런 생각들을 하죠. 양의사와 약사들의 중간쯤에 있다고. 그래도 우리가 약사들과 비견될 수야 있겠느냐 하는…….
>
> **-한의사5-**

한의사들의 이러한 정체성은 '감히' 자신들의 전문영역을 침범한 약사들을 용서할 수 없다는 분위기로 이어졌다. 나아가 한의사들은 약사들이 전문 의료인으로서 자신들의 경쟁자로 인식되는 것을 원치 않고 있었다. 한의계 인사의 다음 표현도 약계에 대한 한의계의 태도를 보여주고 있다.

> 한의사들은 많은 사람들 만나지 못하고 졸업 후 인턴 수련의 등을 잘 안 하고……. 학문 자체가 그렇게 계산적이지 못하고. 그냥 두루 뭉실 넘어가게 되니까……. 그냥 …… 형이상학적으로 풀어놓은 것만 보니까 사람들이 형이상학적으로 되고 일도 그렇게 하고 그런 식으로 가는 것 같아요 성향들이. 근데 약사들은 성향이 그렇지 못하거든요. **********(약사들은 아주 현실적이에요). 그러니까 …… [한의사들이] 약사들을 이기지 못해요.
>
> **-한의사4-**

이상에서와 같이 한약분쟁 동안 한의계는 자신들의 조직적 특성과 역량, 그리고 정치적 전략을 발전시켜 나갔다. 안마사 등 인근의 다른 단체들과 영역 갈등을 먼저 경험했던 것은 한의계가 다른 의료전문 단체에 견주어 상대적으로 일찍 지도체제를 정비하고 조직화할 수 있었던 중요한 요인 가운데 하나였다. 약사들과의 갈등 동안, 한의사들은 젊은 세대를 협회 집행부에 전격 받아들임으로서 내부 개혁을 단행하였다. 또한 한약분쟁 때 한의사들은 앞서의 영역 갈등 경험을 바탕으로 대처 방법과 전략을 개발할 수 있었다. 다수 젊은 세대의 적극적인 참여와 PC통신망의 구축은 한의사 단체의 조직적 역량에서 두드러진 점이었다.

일반 국민이나 시민단체 등 다른 외부 단체를 설득하는 정치적 역량에서도 약사회보다는 한의계가 앞섰던 것으로 보인다. 또한 한의사들의 단결은 약사들에 견주어 훨씬 견고했다. 이상의 모든 조직적 강점은 한의계가 단체행동을 취하고 대중의 지지를 얻는 데 유리한 조건으로 작용하였다. 그러나 약사단체의 대응 전략에서 확인되는 바와 같이 한약분쟁 당시 정부 내부의 실무관계자들을 설득하는 데는 약사단체에 견주어 한의계가 뒤떨어졌다. 이는 한약분쟁의 결과를 뒤집는 중요한 변수였다.

2) 약사단체의 대응 전략과 성향

약사회의 지도체제

한약분쟁 당시의 약사회 지도부에 대한 일반 약사들의 평가는 낮았다. 약사들은 한약분쟁 동안 환자들의 '여과 없는' 비난과 불평을 직접 대면해야 했다. 약사들은 그런 정황이 정부 차원의 제도적 법적 문제라기보다는 약사회의 '지도부가 잘못 결정했'고 '전략이 미숙했기 때문'이라고 여기고 있었다. 그러나 일반 약사들이 아닌 다른 단체 구성원들은 의약분쟁에서는 물론 한약분쟁에서의 약사회 지도부 역할에 대해서도 비교적 높이 평가하였다. 약사회의 주요 인사들은 자신들의 영향력이 '지도부의 역량'에서 나온 것으로 자평하였다. 다른 협회에서 '집행부'라는 용어를 쓰는 것과는 달리 약사회는 '지도부'라는 명칭을 쓰고 있다. 용어의 차이에서 알 수 있듯이 약사회는 상대적으로 강력하고 집권적인 리더십을 활용하고 있었다.

　그러나 약사회의 강력한 리더십도 한약분쟁을 치르면서 비로소 갖추어진 것이었다. 한약분쟁 동안 젊은 약사들은 '당시 지도부의 문제점을 인식하게 되었'으며 약사회 운영의 주도권을 장악하기 위한 일련의 진통을 겪었다. **약사**3은 약사회 내부에서 젊은 세대가 어떻게 부상하게 되었는지를 다음과 같이 설명하였다.

　　한약분쟁을 계기로 굉장히 많은, 약사회 내부 조직에 대한 어떤 경험들이 생겼다고 볼 수 있죠. 실제로 [의약분쟁 때] 의협과 같은 내홍을 우리도 [한약분쟁 때] 겪었거든요. 회장 쫓아내고 하는. 한약분쟁 때 약사회 개혁 성향의 사람들이 300명 정도 약사회 점거를 했어요. 당시 회장을 열 몇 시간 감금하고 물러나라, 회장자격 없다, 싸움을 했고 그 회장님이 사의를 표명하는 과정이 있었고 다시 재판 붙고 소송 1년, 다시 복귀했고 당시 주동 그룹들이 그 회장과 같이 정책부분을 담당하는 것으로 역할 분담해서 회무(會務)에 참여하기 시작했죠.　　　　　　　　　　　　　　　　　　**-약사**3-

　약사회의 소장 개혁파들은 내부 갈등을 거쳐 지도체제의 중심 세력으로 등장하였다. **약사**3이 밝힌 약사회 지도부의 개혁 과정은 스스로 '쿠데타'라고 표현한 바와 같이 한의계보다 극렬한 것이었다. 그러나 약사회 지도체제의 변화는 단순한 세대교체가 아니었으며 결과적으로는 기존의 보수 세력과 개혁 세력이 연합하는 형태를 취하게 되었다. 이는 추진력 있는 소장 개혁파들이 구세대의 경험과 정보 및 인적 네트워크를 활용할 수 있게 되었음을 의미한다. 세대간 연합과 공조체제는 한약분쟁에서부터 의약분업 사태에 이르기까지 약사회가 유지해 온 특징임과 동시에 강점이기도 하였다.

　약사회 지도부의 우수성을 설명함에 있어 지도부의 인력 측면은 간과할 수 없는 중요한 요인이다. 현장조사를 통해 확인된 바, 약사회의 주요 인사들은 약사단체 안의 명실상부한 엘리트들이었다. 특히 약사단체의 인사들은 약사회 지도부에만 소속되거나 약사라는 직업에만 종사하는 이들이 아니었다. 약사 출신으로서 정부나 다른 약업계에 진출하여 약사단체를 측면 지원하는 인사들이 있었다. 소장파 약사들이 약사회의 주도세력으로 등장하였을 때 이들은 정부와 다른 관련 단체에서 중요한 역할을 맡고 있는 동료와 선후배들의 지지를 받을 수 있었다. 이들은 동질적인 학연이나 정치적 성향을 바탕으로 기존 의료체계에서 약사의 전문가적 정체성에 대해 함께 고민하며 강한 네트워크를 형성하였다. 이 점은 약사회가 다른 의료단체에 견주어 두드러지게 차별되는 또 다른 특징이었다.

약사는 우리 사회의 여성들이 가장 선호하는 전문직 가운데 하나이다. 이는 우수한 여고생들이 약학대학에 지원하는 경향과 직결되어 왔다. 의사나 한의사 가운데 여성 인력의 비율이 모두 10퍼센트대인 데 견주어 약사의 경우 여성 인력이 약 60퍼센트로 다수를 차지하는 것도 이러한 사실을 뒷받침한다.44) 대학을 졸업하고 약사 자격증 시험에 합격한 뒤 대부분의 여성 약사들은 개인 약국을 운영하며 전문적 지위와 경제적 안정을 누릴 수 있다.

이와 달리 남성 약사들은 개인 약국 운영이 최상의 진로라고 생각하지 않는 경향이 있다. 이들은 좀 더 적극적이고 역동적인 직업과 활동의 기회를 희망한다. 약사회 전체에서 남성 인력이 절대 다수가 아닌데도 지도부의 주요 인사는 높은 수준의 학문적 사회적 배경을 가진 남성이라는 점이 눈에 띈다. 또한 동일한 이유로 젊고 유능한 약사들이 지속적으로 정부와 정부산하기관, 제약회사나 관련 분야에 진출하여 약사회의 활동 범위를 넓히고 있다.

이와 달리 의료계와 한의계의 우수 인력은 병의원 등 의료기관에서 진료업무를 우선으로 선호해 왔다. 따라서 약사의 경우와는 달리 정부에 공직자로 진출한 의사나 한의사의 비율이 상대적으로 낮다. 이러한

---

44) 2003년 현재 세 전문직에서 면허를 취득한 여성 인력의 비율을 살펴보면 의사단체에서 18퍼센트, 한의사단체에서 12퍼센트, 약사단체에서 62퍼센트다(통계청, 2005).

상황은 의료계와 한의계의 리더십에서도 확인되고 있다. '90년대 중반 이후 극심한 대내외적 분쟁을 겪지 않았다면 의료계와 한의계에서는 적극적인 성향의 소장 개혁파들이 협회 업무에 직접 관여하는 일은 없었으리라 생각한다. 또한 약사회의 경우와는 달리, 소장파가 의사협회와 한의사협회의 주도세력으로 등장한 뒤에도 이들을 적극적으로 지원해줄 만한 동료나 선후배를 다른 외부단체에서 찾기란 쉽지 않았다.

약사회의 관리·정치 역량

시위와 파업 등 단체행동과 관련해서는 한약분쟁의 경우 약사들이 패한 것으로 판단된다. 일반 국민은 약사의 파업에 부정적이었다.

> 우리가 한약분쟁 때 파업했다가 욕을 엄청 얻어먹었기 때문에 …… 파업이 경솔했죠. …… [의약분쟁 때] 한번에 의사들은 성공적으로 파업했잖아요. 굉장한 대가를 많이 얻어낸 것은 일사불란하게 다 움직이고 힘을 얻었기 때문에. 그런데 약사회는 그게 아니고 그 당시[한약분쟁 때]에도 구분이 많았어요. 한약을 다루는 사람, 안하는 사람들, 있는 사람들, 없는 사람들. 안티를 거는 사람도 있는데……. 그래도 파업을 밀어붙였는데 [약국을] 열고 닫고 열고 닫고 그렇게. 그러니까 힘은 힘대로 보여주지 못하고 불편은 주니까 국민들에게 원성을 듣고. 그래서 엄청나게 욕을 먹었죠. 그래서 불신은 커지고. 그때도 말은 많았어요. 하자, 말자. 젊은 층의 사람들은 하려면 제대로 하자. 안되면 약국 하지 말자, 그게 아니고 다른 사람들은 어정쩡하게…….
>
> -약사1-

분쟁기간 동안 약사들이 국민의 비난을 받은 주된 근거는 '약사가 다른 전문단체의 영역을 침범'한다거나 '전통 문화를 없애려 한다'는 것 등이었다. 약사의 파업은 이와 같은 국민의 막연한 인식을 분명한 비판으로 표출시키는 계기가 되었다.

> 한약분쟁 치르고 파업하고 욕먹고 그때 깨지면서 정말 많이 배웠습니다.
>
> -약사3-

대중의 지지를 얻는 데는 실패하였지만 법적·정치적 영역에서 유리한 위치를 확보한 약사회는 전문관할권 확보에 필요한 제도적 장치를 마련할 수 있었다. 먼저 장기 발전의 핵심이라 할 수 있는 교육제도의 개선을 주장, 추진하여 약대 6년제로의 전환을 정부로부터 약속 받았다. 의료법 개정을 통하여 1999년부터 의료(양방)부문의 의약분업 시행을 약속 받은 것 또한 약사회의 중요한 정책적 성과였다. 새로운 전문분야인 한약사 제도의 개설도 약사 측으로서는 의미 있는 결과였다. 한약사 제도는 한방도 양방과 같이 기능적으로 분리될 수 있는 분야임을 전제한 것이므로, 약사들의 분업 논리가 전인적 치료를 핵심으로 하는 한의계에도 적용될 수 있음을 제도적으로 인정한 것이었다. 이러한 성과가 있었음에도 한약분쟁의 결과에 대해 약사회의 한 인사는 다음과 같이 평하였다.

> 한약분쟁이 약사회에 준 교훈은 많았어요. 그건 형태가 다른 싸움이었어요. 한약분쟁 자체는 시작 순간 보이는 전쟁이었어요. 그건 당연히 약사가 지는 전쟁이었죠. 너무나 뚜렷한. 얼마큼 조금 지느냐의 문제였지 이길 수는 없었죠. 약사회는 자괴감을 느꼈죠.
>
> -약사7-

앞서 제시한 약사회의 제도권에서의 이점과 위의 언급을 고려할 때 약사 측의 주된 목적이 단지 일부 한약에 대한 조제권의 확보는 아니었음이 분명하다. 한의계와의 갈등을 통해 약사들은 의약분업과 같은, 정부로부터 좀 더 근본적인 논의와 제도 개선을 이끌어내고자 하였으며 약사의 전문가적 위상을 강화하는 데 최종 목적을 두었다고 보여진다. 약사에게 한약분쟁은 뒤이어 행해질 의사와의 분쟁의 전초전에 지나지 않았다. 따라서 약사들은 뒤에 의료체계의 또 다른 쟁점이 된 의약분업제도의 의미와 파장을 의사들보다 더 일찍 또한 더 정확하게 파악하고 있었으며 그에 대한 준비도 먼저 행할 수 있었다.

약사 단체가 정부와 정치권을 상대로 적지 않은 영향력을 발휘할 수 있었던 중요한 요인 가운데 하나는 약사 출신 공무원들의 영향력이다. 다른 의료전문 단체들에 견주어 약사회는 상대적으로 많은 비율의 회원을 보건복지부 공무원으로 진출시켜 왔다. 또한 식품의약품안전청과 같은 정부기관에도 약사 출신의 공무원들이 실무자로서 역할하고 있다. '정부의 돌아가는 사정을 잘 알고 있다'고 자신하는 한의계의 한 인사는 약사회의 이러한 측면에 대해 다음과 같이 표현한다.

> 약사출신 공무원들이 7급부터 다 있어요. 말단부터 고급[공무원]까지. 다 자기들 라인대로 쫙 가죠. 의약분업도 그렇고 한약분쟁 때도. 기안부터 결재까지…….
>
> **-한의사2-**

그는 또한 정부 공무원들을 대하는 약사단체의 전략이 얼마나 개인적이고 치밀한지에 대해서도 다음과 같이 밝히고 있다.

> 복지부 안에 약사출신 공무원들이 다 포진되어 있는데 이 사람들이 약물만 다루는 게 아니거든요. 다른 복지정책에 전부 관여가 되어 있고 다 흩어져 있고. …… 공무원 조직 내에 또 다른 큰 조직이 되는 거죠.
>
> **-한의사4-**

반대편의 주장을 그대로 받아들일 수는 없으나, 약사회가 정책과정의 중심에 닿는 것이 다른 단체에 견주어 상대적으로 용이했던 것은 사실이었다고 보여진다. 이러한 평가는 뒤에 의약분쟁 관련하여 한 약사회 인사가 설명한 로비활동 과정에서도 확인할 수 있다.

정치적 역량 외에 한약조제권을 획득하는 과정에서 약사단체가 보여준 신속한 대응과 구체적인 전술도 주목할 만한 것이었다. 일례로, 약

학대학들은 '한약도 약의 일종'임을 주장하며 한약 관련 교과목을 개설
하였다. 이어서 약사들은 한약조제권 시험에 응시할 자격이 있음을 주
장하는데 그 근거로서 대학에 이미 한약 관련 과목이 개설되어 있고
학생들이 수강해왔다는 점을 제기한다. 정부는 이러한 주장을 수용하는
대신 응시 자격으로 한약 관련 과목 몇 학점 이상을 이수해야 함을 조
건으로 제시하였다. 약학대학들은 그 이수학점 조건을 충족하고자 계절
강좌까지 개설하여 학생들이 한약조제권 자격시험에 응시할 수 있도록
조처하였다(약사공론, 2000).

약사들의 성향과 태도

한의계와 갈등을 겪으면서 약사들은 한의사에 특별히 열등감이나 패
배의식을 느끼지 않았다. 약사들은 전문가적 위상으로 볼 때 한의사들
과 충분히 어깨를 나란히 할 수 있다고 여기고 있었다.

> [약사가 한의사의] 흉내를 내보니까 큰 차이가 없다는 걸 느꼈다는 거
> 죠. 양방의 경우 약사가 의사 흉내를 내도 한계가 있어요. 근데 한의사 흉
> 내를 내보면 크게 걸릴 게 없어요. 한의학이라는 자체가 경험, 미시적이고
> 원인을 안으로부터 찾아가는……. 연구보다는 경험이죠. 할 게 없어요, 한
> 방이란 것은. 기존의 많은 사람들이 했던 사례를 누가 많이 알고 있고 써
> 봤느냐의 문제지, 새로운 걸 발견하는 것은 한방의 분야가 아니거든요. 그
> 러니까 오래 한방을 하다보면 "한의사? 머, 해보면 다 알지." 그렇게 되고.
> 침만 안 놓을 뿐이고. 그 차이거든요. 실제로 그렇고.   **-약사**7-

약사들은 한약조제가 특별히 전문적이거나 어려운 분야라고 여기지
않고 있었다. 또한 인터뷰에 응했던 약사들은 침술 등과 같은 다른 한
방 치료의 효과를 크게 신뢰하지 않고 있었다.

> 100퍼센트 사견이라는 전제하에 지금 한의계가 보험제도 밖에 있고 차츰

들어오는데 앞으로 상당부분을 차지할 텐데 개인적으로 치료 효과에 대해
서는 사실 의문스럽습니다. …… 의사들은 수술을 해도 전부 분화되어 있
는데 한의사들은 모든 걸 다 한다는 게. 그래서 저는 [한의에 대해] 불신론
자예요. 평생 한의원 한 번도 안 갔어요.   -약사2-

약사들은 현대 서양 의학을 교육 받았기 때문에 한의를 전문 의료분
야로 보는 것에 적지 않은 불편함을 느끼고 있었다. 약사들의 이러한
태도는 한의계와 의료계 사이의 의료 일원화 분쟁에서 의사단체의 주
장에 동조하고 있다는 사실과도 일관된다.

이상에서와 같이 인근 단체와 잦은 영역 갈등을 빚어 왔던 한의계와
는 달리 약사회는 한의사들과의 갈등이 처음이었다. 한약분쟁을 계기로
약사회는 강성의 방식으로 지도부의 개혁을 이끌었다. 그러나 분쟁기간
동안의 집단행동은 일관되지 못하고 혼란스러웠으며 국민들로부터 상당
한 비난을 받아야 했다. 이는 약사회의 조직적 역량과 전략이 한의계보
다 뒤졌던 상황을 설명한다. 그럼에도 약사 측은 일부 한약 품목에 대
한 조제권을 확보하고 정부로부터 의약분업의 시행과 교육연한 연장을
약속받는 등, 결과적으로 큰 성과를 거두었다. 이러한 성과는 약사회가
행정 실무분야, 즉 한약분쟁의 법적 제도적 과정과 결과에 상대적으로
더 큰 영향을 미칠 수 있었기 때문이라고 본다.

3) 시민단체의 역할

한약분쟁은 사회적인 이슈에서 시민단체가 어떤 역할을 할 수 있는
지에 대한 새로운 가능성과 한계를 보여준 사례였다. 분쟁기간 동안 시
민단체는 갈등의 중재자라는 입지를 확보하였다. 정부가 양 분쟁 당사
자, 특히 한의계로부터 신뢰를 잃자 갈등 해결을 위해 제시된 정부의
대안들 또한 비난을 받고 거부되었다. 이러한 정황에서 시민단체는 두
단체 사이의 효과적이고 믿을 만한 중재자로 급부상하였다. 결국 한약

분쟁에서 시민단체의 활약은 시민단체 자체의 역량이었다기보다는 정부 공권력에 대한 극단적인 불신의 반작용이었다는 점에서 주목된다. 실제로 경실련이 정부와 국회가 수행해야 할 정상적인 이익 조정 과정을 보조하는 구실을 넘어 정부 역할을 대신하는 수준에까지 이르렀던 것(하용출, 2003: 29)도 이러한 정황의 결과였다.

시민단체가 당시 집권 세력의 주요 지지세력이었다는 점도 이들이 영향력을 발휘할 수 있는 배경이 되었다. 갈등이 장기화하면서 시민단체의 기능은 약화하였지만 초기단계 경제정의실천시민연합(경실련)은 분쟁 당사자들의 갈등을 조정하며 타협안을 이끌어내었고 결국 정부가 이 안을 거의 그대로 수용하여 약사법 개정안으로 국회에 상정하였다(박상필, 2000: 129-130).

시민단체들은 갈등 중재자로서뿐만 아니라 당시 정황의 여론 주도세력으로서 중요한 구실을 하였다. 한의계와 약계는 여론의 지지를 얻기 위해서는 시민단체의 견해가 중요하다고 판단하고 이들을 자기편으로 이끌고자 노력하였다.

> 문제는 누가 자기 쪽에 시민단체, 그 세력을 더 많이 끌어들이는가 하는 거였습니다. 그건 또 다른 싸움이었죠. 우리도 그렇고 그쪽(약사단체)도……. 수단과 방법을 안 가리고 다했죠. **-한의사5-**

이견도 있었으나 한약분쟁 당시 시민단체의 다수 의견은 '전통의 민족 유산을 보호하기 위해' 한의계를 지지해야 한다는 것에 모아졌다. 분쟁의 중재자였던 경실련에 대해 한의계 스스로 '함께 협의조율이 잘 되었다'고 평했던 점과 약사 측이 '시민단체와의 관계를 놓쳤다'고 지적한 점은 당시 시민단체와 분쟁 당사자들의 관계를 반영하는 대목이다. 당시 시민단체의 주장은 한의계의 강력한 지지자였던 일반 여론과도 일치하는 것이었다. 인터뷰에 응한 **시민단체대표4**와 **언론인2**도 이러한 점을 확인해주었다.

4. 갈등의 영향 요인과 의료전문직 체제 변화

'90년대 중반의 한약분쟁은 Abbott(1988)이 제시하는 전형적인 관할권 분쟁에 해당한다. 한의계와 약계는 한약조제라는 전문영역을 두고 갈등을 빚었으며 그 영역을 두고 서로 다른 전문지식·관점·전문가적 의식이 충돌하였다.

한약분쟁은 양 단체 사이 경제적 이해의 충돌이기도 하였다. 의료보험의 확대와 병의원의 급증으로 재정적 위기감을 느끼고 있었던 약사들로서는 시장 확대가 필요하였다. 한약조제는 한의사에게 가장 중요한 수입원이었으므로 이에 대한 약사의 권리 주장은 한의사에게 적지 않은 경제적 위기감을 주었다. 의료시장 전반에서 공급자 사이의 경쟁이 더해가고 있었고 그러한 정황에서 두 단체 모두 의료기관이나 약국의 소유자로서 경제적 이득에 대한 압박을 받고 있었다. 경쟁적 의료 서비스 공급체계라는 '환경적 요인'은 면담에서 공개적으로 자주 거론되는 경제적 이윤추구 동기였으며 특정 개인이나 단체 일부만이 아닌 조직 전반에 팽배해 있었다.

그러나 경제적 동기가 양 단체에 동일하게 절실한 문제는 아니었다. 약사들이 인정받은 한약 조제의 범위는 100가지로 제한되었는데 장기적으로 품목의 범위가 변동될 수 있고 그로 말미암은 경제적 영향이 달라질 수 있으나 단기적 측면에서 각 단체에 큰 재정적 영향이 초래될 정도의 것은 아니었다. 특히 한의사들은 이로 말미암아 즉각적이고 가시적인 경제적 타격을 입는다고는 생각지 않았다.

갈등은 전문가적 정체성과 지위에 관한 성격이 오히려 강했다. 약사들은 의료체계에서 전문가적 정체성을 강화하고자 하는 바람이 절실하였다. 이런 관점에서 약사들에게 한약분쟁은 정부로부터 의약분업과 약대 6년제를 보장 받아 전문가적 입지를 새롭게 정립하는 기회가 되었다. 한편 한의사들에게 한약분쟁은 전문가적 정체성과 자존심, 그리고 그에 근거한 전문 독점 영역이 침해된다는 위기의식과 정통성 수호라는 대의명분이 강하게 작용했다.

한약분쟁의 경우 각 전문단체의 사회 조직적 특성은 분쟁의 내용과 결과에 영향을 주었다. Abbott(1988)에 따르면 강력하게 조직화한 단체일수록 특정 영역의 관할권을 주장할 때 더욱 큰 성과를 얻을 수 있다. 특히 전문가단체가 단일의 전국적인 조직을 형성하는 것은 여론과 법적 영역에서 자신들의 주장을 관철시키는 데 기본적인 선결조건이다. 그러나 Abbott(1988)의 이러한 설명은 한약분쟁의 극히 일부분만을 설명할 수 있을 뿐이다. 한약분쟁에서 관련 전문단체의 조직적 특성은 이보다 더욱 많은 의미를 제시한다.

먼저 한약분쟁 사례에서 각 전문단체의 조직적 특성은 분쟁의 과정과 내용에 영향을 주는 독립 변수였을 뿐만 아니라 분쟁 자체에 영향을 받는 종속 변수의 성격을 드러내었다. 각 단체는 분쟁이 시작되면서 내부 개혁을 경험하였다. 집행부의 교체, 세대교체, 그리고 개혁세력의 주도권 장악 등은 내부 개혁의 공통된 내용이었다. 약사회에서 보는 바와 같이 내부 개혁은 쿠데타라 표현될 정도의 과격한 성향을 띠기도 하였다.

한의계와 약사 단체는 일찍이 많은 지회와 다양한 학회 및 부서를 포함하는 범국가적 조직체를 구성하고 있었다. 따라서 양 단체는 최소한 공식적으로는 이미 잘 조직된 협회를 갖추고 있었다. 한의계와 약계 사이의 분쟁은 이들 두 협회가 조직적으로 좀 더 정비되고 역량을 갖출 수 있도록 하는 계기가 되었다. 분쟁을 통해 두 단체의 관리적 역량이 발전한 것은 특기할 만한 사항인데, 한의사협회가 PC통신을 이용하여 정보를 공개하고 구성원간 네트워크를 확보한 것은 대표적인 사례이다. PC통신을 활용한 의사전달망의 확충은 신속정확하고 강력한 단체행동을 이끌었을 뿐만 아니라 구성원 사이의 정보 공유로 조직운영의 민주성을 드높이는 역할을 하였다.

또한 한약분쟁은 두 단체의 정치적 역량을 발전시켰다. 두 단체는 정부, 정치권, 시민단체, 일반 국민 등, 외부 단체들을 어떻게 접촉하고 설득할 것인지에 관해 전례가 없는 경험을 축적하였다. 자신의 주장을 관철하고자 이들은 가능한 모든 네트워크와 인맥을 동원하였다. 분쟁이 진행되는 동안 조직관리 또는 의사결정의 측면에서 시행착오도 있었으나 이 또한 다음 분쟁을 위한 교훈이 될 것이었다. 약사들의 파업이 대표적인 예인데 한의사들과 정부에 대항한 이들의 파업은 실패로 평가되었고 일반 국민들로부터 많은 비난을 받았다. 약사들은 큰 교훈을 얻었으며 뒤에 의약분업제도를 쟁점으로 의사들과 대치하였을 때 파업을 전략으로 선택하는 데 신중을 기할 수 있었다.

체제 안의 성층(成層)과 주도 세력의 존재와 정도 또한 의료 전문단체 사이의 관할권 분쟁에 영향을 주는 중요한 사회적 요인이다(Abbott, 1988: 118-121; 134-142). 한의계와 약계 사이에 성층 관계를 논의하는 것은 쉽지 않다. 의료 공급자 체계에서 가장 본질이라고 할 수 있는 전문가적 능력, 즉 특정 문제를 정의하고 치유한다는 측면에서 본다면 약사보다 한의사의 특수성이 더 부각된다. 또한 전문성의 핵심이라 할 수 있는 교육체계에서 본다면 기존의 제도에서 한의계가 더 우월하였다. 한의사는 6년의 대학교육을 필요로 하는 의사인 반면, 약사는 4년제 교육을 받고 상대적으로 기술적인 업무를 수행하는 약사이기 때문이다. 그러나 현대적 의미에서의 과학적 지식과 기술을 습득하였고 현대의학의 주류라고 할 수 있는 서양 의료체계에 속한다는 점을 감안하면 약사의 전문가적 위상도 상당하다. 특히 약학대학이 6년제로 전환되면서 약사의 전문가적 위상은 더욱 높아질 것이다. 그럼에도 의사와 약사라는 기본적인 차이로 말미암아 양자 사이의 성층 관계는 부인할 수 없는데, 다만 각기 속한 분야가 한방이고 양방이며 직접 업무상 대면하는 상황이 거의 없다는 점을 감안하면 상하관계의 정도가 크다고는 볼 수 없다.

협회 조직이라는 차원에서 본다면 회원 수에서 약사회가 우위에 있으나 회원 사이의 단결력 면에서는 한의계가 우월성을 보였다. 전문가 권력의 또 다른 원천인 외교적 역량 가운데 정부로부터 지원을 받는 능력은 약사회가 유리하였으나 그 외 외부세력, 이를테면 시민단체 등으로부터 지지를 받는 데는 한의계가 유리했다. 권력이라는 측면에서 두 단체의 우열을 가리기 힘들었던 만큼 분쟁은 복잡하고 치열한 양상으로 전개되었다.

기술과 과학화 또한 전문단체 사이의 갈등에 중요한 요인이다(Abbott, 1988: 144-145). 한약분쟁의 경우 기술과 과학화 요인은 약사들이 한약조제 권리가 있음을 주장할 때 근거로 활용되었다. 한의계는 약사단체의 논리에 맞서 한의의 원리는 가시적이거나 입증되거나 분석적일 것을 요하지 않는다는 고유의 패러다임을 주장하였다. 여론은 약사들이 과학적이고 첨단의 기술을 보유하고 있음을 인정하면서도, 그러한 기술적 장점을 가지고 있다고 해서 약사들이 한약을 조제할 수 있는 것은 아니라는 반응이었다. 한의에 대한 여론의 이러한 동향은 기술이나 과학의 현대적인 요소라 하더라도 민족과 전통에 대한 국민 정서를 약화시킬 수 없었음을 보여주었다.

전문가 양성을 위한 대학교육은 또 다른 중요한 문화적 요인이다. 전문가를 양성하는 대학교육 체계는 해당 전문직의 전문성을 강화하고 개발하며 해당 단체의 전문적·사회적 위상과 주장의 중요한 근거를 제공한다(Abbott, 1988: 195-211). 한약분쟁에서도 대학교육 체계는 전문가들의 관할권 주장에 영향을 주는 요인이었으며 나아가 분쟁의 산물, 즉 분쟁 조정 과정에서 요구되고 수용된 일종의 결과물이 되었다.

지금까지 6년 동안의 대학교육 과정을 마친 한의사들과 4년 동안의 교육과정을 거친 약사들 사이에는 사회적으로 상징적으로 격차가 있었다. 교육 연한의 격차는 사회 일반에게 전문성의 격차로 인식되었으며 동일한 위상의 의료전문직 사이의 갈등이라기보다는 기본적으로 서로 다른 위상의 두 전문직이 마찰을 일으키는 것으로 받아들여졌다.

그러나 약사단체가 정부로부터 약대 6년제 개편을 약속 받고 마침내 실현시킴으로써 상황은 달라질 것으로 보인다. 대학 교육연한의 연장은 약사회의 오랜 숙원사업이었으며 이를 통해 의료체계에서 의사나 한의사에 못지않은 지위를 갖추게 될 것으로 기대되어 왔다. 우리 사회에서 특정 분야의 교육기간이 증대한다는 것은 전문성의 강화만을 의미하는 것이 아니다. 우리 사회가 높은 교육열과45) 고학력에 남다른 계층적 특권적 가치를 부여하고 있다는 점을 감안한다면 약대 6년제 개편은 의료체계 안에서 약사들의 전문가적 위상뿐만 아니라 사회 일반에서의 위상도 함께 높일 것으로 보인다.

한의사와 약사들의 태도는 갈등의 또 다른 중심을 형성하고 있었다. 한의사는 약사의 공격을 민족전통과 자존심에 대한 도전으로 인식하고 있었다. 앞서 두 단체의 태도와 행태에서 각기 나타난 바와 같이 양 전문단체는 서로에 대해 강한 반감을 가지고 있었다. 이는 각자의 전문영역을 확대 또는 방어하는 과정에서 발생한 감정일 수도 있으나 인터뷰과정에서 나타난 표현을 살펴보면 의료체계 안에서 두 단체 사이의 상하 계층의식과 그에 대한 거부가 충돌한 것으로 해석된다. 두 단체 사이의 반감과 대립은 이어서 양 단체 모두로부터 강성의 집단행동을 유발하는 요인이 되었다.

---

45) OECD의 자료에 따르면 25~34세의 젊은 연령층에서 고등교육을 받고 있는 인구 비율은 우리나라가 95퍼센트로 OECD 국가들 가운데 가장 높게 나타났다(OECD, 2001).

5. 갈등의 주도 세력과 정부의 역할

갈등의 장(場)과 주도 세력

Abbott은 전문단체 사이의 분쟁에서 각 단체의 주장은 여론의 장과 법적·제도적 체계 그리고 실무현장이라는 세 영역에서 펼쳐지고 충돌한다고 보았다. 각 영역에서 진행되는 경쟁과 분쟁 상황을 비교함으로써, Abbott은 갈등을 규제하고 상황을 통제하는 주체가 누구인지 설명하고자 하였다. 한약분쟁 또한 이들 세 전장에서의 갈등으로 설명할 수 있는데 한약분쟁 사례는 Abbott이 제시한 기본 개념과 구도를 능가하는 복잡하고 역동적인 상황을 보여준다.

먼저 실무현장에서 한의사와 약사가 업무와 관련하여 직접 대면하고 갈등을 일으킨 상황은 거의 없었다. 두 전문직이 동일 공간이나 상황에서 함께 일하거나 업무상으로 직접 관련되는 경우가 없었기 때문이다. 그러나 한약조제와 관련해서는 오랫동안 제도와 법이 명확하지 않았던 만큼 의료시장에서 경쟁관계에 있었고 서로 불편한 관계에 있었다. 실무현장에서의 이러한 산발적 비가시적 마찰은 법적·제도적 영역에서 관련 규정의 변동을 기폭제로 하여 한약분쟁으로 표출되었다.

한편 한약분쟁 동안 한의계와 약계 모두 여론의 지지를 얻고자 언론을 적극 활용하였다. 신문이나 잡지, 방송 등에 전문적인 글과 주장을 내고 광고를 게재하며 기사거리를 제공하는 등의 활동은 기본이었고 언론계나 시민단체의 유력한 인사를 동원하여 여론을 환기시키는 전략 등도 적극 이용하였다. 그러나 이들 전략은 여론의 장에서 취해진 활동의 일부일 뿐이다.

한의계와 약계가 각자의 주장을 관철하고자 활용한 가장 중요하고 주목할 만한 전략은 가두시위와 파업이었다. 단체행동의 대명제, 즉 협회 집행부 또는 지도부의 핵심 전략은 이른바 "과격할 것"이었다. 두 전문단체의 단체행동은 표현 그대로 '물리적' 행동을 수반하였으며 '80년대까지 우리나라 민주화 과정에서 나타난 시위 형태를 벗어나지 않았다. 한약분쟁 동안의 단체행동 양상은, 비록 전문지식과 기술을 지닌 전문인들이라 하더라도 시위의 초기 형태인 물리적인 방식을 택했다는 사실을 보여주었다. 한약분쟁 당시 노동조합 등 다른 사회단체들은 종전의 일률적인 물리적 시위 형태를 벗어나 좀 더 합리적이고 준비된 단체행동 방식을 모색하는 등 의견 표출의 다양한 형태를 추구하고 있었다. 그러나 집단행동의 경험이 전무했던 두 전문단체들로서는 시위의 초기 형태를 거의 그대로 답습하였다.

전문단체 사이의 경쟁에서는 외부 권력을 흡수하고 활용하는 것이 중요하다(Abbott, 1988: 167-168). 한약분쟁에서 두 단체가 시민단체 등의 외부 세력과 연합하고 공조체제를 형성했던 것은 이러한 점에서 주목할 만한 사례이다. 그러나 한약분쟁에서 나타난 전문직과 외부 세력과의 협조체제가 Abbott의 주장에서처럼 사회 전반에 영향을 미칠 수 있는 특정의 과두제적 세력으로까지 조직화하거나 발전된 것은 아니었다. 이는 한의단체나 약사단체를 지지한 시민단체 또는 관련 산업단체들이 사회적으로 큰 영향력을 지닌 전문단체이거나 엘리트적인 세력이 아니었기 때문이다. 또한 시민단체의 경우 특정 전문단체 자체를 지지했다기보다는 논란이 되는 이슈의 내용상 특정 입장에 섰던 것으로 보아야 한다.

Abbott은 특정 정책이 공식화되는 법적 제도적 과정의 길목으로서 여론의 장을 강조하였다. 한의계와 약계 사이의 갈등에서 여론의 압력은 정책결정에 중요한 요인이었다. 그러나 법적 행정적 영역에서 구체적으로 규정을 수립하고 새로운 제도를 만들어가는 과정은 더욱 중요하고 직접적인 요소였다. 여론의 동향과 법적 행정적 결과가 일관되지는 않았다. 단적인 예로 약사회가 여론의 지지를 얻는 데는 실패하였으나 법적 영역에서는 중요한 제도들을 보장 받음으로써 오히려 유리한 위치를 확보한 것이 그 예다. 이는 특정 전문단체의 대 행정실무 관리 역량이 갈등 해결에 더 유리한 입지를 확보할 수 있는 요인임을 시사하고 있다.

제도적 영역에서 두 단체가 활용한 전략은 서로 다른 것이었다. 한의계가 정치권과 행정영역을 설득하고자 일련의 절차를 정비해 가고 있었지만 이는 일반 이익단체가 취할 수 있는 형태나 범위 자체를 뛰어넘는 것은 아니었다. 이와 달리 약사회는, 뒤이어 의약분쟁에서 더욱 분명히 나타나지만, 정부 안에 이미 지원세력을 두고 있었는데 이들은 정치적 행정적 제도의 전체 운영과정에 정통한 이들이었다. 따라서 법적·제도적으로 두 단체는 출발점 자체가 달랐다. 한의계의 경우 정부의 이해를 구하고 유리한 정책을 수립해 주도록 정부를 설득해야 하는 처지였지만, 약계의 경우 이미 정부 안에 약계의 처지를 이해하는 최소한의 공감대가 형성되어 있었다. 따라서 로비절차를 얼마나 잘 활용하였는가와 상관없이 법적·제도적 영역에서 한의계가 약사회를 능가하기란 어려웠던 것으로 보인다.

정부의 역할

한약분쟁이 표면으로 드러나게 된 계기는 정부가 "단지 사문화된 조항 하나를 삭제"한 것이었다. 인터뷰에 응한 한의계 인사들은 당시의 분쟁 촉발이 "의료체계의 비전에 의한 것도 아니고 장기계획에 의한 것도 아니었(한의사4)"다고 비난하였다.

한약분쟁의 발단이 된 정부 조치나 그 뒤 일련의 정부 대응을 보더라도 정부가 사전계획이나 정책방향에 따라 주도적으로 일관성 있게 의료체계를 개선하려 했다고는 보기 어렵다.46) 일례로, 한방 관련 정책이나 제도·기구를 설립함에 있어서도 당초의 장기계획에 따른 것이라기보다는 한약분쟁을 거치며 한의계의 저항을 진정시키고 요구를 들어

---

46) 이에 대한 구체적인 정황은 하용출(2003)의 미시적인 분석에서도 입증된다. 하용출에 따르면 당시 보건사회부는 자의적인 법해석을 시도하면서 초기에 이익집단들에게 자신의 의도를 설득시키기 위한 적절한 절차를 무시하는 등 스스로 정책집행기관으로서 권위를 상실하였으며 그 뒤 사태가 확대되고 압박을 받으면서는 주도권을 상실한 채 비일관적인 정책발표와 번복을 계속하였다.

주고자 단행된 성격이 강했다.

정부가 한의를 홀대했다 아니다 이전에, 일단 국가를 움직이는 관료들이
나 정치가들에게 한의학에 대한 일면의 지식도 없는 거예요. 그런 없는 사
람들한테 한의를 위한 정책을 펴달라는 것 자체가 모순이죠. 제가 한의사
이기 때문에 한의를 알지, 한의사가 아니라면. …… 마찬가지로 정부가 예
산을 짜고 정책을 펼 때 한의 파트를 어떻게 집어넣을 것이냐에 대해서는
한의의 정체성을 인정할 것이냐 아닐 것이냐가 중요할 거예요. 한약분쟁은
장점도 있어요. 전 국민에게 한의가 어떤 것인지를 홍보할 수 있는 계기가
된 거죠. 그 후에 다 물꼬가 트여져서……. 정부에 한방 관련 기관들이 생
기기 시작했고…….   -한의사3-

한약분쟁을 거치면서 정부는 비로소 한방의 발전을 위한 일련의 조
치를 결정하고 시행하였다.[47] 독립된 한의 관련 조직을 정부에 설치하
고 관련 법률을 제정하였으며 '한의의 중요성을 인식할 수 있는' 장기
발전계획을 수립한 것 등이 이에 속한다.

약사 측 또한 분쟁을 통해 정부로부터 제도적 학문적 성과를 거둔
점을 감안하면 양측 모두 분쟁을 통해 정부로부터 다양한 정책적·제도
적 보장을 받았다. 그러나 이러한 조치들은 사전에 충분히 검토되어 수
립된 것이 아니라 양 전문단체의 단체행동과 반발을 무마하고자 서둘
러 임시방편으로 결정된 성격이 강하여 또 다른 문제의 소지를 안고
있었다. 실제로 이들 각각의 조치나 정책은 뒤에 거의 모두 내부적·외
부적 갈등의 원인이 되었다. 한약분쟁에서 정부가 정책적으로 주도적인
역할을 하지 못했음(박민정, 2006: 204-205)을 확인할 수 있는 또 다른 측
면이다. 나아가 정부가 영향력 있는 두 단체 사이에서 중재적 역할을

---

47) 하용출(2003: 30)은 그의 연구에서 당시 보건사회부가 한의사회의 이익을 완전히 무시하
지 않으면서 약사회에 포획당하지 않는 모습을 견지하는 듯 하였지만 실제로는 강한
공권력의 분위기 속에 기본적으로 친약사 정책을 펼쳐왔다고 판단하였다.

하기에도 쉽지 않았는데 정부 대신 경실련이 중재 역할에 더 큰 노릇을 한 것도 이러한 맥락이다.

한편 정부와 정치권을 어떻게 설득시키느냐에 관한 한의계 인사의 답변을 통해(**한의사4**) 주요 의료정책 결정에 고위 정치권이 어떻게 관여하는지 가늠할 수 있다. 또 이러한 과정에서 실무를 담당하는 공무원들도 중요하게 고려되고 있음을 확인할 수 있다. 의료전문 단체가 정부의 실무 담당자에게 관련 정보를 미리 제공하는 것은 해당 정책이 신속하고 유리하게 진행되는 데 도움이 된다. 그럼에도 정책과정 전반에서는 정치적 접근이 행정적 접근에 우선하여, 또한 우월하게 진행된다. 정치권에서 동의나 조정이 먼저 이루어지지 않는 한 행정적 노력만으로 중요한 성과를 얻기란 여전히 어렵기 때문이다.

한의사4와 인터뷰하는 동안, 한의사협회가 정부기관이나 관련 단체에 미리 특정 사안을 연구해 주도록 부탁하거나 관련 정보를 제공받는 일이 있는지 물어보았다.

> 그런 경우는 거의 없고요. 사실 대부분의 중요한 일은 갑자기 터지니까 미리 연구하고 머 그럴 상황은 없는 겁니다.　　　　　　　-**한의사**4-

중요 사안 자체가 사전계획 없이 급박하게 진행되기 때문에 합리적인 접근방식보다는 현실에 당면한 사안 우선으로 정치적인 접근이 선호될 수밖에 없음을 시사하고 있다.

정부는 한약분쟁에서 조정자로서 역할하고자 노력하였으나 분쟁의 초기단계에서 상황을 통제 관리하는 데 실패하였고 대신 시민단체의 제안과 활동이 더 많은 비중과 주목을 얻었다. 그러나 분쟁의 후반에 이르러서는 정부와 한의계, 그리고 정부와 약계 사이의 개별 타협 양상으로 변모하였다. 분쟁의 원인이 되었던 약사들의 한약조제권은 임시 자격시험을 통과한 약사들에 한해 정해진 100가지 한약 품목 범위에서 조제할 수 있다는 선에서 조정되었지만, 분쟁의 전체 내용과 결과에서 본다면 이는 오히려 부차적인 사안이었다. 더 중요하고 근본적인 사안은 갈등의 조정 과정에서 등장한 법적·제도적 정책들이었다. 한약사 제도의 신설, 의약분업제도의 시행, 약대 6년제 개편안 등은 당초 갈등의 계기였던 한약조제권보다 더 포괄적이고 장기적인 의미에서의 변화를 의도한 것이었으며 뒤에 또 다른 갈등의 원인이 될 결정들이었다.

정부의 역할과 노력에도 불구하고 상황은 일관적으로 진전되지 못하였다. 앞서 제시한 바와 같이 정치적으로 유리한 위치에 있었던 단체와 행정적으로 주도권을 행사할 수 있었던 단체가 각기 달랐던 것도 하나의 원인으로 보인다. 즉, 한의사들은 여론을 바탕으로 정치적 영역에서 우월한 위치에 있었던 반면, 약사회는 세부적인 규정 설치 등 행정 영역에서 유리한 위치에 있었다.

한약분쟁에서의 정부 역할을 관련 이론들에 비추어 살펴보면 여론이나 입법부보다는 행정부가 상대적으로 강력한 영향력을 미쳤다는 점에서 프랑스식 모형에 가까운 것으로 볼 수 있다. 그러나 프랑스식 모형은 각 부처 장관급에서의 강력한 통제를 특징으로 하기 때문에(Abbott, 1988: 157-164) 장관급보다는 실무 공무원들의 영향력이 주효했던 우리나라의 경우와는 차이가 있다.

〈표 Ⅱ-1〉의 전문직 정책에 대한 Freidson(2001)의 네 가지 유형에 비추어 한약분쟁을 살펴보면, 갈등 과정에 중재자로서 시민단체 등의 외부인이 공식적으로 개입하였다는 점에서 일단 조정적 모형(Ⅱ 또는 Ⅳ)으로 볼 수 있다. 논란이 된 시행규칙 조항을 당초 정부가 삭제한 이유가 약사들에게 한약조제권을 허용하기 위한 것이었다면, 결과적으로 정부의 의도대로 행해진 것이므로 조정적-주도적 모형(Ⅳ)에 가깝다는 주장도 가능할 것이다. 그러나 분쟁이 진행되고 정책이 결정된 과정은 실무 공무원의 영향력에도 불구하고 정부가 특정 의도대로 주체적으로 진행한 것이라고 보기 어렵다. 오히려 관련 단체의 저항과 대응에 따라 정책이 변동되었다는 점에서 보면 한약분쟁에서 정부 역할은 조정적-반응적 모형(Ⅱ)에 가깝다.

6. 맺음말

한약분쟁은 전문영역 분쟁을 넘어 경제적 이해갈등을 포괄한 것이었으며 복잡한 요인들이 관련되어 서구의 사례를 바탕으로 한 Abbott의 주장에서보다 더 많은 의미를 내포하고 있다.

한약분쟁은 한약조제권이라는 전문관할 영역을 두고 발생한 전형적인 전문직 사이의 갈등이었다. 전문가적 정체성과 자존심, 그리고 의료 전문직 체제 안에서의 전문가적 위상, 나아가 사회 계층 의식과 관련되어 분쟁은 감정적으로 격화하는 양상을 보였다. 경제적 이윤추구가 갈등의 한 요인이 된 것은 사실이나 한약조제권 자체가 경제적 이윤에 직결되는 사안은 아니었으며 의료 서비스 공급체계의 경쟁 심화라는 일반적인 정황이 두 영역 전문가들의 경제적 동기를 자극한 경향이 컸다.

한약분쟁에 관여한 다양한 요인들은 갈등의 매 단계에서 복잡하고 역동적으로 표출되었다. 한약분쟁이 Abbott(1988)의 이론에서와 구분되는 뚜렷한 특징은 각 전문단체가 분쟁을 겪으면서 스스로 조직을 정비하고 관리 전략을 개선시켜 왔다는 점이다. 두 전문단체의 정치 역량과 전략도 갈등을 겪으면서 진전을 보였다.

사회 문화적 요인과 관련해서는, 과학·기술에 대한 서로 다른 두 단체의 패러다임이 충돌한 분쟁이었다. 결과적으로는 기술이나 전문지식과 같은 합리적 요인보다 민족주의나 전통과 같은 가치가 일반에 설득력 있게 받아들여졌다.

한약분쟁은 분쟁 당사자인 두 전문단체가 조직적 역량뿐만 아니라 전문성을 강화할 수 있는 기회가 되었다. 한의계는 정부로부터 전문가적 위상을 높일 수 있는 장기발전계획을 보증받았으며 약사회 또한 정부로부터 의약분업의 시행과 6년제 대학교육제도를 약속받았다.

두 단체 사이의 갈등은 여론의 장과 법적·제도적 장에서 격한 양상으로 전개되었다. 특히 일반 국민은 한의계가 지닌 민족주의적 가치를 좀 더 우호적으로 받아들였는데 이러한 여론 주도에는 시민단체들의 역할이 주효했던 것으로 알려지고 있다.

법적·행정적 영역에서 새로운 제도를 만들고 구체적인 규정을 수립하는 것은 갈등 과정 전반에 걸쳐 핵심적인 업무였다. 법적 과정에서 시민단체가 제안하는 중재안이 공식적으로 채택된 것은 특기할 만한 사항이다. 그러나 세부적인 행정 과정과 규정은 보건복지부가 기안, 조정하였는데 보건복지부 안에서의 약사출신 공무원의 영향력은 구체적인 행정과정에서 적지 않은 영향을 끼친 것으로 알려졌다. 그럼에도 한약분쟁의 조정 과정과 결과가 정부가 거시적·정책적 차원에서 강력한 의도를 가지고 행한 것은 아니었으므로 정부 정책의 유형이 프랑스식 모형이나 〈표 Ⅱ-1〉에서 Freidson(2001)이 제안하는 조정적-주도적 모형 (모형 Ⅳ)에 해당한다고는 보기 어려우며 조정적-반응적 모형(모형Ⅱ)에 가까운 것으로 판단된다.

Ⅳ 의약분쟁

　　의료전문직의 두 번째　갈등은 의사단체와 약사단체 사이에 의약분업제도를 두고 촉발되었
다. 그 시기는 넓게 보아 1999년부터 2003년까지이며 한약분쟁이 마무리된 지 3년 만이었
다. 우리 사회에 유례가 없었던 대규모 의료 갈등 사례를 분석하여 의료전문직 체제의 특성을
파악하고 한약분쟁과 어떤 측면에서 차이가 있는지 확인한다.

1. 갈등의 전개

의약분업제도란 의사와 약사의 기능과 역할을 구분하여 의사는 진료와 처방만을, 약사는 처방에 따른 약의 조제만을 담당하도록 각각의 업무범위를 제한하는 것이다. 우리나라에서 의약분업의 원칙은 1963년 약사법에 규정되었으나 2000년까지 시행되지 않고 있었다.

1994년 한약분쟁의 결과 약사법이 개정되면서 1997년 7월에서 1999년 7월 사이에 대통령령으로 정하는 날부터 의약분업이 시행되도록 규정되었다. 1998년 진보성향의 신정부가 들어서면서 의약분업협의회가 조직되었으며 의약분업제도의 구체적인 시행안 마련이 급속히 진행되었다. 그러나 당초의 시한을 지키기에는 일정이 촉박하여 약사법시행령에서 시한을 수정, 의약분업의 실행은 다시 2000년까지로 연기되었다.

2000년 7월이라는 시행 시한을 지키고자 정부는 일정을 서둘렀다. 1999년 3월, 5개 시민단체[48]로 구성된 의약분업실현을 위한 시민대책위원회가 발족하였고 동 위원회는 의약분업 준비기간 동안 의료계와 약사회 사이의 실제적인 조정자 구실을 하였다. 1999년 5월 10일 양 단체 회장이 이른바 5·10 합의안에 서명함으로써 '상호합의'된 의약분업안이 탄생하였다.

1999년 11월, 5·10 합의안이 확정된 지 6개월 뒤 정부는 의료보험 약가를 평균 30.7퍼센트 인하하고 진료수가는 9.0퍼센트 인상하며 동시에 의약품실거래가상환제도를 실시한다고 발표하였다. 당시 의료기관과 약국은 이른바 '약가 마진'이라 불리는 음성수입을 누리고 있었다. 이는 공식 보험약가와 실제 거래되는 약가 사이에 생기는 차액의 일부로서,

---

48) 이에 참여한 5개 시민단체는 경실련, 참여연대, 녹색소비자연대, 서울YMCA, 한국소비자연맹이었다.

제약회사가 자사 제품을 사용해주는 의료기관이나 약국에 지급하던 일종의 리베이트였다. 실거래가상환제란 종전의 부풀려진 약가 대신 실제 거래되는 약가를 적용하여 보험공단이 의료기관에 지불하는 제도를 의미한다.

> 그(실거래가상환제 실시) 때문에 모든 의사들이 충격을 받았죠. 정부가 수가를 9퍼센트 올려주기는 했지만 실거래가제로 모든 의료기관들 수입이 곤두박질쳤거든요. …… 뒤집어보자면 정부에서 생각했던 것보다 의사들이 병의원 운영하는 데 더 많이 약가 마진에 의존했다는 거고. 약하고 약가 마진을 잃고 나서야 의사들은 의약분업의 진짜 의미를 깨닫게 된 겁니다. 그렇지만 그때는 이미 분업안이 임시국회 통과를 앞두고 있었죠.
>
> **-언론인1-**

1999년 11월 30일, 약 3만 명의 의사들이 장충체육관에 모여 정부를 규탄하고 의약분업제도 재검토를 촉구하였다. 이들의 첫 번째 집회는 의사들 스스로가 놀랄 정도로 참여도가 높았으며 의료계 투쟁의 시발점이 되었다.

2000년은 의사들의 투쟁위원회 결성과 집회, 의사협회의 집행부 교체로 시작되었다. 당시 의사협회 유성희 회장은 5·10 합의안 서명 건으로 회원들로부터 탄핵을 받았다. 의사들은 '회원 다수의 의견이 아닌, 소수 집행부의 자의적인 결정이었던 5·10 합의안'을 전격 거부하였다. 젊은 연령층으로 협회 집행부가 구성되면서 투쟁의 수위는 높아지기 시작했다.

2000년 6월 20일, 의사들은 전면파업에 들어갔다. 종전과 같이 집회를 위한 일시 휴진이 아니라 동네 의원과 종합병원 외래진료의 폐쇄까지 이어진 그야말로 '의료대란'이었다. 파업 5일째에 이르러 사태 해결을 위해 대통령과 야당 총재의 영수회담이 이루어졌다. 6월 25일, 의사협회는 정부가 의약분업안을 전면 재검토, 수정해 줄 것을 기대하며 파업을 중단하였다. 7월 1일, 수정의 여지를 남겨둔 채 의약분업은 의료법에서 규정한 대로 전면 실시에 들어갔다. 그러나 동월 말, 정부의 후속조치에 불만을 가진 수련의와 전공의들은 다시 파업에 들어갔으며 협회 측의 강도 높은 투쟁을 촉구하였다. 이어 8월과 10월 또다시 파업이 행해졌다.

2000년 10월, 정부는 의약정협의회 구성을 제안하고 의료계와 약계 및 정부의 합의 아래 의약분업 수정안을 만들어 확정할 것을 제안하였다. 일련의 회의 뒤 정부는 의약정 합의안을 도출하였으며 의사협회의 동의를 이끌어내었다. 그러나 이번에는 의약분업의 범위와 관련, 주사제 처방 문제를 두고 약사회가 합의안을 거부하였다.

2001년 3월, 약사들이 의약정 합의안에 동의하지 않고 있을 즈음 국민건강보험공단은 의료보험의 심각한 재정난을 공표하였다. 갈등은 새로운 국면으로 접어들었다. 의약분쟁이 처음 불거질 무렵, 정부는 의료수가의 현실화를 명목으로, 현실적으로는 의료단체들을 설득하고자, 다섯 차례에 걸쳐 보험수가 인상을 단행하였다. 그러나 보험 재정난이 드러나면서 정부는 의료정책의 최우선 순위를 보험재정난 극복에 두었다.

2000년 5월, 정부가 건강보험재정 안정화 계획을 발표하고 의료보험 수가를 일부 삭감하자 의료계와 약사회 모두 이에 반발하였으며, 특히 의사들의 반정부 정서와 반정책 결의는 강도를 더해갔다. 동년 6월, 정부와 의약분업에 강력하게 반대해 오던 소장파 세력이 새로운 의사협회 집행부로 공식 등장하였다. 새로운 집행부는 정부에 대한 강경투쟁을 선언하였고 이때부터 갈등은 의사단체와 약사단체 사이의 '의약 투쟁'이나 의사단체와 약사단체 및 정부 사이의 '의약정 투쟁'이 아닌, 의사단체와 정부 사이의 '의정 투쟁'으로 전환되었다. 의료계가 정부와 심각한 갈등을 빚고 있는 동안 약사회는 의약분업과 정부의 결정을 수용하면서 안정기로 들어서고 있었다.

2001년 말부터 국내의 최대 이슈는 2002년 12월 시행될 대통령 선거였다. 의료계로서는 대통령 선거를 통하여 보수정당이 정권을 되찾기를 희망하고 있었다.

[우리 의료계는] 의약분업제도가 전면 재검토되도록 하려면 좀 더 근본
적인, 정치적인 방법이 필요하다는 걸 깨달았죠. 의사들은 대통령 선거를
투쟁의 마지막 보루로 생각했고……. [의료계는] 정권교체를 진심으로 바
랐던 거죠.   -의사3-

2002년, 세 차례의 의료기관 파업에도 불구하고 의약분업은 정착되어
가고 있었다. 국민들은 새로운 제도에 적응해갔고 약사들 또한 의약분
업제도를 수용하고 따르고 있었다. 그러나 의사들에게 의약분업은 아직
전면적으로 재검토되어야 할 대상이었다. 11월까지만 하더라도 한나라
당 대통령 후보인 이회창 대표는 각종 여론조사에서 지지율 1위를 고
수하고 있었다. 다수의 의사들은 보수당인 한나라당을 지지하였으며 당
시만 해도 이변은 없을 것으로 여겨졌다. 그러나 선거전 막바지의 극적
인 반전으로 승리는 진보 집권당의 노무현 후보에게로 돌아갔다. 노무
현 후보는 당시 김대중 대통령보다 더 '진보적인', 또는 '과격한' 성향
을 지닌 인사로 알려졌다.

신정부가 들어선 직후인 2003년 3월, 의사들은 직접 선거를 통해 김
재정 후보를 새로운 협회 지도자로 선택하였다. 김재정 후보는 강성 소
장파였던 당시 신상진 집행부에 정권을 내주었던 전임회장이었다.

의약분업제도의 주도 세력

1998년, 외환위기의 경제난과 함께 정권을 인수한 김대중 정부는 우
리 사회의 부정적인 관행이 초래한 정치·경제·사회의 근본 문제들을
치유해야 한다는 정책적 과제를 강조하였다. 의료체계에도 근본적이고
복잡한 문제들이 있음을 파악한 신정부는 의약분업제도의 시행이 큰
어려움을 겪게 될 것이라는 점을 인지하고 있었다. 그러나

복잡한 속사정에도 불구하고 [의약분업제도를] 강행했던 데는 몇 가지

이유가 있었죠. 당시 소위 개혁세력이라던 그들은 왜 강행했느냐? …… 의료에 너무 많고 복잡한 문제가 있고. 풀기는 풀어야겠는데 동시에 해결은 불가능하고. 풀기 위한 첫 번째 시작으로 어느 한 곳이라도 자르면……. 어딜 치려고 했느냐 하면, 당시 정부출범의 부정부패척결 기조에 맞추어 개혁세력의 설득수단은 '약가 마진이 크다. 그걸 쳐야'. 그렇게 간 거죠. DJ(김대중 대통령)도 모르는 상태에서 보니깐 검은 돈이 크다고 하고 밀가루 약 먹고 있다고 하니깐 그래 좋다, 치자, 했던…….   **-언론인1-**

의약분업제도가 약사법에 규정되어 있었고 주무부서가 보건복지부의 약무식품정책과로 확정되면서 약사 출신 공무원들이 의약분업제도의 설계에 관여하게 되었다. 이들은 기본적으로 약사들이 고민하고 있던 전문가로서의 정체성 문제에 공감하고 있었다.

의약품의 주인이 과연 누구냐, 옛날부터 보면 의약품 소모처가 옛날엔 약국이 70, 의료계 30, 그랬어요. 그게 1989년 전국민의보로 되면서 바뀌기 시작한 건데. 병의원 통해서 나가는 약이 반 이상이 되고 약국 통해 나가는 것이 반 정도고. 그런데 약국은 일반의약품이 주가 되면서 약다운 약을 다룰 수 있는 기회는 점점 줄게 되었죠. 보건의료시스템에서 가장 중요한 것이 보험시스템이라 본다면 우리 같은 경우 전국민의료보험이니까 그 시스템에 편입하지 못하면 소외되는 거죠. 당시까지만 해도 약국이 의료보험에 편입할 수 있는 방법이 없었던 거죠. 말하자면 직접 조제에 의해 보험료로 커버해주는 부분이 있었지만 약국 전체적으로 보면 3~4퍼센트? 나머지에 대해서는 거의 참여하지 못하는. 보건의료시스템 내에서 약국과 약사의 역할이라는 게, 물론 70년대에는 우리가 일차의료기관 역할을 담당했다고 하지만 그것은 우리의 의지에 의한 것이 아니라 당시의 사정과 정부의 뜻에 의한 것이지 정상적인 약사의 역할이었던 건 아니었죠. 그런데 전국민의보가 되면서 보험이 모든 국민의 보건의료시스템이 되면서 약사의 역할에 대해서 회의를 가지게 되었죠. 기존의 기득권을 포기하지 않으면 원래 약사들의 정체성마저 존재할 수 없는 상황이 될거다…….

-정부관계자3-

의료 전문가로서의 위치를 확보하고자 약사회는 결국 의약분업제도를 수용하는 것 외에는 대안이 없다고 믿었다. 약사회의 지도부는 "의약분업에 대한 정부의 기본 정책방향을 이해하고자 노력"했고 일반 약사들이 의약분업제도를 수용하도록 설득하였다. 약사출신으로 의약분업제도의 초안작성에 관여했던 한 공무원의 다음 진술은 새로운 제도에 대한 약사 측의 처지와 고민, 그리고 당시 정황을 보여주고 있다.

우여곡절 끝에, DJ(김대중)정부에서 의약분업을 대선공약으로 내세웠고 DJ가 개혁적 성향에서 보건의료 시스템 자체를 개혁할 수단으로 유효하다고 단초를 제공했죠. 거기서 가장 큰 힘을 실었던 것이 보건의료계통의 시민단체인데 이들이 대외적인 활동력이 없기 때문에 자체만으로는 별 힘이 없었어요. 도덕성을 가지고 윤리에 충실한 집단이지 대 사회적인 시스템을 구축하는 역할은 아니었어요. 그런데도 거기 관여하는 많은 사람들이 좀 더 강력한 추진력을 가진 참여연대나 경실련이 함께 하다보니까 시민단체가 하나의 조직적인 힘을 발휘할 수 있도록 어우러진 거죠.

어차피 정부는 시동을 건 거고 시민단체가 뒤에서 미는데, 과연 누가 핸들을 잡고 가느냐의 문제였는데 저 개인적으로는 의약분업을 [시행]하고[나면] 일정기간 동안 약사들이 굉장히 반발할거라 생각했어요. 반면에 의료계는 크게 반발하지 않을 거다, 왜냐면 기본적으로 의약분업 제도화과정에서 준비한 것이 주로 영향력의 차이는 있겠지만 의료시스템(의사단체)을 달래고 정상화하기 위한 것이 많았거든요. 실거래가라든지. 반면에 약사들을 위한 배려는 전혀 없었어요. 그럼에도 불구하고, 약사들이 반대를 하기는 하겠지만 그건 이념의 문제다, 이 시점에서 약사들이 자기들의 기득권을 주장하고 이익집단으로 밖에 할 수 없다는 게 의약분업의 최대 걸림돌이 될 거다. 그래서 제 경우는 약사회 설득을 최대 타겟으로 놓고 작업을 했어요. ……

기존의 기득권을 포기하지 않으면 원래 약사들의 정체성마저 존재할 수 없
는 상황이 될 거다……. 소위 지도부들이 약사회를 [의약분업의] 추진 세력
화하기 시작했죠. 그를 위해서는 약계 내부에서의 개혁부터 필요했죠. 약계
의 문제의식을 정부, 정치권 등 의사결정 과정에 설득했어요.

-정부관계자3-

당시 약사회의 주요 인사들은 "의약분업이 의료체계의 전문가로서
살아남을 수 있는 마지막 대안"이라는 인식을 공유하고 있었고 따라서
의약분업의 시행을 적극적으로 수용하였다. 의사와 한의사의 수가 급증
하는 상황에서 약사들이 '작은 의사'로서 역할하는 데는 한계가 있을
수밖에 없었으며 의료 시스템에서 전문가로서의 입지를 확보하기 위해
서는 "약에 관한 한 유일한 전문가(약사3)"라는 원래의 역할로 돌아갈
수밖에 없었다는 것이다.

한편 의사들 가운데서도 신정부의 개혁 의도와 이념에 공감하는 소
수 인사들이 있었다. 이들은 의약분업의 이론적인 근거를 제공하면서
제도 형성에 일조하였는데 서울대 의대 출신의 진보 성향 의사들과 인
도주의실천의사협의회(인의협)[49] 인사들이 주축을 이루었던 것으로 알려
졌다. 보수 성향의 대다수 의사들과는 달리 이들은 공공의료의 중요성
과 확대를 지속적으로 강조해왔었다.

약사들의 표현에 따르면 '진보적'인, 의사들의 표현에 따르면 '공산주
의에 물든', 이들 소수 의사 가운데 서울대 의과대학 김용익 교수는 핵
심인사 가운데 한 명이었다. 1998년 그가 〈개혁정론〉에 게재한, 대통령
에게 보내는 편지 글 형식의 한 칼럼은 의약분쟁 동안 가장 많은 논란
을 일으킨 글이었다. "의약품비리의 뿌리는 이것입니다(김용익, 1998b)"라

---

49) 의약분쟁이 끝나지 않았던 2001년 당시 인의협 회원 수는 전체 의사 수의 1.5퍼센트 미
만이었다(인도주의실천의사협의회, 2001). 의약분쟁이 발발하기 전까지 인의협은 농어촌
무료진료와 노인들에 대한 무료 봉사 등 휴머니즘에 입각한 활동으로 국민과 일반 의
사들로부터 좋은 이미지를 얻고 있었다.

는 제하의 이 칼럼은 당시 의료계의 '검은 약가 마진'을 일반에게 공개한 것이었다. 이 글은 의료계의 음성수입과 구조적 문제점을 지적한 의료개혁 주체 세력의 이른바 '선전포고'였던 한편, 의사들에 따르면 의사들을 부도덕한 집단으로 매도하고 의사들의 특권과 부를 빼앗기 위한, '의사 죽이기'의 신호탄이었다.

　이러한 상황에서 의약분업에 강력히 반대하는 단체는 의료계뿐이었다. 당시 의료기관 수입의 중요한 부분이었던 약가 마진이 제거된다는 것은 의료기관으로서는 분명 위기상황이었다. 더구나 정부는 그때까지 "약가 마진에 대해서 이미 알고 있었고 눈감아 주었으며 오히려 조장하기도 하였(의사16)"던 것으로 여겨져 의료계의 분노는 더욱 컸다. 의사들은 진보 진영의 극소수 의사들이 대다수의 동료 의사들을 '배신한' 것으로 인식하였으며 탈법적이고 음성적인 경제적 이득만을 쫓는 '도둑'으로 몰린 의사들은 무엇보다 그들의 자존심에 타격을 입었다.

2. 갈등의 원인과 성격

1) 갈등의 전문적 성격: 전문영역 관할권 갈등

의약분쟁 동안 논란이 되었던 구체적인 전문영역은 크게 두 가지로, 약의 조제권과 진료권이었다. 이들 각각의 전문영역은 그 뒤 2007년초 의료법 개정안에서 다시 논란이 된 분야들과 관련된다.[50]

조제권 분쟁

약의 조제권은 의약분쟁의 가장 핵심 논점이었다. 의사들은 약의 조제 또한 환자에 대한 진료와 치료의 한 부분이므로 양보할 수 없다고 주장했다. 의사들 주장의 첫 번째 근거는, "약사는 상품으로서의 약의 구체적인 특성에 대해 잘 알 것이지만(의사5)", "인체에서 발생하는 약의 효능은 의사가 더 잘 알고 있(의사13)"다는 것이었다. 의사들은 최소한 6년 동안의 임상 실습을 거치기 때문에 의사가 약을 처방할 수 있다는 것은 약의 전문가이기도 하다고 믿고 있었다. 또한 환자에게 최상의 의료 서비스를 제공하기 위해서는 약을 처방할 뿐만 아니라 조제할 권한도 지니고 있어야 한다고 주장하였다. 의사들은, "처방전을 발행할 때 벌써 약을 어떻게 먹으라고 [의사들이] 복약지도를 다 하는(의사5)" 상황에서 약사의 전문가적 역할 자체가 의심스러운 것이라고 보았다.

또 다른 면담자에 따르면, 의사들은 환자에게 약을 직접 공급할 수 있는 권한을 잃을 경우 환자에 대한 영향력 또는 통제력을 잃게 된다

---

50) 의사들이 의료법 개정안에 강력히 반발하고 있는 주요 원인은 의료행위에 투약이 삭제되었고 간호사 업무에 간호진단이 포함되었기 때문이다. 이들은 각각 조제권 및 진료권과 관련되는 사안이다.

는 점을 두려워하고 있었다.

　　한국에서 환자들은 약을 주는 행위 자체에 광장한 치료효과를 보여요. 주사처방이 많은 것도 주사 맞으면 뭔가 특별한 치료를 받는다고 생각하기 때문에. 지식인도 마찬가지고. 그래서 그런 부분이 없어지면 환자에 대한 장악력, 치료효과가 떨어진다는 두려움이 있는 거죠. 돈과 무관하게 그런 이유로 의사들은 거의 본능적인 실리와 명분 모든 면에서 의약분업하고 싶지 않은 구조였죠. 실제로 시골에 가면 같은 약인데 빨간약을 주다가 파란 약을, 같은 성분인데도 약 주면, 환자가 저항해요. 싫다는 거야, 안 낫는다는 거죠. 이런 경험들을 하면서 약을 건네주는 행위를 통한 치료 효과들을 느끼고 있기 때문에 거기(의약분업)에 대한 심리적 거부감이 있었죠.

-언론인1-

　의사들의 이러한 주장에 대해 약사들은 약의 조제권이야말로 약사의 고유 영역이며 따라서 독점권이 보장되어야 한다고 맞섰다. 기본적으로 "약에 관한 한" 인터뷰에 응한 모든 약사들은 자신들이 "의사에 비해 절대적으로 낫다"는 태도를 보였다. 약사들은 스스로가 유일한 약의 전문가라는 자부심을 가지고 있었으며 의사에 대한 비난은 이러한 신념에 근거하고 있었다.

　　의사들은 약을 처방하면서도 실제로 약에 대해서는 잘 몰라요.

-약사1-

진료권 갈등
　약의 조제권만큼 가시화하지는 않았지만 의사들의 독점권으로 여겨지는 진료권 또한 또 다른 논란 영역이었다. 의사들은 자신들의 독점영역을 약사가 침해하고 있다고 주장하였다. 진료권이 의사들에게는 핵심 전문영역이었던 만큼 어떠한 관여도 용납할 수 없는 것으로 민감하게 받아들여졌으며 다른 어떤 사안보다 감정적인 반응을 불러일으켰다.

　　의사들이 결국은 의료행위의 독점권을 보장받는 직종인데 그게 흔들려버리면 그야말로 기존의 의사들이 설 자리가 없는 거죠. 우리나라는 그게 조건이 현저하게 낮죠. 한의사도 있고 약사도 그동안 임의조제 계속했고 거의 의료인으로 행동해 왔고. 사실 약대에서 진료나 처치에 대해 배운 바가 전혀 없고 그들이 가지고 있는 의료행위란 거의 일반인들 상식수준인데. 환자들을 통해 얘기 들어보면 일반인 수준이에요. 그런 사람들이 일차의료행위를 상당히 많이 할 수밖에 없었던 현실을 이해는 하지만 계속 그렇게 되어서는 안 된다는 의미에서 의권쟁취라는 얘기가 나왔겠죠. 만약 진짜 외국처럼 제대로 분업하려면 의사들에게 의료행위 독점권을 완전히 보장해라는 건데.　　　　　　　　　　　　　　　　　　　　　　-의사8-

　　약사는 약사의 자기 기능만 하면 된다고 생각해요. …… 처방대로 조제만 하면 되는데. 외국 선진국이 의약분업을 하는 대로 한국 약사가 하면 아무 탈이 없어요. 근데 한국 약사들은 50년간 의사 노릇을 했는데 그 폐습이 남아 있어서 환자가 원하는 임의조제를 하는, 그걸 하고 싶어 하기 때문에 문제가 되는 거죠. 그래서 전 약사와 의사들의 관계라는 걸 별로 얘기를 하고 싶지 않다구요. 왜냐면 의료, 진찰하는 것은, 의료를 오케스트라라고 하면 의사밖에 지휘할 수 없단 말예요. 환자를 의사만 진찰할 수 있는데 그러면 오케스트라에는 각 파트가 있잖아요. 바이올린이다, 첼로다, …… 지휘자는 의사인데. 그 파트 중의 하나가 약사, 처방이 나가면 약을 조제하면 되고 …… 근데 바이올린 주자가 지휘자 노릇을 하면 오케스트라는 깨어지죠. 그러니까 자기의 기능만 하면 아무 탈이 없어요.　　-의사9-

약사회가 6년제 약학대학과 대체조제를 주장하는 기본 목적은 약사의 전문 권한을 확대하여 의사처럼 환자를 진료하기 위함이라는 것이 의사들의 주장이었다. 실제로 약사들은 새로운 6년제 약대 교육과정이 자신들의 임상 경험 부족이라는 약점을 보완해줄 것으로 기대하고 있었다.

　　6년제 얘기 나온 지가 20년이 넘었죠? …… 한약분쟁 과정에서 정부가
한약사 제도를 도입하면서 약계에서 원하는 걸 정부에서 나름대로 도와주
겠다, 약계 현안이 뭐냐 했을 때 두 가지였어요. 의약분업과 약대 6년제.
물론 그것이 어느 정도 구속력을 갖느냐는 별론이지만 정부가 약속을 한
거니까 어느 정도 가능한 거죠. 그런데 한약분쟁이 끝난 지 10년이 다 되
어가는 시점에서 왜 아직 안 되고 있느냐. 여건이 아직 성숙되지 않았었다
고 보여지고 지금은 의약분업 해오면서 약 부분에 대한 심층적인 필요성이
인식되고 약사가 약사다워지니까 약사로서의 발전 방향이 필요하게 된 거
죠. 예전에 약사는 사실 의사 흉내 내는 것이고 약학 배워봐야 나가서 하
나도 못써먹어요. 대외적으로 이제 약의 주인이 약사가 되는 것으로 가고
있는 것 같아요. 사실 약사로서 항암제 한번도 구경도 못하고 끝나는 약사
많았는데 지금은 아주 다양한 많은 약을 다루고 있죠. 아직은 의약분업에
적응해가는 세대여서 어렵겠지만 새로 나오는 약사들은 관심이 많거든요.
의약분업 개념이 학교에서부터 주입되니까. 처방전대로 약 주는 것에서 한
발짝 나아가서 이 약의 부작용이 뭔가 책도 찾아보게 되고 그런 관심들이
계속 생기고 처방도 평가하게 되고 젊은 약사들은 확실히 달라지고 있죠.
지금 시기가 조금 더 지나면 많이 달라지겠죠.　　　　　　　-약사7-

　　의사들은 분쟁의 또 다른 구체적인 논점인 대체조제 또한 진료권과
관련된 문제로 전문가의 권리라는 측면에서 접근하였다. 대체조제란 약
사가 의사 또는 치과의사가 처방전에 기재한 의약품을 성분·함량 및
제형이 동일한 다른 의약품으로 대체하여 조제(약사법 제23조의 2 ①항)하
는 것을 의미한다. 약사법은 약사가 해당 처방전을 발행한 의사나 치과
의사의 사전 동의 없이 대체조제를 할 수 있는 경우를 명시하고 있다
(약사법 제23조의 2 ②항). 의사는 대체조제 범위의 확대를 반대하고 있지
만 약사는 범위 확대를 주장하고 있다. 의사들은 대체조제 자체가 의사

의 전문가적 결정을 훼손한다고 본다. 의사들에 따르면 대체조제를 허용할 경우 당시까지 일반의와 같은 역할을 해 오던 약사들이 여전히 "작은 의사"로서 역할을 계속할 것이라고 보았다.

이상에서와 같이 의약분쟁 사례는 Abbott이 주장한 전문영역 또는 관할권(professional jurisdiction) 분쟁이라는 원래의 개념보다 더 복잡한 상황을 보여주고 있다. 의약분쟁 사례는 전문관할 영역이 서로 다른 차원의 두 가지 하위 개념을 포괄하고 있음을 보여주고 있다. 먼저 특정 전문단체가 특정 전문영역에 대한 권한을 가지느냐의 여부, 즉 어떤 단체가 어떤 영역을 관할하느냐의 문제이다. 이때 핵심은 업무의 범위 또는 영역이다. 다른 하나는 해당 영역에 대한 권리가 다른 전문가단체에 대해 배타적이냐의 여부이다. 여기서 핵심은 특정 영역에 대한 독점성 여부나 소유권의 정도이다. 의약분쟁에서 이들 두 가지 하위 개념은 서로 복잡하게 얽혀 있다.

먼저 의약분업제도가 실행되기 전, 의사와 약사는 약의 처방과 조제·판매를 동시에 할 수 있었다. 전문성의 영역과 수준에서는 두 단체 사이에 차이가 있었으나 소규모 의원의 의사들과 약국의 약사들은 경미한 환자를 진단하고 약을 처방하는 데서 거의 동일한 역할을 하였다. 이 경우, 두 전문가단체는 의료 활동에서 가장 중요한 두 영역을 공유하고 있었으며 어느 단체도 특정 영역에 대해 독점성을 지니고 있지 않았다.

완전한 의약분업제도의 기본 개념에 따르면 의사만이 약을 처방할 수 있고 약사만이 약을 조제할 수 있다. 이때 양 전문단체는 각각 특정 전문영역에 대해 독점권을 지닌다. 그러나 의사들은 이상과 같은 의약분업제도의 기본 개념과 취지를 신뢰하지 않았다. 대신 의사들은 대체조제나 성분명 처방 등을 통해 약사가 여전히 상당한 재량권을 가지고 약을 처방할 것이라고 믿었다. 결과적으로 약사는 의사의 고유 전문영역인 약의 처방권을 침해할 수 있는 반면, 의사는 약의 조제권을 일방적으로 상실한다는 것이었다.

 의사들이 선택적 분업제도를 대안으로 주장하는 이유도 여기에 있다. 선택적 분업제도에서 환자는 의료기관과 약국 가운데 스스로 선택하여 약을 조제받고 구매할 수 있다. 다만 의료기관에서 약을 공급받을 경우 환자는 좀 더 높은 가격을 지불해야 한다. 이러한 상황에서 약의 조제권은 다시 의사에게도 개방되는 것이며, 대신 약사는 조제권 영역에 대한 독점권을 잃게 된다. 또한 의사들은 대체조제의 범위를 대폭 축소함으로써 약사가 재량권을 가지고 환자를 진단하고 약을 조제할 수 있는 상황을 방지하고 싶어했다.

 이상에서와 같이 의약분쟁의 경우 두 전문단체가 핵심적인 두 영역에 관해 서로의 권한을 주장하였기 때문에 두 단체는 공격자와 방어자의 기능을 동시에 수행해야 했다.

2) 갈등의 경제적 성격: 의료전문직의 이윤추구 성향

 의약분쟁을 이해하는 데 경제적 측면은 중요한 요인이다. 특히 약가 마진이라 불리는 음성적 수입의 발단과 확대 과정에 대한 검토와 두 전문단체의 경제적 동기에 대한 분석은 갈등의 경제적 성격을 이해하는 데 핵심이다.

약가 마진의 생성 과정

 의약분쟁에서 가장 논란이 되었던 부분은 약가 마진이었다. 약가 마진[51]이란 제약회사가 의료기관에 제공하는 음성적인 대가성 수입을 의미한다. 이는 건강보험제도에 적용되는 공식 약가, 즉 보험자인 보험공단이 의료기관에 의약품 대금을 상환할 때 적용하는 정부가 고시한 의

---

[51] 이른바 '약가 마진'에는 다양한 유형이 있다. 병원이 의약품을 처음 채택할 경우에 지불하는 '랜딩비', 의약품 채택 후에도 주기적으로 상납하는 '리베이트', 의원과 약국에 대해서는 구입량에 추가로 약품을 공급해주는 '할증(속칭 '프로')' 등이 있다(원희목, 2003: 23).

약품 가격과, 의료기관과 제약회사 사이에 실제로 거래되는 저렴한 약가 사이의 차액 또는 그 일부이다. 원칙상 약가 마진은 음성적이고 탈법적인 지불이다. 그러나 현실적으로 약가 마진은 "관행이었고 불가피하였으며 정부도 알고 있었지만 눈감아 주었던" 부분이라고 한다. 이에 대해서는 거의 모든 인터뷰 대상자들의 일치된 의견이었다.

약가 마진의 역사적 배경에 대한 다음의 설명은 고위 공무원(**정부관계자**4), 시민단체대표(**시민단체대표**4), 정치인(**정부관계자**2), 그리고 언론인들(**언론인**1, **언론인**2)의 진술을 정리한 것이다. 약가 마진의 발생에 대한 이들의 진술은 크게 다르지 않았다. 응답자들의 소속에서도 알 수 있듯이 의사 측 주장에 반대하는 인사들마저 "당시 약가 마진의 존재는 필요악이었다"는 의견에 동의하고 있었다.

1976년, 일본의 사회의료보험제도와 의료보험수가 체계, 그리고 우리의 당시 경제 수준 정도만을 고려하여 정부는 충분한 준비 없이 사회의료보험제도를 도입했다. 사전에 합리적인 의료보험수가 체계가 검토되었어야 했지만 그렇지 못했으며 의사들에게 적정 지불을 할 수 있을 만큼의 기금은 전혀 마련되어 있지 않은 상황이었다. 정부로서는 저보험료-저급여-저수가 체계의 보험제도로 출발할 수밖에 없었다. 당시로서도 불합리한 형태라고 우려되었으나 기안자들은 앞으로 수정될 수 있을 것으로 기대하였다. 의료보험제도가 적용되지 않는 의료 서비스의 가격은 관행수가라는 것으로 결정되었다. 당시 의료보험수가는 이러한 민간 관행수가의 45~50퍼센트 정도였다.

의료보험제도가 출발할 당시, 적용 대상은 500인 이상 근로자 사업장으로 제한되었으므로 비현실적인 의료보험수가가 의료 서비스 공급자나 정부에게 특별히 심각한 문제가 되지는 않았다. 1980년대에 이르러 상황은 변하였다. 의료보험제도의 수혜자 범위는 급속히 확대되었고 1989년에는 전 국민이 의료보험 대상자로 포괄되었다. 그러나 의료보험수가 수준은 크게 변하지 않았다. 국민들의 저항을 의식하여 정부와 정치권은 보험료를 인상할 수 없었으며 따라서 의사들에 대한 지급, 즉 의료보험수가 역시 낮은 수준에 머물러야 했다. 한편, 1980년대 중반부터 의사들의 수는 급증하였고 국내 제약산업 역시 빠른 속도로 성장했다.

제약회사들은 특허 기한이 만료된 약품들에 대해 낮은 비용으로 대량의 지네릭 약품(일명 '카피약')을 생산하기 시작했다. 보험공단에서 공시하는 공식적인 약품 가격은 꾸준히 인상되어 높은 수준을 유지하고 있었기 때문에 제약회사들은 상당한 이득을 볼 수 있었다. 한편 제약회사 간의 경쟁이 점차 가열되고 제약회사들은 의료기관과 약국에 낮은 가격으로 약품을 공급하면서 다양한 형태의 대가성 지불을 함께 제공했다.[52] 공식적으로 부풀려진 약가와 실제 거래 약가 간의 차이는 약가 마진이라는 이름으로 의료기관과 약국에 유입되었다.

제약업계에서 제공되는 약가 마진은 의료기관에 지급되는 낮은 보험급여비를 보전하였으며 정부는 이를 통해 보험료 인상으로 발생할 수 있는 경제적 영향이나 정치적 위험을 피해갈 수 있었다.

약품 가격은 지속적으로 인상된 반면 의료 서비스에 대한 가격, 즉 의료보험수가가 거의 인상되지 못한 데는 우리나라 의료문화의 특징이 중요하게 작용하였다. 의료계 한 인사의 주장처럼 "한국에서는 변호사 비용, 정신과 의사 비용 등, 보이지 않는 지식적 대가에 대해서는 인정하기 어려워하는 데 반해 물건이 가면 수긍(**언론인**1)"하는 경향이 있기 때문이다. 약품에 대해서도 이러한 특징을 적용해볼 수 있다. 환자들은 약품이나 주사에 대해서는 기꺼이 대가를 지불하고자 하나 "10년 전만 해도, 심지어는 현재도 농촌 등지에서는 의사들의 비가시적인 진료 행위, 즉 상담이나 의료적 결정, 단순 처치 등을 약품이나 주사에 덧붙여 주는 공짜 서비스로 여기는" 경향이 많다는 것이다. 이러한 문화에서,

---

52) 의약분업제도가 본격적으로 논의될 시점의 통계자료에 따르면, 1997년 당시 국내에는 총 455개의 제약회사가 있었는데 이 가운데 종업원 10인 미만의 업체가 85개(18.7퍼센트), 종업원 100명 이상 업체는 147개(32.7퍼센트)였다(원희목, 2003: 26).

정부로서는 의료 서비스의 가격을 인상하는 것보다는 약품의 가격을 인상하는 것이 훨씬 용이하였다. 우리나라 의료문화의 특성을 보여주는 한 사례가 면담 중에 제시되었다.

> 진짜 답답한 게, 쉬운 예로 응급실에서 3~4살 애기들이 팔꿈치가 빠져서 와요. 굉장히 아파요. 밤에 오면 치료는 애기 X-레이 한 장 찍고, 안 찍어도 알지만 확인한 후, 맞추는 건 해부학 배웠으니까, 딱 돌리면 3초 만에 들어가요. 심지어 X-레이 찍기 위해 팔 각도를 만지다가 저절로 들어가는 경우도 있고. 우연히 맞춰질 수도 있고. 그 치료 가격이 39,000원이 책정되어 있어요. 확인, 진단, 맞추는 값. [그런데 환자 보호자] 4~5명 중에 1명은 정말 [그냥] 가려고 해요. 그게 한국의 문화인데. 그래서 X-레이를, 뭘 했다는 걸 보여주려고. X-레이에 39,000원, 맞추는 건 공짜로 했다, 그러면 [돈을] 낸다구요. 그런데 X-레이에 1000원, 내가 맞추는 데 38,000원—그러면 아무도 안 내려 하고 저항 보여요. 그런 예들이 무수히 많아요. 그래서 의사들은 쇼를 한다구요. 3초면 맞추는데 30초 동안 움직이고 만지고 말도 하고 설명도 해주고…. 그러면 좀 저항이 줄기는 하죠. 일부러 이걸 오랫동안 맞춘다고 쇼를 해야 하는 나라에서. …… 이런 상황에서 의사들이 의약분업을 하고 싶었겠느냐는 거죠.   -의사16-

이러한 상황에서 1999년까지 극히 낮은 의료보험수가가 지속되었으며 이를 보완하려는 음성적인 수입원과 그로 말미암아 왜곡된 의료 수입체계가 20여 년 동안 유지되어 왔다. 그동안 정부는 부정한 수입원에 대해 전혀 규제하지 않았으며 이 문제에 대한 갈등도 사실상 많지 않았다.

인터뷰에 응한 모든 의사들에게 약가 마진은 언급하기 가장 꺼려지고 예민한 사안이었다. 의사들은 약가 마진의 존재로 말미암아 국민들로부터 비난받고 있다는 점을 잘 알고 있었다. 따라서 응답자들은 다른 어떤 사안보다도 '일반 국민들이 잘 알지 못하고 있는 약가 마진의 배경과 속사정'에 대해 오랜 시간을 할애하여 설명하였다.

약가 마진의 실제 규모

그렇다면 약가 마진은 실제로 어느 정도의 규모였을까? 아무도 정확한 액수를 알 수 없다는 것이 정답이지만 분명한 것은 의료기관의 경우 공식 약가의 30퍼센트 이상이었다는 점이다. 1999년 11월, 의약분업 시행을 위한 사전 작업으로 보건복지부는 실제로 거래되는 약품 가격이 공식 약가보다 얼마나 낮은 수준인지 조사하였다. 200개의 병의원이 조사대상으로 선정되었다. 결과는 약품의 실제 거래가격이 공식 약가의 30.7퍼센트 낮은 것으로 나타났으며 정부는 이 수치만큼 의료기관이 약가 마진이라는 음성수입을 얻는다고 보았다. 따라서 정부는 이 금액만큼 공식 약가를 낮추는 대신 의료 서비스에 대한 수가를 인상함으로써 의료기관의 수입구조를 정상화하고자 하였다. 그러나 상황은 그렇게 단순하지 않았다.

> 의사가 사실 스스로 발목이 잡힌 이유는, 정부에서 약의 원가가 실제로 어떻게 거래되고 있는지 조사를 했어요. 나름대로 조사를 해야 할 거 아니에요? 실제로 보험약가는 100원인데 넌 얼마에 샀냐? 아는 사람은 알았어요. 이걸 실제로 솔직히 써야한다는 걸. 이게 지금까지 너가 얼마나 남겼기 때문에 환수하라는 목적이 아니라 새로운 시스템을 만들기 위한 자료로 쓰는 것이기 때문에 솔직하게 써야했어요. 근데 대부분의 의사들은 이걸 몰랐어요. 정부가 아무런 설명 없이 그냥 조사했기 때문에. 세무조사하고 같은 걸로 받아들였어요. 실제로 30원에 거래했음에도 제약회사나 의사들은 70, 80원이라고 썼어요. 그래서 실제로 조사해보니깐, "20~30퍼센트밖에 없었네, 그럼 이것만 보전해주면 되겠네", 이렇게 된 거죠. 의사들이 *****(허를 찔린 거죠).
>
> **-언론인1-**

새로 도입된 실거래가상환제에 의하여 정부는 공식 약가의 30퍼센트에 해당하는 9,000억 원을 보험 약가에서 삭감하였으며 그만큼의 액수를 의료 서비스에 대한 수가 인상으로 전환하였다. 그러나 결과적으로

30퍼센트 약가 인하는 '실거래가'와 큰 차이가 있는 것으로 드러났으며 의료기관들은 그러한 정부조치로 말미암아 '패닉 상태'가 되었다.

의료계의 한 핵심인사(**의사3**)는 약가 마진이라는 민감한 문제와 그 규모에 대해 다음과 같이 응답하였다.

> 99년 11월 15일 실거래가상환제를 실행했어요. 그게 의약분업의 사전포석인데 진료비와 약가 시스템이 따로 분리가 안 되어 있으니까 약가 다운시키고 진료비를 [올리고], [약품거래를] 실거래가로 하겠다고 했는데 약가를 30퍼센트 다운시켰어요. 총약가를 30퍼센트. 내 느낌에 나중에 역으로 계산해보니까 50퍼센트는 되었던 것 같아요. 그게(30퍼센트에 해당하는 금액이) 9,000억. 그만큼 수가로 돌려서 9퍼센트 인상시켰어요. 그리고 약가를, 약가 마진을 없애고 묶어버렸어요.
>
> 그런데 거품이 덜 빠지니까 어떤 현상이 생기느냐. 총수입에서 의사에게 들어오는 돈은 똑같아요. 복지부도 너희들 똑같은데 무슨 소리냐 하겠지만 실제로는 약가 마진 20퍼센트가 손에 안 들어오는 거예요. 제약회사 결재에서 묶인 거죠. 약가 마진을 없애고 자기가 거래하는 가격으로 청구하도록 만들어버렸으니까. 약가 마진이 사실 20퍼센트가 묻어있는 게 그게 빠지면서 5,000억 되는데 그게 그냥 제약회사로 흘러가버린 거예요, 그냥. 의사들은 매출은 같은데 순이익이 확 줄었죠.
>
> 상당히 타격이 컸어요. 심리적으로 내가 생각할 때 거의 패닉 상태로 간 거예요. 하루아침에 총수익에서 20퍼센트 주는 건 순수익으로 따지면 40~50퍼센트가 빠지는 거예요. 기본경비는 똑같으니까. 갑자기 하루아침에 아무 것도 안 했는데 갑자기 뚝 떨어진 거예요. 그래 놓고 정부는 제대로 했는데 의사들이 저런다고. 그제서야 이제 [의사들은] 정부를 의심하기 시작했어요.　　　　　　　　　　　　　　　　　　　　 **-의사3-**

의료계의 당시 내부 상황에 대해 많은 정보를 가지고 있었던 **언론인1**은 약가 마진에 대해 다음과 같이 진술하였다.

　　나름대로 개혁세력은 고심해서 …… 모형을 만들었는데 그 부분에서
오류가 발생했어요. 왜 오류가 발생했느냐, 약가 마진을 보통 30퍼센트라
고 추산한 거예요. 그러면 그 약의 30퍼센트에서 해당하는 부분을 기술료
로 올려주면 되잖아요? 그런데 실제로는 30퍼센트 이상이었죠. 그런데 그
때는 아무도 모르는 거였어요. 옆에도 모르고 다른 의사도 얼마인지 몰랐
죠. 전부 개인의 선택에 달려 있는 거였으니까. 평균의 양심을 가진 의사
가 30퍼센트라면 나이든 사람들은 50퍼센트, 진짜 나쁜 놈들은 60~70퍼
센트도 있고 양심적인 사람이라면 10~20퍼센트. 그래서 30퍼센트에서 해
주니까 당연히 보전이 안되었죠. 그래서 수입이 적어진다는 데서 첫 번째
저항이 있었고.　　　　　　　　　　　　　　　　　　　　-**언론인**1-

　　한 연구보고서는 공공의료기관이 구입한 의약품의 낙찰가를 기준하
여 계산한 약가 마진율이 47.8퍼센트라고 보고하고 있는데, 50퍼센트
이상으로 추정하는 것이 의료계에서도 일반적으로 받아들여지고 있는
듯하다(변재환, 2001).

　　한편 약국의 경우, 약가 마진은 할인율을 의미하는 속칭 '프로
(proportion of discount)'라는 이름으로 약사들에게 전달되었다. 할인율은
의료기관에서와 같이 추정이 어려우나 약가의 10퍼센트나 20퍼센트 또
는 그 이상일 수도 있었다.

　　이득이 분명 있었죠. 월수입의 10퍼센트 정도. '프로'가 있었으니까 분명
도움이 되죠.　　　　　　　　　　　　　　　　　　　　　-**약사**5-

　　의약분업 이후 약국의 음성수입은 전과 달리 크게 사라졌으며 존재
한다고 하더라도 "얼마 안 되는 OTC(일반의약품)에 제한되(**약사**5)"는 것
으로 알려지고 있다.

의료전문인의 이윤추구 동기

의사들의 주장처럼 여론이 왜곡한 것이든, 다른 단체의 주장처럼 사실이든, '의사들이 경제적인 이윤만 쫓는다'는 주장은 현장조사 동안 도처에서 쉽게 대할 수 있었다. 우리 의료체계의 구조적 모순이나 환경을 고려하여, 의사의 이윤추구 행위는 불가피한 것이라고 이해하는 사람은 당사자들을 제외하면 극소수였다.

> 우리 의료의 90퍼센트가 민간이기 때문에 기업체와 비슷하잖아요. 이익이 떨어지는 사안에 대해서는 반발할 수밖에요. **-시민단체대표2-**

응답자의 대부분은 의사의 이윤추구 동기에 대한 감정적이고 극단적인 비난을 감추지 않았다.

> 보험재정을 줄이는 데 최고 역할을 할 수 있는 부분은 의사들인데 그런 부분이 안 되는데 심평원 사람들 표현을 들어보면 …… 의사들은 어디를 깎아두어도, 내가 받아야 할 돈이 월 5,000만원이다, 그러면 어디를 손을 대어도 그 돈을 받아낸다는 것이죠. **-약사3-**

약사들 또한, 의사들이 의약분업을 반대하는 이유가 전문가적 동기에서 기인한다는 주장을 믿지 않았다. 의사들에 따르면, 약사의 대체조제를 반대하는 이유는 자신들의 전문영역인 진료권을 보호하기 위한 것이다. 그러나 약사들은 의사들이 여전히 특정 약품을 처방하고 그 대가로 해당 제약회사로부터 뒷돈을 원하기 때문이라고 주장하였다.

> 의사들의 처방 관행을 잡고 있는 것은 리베이트예요. 그 부분이 어떻게 보면 약의 권한이 너무 의사들에게 집중되어 있다는 것이다, 그러다보니 약에 대한 리베이트 부분이 의사들의 처방 관행을 결정하는 결과를 가져오고. 이 약이 장점이 있어 선택하는 게 아니라 이 약은 얼마가 남으니

까……. 극단적으로 표현하면 처방 관행을 결정하는 몇 가지 요인 중의 하나로 자리 잡았고. 그래서 앞으로는 대체조제 활성화가 가지는 의미가 의사들에게 너무 독점되어 있는 약의 권한을 분산시키자는 의미가 있다는 생각도 조금 든다…….   -약사3-

의료계에 대한 불신과 회의적 시각에 대해 의사들도 방어 논리를 가지고 있었다. 인터뷰 과정에서 대부분의 의사들은 '어쩔 수 없이' 경제적 이윤을 추구하게 만드는 의료체계의 구조적 문제점을 강조하였다. 의사들은 "의료체계의 문제점을 방치해둔 채 의사들에게만 비난이 돌아가도록 하고 있는" 정부에 극도의 불만을 표시하였다.

지금은 [개인 의원을] 한번 오픈했다 망하면 3~4억 끌어안는 거죠. 젊은 나이에 그렇게 빚 안으면 평생을 가는 건데. 그러면 오픈하는 사람은 어떻게 하겠습니까. 무슨 짓이든 한단 말예요. 구조의 희생양인데. "너희는 돈만 아냐?" 돈만 알게 해 놓구선. 돈, 신경 안 쓸테니까 환자만 볼 수 있게 해달라는 거예요. 아무 걱정 없이. 못해주면서. …… 왜 의사라는 이유에서 특별히 더 박탈당해야 하는 거죠? "양보해라", 양보할 게 따로 있죠. 내 인생을 양보하라구? 내 친구 중에 개원해서 완전 망해서. 회사 다니면서 계속 그거 갚는 거죠. 그래서 의사들이 *****(배우자로서 부유한 집안의) 여자들 찾는 이유가 그거죠. 개원하는 데 위험이 너무 크다는 거죠. 있는 사람이야 뭐 한 번 망해도 또 투자하면 되지만 없는 사람은 그렇잖아요.   -의사10-

우리나라에서 하는 거 보면, …… 환자들을 어떻게 치료할 건가는 보건정책에서 한참 뒷전이에요. 다들 신경도 안 써요. 의료 서비스[의 질]를 높일 것인가 문제보다는 어떻게 비용절감 할 건가에 신경 쓰죠. 이게 현재 보건당국자들의 주요 관심사예요. 이렇게 되다보니까 현장에 있는 개원의들도 환자 상대할 때 질이 떨어질 수밖에. '이 사람 봐서 불과 몇 천 원 수입 올리는데' 하는. …… 그게 의료수가의 적정성과 관련이 있는 거죠. 의사들이 스스로 질을 높일 수 있는 게 되어야 하는데 보상이.

저 같은 경우 8시까지 근무하고 집에 가면 피곤하니까 자죠. 스스로 재충전, 재학습이 가능하지 않죠. 그게 가능하려면 진료시간이, 지금은 최소한 [하루] 8시간이고 개원가에서 일주간 근무시간이 최대 70시간이에요. 저 같은 경우도 육십 몇 시간. 그러니까 무슨 여력이 없죠. …… 지금은 의료수가가 적정하지 않기 때문에 그걸 의사들이 편법으로 양을 늘려서 자꾸하게 되는 거죠. 그러니 왜 환자들을 부당하게 많이 보느냐, 감기환자를 왜 여러 번 보느냐[고들 하지만]. 그런 여건을 만들어 줬는데? 미국처럼 개원의가 하루 20명만 봐도 연간 20만 달러 수입을 올린다, 그러면 느긋하게 보죠. 초진환자 오면 한 시간씩 보고. 그런데 우리는 하루에 100명을 봐도 우리가 생각하는 기대치가 안 되죠. 120명 정도 봐야 해요.   -의사8-

한편 인터뷰에 응한 모든 의사들은 약사가 '부당하게 높은 수가'를 받고 있다고 주장하였다. 의사들은 "약사가 의사만큼 경제적인 동기가 강하지 않은 것처럼 보이는 것은 정부가 의료보험수가를 통해 약사의 수입을 이미 충분히 보호해주고 있기 때문"이라고 믿고 있었다.

돈 때문에 그렇죠. 조제료. 조제료가 얼마나 많은 액수인데요. 조제료 나가는 돈이 다 펑크난 거죠. [의료보험]재정파탄의 원인.   -의사10-

의료보험수가라는 측면에서만 본다면 약사의 처지는 의사에 견주어 상대적으로 "나쁘지 않은" 듯하다. 인터뷰 동안 약국이 적용받는 의료보험수가 수준에 대해 비난하는 약사들은 거의 없었다. 의료 서비스에 대한 보험수가가 극히 낮다는 비난이 주를 이룬 의사의 경우와는 대조적이었다. 그러나 약사들의 경제적 동기를 보여주는 개별 사례들도 적지 않았다. 종합병원의 한 관리자는 약사들이 고소득을 좇는 다음과 같은 행태에 서운한 감정을 감추지 않았다.

　　의약분업 되면서 병원 근처에 새로 개업하는 약국들이 병원 약사들을 필요로 했습니다. 환자들이 아무래도 병원 주변 약국을 이용하게 되고 병원 가까이에 약국에서는 결국 필터링 약사들이 필요했고. 높은 보수를 주고 그런 약사들을 채용하려 했죠. 특별히 병원에서 사명감 가진 약사들이 아니라면 경제적 보수수준에 따라 약사들이 움직이니까. 현재도 대형 병원에서는 약사들을 충원하는 데 어려움이 있습니다. 종합병원에서 1~2년 배우고 경험 쌓고는 바로 외래약국으로 가죠. 그래서 병원에서 복약지도 같은 건 어려워지죠. 이런 악순환이 계속되고 있는 실정입니다. 좀 키워놓으면 전부 밖으로 가니. 700베드(beds) 이상 병원에서는 10개 정도 대형 약국이 있고. 지금 우리 병원 주위에만 해도 대형 약국이 7개입니다. 거기 약사들도 거의 다들 우리 병원에서 경험을 쌓고 나간 경우죠.

-종합병원경영자1-

　　경제성 높은 위치의 약국, 이른바 대형 병원의 문전약국에 대한 경쟁 또한 약사들의 이윤추구 동기를 보여주는 사례이다. 의약분업 이후 약국의 위치는 소득 수준을 결정하는 가장 중요한 요인으로 등장하였다. 한 응답자(약사3)에 따르면 경제성 있는 입지에 대한 프리미엄은 '천정부지로 뛰어올랐'으며 종합병원 주변이나 의원 복합건물 근처에 약국을 열기 위한 경쟁으로 '선후배 등의 관계는 완전히 무너졌'다. 약국을 운영하는 약사들 또한 그 점이 가장 안타까운 현상 가운데 하나라고 인정하였다.

　　의약분업이 시행되면서 약사들에게 대체조제는 중요한 경제적 이슈가 되었다. 약사회의 주요 인사인 약사3은 특히 '동네 약국'은 모든 종류의 약품을 구입하여 보관한다는 것이 불가능하기 때문에 대체조제를 반드시 허용해야 한다고 주장하였다.

　　"약이 없다, 동네를 가면 약이 없다"―실제로 약이 없죠. 동일 성분의 약은 있는데도 불구하고 동일 약이 없는 거죠. 제가 동네 약국을 하다가 망했

어요. 정리를 할 때 약의 숫자가 정확하게 2,080종. 근데 2,080종의 약이라는
건 서울대 병원도 가지지 않았을 거예요. 저 같은 경우는 [약사회 업무를
맡으면서]…… 분업의 전도사 역할을 한다고 했는데 그러다보니 동네 약국에
서 내가 성공한 모습을 보여야 한다는 착각 속에서 모든 약품의 종류를 다
구비했던 거죠. 그래서 결국 2,080종의 약을 떠안고 넘어진 거예요. 환자들
에게 2,080종의 약을 가지고 있으면서도 제대로 돌아가지 않았다니까.

-약사3-

한 언론인에 따르면 농촌지역의 약국들도 수입을 올리고자 편법을
동원하고 있었다. 의약분업 이후 약국 사이에 소득 격차가 극심해지고
있다는 점은 약사회 인사들도 우려하고 있는 바였다. 종합병원이나 의
원 복합건물 주변의 약국은 의원 못지않은 고소득을 올리고 있는 반면
이른바 '동네 약국'은 심각한 재정난을 겪고 있었다. 이러한 상황에서
동네 약국은 소득을 높이고자 '약간의 기술'을 활용하고 있다는 것이다.

약사는 오로지 자본을 누가 가지느냐에 따라 계층분화가 확 나요. 의료
계보다 의약분업 때문에 훨씬 심하게 계층분화가 벌어진 거죠. 동네약국들
은 더욱 저항 보이는 거고. 그렇게 어려워지면서 그들은 당연히 또 편법을
쓰는 거죠. 괜히 돌팔이 한의사 흉내 내서 한약 더 팔고 단속 피해가며 얼
굴 아는 동네 사람들에게 약 주고…… 노바스크 가짜약 보셨어요? 보험공
단에서 통계 내보면 다 …… 처방전 없이 흘러가는 전문의약품들을, 지금
물론 의약품 바코드 제도다, 만들고 있지만, 현재도 정부가 마음만 먹으면
얼마든지 *** 데이터니 해서 제약산업 역추적해보면 공중에 떠벌린 전문의
약품들이 …… 불법 임의조제로 흘러가는 약들을 ……

-언론인1-

전문성인가, 경제적 이익인가?

의약분쟁에서 전문가단체들이 첫 번째로 추구한 가치는 전문성의 유
지 또는 확대였는가, 아니면 경제적 이익이었는가? 인터뷰에 응한 일부

인사들은, 갈등은 결국 소득과 경제적 이득을 둘러싼 것이었다고 주장한다(**정부관계자**2, **의사**8). 또 다른 응답자들은 전문가적인 권리와 자존심에 관한 것이었다고 한다(**의사**13). 실제로 분쟁의 정황이 다양하고 복잡하여 어느 쪽으로도 명쾌한 답을 내리기는 어렵다. 그러나 다음의 구체적인 두 사례는 갈등이 어떤 특성에 좀 더 가까웠는지를 판단하는 데 근거를 제시한다.

2000년 10월, 의약정협의회는 13개 조항의 합의안을 구성하였다. 의사단체에서 이 합의안은 다시 회원 다수의 동의를 얻어야 했다. 젊은 의사들은 합의안에 '의료계로서는 핵심 문제'였던 약사의 유사 진료행위에 대한 처벌조항을 신설·삽입할 것을 강력히 주장하였다. 그러나 합의문은 별다른 수정 없이 회원들의 투표를 거쳐 근소한 차이로 통과되었다. 찬성 대 반대의 비율이 51:49였던 투표결과는 당시 의사들 사이의 팽팽한 이견 양상을 보여주고 있다.

> 그런데 결국은 당시 집행부가 왜 그랬느냐, 수가가 올랐거든. 수가가 올랐으니까 안주한 거죠. 그런데 내가 보건대는 거꾸로예요. …… 수가는 언제든 내려갈 수 있는 거예요. 제도는 한번 가버리면 못 고쳐요. 중요한 건 수가가 아니라 제도죠. 수가는 차라리 양보를 하더라도, 젊은 사람들이 생각하기를, 제도는 확실히 가자. 나중에 시간 벌어서 수가는 다시 올리면 되지 않느냐. …… 그런데 그렇게 수가 받고서 투쟁 정지를 시켜버린 거죠. 근데 일단 그렇게 집행부가 마무리를 해버리니까, 회원들 입장에서는 또 수가가 올라가니까 머, 그런 대로……. 배가 부른 거죠. 제도야 머……. 어찌 되었건 경제적으로 당장 보상이 되니까 잠잠해졌어요.   -**의사**3-

소장 개혁파가 먼저 염두에 둔 것은 약사가 의사의 진료권을 침해할 수 없도록 분명한 제도적 장치를 마련하는 것이었으며, 의료 서비스 수가 인상은 임시방편의 처방에 불과하다고 주장하였다. 실제로 2001년, 건강보험재정 적자가 심각한 상태인 것으로 드러나자 정부는 의료보험수가를 인하하였다.

그러나 당시 병의원이 의약분업제도로 재정적 타격을 받았고 의사협회 집행부로서는 회원들의 이러한 당면 과제를 간과할 수 없었으므로 정부의 수가 인상 제의를 거부하기 힘들었던 것으로 판단된다. 또한 당시 의사협회는 모든 주요 사안마다 회원의 의사를 묻고 투표를 거쳐 결정하는 '민주적 체제'로 운영되고 있었다. 이러한 상황에서 집행부가 장기적인 안목을 가지고 제도 자체의 개혁에 초점을 두고 결정하기에는 한계가 있었던 것으로 보인다.

위의 사례는 의약분쟁 당시 의사들에게 현실의 경제 문제가 다른 사안보다 우선했음을 보여주고 있다. 의사들과 당시 의사협회 집행부는 장기적인 시각에서 전문가적 권리를 보호할 수 있는 제도를 마련하기보다는 직접적이고 현실적으로 경제적 이득을 가져올 수 있는 의료보험수가 인상을 택하였기 때문이다.

한편 대체조제와 관련하여 의사단체와 약사단체는 의약분쟁 기간 동안 계속 이견을 보이며 맞섰다. 각 단체의 서로 다른 주장과 근거는 전문가적 동기와 경제적 이윤동기가 얼마나 복잡하게 얽혀 있는지를 보여주는 또 다른 사례이다. 의사들은 자신들에게 독점적이고 절대적이어야 할 진료권이 대체조제로 말미암아 침해된다고 주장하였다.

> 약사들은 언제든 옛날에 자기들이 하던 작은 의사로 돌아갈 준비가 되어 있습니다. 그런데 대체조제를 허용하면 일반의로서의 권리를 주는 것과 다름없죠.　　　　　　　　　　　　　　　　　　　　　　　　**-의사13-**

> 우리만 해도 뻔히 안다구요. 와이프(한테) 감기약을 처방해주고 약국에서 타오는 거 보면요, 전혀 다른 약을 들고 올 때가 분명 있단 말이에요. [처방을 내린 의사인 나에게 상의]전화도 없이.　　　　　　　　**-의사5-**

약사들의 주장은 달랐다. 이들은 의사들이 대체조제를 반대하는 이유가 '약가 마진에 미련이 남았기 때문'이며 경제적 동기에서 나오는 주장이라는 것이었다.

> 의사들은 없다고 하지만 그게 돈이든 향응이든, 내가 있는 위에 의원들은(같은 건물에 입주해있는 의원들에게는) [제약회사로부터의 대가 수수가] 다 있다고 봐요. 항생제가 계속 바뀌는 거예요. 돌아가면서 5~6종을 쓰는데 약이 바뀔 때마다 '야 이게 또 작업 들어갔구나,' 싶죠.   -약사5-

인터뷰에 응한 약사 모두는 약품 재고를 처리하기 위해 대체조제가 반드시 필요하다고 주장하였다.

> 우리가 박스를 하나 뜯으면 보통 그걸 다 파는 데 석 달 정도 걸리거든요. 그런데 의사들이 중간에 그 약을 더 이상 쓰지 않으면 약은 그냥 그대로 남아있는 거죠. 그런데 우리가 한 가지 약품만 다루는 게 아니잖아요. 그 모든 약품들에 대해 어떻게 감당할 수 있겠어요?   -약사1-

의사 측의 주장은 달랐다.

> 처방상용약품 목록화하자, 의사들도 할 용의 있어요. 의지는 있는데 감정의 골이 해결이 안 되어 안하고 ***(있는) 거죠. 그리고 그거 안 해도 커뮤니티 안에서 다 알잖아요. 요즘 민도가 얼마나 높은데요. 꼭 뒷거래 없어도 뻔히 아는 사회에서 자꾸 바꾸고 장난치면 환자들이 모를 것 같아요? 다 안단 말예요. 소문나면 환자들이 그 병원 안 가요. 의사들이 바보 아니니까. 상용처방 목록을 나름대로 다 갖고 있어요. 그리고 약사들도 안 받았다 뿐이지 다 알고 있단 말예요. 근데 왜 협조가 안 되느냐, 기분 나쁘다는 거죠. 하등의 이유가 없잖아요. 내가 무슨 영화를 보겠다고. 환자들에게 좋은 약 줘야 명의 소리 듣는데 딴 약 처방 안 해요. 서울만해도 환자들이 얼마나 똑똑한데요. 약 회사 다 봐요. 유명회사 약 줘야 수긍하지 생전 듣도 보

도 못한 약 주면 사기꾼이라 생각한다니까요. 선의의, 국가보험재정을 아끼
겠다는 순수한 일념으로 국내 중간급 제약회사 약을 쓰잖아요? 그럼 저거
뒷돈 먹었다고 생각한다는 거죠. 왜 욕 들어가면서 의사들이 그런 싼 약을
처방하고 하겠어요?

-의사16-

분쟁의 매 단계마다, 또한 의료계와 약사회 사이의 모든 협상 과정마
다 대체조제는 중요한 논점이었다. 의료전문인에게 더 중요한 가치는
경제적 이윤인가, 아니면 전문가적 권리인가? 대체조제와 관련하여 이
에 답을 내리는 것 또한 쉽지 않다. 양 측면이 모두 복합적으로 작용하
고 있으며 의료계와 약사회는 각자에게 유리한 논리를 들어 상대 집단
을 비판하고 스스로를 방어하고 있었다. 그러나 결정권을 쥐고 있는 정
부는 현실적인 경제적 요인을 중시하였다. 약국의 약품 재고를 줄이고
값비싼 외국 오리지널 약품에 대한 보험지출을 줄인다는 측면에서[53]
대체조제의 범위를 확대하기로 결정하였기 때문이다. 따라서 분쟁은 다
시 전문성이라는 관점보다는 재정적 관점에서 진행되어 갔다.

위에서 제시한 사례들, 즉 의사들이 진료권 보호에 대한 제도적 장치
없이 의약정 합의안을 수용한 과정과 대체조제에 대한 논쟁은 의약분
쟁이 전문가적 권리와 경제적 이윤을 두고 얼마나 복잡하게 얽힌 갈등
이었는지 보여준다. 의료 전문가들로서는 어느 쪽도 포기할 수 없는 것
이었으나 전문가단체와 정부는 대체로 경제적·재정적 관점에서 현실적
인 결정을 해왔다. 따라서 분쟁과정도 현실적이고 재정적인 요인에 초
점을 두고 진행되었고 해법 또한 재정적 측면에서 찾았던 경향을 볼
수 있다.

의약분쟁의 이윤추구 논점은 미국에서 논란되고 있는 사항들과 많은
부분 일치한다. 먼저 의약분쟁의 핵심이었던 약가 마진은 미국 의사들
이 제약업계의 광범한 마케팅 대상으로 노출되어 실제 양자 사이에 직

---

53) '오리지널 약품'의 처방 증가는 의약분업제도 이후 보험재정 악화의 중요한 이유로 거
론되었다.

간접적으로 밀접한 재정 관계가 형성되어 있는 상황(Kassirer, 2005; Ubel, 2005; Chren et al, 1995)과 비교될 수 있다. 의료시장이 자유경쟁을 원칙으로 운영되고 있다는 점, 따라서 의료기관의 운영자 처지에서는 이윤추구가 현실적으로 중요한 가치라는 점, 특히 고가의 장비와 설비에 대한 요구가 급증하고 있고 행위별 수가제도를 기본으로 하여 의료인들의 이윤추구 필요성을 높이고 실제 이윤추구가 쉬운 구조라는 점(Latham, 2001; Rodwin, 1993) 등은 미국과 우리나라의 공통된 정황이다.

현장조사에서 대부분의 의료전문인들이 이윤추구의 원인이 의료체계의 환경적 특성상 불가피하다고 답변한 것도 이러한 측면에서이다. 따라서 의료전문가들은 의료시설을 현명하게 잘 운영해야 하는 관리자로서, 재정문제에 민감한 사업가로서, 그리고 높은 교육 수준과 강한 자부심을 지닌 전문가로서 복합된 행태를 보이게 된다. 특히 우리나라 의사들의 이데올로기 성향이 미국식 자유시장 경제체제에 편향되어 있다는 점을 감안하면 미국에서도 제약업계와 의료계 사이의 재정 유착이 행해지고 있다는 사실이 약가 마진에 대한 또 다른 변명이 될지도 모른다.

그러나 미국과 우리나라가 기본적으로 다른 상황은 미국의 경우 의료재정 구조, 즉 재원의 조달·지출의 대부분을 민간부문이 운영하고 있기 때문에 의료지출 절감에 대한 정부 차원의 압력이 전혀 없지만(Ubel, 2000), 우리는 사회의료보험제도를 택하고 있기 때문에 의료지출을 사회보험과 국고를 통한 공공 재원에 의존하고 있어서 비용절감의 압력을 받을 수밖에 없다. 따라서 우리의 경우 의료지출 절감의 필요성과 압력이 크며 현행 구조에서는 의료 서비스 공급자들이 정부에 의한 통제를 피할 수 없다.

또한 미국에서는 제약업계가 제공하는 각종 금전적·비금전적 혜택이 의료인들의 개인소득에 직접, 그리고 부가적으로 영향을 주지만 우리나라의 약가 마진은 의료보험수가라는, 당시 의료인들의 낮은 공식 수입을 공공연히 보전하는 역할을 해왔다는 데 차이가 있고 문제가 있었다.

따라서 미국의 경우, 제약업계에서 제공되는 일체의 비공식적 수입은 의료인 개개인의 이윤추구 동기와 윤리적인 문제로 다루어질 수 있지만 우리나라의 약가 마진에서는 공공제도와 정책이 어떤 형태로든 책임 논의에서 빠질 수 없으며 사안의 중대성은 훨씬 크다.

한편 의료인들과의 면담에서 확인되는 바와 같이, 조직문화적 요인도 이윤추구 동기에 상당부분 기여하는 것으로 나타났다. 소속 의료단체 전체가 공통으로 이윤추구 동기와 행태를 지닐 경우 개개인은 그 상황과 제도를 특별한 문제의식이나 고민 없이 받아들일 수 있다. 더구나 특정 분야의 전문인일 경우, 스스로 도덕적이고 유능하며 그렇게 처우받을 만한 가치가 있다는 자의식으로 말미암아(Chugh, 2005) 사태를 인지하고 판단하는 능력은 제약을 받는다는, 이른바 제한된 윤리성이 의사결정에 영향을 준다. 면담에서도 나타났듯이 전문인으로서 정당한 대가를 받을 권리와 자격이 있다는 생각, 사회의 '부당한' 처우에 감정적으로 반응하는 점 등은 자부심이 강한 전문단체의 일원으로서 지닐 수 있는 일종의 조직문화적 특성으로, 이윤추구를 당연시하는 요인이 될 수 있다.

의료체계의 구조적 모순이라는 정황적 이유 외에 의료 전문가, 특히 의사들에게는 개인적 동기도 이윤추구를 설명하는 중요한 요인이다. 의료체계 최고의 또는 '유일한' 전문가로서 의사들은 전문가적 업무와 지위에 부합하는 '공정한 지불'을 기대하고 있었다. 이러한 기대가 무너지고 단지 '돈만 아는' 존재로 비난받는다는 사실을 확인하였을 때 의사들은 분노와 절망을 느꼈다. 의사들의 태도에 대한 논의에서 볼 수 있듯이 그들은 사회의 '부당한' 처우에 격한 감정적 반응을 보였다. 의사들은 의료체제에서 월등한 전문가인 자신들은 불합리한 대우를 받고 있는 반면 '의료전문가가 아닌' 약사들은 부당하게 많은 이득을 보고 있다고 주장하였다.

3) 갈등의 정치적 성격: 의료전문직의 정치 성향과 갈등

의약분쟁은 의료 전문가단체나 다른 이익단체에게 새로운 논점을 제기하였다. 특정 전문가단체가 특정한 정치적 성향을 지니고 있느냐, 또는 지닐 수 있느냐 하는 것이다. 한의사협회의 한 인사는 특정 단체의 이데올로기적 편향성을 부인하였다. 그에 따르면 지난 대통령 선거 당시 의사단체의 정치적 행동이 있었지만 이는 단지 일시적이고 미약한 정도였으며 그나마 아주 특별한 경우였을 뿐이라고 응답하였다.

> 아니에요. 특정한 성향 같은 거 없습니다. 협회는, 의협은 한 번 그런 것이지 원래 그런 게 아닙니다. 안으로는 정치자금 다 똑같이 제공하고 그러는 거지. 대외적으로는 의약분업 때문에 그런 거지만 어떤 캠프에도 다 협조해줍니다. 할 수 없지 않느냐. 양쪽으로 다 해야죠. 중립으로 가야하고. …… 전체 성향은 한 가지로 가지 않고요. 그건 의협도 마찬가지죠. 분업 때문에 워낙 의사들을 뭉개 놓아서 그랬던 거지. 그런 건 정치 성향하고는 전혀 상관없어요. -한의사4-

그러나 현장조사를 통해 확인한 바, 의약분쟁의 당사자인 의료계와 약계는 서로 다른 정치적 성향을 보였다. 이하의 사례는 전문가단체가 특정한 정치 성향을 드러낸 거의 첫 경우였다는 점에서 주목된다. 또한 분쟁이 진행되면서 특정 정치 성향이 더욱 뚜렷해졌다는 사실은 전문가 정책과 정치 성향의 관련성을 논의해볼 수 있는 대목이다.

의사단체와 약사단체의 정치 성향

의사단체의 정치 성향을 보여주는 구체적인 사례는 인도주의의료실천연합회(인의협)에 대한 의사 일반의 인식, 진보성향의 집권정당에 대한 의사들의 평가, 그리고 2004년 '진보와 연대를 위한 보건의료연합(이하 진보의련)' 법원 판결에 대한 의사들의 반응 등이다.

우선 인터뷰에 응했던 의사들은 인의협에 대해 강한 반감을 가지고 있었다. 가장 직접적인 이유는 인의협의 인사들이 의약분업제도를 지지하고 학문적 근거를 제시했다는 점이었다. 의사들은 의약분업 제도의 시행에 즈음하여 논란이 되었던 김용익 교수(1998b)의 글에 분노를 표출하였으며54) 김용익 교수가 인의협 회원임에 주목하였다. 의사들은 의약분업을 지원한 인의협의 활동이 동료에 대한 '배신행위'라고 주장하였다. 인의협에 대한 반감의 또 다른 이유는 인의협의 정치적 성향 때문이었다. 인터뷰에 응한 모든 일반 의사들은 인의협이 '위험한 단체'라고 믿고 있었으며 응답자 가운데 몇몇은 인의협에 대해 '빨갱이'라는 원색적인 표현을 주저하지 않았다.

[인의협에] 우리 선배들이 많은데 70년대 학번들이 주로 했고. 아직도 써클적인 성격이나 사고방식에서 크게 벗어나지 않는 듯해요. 아직도 그런 대중적이지 못한 게 있고 그런 행태를 많이 하죠. 자기만족적인. 자기들끼리 모여서 열심히 하자는 식으로. 그래서 대중적으로 어필 못하죠. 자기들의 순수를 유지한다는 명분이 있는지는 모르겠지만 어차피 우리나라는 의사하면 사회적 지위가 있거든요. 그런 지위에서 뭘 할 수 있을 거냐를 따져야 하는데 그것 자체를 스스로 부정하니까. …… 어법이라든가, 사고 자체가 굉장히 단선적이고 현실적인 것에서 역할을 스스로 부정하는…….

-의사8-

인의협은 단순히 의약분업이 아닌 훨씬 더……. '사회주의화'하려고 했다, '영국식'으로 가려했다는 목적이 있었던 거고 현재 민간영역이 90퍼센

---

54) 특히 글 끝 부분의 "대학교수로서 애써서 가르친 제자들이 도둑질하는 의사가 되는 것을 이제 더 이상 보고 있을 수가 없습니다"라는 표현은 의사들의 감정을 극도로 자극하였다. 김용익 교수는 논란이 된 칼럼의 배경과 진의를 설명하는 글을 다시 게재하였으나(김용익, 1998a) 일반 의사들을 설득하기에는 역부족이었다. 실제 면담에 응한 모든 의사들은 "김용익 교수가 '나는 제자를 도둑으로 가르치지 않았다'라는 글을 썼어요" 등으로 표현하며 그 문구만을 기억하고 있거나 그 문구가 글의 제목이라고 언급하였다.

트 이상인 나라에서 이걸 적어도 공공의 영역을 40, 50, 60[퍼센트]으로 만
드는 것은 딜루전인데 가능하다고 생각해요 그 사람들은. 이 사람들이 보
기에 DJ(김대중) 정권은 한 판 벌일 수 있는 유일한 기회고 시기라고 생각
했어요. 그런 절박함이 있었고 5년 안에 모든 걸 뜯어고쳐 간다는 성급함
이 있었어요. …… 소수의 선각자가 끌고 간다면 하는 식인데 그게 운동권
의 발상이죠.   -의사16-

위의 응답자 **의사**16은 개혁적 성향으로 말미암아 의료계 안에서도 종
종 비난을 받는 인사이다. 그런 그조차 인의협을 '과격하다'고 평하였음
을 볼 때, 대부분의 일반 의사가 인의협을 거의 공산주의 단체로 보고
있다는 평은 과장이 아닌 듯하다.
　의사협회 한 지도자의 응답 가운데는 다음과 같은 부분이 있었다.

　현재 우리나라가 20년 동안 해 온, 우리나라는 자유시장 민주주의에 입
각해 발달한 민간의료제도인데, 그게 90퍼센트인데, 국가는 여기에 기여한
바가 없어요. 의료에 대해. 그러면 국가는 보험자에게 보험료를 받아서, 국
가가 [의료체계를] 운영하고 있는데 국가가 운영하는 체계 자체가 너무나
간섭이 심해요. 그래서 국가가 너무 간섭이 심해서 이 체계가 어떻게 되겠
느냐, …… 사실 복지는 민주적이어야 하고 자유가 보장되어야 하고 강압
으로는 안 되는 것이거든요. 근데 우리나라 의보(의료보험)는 혁명주체 세
력이 혁명과제로 강제로 시작한 것이거든요. 의료보장이라는 건 소외계층
손이 닿지 않는 부분에 대해서 위험의 분산 아니에요? 그런데 자기들의 필
요에 의해 거꾸로 생겼는데. 그래도 여기까지 온 건 대단한 건데.
　지금 구라파, 스웨덴, 전부들 사회보장이 최고로 잘 되었다는 나라들조차
의료는 깨어졌단 말예요. 신자유주의, 저는 시장경제에 입각한 민간의료체
계가 발달이 되면서 국가의 개입이 적어야 발달이 될 거라 생각하는데. 미
국 같은 나라에서도 2억 7천만 중 의보 없는 사람이 4천만 된다는데 그렇
지만 30퍼센트는 보험이 없다고 해도 나머지 70퍼센트는 그래도 최고의 의

료혜택을 받는 건데······.   -의사9-

매 문구의 마지막마다 조심스러워하며 분명한 결론 제시를 꺼리고 있지만 위 인사는 종국적으로 자유시장체제에 입각한 의료체계에 깊은 신뢰를 보이고 있으며 불가피하게 선택해야 한다면 형평성보다는 지불 능력이 있는 계층에 양질의 의료 서비스를 보장할 수 있는 의료체계를 선호하고 있음을 알 수 있다.

인터뷰에 응했던 한 의사는 본 연구자가 당시 영국에서 공부하고 있다는 점조차 달가워하지 않았다. 그는 공공의료의 비중이 높은 영국식 의료제도는 공산주의와 비슷하다고 생각하고 있었다. "김대중 대통령이 영국에 체류하는 동안 영국식 의료제도를 배워 와서 한국에 적용하려 했기 때문에 분쟁이 발생했다"고 언급하였다. 그의 기본적인 가치관은 다음 진술에서도 확인할 수 있다.

그러니까 그 사람(정부와 의약분업제도 찬성자)들은 의사와 약사가 같아 야 한다고 그러는 거잖아요. 그러니까 의사들이 치를 떨잖아요. 공산주의에 대해. 간호사도, 의사도, 물리치료사도, 약사도, 전부 같게 해달라고 그러니 까. '공'자만 들어도 치를 떠는 거지.   -의사5-

의사들의 정치 성향을 파악할 수 있는 또 다른 사례는 '진보와 연대를 위한 보건의료연합(진보의련)'에 대한 시각이다. 2003년 6월, 의사협회는 진보의련에 대한 법원 판결을 두고 성명서를 발표하였다. 법원은 진보의련의 핵심인사 4명을 구속하고 국가보안법에 의거, 이 단체를 이적단체로 규정하였다. 진보의련은 의약분업제도와 기타 공공 의료정책을 지지해 왔다. 구속된 4명 가운데 2명은 인의협 회원이기도 하였다. 성명서를 통해 대한의사협회는 '재판부의 판결을 적극 환영'한다고 밝혔다.

　　대한의사협회는 헌법상 자유민주의 기본질서를 옹호하는 입장을 분명
히 밝히고 이에 반하는 어떤 단체에 대해서도 그 존재를 부정합니다. 위
사건 관련자들이 사회주의 의료제도 정책을 실현하기 위하여 건강보험통
합, 의약분업 강제시행 등에 깊이 관여한 사실이 만천하에 명백히 밝혀졌
으며 그 배후인물들은 건강보험재정파탄과 의약분업 실패의 책임도 져야할
것입니다. …… 대한의사협회는 우리나라 보건의료체계가 자유민주주의적
시장경제를 원칙으로 하는 보건의료체계여야 함을 천명하며 이에 반하는
정책과 주의를 철저히 반대함을 다시 한번 천명합니다.

-대한의사협회, 2003-

　진보의련에 대한 개원의협의회 성명서는 의사들의 주장을 더욱 극단
적으로 표현하고 있다.

　　우리는 이번 재판결과를 보면서 이 나라에서 왜 의료사회주의 내지 의료
공산주의화가 진행되면서 대부분의 의사들이 여러 가지 방법으로 정당한
수입을 수탈당하고 압박을 받고 있는지 그 이유를 확실히 알게 되었다. 이
러한 공산주의 사상에 물든 인물들이 엉터리 의약분업을 강행시키면서 의
사들을 프롤레타리아가 될 때까지 계속 압박을 가하고 있음이 명확히 밝혀
질 것이다. …… 아울러 적색사상에 젖어 있는 좌파인사들이 주로 해 온
현재의 의약분업을 전면 재개편하여 새 틀을 짜야 한다.

-대한개원의협의회, 2003-

　의료계 성원들을 대상으로 한 인터뷰 내용을 정리하면 의사들의 정
치적 사고는 양분화한 가치 가운데 하나에 편중되어 있음을 알 수 있
다. 하나의 축에는 자본주의, 자유시장제도, 경쟁의 원칙, 사회 안정 등
의 가치가 자리하고 있고 그 반대의 축에는 공산주의, 사회주의, 자유
주의, 진보주의, 개혁, 북한 등의 이미지가 동일시되어 자리하고 있었
다. 이들 각각의 단어는 개념과 내용, 성향 등이 모두 다른 것이지만

의사들에게는 거의 동일한 의미로 받아들여지면서 혼용되고 있었다. 이러한 이분법적 사고에서 의사들은 분명 첫 번째 축에 편향되어 있었으며 의약분업제도는 그 반대 축에 위치한 집단이 강행한 것이라고 믿고 있었다.

전통적으로 의료계는 보수적인 정치성향을 지닌 것으로 알려져 왔으나 사실 다수의 의사들은 정치 자체에 무관심하거나 특별한 성향을 보이지 않는 편이었다. 그러나 의약분쟁은 의사들의 정치 성향을 비교적 분명히 드러나게 하였다. 인의협에 대한 달라진 평가는 변화한 상황을 반영한다.

> 내가 대학 졸업할 때 그 인의협에 대해 처음 들었던 것 같아요. 그때는 참 대단한 사람들이라고 생각했죠. 가난한 사람들 무료로 진료해주고 ……
> 보통 의사들이 할 수 없는 일들을 하니까. 그런데 의약분업하는 거 보니까…….
> -의사6-

의약분업제도는 의사들이 정치적으로 보수화하는 데 중요한 계기가 된 것이다.

또한 의약분업제도의 지지자들은 의사와 다른 의료 서비스 종사자들의 팀워크와 협조를 강조하였다. 이는 진료권 침해로 해석되어 의사들의 전문가적 자존심을 자극하였으며, 의사들이 보수적인 또는 극단적으로 보수적인 정치성향을 띠도록 하는 또 다른 계기가 되었다. 팀워크나 협조라는 개념에서 의사들은 수탈이나 공산주의 사회의 개념을 연상하였기 때문이다.

약사들 또한 특정한 정치 성향을 보였으나 의사들만큼 분명한 것은 아니었다. 의료계와 비교하면 약사 측이 상대적으로 진보적인 정치 성향을 보였다. 약사회 게시판에는, 의사협회 등의 진보련 판결에 대한 성명서가 "얼마나 낡고 시대착오적인 보수주의"인가를 지적한 글들이 올라오고 있었다.

인터뷰에 응한 모든 의사들은 새로 집권한 노무현 정부가 사회주의 이데올로기를 신봉한다고 믿고 있었다. 대통령 선거전부터 의사들은 노무현 후보가 너무 급진적이어서 대통령으로서는 부적합하다고 여기고 있었다. 이러한 의사들의 성향에 반해 인터뷰에 응한 약사들은 노무현 후보의 '개혁적'인 정치 성향에 동조하고 있었다. 특히 한 약사(**약사1**)는 당초 자신과 주변 약사들이 노무현 후보보다 더욱 '급진적'이라 할 수 있는 민주노동당 후보를 지지하였음을 밝혔다. 노무현 후보조차 극단적이라고 보았던 의사들에게 민노당 후보 지지는 전혀 가능치 않은 것이었다.

또 다른 전장: 2002년 대통령 선거

2002년 대통령 선거는, 1998년 헌정사상 처음으로 선거로 정권교체에 성공했던 진보정당이 재집권을 할 수 있을 것인가, 또는 보수정당이 다시 정권을 탈환할 수 있을 것인가에 초점이 모아졌다. 선거를 한 달 앞둔 11월까지도 한나라당의 이회창 후보가 우세를 보였고 이변은 없을 듯이 보였다. 사회적 경제적으로 안정된 기반을 가지고 있던 의사들은 '급진적이고 경험 없는 진보정당'을 선호하지 않았다. 무엇보다 양 후보의 보건의료분야 공약은 차이가 있었다. 이회창 후보는 의약분업제도를 재검토, 보완하겠다는 입장이었던 반면 노무현 후보는 의약분업을 지속하겠다는 의지를 드러내었다. 인터뷰에서도 의사들은 보수정당을 지지하였고 정권교체를 통해 의약분업제도가 전면 재검토되고 의약분업으로 말미암은 '혼란'이 가라앉기를 희망하였다고 밝혔다.

> 의사들은 DJ(김대중 정부) 들어서 워낙 예전 정부와는 다른 과정을 밟아왔기 때문에 굉장히 혼란스러웠을 것이고 그걸 이회창씨가 종지부 찍어주기를 바랬는데. 미래에 대한 불확실성이 컸으니까. 이 후보가 안정시켜줄 줄 알았는데 DJ보다 더 진보적으로 보이는 노무현이 되면서 의사들은 더 불안해졌죠. 저도 그렇고, 현실적으로.　　　　　　　　　　-의사8-

2. 갈등의 원인과 성격_181

의사협회는 야당 이회창 후보에 대해 사실상 직접적으로 선거 운동을 하였다.[55] 인터넷의 의료계 사이트에도 한나라당 후보를 지지해야 한다는 글들이 쇄도하였다. 그러나 선거전 종반의 극적인 반전으로 한나라당은 패배하였고 의사협회 또한 대내외적으로 타격을 받았다. 인터뷰에 응했던 의사들은 당시 의사협회 집행부가 대통령 선거전에 '미숙' 하게 처신했음을 지적하였다. 약사회의 인사들 또한 의사협회가 특정 정당을 노골적으로 지지함으로써 무리수를 두었다고 평하였다. **언론인**1 또한 의사협회의 대통령선거 전략은 무리수였다고 보았다.

> [대통령 선거운동 전략에] 미숙한 점이 있었는데. 의협뿐만 아니라 10월만 해도 창(이회창 후보)이 되는 분위기였어요. 그 분위기에서 [의사들은] 민주당이 하는 일에 치를 떨었기 때문에 대다수는 한나라당을 지지했는데 의협에서는 고민을 했죠. 창[에 대한 지지]은 기정사실화 해놓고 공식지지에 대해서 고민한거죠. [주변에서] 하지 말라고, 정치는 그렇게 하는 게 아니다, 그러면 한나라당도 좋아하지 않는다, 의사들이 좋아하는 정당을 국민들이 좋아하지도 않는다, 돈이나 갖다 줘라, 지지하고 싶으면, [이라고] 했는데 또 이 몇몇 인사들이 해버렸네. 사실은 공식적으로 더 세게 [지지를 표명]할려고 했는데 창 캠프에서 거부했어요.　　　　　**-언론인**1-

이러한 주변의 사전 우려와 비판이 있었지만 당시 대통령선거전에 직접 관여했던 의사협회 인사는 야당을 지지한 나름대로의 근거를 다음과 같이 피력하였다. 먼저 의사협회 집행부는 당시 의협이 자체적으로 조직화한 정치적 영향력을 전혀 가지고 있지 않다고 판단했고 의약

---

55) 의사협회는 '전국 8만 의사 행동지침'을 마련하고 자체적으로 구성한 '대선 의료정책평가단'을 통해 대통령 후보들의 보건의료분야 정책 공약을 분석, 전국 시도의사회에 시달하고 전국의대교수협의회장 앞으로 '제16대 대통령선거관련 정책참고사항 송부 및 선거 참여 요청'이라는 공문을 보냈으며 한나라당 유세 일정을 공개적으로 게시하는 등의 활동을 펼쳤다. 또한 중앙 집행부 차원은 아니지만 경북 등 일부 지역에서는 공개적으로 한나라당 후보 지지를 선언하고 선거전에 가세하였다(Biz & Issue, 2002; 데일리메디, 2002).

분쟁을 겪으면서 정치계, 정부, 시민단체와 언론계 등에 대한 조직화한 영향력의 필요성을 절실히 느끼고 있었다.

> 의사협회나 의사조직이 정치적 역량이나 힘이 있었다면 그렇게 안 했을 거예요. 하자고 해도 안 했을 거예요. 그런데 내 판단에 전. 무. 조직의 정치력이란 건 전혀 없었단 말예요. …… 그나마 그런 단계에서 그렇게 하는 것이 첫 번째 단계라고 생각했어요. -의사3-

당시 노무현 후보 캠프가 의사단체에 대해 배타적이었던 것도 의사협회가 이회창 후보 진영에 편중될 수밖에 없었던 현실적 이유였다.

> 어쨌든 선택의 여지가 없었어요. 노(노무현 후보)가 굉장히 배타적이었거든요. 컨택을 시도했는데 상대도 안 하고 대꾸도 안 하고 완전히 …… 지금 생각건대 선거 전략이었던 것 같아요. 의사들을 배타시하고 백안시하면서 반대급부를 얻는 거죠. 그런 상황에서 [의사 단체가] 어정쩡하게 양다리 걸치면서 가면 얻는 것 하나도 없고 그렇잖아요. -의사3-

정부 여당의 의료정책과 여당 후보의 의료정책 공약은 분명 의사들에게 불리한 것이었으므로 의사협회로서는 야당 후보를 지지하는 것이 옳다고 판단했다. 노무현 후보는 의약분업을 비롯한 의료제도의 개혁을 계속해 나가겠다고 공언했을 뿐만 아니라 성분명 처방과 대체조제범위 확대를 실행하겠다고 약속했다. 이러한 공약은 의사들이 원하는 바와 정반대의 것이었다. 이와 달리 야당의 이회창 후보는 의약분업을 재검토하겠다고 약속하였다.

> 잃을 게 없다고 생각했어요. 여약사회 회의에 참석한 노무현은 부산에서 "약도 치료도 여러분이 하는 거다" 그랬어요. 대통령 후보가 그런 식으로 하는데 더 이상 잃을 게 없다, 적어도 이 쪽(이회창 후보 진영)은 얻을 게

있다고 생각했어요.   -의사3-

한편, 대통령 선거기간 동안 약사회는 의사협회와 전혀 다른 전략을 택하였다. 약사회는 일단 중앙회 차원에서 공식적인 중립을 선언하였다. 약사회는 회장 명의의 담화문과 공문을 통해 회원들의 적극적인 선거참여를 요청하고 약사회 차원에서는 대선 정국 관련 중립을 유지해 줄 것을 당부했다. 부산시 약사 410명이 민주당 후보를 공개 지지하고 인터넷의 약계 게시판에도 노무현 후보를 지지하는 글이 대량으로 게재되었지만 대한약사회는 끝까지 중립을 공식화하였다(데일리팜, 2002; 데일리메디, 2002).

약사회 한 인사에 따르면, 당시 지도부는 동원할 수 있는 약사회 인사들을 양분하여 양대 정당 모두를 지원하는 방식을 택하였다. 그러면서도 약사회 지도부는 약사들의 '진정한 지지'가 의약분업제도를 시행한 집권 정당 쪽으로 기울도록 하는 것을 잊지 않았다.

의료계는 신 회장이 의협의 정치세력화를 선언하고, 한나라당 공개적으로 지지하고, ******(대단했어요). 근데 약사회는 전회원은 심정적으로 노 후보 쪽으로 가 있었어요. 분업과정에서 한나라당 행태가 의료계와 가까웠고 흑백논리가 회원들 정서에는 통해서 〔약사들은〕 '그래도 노(노무현 후보)'라고 생각한 거죠. 약사회 집행부는 팀을 두 팀으로 나눠서 한나라이든 아니든, 이쪽저쪽으로 나눠서 뛰게 했어요. …… 한나라로는 사람 수 많게 모양새 만들고. 핵심 몇 명이 자원봉사단체장을 하며 민주당으로 뛰고. 회원담화문 낼 때도 지금이 절대 무시하거나 눈 돌리거나 하지 말고 전 회원은 이번 대선에서 적극적으로 뛰어라, 누구〔를 지지하〕든 상관없다, 열심히 뛰어라, 굉장히 세게 내고. 어느 쪽이라는 색깔은 없고. 약사회는 정치단체가 아녜요. 나름대로의 이익집단이고 이 쪽은. 어느 쪽이 되든 보험에 들어야지, 한 쪽에 가다 망하면 어쩌려고. 그러나 강력하게 갔어요. 밑에(약사회원 일반) 정서는 이미 노무현으로 가 있는데 위(지도부)는 그렇게 했어요.

지금도 그렇지만 한나라당은 제1야당이에요. 대통령이 안 나와도 국회 힘 무시할 수 없기 때문에 최선을 다한다…….

노무현 되면서 우리는 너무 즐거웠어요. …… 그 후 우리는 담화문에 '대선 끝났다. 상했던 마음 서로 수습하고 본업으로 돌아가자'하면서 마무리 정리했어요. 의료계는 창으로 하면서(이회창 후보 지지하면서) 너무너무 아마추어적으로 한 거죠. 당선 후에도 의협회장 명의로 담화문 나왔는데 '우리는 정치세력화해서 한 후보 밀었는데 안타깝게 떨어졌다……' 참모도 하나 제대로 없다는 게, 그때는 '축하한다'가 정상적인데 '[우리가 지지했던 후보가] 떨어졌으니 어쩌겠느냐', 그러면서 의사통신망에서는 '수개표 조작이다', 그걸 몇 달을 끌고 가더라구요. 그 사람들(의사들) 정말 용감하다, 모든 언론들이 몸을 사리는데 거기다 대놓고……. 아무튼 그렇게 [의사들은] 무지막지하고 '용감한' 행태를 했고. 약사계는 인수위의 작업이 이루어지면서 장관이든, 인수위든, 보좌관이든 분업 이끌어 왔던 팀에서 다 나오니, 인맥들이 어차피 약계와는 다 통하는 사람들이고. 밖으로 표내지 않고 그냥 가는 거죠.   -약사8-

약사회가 공개적으로 특정 정당을 지지하지 않았다는 점과 당시 양대 정당의 의약분업 관련 공약이 달랐고 약사들에게 유리한 정책방향이 한나라당보다는 집권 정당의 것이었다는 점을 감안하면 약사 측의 '진정한 지지'가 당시 집권 정당에 있었다는 위 인사의 발언은 신빙성이 있다.

이상에서와 같이 의약분쟁에 잇달아 치뤄진 2002년의 대통령 선거는 우리나라에서 전문가단체와 특정한 정치성향이 관련될 수 있음을 보여준 드문 사례였다. 의약분쟁이 정치적·이데올로기적인 갈등으로까지 확대되었다는 점은 앞서 행해진 한약분쟁이나 Abbott이 제시한 갈등 사례들과 차별되는 특징 가운데 하나이다. 인터뷰에 응한 주요 인사들이 밝힌 바와 같이 이익집단이 특정한 정치 성향을 띤다는 것은 위험한 일이다. 생존을 위해 이익집단은 다양한 정당 정파들과 우호적인 관계를 지속할 필요가 있기 때문이다. 그러나 극히 예외적으로 의약분쟁에서 두 단체는 자신들의 특정한—서로 상반되는—정치 성향을 공개적으로 또는 비공개적으로 드러내었다. 의약분업제도는 두 단체의 정치적·이데올로기적 성격을 드러나게 한 중요한 계기였다.

3. 관련 단체의 대응과 전략

1) 의료계의 대응 전략과 성향

의사협회의 지도 체제

약사들과 분쟁하는 동안 의사협회는 내부적으로 격심한 구조와 문화의 변동을 경험하였다. 가장 큰 변화는 신세대의 등장과 이들의 발언권 강화로 요약되는 지도체제의 변화였다.

1999년 11월, 의사들은 약품실거래가상환제에 반대하여 의료계 최초의 그리고 최대 규모의 시위를 벌였다. 정부 정책에 반대하며 수만 명의 의사들이 한 자리에 모였던 이 사건은 의사협회 집행부를 포함한 모든 의사들이 그 '단결력에 스스로 놀라고 감동(의사3)'할 정도의 것이었다.

첫 번째 시위를 통해 의사들의 집단 역량을 확인하고 고무된 젊은 의사들은 '의약분업제도의 부당함'을 국민에게 알리고자 자발적인 행동에 나섰다. 인터넷을 통해 민주의사회를 결성하고 뜻을 모은 젊은 의사들은 2000년 1월 의사협회의 대의원회가 개최되었을 때 대의원들로 하여금 당시의 회장과 집행부를 탄핵하도록 압력을 가하였다. 그리고 의권쟁취투쟁위원회(의쟁투)를 결성함으로써 의사협회를 움직이는 중요한 세력으로 등장하였다. 의권쟁취투쟁위원회는 의사협회의 하부 조직이었으나 의약분쟁이 심화되면서 의사협회의 투쟁을 실질적으로 주도하기에 이르렀고 의료계의 다른 조직에도 영향력을 행사하기 시작했다.

2001년, 의사단체와 약사단체, 그리고 의사단체와 정부 사이의 갈등이 격화하면서 의권쟁취투쟁위원회 신상진 회장이 의료계 최초로 직접선거를 거쳐[56] 의사협회 회장으로 당선되었다. 그 뒤 2003년의 의사협회 회장 선거에서 신상진 회장은 앞서 협회를 이끌었던 김재정 회장에게 다시 자리를 넘겨주어야 했지만 신상진 회장의 등장은 의사단체 집행부의 놀랄 만한 전격적인 세대교체였다.

의사협회 회장의 교체는 협회의 정책방향과 투쟁 강도에도 변화를 가져왔다. 의약분쟁이 발발한 직후인 2000년, 김재정 회장의 등장은 "종전의 느슨한 친목단체 성격의 관리 형태가 더 이상 존재할 수 없게 되었(의사16)"음을 확인시킨 사건이었다. 그 뒤 2001년, 회원들의 직접선거를 통해 신상진 회장이 등장한 것은 의사협회의 대정부 노선이 더욱 강경하게 변하였음을 의미한다. 2003년 김재정 회장의 재집권은 의사들이 다시 좀 더 경험 있고 노련한 집행부에 손을 들어준 것으로 볼 수 있다. 의사협회의 내부 갈등과 집행부 교체는 의사협회의 조직화 기술과 기획력, 인사능력과 조정능력이 진전될 수 있는 경험과 기회였다.

한편, 의사협회의 내부 동요는 그들의 대외적 영향력과 전략에 적지 않게 부정적인 영향을 주었다.

> 우리(약사회)는 보수와 타협과 조화 속에서 왔고 의협은 뒤집어 엎었단 말이죠. 그러고 나니까 의사들이 가지는 무시무시한 로비력을 하나도 못 살린 거죠. 의협이 자기 가진 영향력의 50퍼센트만 발휘했어도 우리는 깨끗하게 졌어요. 저쪽은 200억원 들여 온통 광고 만들고 ***(하면서), 대통령 주치의, 국회의원, 원로들이 가지는 무시무시한 정치력을 하나도 [제대로 발휘] 못했죠.
> -약사3-

또한 약사들의 주장에 따르면 의료계의 내홍은 의약분업제도의 시행을 지연시키는 원인이 되었다. 직접선거를 통해 등장한 의협 집행부는 주요 사안마다 회원들의 의견을 수렴하고 지지를 얻는 과정을 거쳐야

---

56) 이는 우리나라 의료단체 가운데 처음으로 회원들이 직접선거로 치른 회장선거였다. 약사회는 2003년 직접선거제도를 도입했으며 한의사협회는 2006년 현재 간접선거제도를 유지하고 있다.

했다. 그 결과 "당초 협상을 통해 행해졌던 정부와의 약속이나 합의는 종종 파기(**약사3**)"될 수밖에 없었다.

> 의협 내부 분란들이 의약분업이라는 변화를 받아들이는 데 정책적이지 못했어요. 이른바 인기영합 쪽으로, 후퇴 쪽으로 많이 빠졌으니까. 내부적으로 권력다툼을 하게 되니까 회원들의 인기를 얻어야 하는 입장이고. 그러다 보니 정책적으로 가지 못하고 계속 투표하고 여론조사하고 데모하는 방식으로 갔고 그 결과 우리나라 사상 유래 없는 의료계 파업으로 나타났던 것 같다. …… 마찬가지로 정부 쪽도 의료계와의 협상에서 하나도 지켜지지 않는 걸 보니까—안 지켜질 수밖에 없는 게, 약속을 할 때는 지키려고 했는데 약속을 하고 집에 돌아가 보니 안 지켜지는 거야 이게……. [약사회] 지도부는 나름대로 선도적으로 역할을 하고 회원들이 욕을 하더라도 끌어갈 부분은 끌어가고 나름대로 지도부로서의 성향을 가지고 있고 욕을 먹고 하더라도 끝까지 끌고 가는 지도부로서의 성향을 가지고 있는 데 ……   -약사3-

의약분쟁을 겪으면서 등장한 의사협회 집행부의 또 다른 특징은 이른바 386세대와 그 즈음 세대의 부상이다. 이들은 80년대 정치·사회 민주화 과정에 대학 시절을 보내면서 당시의 시대적 특성에 공감하고 그에 따른 감성과 문화를 공유한 세대로서, 기성세대보다 참여의식이 높고 행동주의 성향이 강하며 후세대보다 공동체 의식과 연대의식이 높다. 의사협회 집행부의 일원인 다음 인사의 경험담은 의사조직에서 이들 386세대의 움직임과 영향력을 갖춘 집단으로 성장한 보여주고 있다.

> 2000년 1년 동안은 완전히 투쟁으로만 갔는데 99년 12월 동네의원살리기 운동모임(동살모)과 민주의사회가 생기면서, 당시 386세대들이었거든요. 30대 후반. …… 일요일마다 동살모에서 명동성당 앞에서 피켓시위를 했어요. 그때는 매번 참석했었는데 그 뜻에 동감을 해서 참석한 거지 내가 주도적

으로 하거나 그런 건 아니었거든요. 그리고 좀 지나서 두 모임이 교묘하게
도 같은 날 대학로에서 했어요. 통신상에서 "이런 모임 만듭시다" 해서 했
는데 인접 장소에서 같은 날 같은 시간에. 동살모에서 제일 먼저 행동적으
로 피켓 들고 나왔고 …… 그리고 나서 민주의사회가 발동이 걸리기 시작
했는데 민주의사회가 최초로 일간지에 광고를 했어요. 그때는 돈이 없어서
한겨레에 "소·돼지만도 못한 사람값" 해서 "소 분만비는 60만원, 사람은
4~5만 원". 그 광고를 보니까, 민주의사회는 사실 그때까지 연결이 없었는
데 그것 보니까 속이 시원하고 카타르시스를 느꼈어요. 내가 하고 싶은 말
을 누군가 하는구나 하는. 성금도 좀 보내고 그때부터 민주의사회가 의사
들 선동을, 일간지 광고 통해서 국민들에게 알리면서 의사들 선동하기 시
작한 거죠. ……

   그래서 신 회장(신상진 회장)이 투쟁위원장 맡게 되었고. 그때부터 의쟁
투 3기 때 상근 운영위원이 7명 들어왔어요. 병원 문 닫고. 그런 사람들 중
심으로 4월경부터 6월까지 두 달 동안 의과대 다니면서 학생들 대상으로
강의, 인턴·레지던트 대상으로 강의를 하고 다녔어요. 두 시간씩. 왜 우리
가 이러고 있는지 뭐가 잘못되었는지 어떻게 하는지. 어떻게는 얘기 안 해
도 되었어요. 앞에서만 얘기해도 분개를 했으니까 그렇게 두 달 하니까 전
공의협 만들고 움직이기 시작했어요. 전공의들 움직이니까 교수들 따라 나
오고. 그렇게…….
                                                              -의사3-

의사협회의 관리·정치 역량

   정부의 의료 정책에 대해 의사협회와 의사들이 대응한 몇 가지 구체
적인 상황과 전략을 검토함으로써 그들의 관리적·정치적 역량을 확인
해볼 수 있다. 여기서는 의약분업제도에 대한 의사들의 사전 준비와 파
업을 철회할 당시 의사단체 내부의 결정과정을 사례로 한다.

   현장조사를 하면서 의사협회 주요 인사들과 일반 의사들에게, 의약분
업에 대비해 어느 정도 사전 준비를 했었는지 질문하였다. 이들의 대답
은 한결같았다―준비란 "전혀 없었"다는 것. 이어지는 말 또한 거의

같았다. "정부가 의약분업을 하리라고는 정말 몰랐다"는 것이다. 극소수의 개혁파 의료계 인사들이 의약분업은 실시되어야 하며 곧 실시될 것이므로 대비해야 한다고 주장할 때도 대부분의 의사들은 의약분업 시행이 "정말 일어날" 일이라고는 전혀 생각지 못하고 있었다. 의사들은 이전의 정부들이 그러했던 것처럼 당시의 정부도 공약에만 포함시키고 시일이 지나면 다음 정부로 넘기기만 할 것이라고 믿었다. 의약분업제도의 시행을 규정한 약사법이 국무회의 심의를 통과할 때까지도 대부분의 의사들은 의약분업의 영향에 대해 전혀 알지 못하고 있었다. **의사16**은 다음과 같이 당시의 사정을 전했다.

> [사전준비란] 없었어요. 왜 없었냐 하면 의약분업이 여러 가지로 정말 안 될 상황이고 여건이었기 때문에 설마 되겠느냐, 진짜로 안 될 거라 생각했어요, 진짜루. 정말 안 될 거라 생각했고, 불가능하다고 생각했고. 몇 년 전에 목포에서 시범사업으로 실패했고. …… 차흥봉 장관 경우 굉장히 강력한 분업론자였어요. 정부에서도 그 전에 하기로 했지만 업고 밀고 간 거죠. 거기서 의사들은 이렇게 급격히 시작할 줄 몰랐고. 형태가 여러 가지 있는데 선택, 임의 등. 이렇게 전면적으로 실시하리라고는 생각도 못했죠. 그래서 의사들은 전혀 대비를 안 했었고 [의사단체 내] 일부 진보 측이 의약분업 대비해야 한다고 주장한 건 몇 년 되었어요. 근데 하나도 안 했죠. 그 전에 의협은 영감님들 친목회 수준이었기 때문에 어떠한 조직적 역량도 없었고 할래야 할 수가 없었던. …… 안 할 거라 생각했고 안이하게 대처했고, 약사들의 로비가 그렇게 먹혀들리라고는 생각 못했고, 개혁 세력이 DJ 정부에서 이렇게 영향력을 발휘할거라 생각 못했고. 그래서 이렇게. …… 대비? 전혀 없었어요. 안 될 거라 생각했어요. -**의사**16-

의사협회의 한 핵심 인사(**의사**3)조차 의약분업이 '정말' 행해지리라고는 생각지 못했다고 밝혔다. 의약분업 준비에 대한 의사들의 이러한 반응은 약사들의 경우와는 전혀 상반되는 것이었다. 약사회의 주요 인사들은 물론이고 인터뷰에 응한 소도시의 일반 약사(약사5)조차 수년에 걸쳐 의약분업제도를 준비해 왔다고 응답하였다. 이는 정책 동향이나 내용에 대한 당시 의사들의 이해 수준과 감각이 상대적으로 뒤떨어져 있었음을 의미한다.

한편 의약분쟁 동안 의사들 사이에 가장 논란이 많았던 때는 의료기관 전면파업을 철회할 당시였다. 파업 철회 결정이 의약분쟁의 중요한 기점이었던 만큼 당시의 정황과 결정 과정은 의사들의 정책 성향과 태도를 파악하는 데 유용한 사례이다.

2000년 6월, 전국의 의료기관들이 전면파업에 들어갔다. 5일째 되는 날, 김대중 대통령과 야당 이회창 총재의 영수회담이 열렸다. 우리나라 역사상 최초로 의료정책 현안을 논의하고자 정치권의 수뇌부가 회동한 것이다. 대통령과 야당총재는 난국을 해결하기 위해 정치권이 모든 노력을 기울인다는 점에 합의하였다. 의료 현장을 떠나 시위를 계속하고 있던 의사들은 영수회담으로 거의 모든 것이 해결되었다고 생각했고 파업을 철회하기에 이른다.

　　토요일 오후…… 저녁쯤이었는데 뉴스에서 의협 마당에서 천막치고 있던 사람들이 만세 부르는 게 화면에 딱 잡히는 거예요. 아, 이거 아닌데 큰일 났구나. 그런데 아니나 다를까 벌써 파업철회가 급물살을 타고 있는 거예요. 어차피 파업을 푸는 건 푸는데, 우리가 파업을 1년을 할 겁니까 한 달을 할 겁니까, 풀기는 하는데 모양새가 중요하단 말예요. 토요일 저녁에 영수회담 했으면 [정부의] 구체적인 실무급에서 뭔가 만들어 내려면 월, 화 되어야 나오는데 우리도 거기 맞춰 줘야죠. 폐업(파업)시작을 우리는 투표로 했으니까 철회도 투표로 해야 한단 말이죠. 투표로 하는데 일요일에 하지 말고 월요일 공고해서 화요일 투표하고 수요일에 풀자, 그런데 대세는 벌써 푸는 걸로 갔어요. 토요일 밤에 공고해서 일요일에 투표했어요. 그렇게 바로 풀어버렸어요. 아니나 다를까 풀어버리니깐 뭐 정부야 급할 게 없죠, 문제는 해결되었는데. '그래, 천천히 준비해 줄게'. 그렇게 미적거리다가

머……. 그때가 결정적인 실수였죠. 의사들이 지금도 말을 많이 해요. 조금
만 더 버텼으면. 버티는 게 아니고 푸는 순서를 천천히 가면 되었는데…….

-의사11-

영수회담에서 도출된 개략적인 정치적 합의만을 믿었던 의사 측은
다른 구체적 대안 없이 단체행동을 철회했다. 당시 의사들은 이미 국민
의 비난과 진료중단에서 오는 자책 등으로 많은 심리적 부담을 느끼고
있었다. 따라서 의사들은 파업을 철회할 수 있는 명분을 찾고 있었고
영수회담은 바로 그러한 해답으로 작용했을 가능성이 높다. 또한 영수
회담까지 진행된 이상 파업을 계속할 뚜렷한 명분이 없었던 것도 파업
철회의 중요한 요인이었다고 본다. 국민들은 영수회담 자체가 문제 해
결을 위한 최상의 방법이자 정부 배려였다고 믿고 있었으며 의사들의
파업은 이미 도를 넘었다고 믿었기 때문이다.

그러나 의사의 처지에서 본다면 파업철회 결정이 최상의 전략이나
방책은 아니었던 것 같다. 의사들로서는 이때가 투쟁의 분기점이었다.
의사들의 당시 파업은 규모면에서나 사회적 파장면에서 압도적이었다.
그 뒤 몇 차례에 걸쳐 의사들의 또 다른 시위가 있었지만 더 이상 처
음만큼의 단합된 대규모 행동은 이루어지지 못했다. 따라서 의사들로서
는 첫 번째 파업이 정부로부터 좀 더 유리한 조건을 확약 받을 수 있
는 기회였다.

의사협회가 정부와 약사단체에 맞서 뚜렷한 전략이 없었다는 약사회
와 일부 의사들의 주장에 대해 의사협회의 한 인사(의사14)는 다음과 같
이 반박하였다.

그건(의사협회가 전략이 미비하다는 것은) 지엽적으로 보는 시각이에요.
의사들이 투쟁을 좋아하지를 않아요. 의약분업은 의료개혁의 징검다리죠.
DJ(김대중)정부 하에서 분업을 통해 총액예산제[57]나 DRG(포괄수가제)[58]를
이루려 했던 거죠. 당시 정부와 시민단체 언론들은 약사 편을 들어서 선시

행 후보완을 주장했었고 의약분업을 해야 한다는 입장으로 묶였어요. 이런 식으로 가니까 의사들만 왕따가 된 거죠. 여기서 대화를 하고 말고는 아무런 의미가 없었어요. '사회적 합의'라고들 하지만—99년 8월인가 4차 분추위 결정을 두고. 그렇지만 이건 실질적인 의미에서 합의가 아니었어요. 의, 약, 시민단체, 공익, 언론 등 20명 정도 구성되어서 의사입장에서 대변할 수 있는 사람은 2명 정도뿐이었는데 표결 시 탈퇴했단 말이에요. 나머지가 앉아서 표결한 거예요. 이게 사회적인 합의냐? 아니라는 거죠. 형식적인 민주주의로 여론몰이를 하는 거죠. 이런 판에서 로비라든가 작전, 전술 등은 필요도 없고 사태의 본질이 아니죠. 그런 평가는 틀 자체를 배제하고 덮기 위한 말들에 불과해요. 왜 의사가 길거리로 나서게 되었는가에 대한 근본적인 문제가 있는데 단지 '대화가 안 되어서'? 라는 답은 말이 안 되죠.

-의사14-

그렇지만 의료 체제의 환경 변화를 주시하고 의약분업제도에 대한 대비책을 마련하는 등의 적극적인 사전 조치에 의사단체가 미진했었다는 평가는 피할 수 없을 듯하다.

정부에 대한 의사단체의 태도와 접근방식은 정부와 다른 단체의 인사들 사이에 널리 알려져 있었으며 적지 않은 일화를 남기고 있었다. 의료계는 가장 중심된 의료단체로서 정치적 영향력에 있어서도 우월한 지위를 누려 왔었다. 의약분쟁이 발발하기 전 의료계의 주요 사안은 전문가단체로서 입지와 역량을 확대하는 내용이 대부분이었다.[59] 따라서

---

57) 총액예산제란 건강보험제도 안에서 보험자가 계약을 통해 의료 서비스 공급자에게 일정 규모의 예산을 지급하고 공급자로 하여금 일정 기간 동안 일정 수의 건강보험 가입자들의 건강을 책임지고 의료 서비스 수요를 충족시키도록 하는 제도이다.

58) 포괄수가제(Diagnosis-Related Group)란 환자가 병원에 입원해서 퇴원할 때까지 진료받은 진찰, 검사, 수술, 주사, 투약 등 진료의 종류나 양에 관계없이 미리 정해진 일정액의 진료비를 부담하는 제도이다.

59) 건국 이후 의사협회의 주요 정치활동은 보건부 독립 청원, 국민의료법제안, 의사동원령 관련 의료법 개정, 면허세 부과 저지, 유사 의료업자 제도화 법안 반대, 사회의료보험제도 도입에 대한 반대, 의과대학 대규모 신설 반대 등이었다(박윤형 외, 2004a: 17-21).

의료계의 주장 자체는 정부와 사회가 용인할 수 있는 정도의 것이었으며, 의료계 또한 정부에 대한 별도의 조직적인 로비활동의 필요성을 절감하지 않고 있었다.

그러나 의약분쟁에서의 정황은 달랐다. 진보 성향의 집권 정당이 친의료계가 아니었던 만큼, 정치적 상황은 의사단체의 기존 정치력으로도 다루기 힘든 것이었으며 특히 정부의 실무진—구체적인 정책과 제도를 입안하고 집행하는 공무원들을 접촉하고 설득할 수 있는 체계적인 절차나 방안은 의료계에 거의 전무한 상황이었다. 약사단체에 견주어 의사협회의 대정부 전략·전술, 협상 기술은 현저히 낮았던 것으로 평가되고 있었다.

> 의료계는 어느 날 덜렁 장관 찾아오고 그렇게 [장관으로부터] 밑에 공무원들한테 지시가 떨어지면 [공무원들은] ***(제대로 안 합니다) ······. 의료계는 참 악수(惡手)를 두었어요. 욕을 해대고, 차관이 모멸감에 치를 떠는 과정, 모든 공무원들이 '의료계'하면 학을 떼게 되는. **-약사3-**

> 당시 의협은 놀랄 정도로 사회적 부분에 취약했어요. 의료 수준 자체는 사회의 요구 수준으로 올라갔는데 의사들은 그렇지 않았죠. ······ 과거에는 권력자하고만의 관계였는데 지금은 당사자가 많아지고 시민들과도 대응해야 하니까 복잡해졌거든요. **-시민단체대표3-**

이러한 관점에서 볼 때 의사들의 대정부 전략은, '설득'이라 표현된 약사회의 대정부 활동과는 전혀 다른, '맞붙기'라는 표현이 더 적절해 보인다.

정부에 대응하는 의사들의 '미숙한' 태도는 먼저 의약분쟁 전까지 다른 단체와 갈등을 겪은 경험이 거의 없었다는 점으로 설명될 수 있다. 약사회와 한의사 단체가 '90년대 초중반에 이미 공개적인 갈등을 경험했던 것과는 다른 점이다. 의약분쟁 전까지 의사들은 스스로를 조직화할 노력을 전혀 기울이지 않았으며 대내외적으로 네트워크를 형성할 필요성을 느끼지 못하고 있었다. 이러한 경험상의 차이로 의사들은 정부와 약사 단체를 맞아 성숙하지 못한 조직 전략과 행태를 보였다. 또한 의사들의 높은 사회적 지위와 전문가적 자부심은 다른 단체와 우호적 또는 협조적 관계를 형성하는 데 걸림돌이 되었다.

의료전문직 가운데 가장 먼저 직접선거를 통해 회장을 선출한 의사협회는 바로 그러한 '선진화된 내부 민주화'로 말미암아 오히려 다른 단체와의 관계에 어려움을 겪었다. 회원들의 직접적인 지지를 바탕으로 형성된 집행부는 협상과정이나 주요 업무 상황을 가능한 회원들에게 공개하고 의견을 묻는 방식으로 협회를 운영하였는데 이는 곧 신상진 집행부의 강점이면서도 동시에 태생적 한계로 작용하였다. "8만 명의 똑똑한 회원들이 모두 나름의 각자 의견과 대안을 가지고 있었(의사13)"다는 한 인사의 표현은 이런 상황에 대한 단적인 표현이다.

개방되고 빠른 인터넷 네트워크와 의사협회의 각 지역 지부들은 집행부가 전략적으로나 기술적으로 은밀하게 업무를 추진할 수 있는 여지를 주지 않았다. 이는 의사협회의 대정부 태도와도 직결되었다. 약사회와 갈등하고 정부와 대립하면서 동시에 의사협회 집행부는 협회 내부의 민주화 수요에 부응해야만 했다. 이들은 일반 회원의 바람을 간과할 수 없었고 의견을 수집하고 이를 의사결정에 반영해야 하는 부담을 안고 있었다. 의사협회가 주요 단계마다 불안정하고 일관성 부족한 결정과 태도를 보일 수밖에 없었던 것도 이러한 상황의 결과였다.

의사들의 성향과 태도

의사들은 의료체제의 주류라는 확고한 신념을 가지고 있었으며, 자신들의 전문가적 지위와 권위를 다른 어떤 단체도 위협하거나 도전해서는 안 된다고 믿고 있었다. 인터뷰 동안 의사들은 스스로를 "오케스트라의 지휘자"라든가 "의료분야의 절대적인 리더"라는 공통된 표현으로 칭하고 있었다.

> 의사와 약사는 절대 대등관계 아니에요. 인격적으로야 대등하지만 의사
> 가 이렇게 약 지으라 하면 약사들은 약 지어야 하는 거예요. 의사가 간호
> 사더러 주사 이렇게 놓으라 하면 놓으면 되죠. 물리치료사 보고 이렇게 하
> 라면 하면 되는 거죠. 의사의 오더는 절대적입니다.   **-의사13-**

의약분쟁 동안 의사들의 결정에 영향을 미친 가장 중요한 요인 가운
데 하나는 전문가적 자존심과 그 자존심이 깨어졌다는 분노였다. 의사
들은 정부와 국민이 의사 개개인의 노력이나 투자에 대한 고려는 전혀
없이 다만 '전문가적 권리와 재정적 이득을 희생하도록 강요만' 한다는
것에 분노를 느끼고 있었으며 '불합리한 의료체계와 정부의 갑작스러운
공격'에 억울함과 당혹감을 느끼고 있었다.

> 의사는 인간의 존엄을 다루는 직업이기 때문에 싫건 좋건 의사는 존엄해
> 야 해요. 그런데 시기하고 매도하는 콤플렉스 구조—현재의, 의사가 많은
> 걸 가지고 있다는 생각, 학교 다닐 때 공부 잘했고 사회적 지위 받았고 사
> 위의 일순위고 그런 데 은근한 콤플렉스 가진 사람이 많은데 그걸 타파해
> 야 해요. 의사는 의사 자체가 치료인 거예요 환자한테는. 정부가 의사를 부
> 도덕한 집단으로 자꾸 하는 게 자승자박하는 거예요. 국민들을 완전히 수
> 렁에 빠뜨리는 거라 생각해요.   **-의사9-**

의사들은 제도적으로 속아왔다고 여기고 있었으며 자신들의 사회적
경제적 기대가 의약분업제도 때문에 위협받고 있다고 믿었다. 특히 젊
은 의사들의 위기의식은 심각한 수준이었다.

> 의대 가기도 쉽지 않아요. 자기 노력으로 가죠. 들어가서 다른 과도 열심
> 히 하겠지만 의대처럼 심하게 공부하지는 않는다고 생각해요. 동기 중에도

120명 들어갔는데 졸업이 반도 안 했어요. 면허시험 또 치죠? 면허 따서 시설기준에 따라야지 의료기관 요양기관 번호가 나와요. 보건[복지]부에서 시설기준 줄자 가지고 간판크기, 글자크기, 진료실 크기, 전부 다 재요. 거기다 요양기관은 강제지정이죠. 안 받으면 환자 못 봐요. 수가계약 하는데. 아, 또 환자진료 거부할 수 없어요. 거부금지. 의료사고 났을 때 누가 책임져요? 그렇게 진료거부 못하게 했으면 의료사고 나면 반절은 정부나 공단에서 배상을 해줘야 할 것 아녜요. [지금은] 일방적으로 [의사들의 책임입니다].

수가가 형식적으로 계약제로 바뀌기는 했지만 2, 3년 전에 바뀌었는데. 형식적으로 공단과 공급자 대표하고 계약해서 하도록 하지만 내용적으로 보면 3개월 동안 계약이 무산되면 복지부 장관이 그냥 고시를 해요. 형식적인 계약이란 말예요. 자기들 마음에 안 들면 무산시켜 버리고 고시해 버리면 끝나는 거예요. 거기다 집단행위 금지해 두었죠. 이 정도면 의사는 전혀 대항할 권리가 없는 거예요 정부가 하라는 대로 무조건 따라가야지 다른 수단이 없어요. 공무원도 그렇게 안 한다고 법학자들이 얘기해요. 근데 의사들한테는 그렇게 하는데 그렇다면 반대급부가 도대체 뭐냐? 없잖아요. …… 의사들은 하늘에서 떨어졌습니까? 나름대로 다 고생해서 의사 되었는데 결과를 같게 만들려 하면 안 되죠. 한국사회가 지향하는 평등은 결과의 평등이에요. 그건 잘못되었다고. 기회의 평등이 되어야지, 결과의 평등이 되면 어떻게 해요. 유토피아가 그런 거예요? 그럼 누가 일하고 누가 노력해요? 그건 잘못하는 거죠.   **-의사3-**

인터뷰에 응한 의사들은 '의료체계의 구조적 모순'을 강조하며 이를 설명하는 데 많은 시간을 할애했다. 의사들은 현 사회가 의료의 불합리한 환경적 구조적 문제는 고려하지 않고 의사들만 비난하고 있다고 분노하였다. 한 언론인의 다음 응답은 우리나라 의료의 복잡한 상황을 반영하고 있다.

　　방송국이나 신문사에서 [의료문제에 대해 논급해 줄] 공정해 보이는 전
문가가 한 명도 없다는 거예요. 오죽하면 저보고. 눈치도 봐야 하고, 뭘 얘
기해도 바보 되고, 그래서 웬만하면 거절하는데, 어쩔 수 없이 하는. 설명
을 해줘요－"좀 알고 쓰시오." 똑같은 뻔한 얘기를 해줄 사람이 없어요. 자
막으로 쓸 것이 없어요. 누구하면 이쪽 편, 누구하면 저쪽 편, 정부나 시민
단체는 이쪽 편……. 인의협이 뜬 이유가 중립이라고 예전엔 생각했던 거
죠. 그런데 이들이 정부 쪽이었으니까 결국 2 대 1. 지금은 그들 주장이 정
부랑 너무 같으니까. 새로운 뉴트럴을 찾는데 아무도 없는 거예요. ……
결국 한국의료에서 객관적으로 코멘트해주는 사람이 없다는 거죠. 그리고
이 긴 얘기를 어떻게 방송에서 한 줄로 요약해서 얘기해요? 제가 무슨 얘
길 해도 양쪽[으로부터] 다 욕먹어요.　　　　　　　　　**-언론인1-**

　　구조적 모순이라고 가장 많이 언급된, 그리고 가장 강력히 주장된 사
안은, 정부의 어떠한 지원도 없는 상태에서 의사들이 시장체제에서 살
아남는 방법은 개인적으로 모든 노력과 수단을 동원할 수밖에 없다는
것이었으며 "그런데 무책임한 정부는 의사들 죽이기에만 나서고 있(**의사
3**)"다는 것이었다.

　　현장조사 동안 확인된 것은 의사들 저항의 중심에 자리한 것이 무엇
보다 감정적 측면이었다는 사실이다. 의사들은 '도둑'으로 몰리고 있다
는 점에서 심한 상실감을 드러냈다.

　　우리가 어떤 것을 보고 나쁘다, 나쁘다, 도둑놈이다, 도둑놈이다, 자꾸 그
러면 듣는 사람은 다 그런 것으로 듣게 되고. 저는 그게 우리나라 사회 현
상 중 하나라고 보는데 …… 우리나라 정책이 다 그렇잖아요, 지금. 그래
서 그동안 기득권층이라고 이름 붙여진 그룹들을 눌리는(누르는) 게 모든
정책의 방향이에요－분배라는 미명하에. …… 아주 작은 것을 전부인 것처
럼 부풀려서 계속 나가는 거예요.

　　우리 투쟁할 때 청와대에서 내려 보낸 보도지침이 있어요. 무엇 무엇은

보도하고 무엇 무엇은 보도하지 말라는. 그래서 인터뷰를 하고 현재 어떤 상황이 벌어지고 있는데[라고 설명해도] 방송은 다르게 나와요. …… 아무리 해도 우리가 주장하는 건 안 나와요. 그래서 그렇게 여론몰이를 하고. 시민단체가 전위대 노릇하고 국민 모두의 시각인 것처럼 그렇게 떠드는 거죠. 공산주의가 그런 거예요. 여론재판이라구요. 의사 전부 도둑놈으로 보는 거예요. 무슨 떼돈이나 벌고 환자 ****(속이고) 앉아 있는 걸로 만들죠.

　부당청구하는 놈들 있어요. 왜 없겠어요. 몇 명 있겠죠. 그렇지만 그건 아주 소수인데 전부인 것처럼 만들죠. 부당청구란 게 말도 안 되는 게 뭐냐면 소화제 세 알 쓰면 안돼요. 한두 알 써야지. 세 알 청구하면 그건 부당청구 되는 거예요. 착오와 그네가 정해준 기준을 못 지키는 것하고는 구분해야죠. 부당이란 하지 말아야 할 짓을 한 거예요. 그걸 전부 부당청구로 몬다든지. 또 외국에서는 어떤 약이 A라는 질병에 효과가 있는 걸로 인정하고 다 써요. 그런데 공단에서만 인정을 안 해요. 그래도 약을 안 쓸 수는 없고 그러면 그 약값을 환자에게 달라고 하든지 아니면 공단에 계속 신청하는 거예요. 줄 때까지. 그러면 부당청구 건수만 계속 늘어나게 되는 거예요. 그런 것이 대부분이예요. 우리가 꿰맬 때 5센티미터 꿰매지만 어떤 때는 실이 더 들어갈 수도 있고 덜 들어갈 수도 있고 그런 말도 안 되는 걸로 부당청구라고. 국민들을 우롱하는 거죠. 몇 년을 그렇게 해봐요. 의사들 다 도둑놈 되고 간단하게 의사집단 칠 수 있죠. 그게 인민재판이고 사회주의 놈들이 하는 짓이에요.
　　　　　　　　　　　　　　　　　　　　　　　　　-의사10-

언론인1의 표현에도 의사들의 감정은 인지되고 있다.

　이런 와중에서 의사들을 여러 가지 방법으로 매도했다, 일단 치고 시작했다는 것에 대해 [의사들은] 절대 지울 수 없는, 타협할 수 없는 거부감을 가지고 있는 거죠. 언젠가는 복수하겠다, 처절하게 이를 갈고 있다는 거죠. 억울하다는 거예요, 억울하다. 우리가 뭘 그렇게 잘못했냐. …… 검은 돈으

로 먹었다고 치는 게 ……그것도 정부에서도 옛날부터 알고 있었는데 그
때는 가만있었고 오히려 보험수가 올려달라 하면 "보험수가는 국민들 저항
때문에 안 되니 약가 마진에서 조금 더 먹어라" 이런 식으로 조장하지 않
았냐, 그래놓고는 마치 정부도 속고 있다가 이제야 알게 된 것처럼, 구조적
모순을 전적으로 의사가 다 잘못한 것처럼 뒤집어씌우느냐…… 이런 부분
이 결정적으로.

　　그런데 아무리 의사들이 나쁜 놈들이라 해도 대한민국 전체의 평균보다
는 솔직히 요만큼이라도 더 양심적이라고 생각해요. 그 플러스가 환자를
보고 죽는 걸 보면 그렇게 나쁜 놈들이 될 수가 없을 건데. 그런데 무지하
게 악질인 것으로 몰았잖아요. 그래서 좋다 해보자, 그렇게 된 거구…….

-언론인1-

　　너무 철저하게 당했거든요. 지금 패배의식이나 자괴감이 너무 강해요.
[인터뷰 해보면] 굉장히 많이 느낄 거예요. 근데 그게 누구 한두 사람의 잘
못이 아니고 우리 조직이, 시스템이, 감당을 못한 거죠.　　　　-의사3-

　3년 동안의 분쟁이 끝날 무렵 의사들이 느낀 것은 패배감이었다. 이
들은 투쟁에도 비난을 받는 것에도 염증을 느끼고 있었다. 2002년 말
대통령 선거는 판세를 돌릴 수 있는 의사들의 마지막 기회였으나 실패
로 돌아갔다. 2003년 3월에 행해진 의사협회 회장 선거에서 회원들이
당시의 집행부보다 '경험 있는 노련한' 후보를 택했다는 사실은 의사들
의 태도가 투쟁 중심의 강성에서 적지 않게 변화했음을 시사한다.
　의료계는 세 주요 의료단체들 가운데 가장 늦게 분쟁을 경험하였다.
소장파가 시도한 의료계의 내부 개혁은 급진적이었으며 우리 사회 전
문직 가운데 가장 먼저 회장 직접선거제도를 도입하였다. 이러한 상황
과 특성으로 조직운영이나 다른 단체와의 협상 등에서 시행착오가 발
생하였으며 미숙함과 전략상의 허점을 드러내기도 하였다. 정부에 의
해서건 약사들에 의해서건, 자신들의 전문가적 지위와 전문성에 대한

위협과 도전은 의사들로 하여금 심한 분노와 상실감, 그리고 위기의식을 불러 일으켰다. 사회에서 상당한 지위를 지닌 의사들이 강성의 단체행동을 단행할 수 있었던 것도 이러한 감정적 측면이 관련된 것으로 보인다.

2) 약사단체의 대응 전략과 성향

약사 측은 의약분업제도와 관련하여 초기부터 의료계보다 유리한 위치에 있었다. 의약분업제도의 시행은 한약분쟁이 타결되면서 정부가 약속한 것이었다. 이는 전문가적 위상과 역할을 강화하려는 약사들의 숙원과도 일치하는 것이었으며 약사 측은 이 제도가 시행될 것이라는 것에 대해 알고 있었고 믿고 있었다. 따라서 조직 차원에서건 개인 차원에서건 의약분업제도의 시행에 대비하여 약사들은 많은 준비를 하고 있었다. 또한 약사단체는 이하에서 분석되는 바와 같이 리더십과 관리적 정치적 역량 측면에서 의사단체보다 강점을 가지고 있었다.

약사회의 지도 체제

대한약사회 지도부는 앞서 한약분쟁 과정에서 이미 내부 개혁을 경험한 바 있다. 젊은 개혁가들에 의한 당시의 '쿠데타' 이후 약사회는 안정된 리더십을 지속해 왔다. 따라서 두 번째 분쟁 대상인 의사들을 맞이해서는 강한 리더십과 효과적인 전략을 발휘할 수 있었다. 약사단체의 이러한 조직적 특성은 집행부 개혁이 막 시작되어 내홍을 겪고 있었던 의사단체에 비한다면 큰 장점이었다.

의약분업제도가 실행 단계에 들어설 즈음, 당시 대한약사회 김희중 회장은 소장 개혁파의 지지를 받고 있었다. 약사 측의 대표적인 개혁파 단체인 대한민주약사회는 '80년대 후반 정치 민주화를 위해 각 지역에 산발적으로 결성되었던 단체들이 연합하여 1990년에 설립한 것이다. 대한민주약사회의 회원 수는 전체 약사의 2퍼센트에도 미치지 않는 소규모였으나 이 젊은 세력은 한약분쟁을 계기로 약사회 의사결정에 중요한 영향력을 행사하는(약사3) 단체로 부상하고 있었다.

대한민주약사회의 기능과 역할은 의사단체의 인의협(인도주의실천의사협의회)과 견줄 만하다. 양 단체 모두 각 전문직에서 개혁 성향의 단체라는 공통점이 있다. 또한 이들이 특정한 정치 성향을 표방하고 한국의 정치 민주화에 직접 참여했다는 점에서도 동질성이 있다. 이들의 적극적인 정치 성향은 의료단체로서는 상당히 예외적인 것이었는데, 전통적으로 의료 전문가들은 정치에 큰 관심이 없다고 알려져 왔기 때문이다. 이러한 공통점에도 불구하고 두 단체는 몇 가지 차이가 있다.

대한민주약사회는 약사회 지도부의 내부 개혁과 약사회 운영에 참여하여 약사회 전체를 먼저 변화시키고자 하였다. 젊은 개혁파는 약사회 의사결정에 적극 참여하였으며 당시 회장과 지도부에 중요한 지지 세력이 되었다. 이와 달리, 의약분업제도의 실행을 주도한 인의협은 의사단체 내부가 아닌 의료체제 전체의 개혁에 먼저 초점을 두었다. 인의협은 동료 의사들을 설득하려는 시도를 크게 하지 않았고 그들로부터 합의나 지원을 얻을 수도 없었다. 따라서 대한민주약사회와 대한약사회의 관계와는 달리 인의협은 의약분쟁 동안 대한의사협회와 서로 다른 길을 갈 수밖에 없었고 인의협은 다수 의사들에 의해 '내부의 적'으로 여겨지고 말았다.

또한 이들 두 개혁단체가 정치적으로 모두 진보와 개혁을 표방하고 있지만 구체적으로 그 성향에는 차이가 있다. 대한민주약사회의 모태는 '80년대 후반 정치민주화에 동참하고자 개별적으로 결성된 지역 단체들이다. 당시 우리나라의 정치민주화 운동은 단시간에 급속하게 사회 전 분야로 확대되었다. 따라서 독재에 항거하고 민주화를 지향했던 대한민주약사회의 정치 성향은 일반 약사들과 국민에게 충분히 이해받을 수 있었고 수용가능한 정도의 것이었다. 그러나 인의협은 의료체계 전반과 나아가 사회전체를 사회민주주의화 하는 데 노력을 기해 온 만큼 대부분의 의사와 국민들에게는 여전히 급진적이었다.

수용될 만한 정도의 진보적인 정치 성향을 가지고 이른바 '쿠데타'에 의해 성공적으로 약사회 주도 세력으로 등장한 대한민주약사회는 일반 회원들을 설득하여 의약분업제도를 이끄는 데 영향력을 발휘하였다. 또한 이들 약사회의 젊은 세력은 의사들과 맞서면서 조직의 역량과 힘을 강화하는 한편 의약분업제도가 약사단체에 유리한 쪽으로 설정되도록 유관 단체 설득에도 적극 노력하였다.

약사단체의 관리·정치 역량

인터뷰에 응한 약사회 지도자들은 어떻게 회원의 저항을 무마하고 신뢰를 회복할 수 있었는지에 대한 과정을 설명하였다. 의약분업제도의 틀이 형성되는 초기단계에서 약사회 지도부는 일부 회원의 강한 저항과 불만에 봉착했다. 일반 약사들은 '작은 의사' 노릇을 하던 기존의 위상을 잃고 싶어 하지 않았다. 또한 의료기관과 멀리 떨어진 곳의 소형 약국들은 실제로 의약분업제도로 말미암아 심각한 타격을 입고 있었다.

> 처음에 분업하고 나서 작년 재작년 2001년도쯤엔 약사회가 약사회가 아니었어요. 회원들이 가지는 약사회에 대한 시각은 저 나쁜 놈들, 나는 약사회 쪽으로 쳐다도 안 본다, …… 약사회 회장실도 몇 번씩 점거되고 농성하고… "실제 약사회는 하는 게 없다, 매일 ****(당하고만) 있고, 분업 누가 하자고 했냐? 나쁜 놈들 다 나와라……." 난 그런 회원들이 너무너무 정상적이라고 생각해요. 약사들이 가졌던 심리적 공황은 엄청났거든요. 자기가 한자리에서, 저도 십 년을 했는데 그 약국을 떠났단 말예요. 전 다른 이유가 있었지만. 내 삼십 년 단골인데 그 단골이 안 오는 거예요. 병원 갔다가 바로 밑에 약국에 가고… 그런 심리적 충격들이 엄청났고. **-약사3-**

그러나 일부 회원의 이와 같은 저항에도 불구하고 약사회 지도부에 대한 또 다른 '쿠데타'는 일어나지 않았다. 당시 약사회의 지도체제는 이미 안정되어 있었고 일반 회원들이 지도부 교체를 꾀할 수 있을 정도의 취약한 지도부가 아니었기 때문이다. 약사회 안에서 최고 수준의 학력과 경력을 공유한 지도부와 약사 출신 공무원들의 연합은 일반 회원들의 일시적 감정의 동요를 감당할 수 있을 만큼 충분한 역량을 갖추고 있었다.

당시 약사회 지도부에 대한 몇 차례의 시위 뒤 회원들의 태도는 약사회의 의사결정이나 행동에 대한 "완전 무시 혹은 무반응(약사3)"으로 전환되었다. 이러한 회원들의 태도는 의사, 정부, 그리고 시민단체를 상대로 투쟁, 협상, 협조 등의 긴박한 대응을 펼쳐 나가야 했던 지도부에게 오히려 유리한 환경이었던 것으로 판단된다. 의사협회와는 달리, 약사회는 다른 단체와의 중요한 협상 단계마다 일반 회원의 직접적인 동의를 구할 필요가 없었기 때문에 지도부는 일관된 대외 협상 전략을 구사할 수 있었다.

의약분업제도가 시행되고 상황이 안정되어 가자 약사회 지도부는 일반 회원의 신뢰와 지지를 회복하고자 다양한 정책과 전략을 시행하였다. 약국의 재고약품 처리 대책을 촉구하는 일인 시위, 제약회사와 약품도매상들 사이의 표준거래약정 체결, 중대형 약국에 고용된 약사들을 위한 노동표준계약서 권고 등이 그 사례이다.

약사회 지도부는 또한 분업제도가 실시되기 전, 약품관리 소프트웨어 프로그램을 만들고 일반 약사들을 대상으로 교육을 실시하였다. 약품관리 프로그램은 약품, 질병, 약품 사이의 상호작용, 약품과 음식 사이의 관계, 약품관리 등에 관한 정보들을 망라한 것이었다. 소도시에서 약국을 경영하는 한 응답자는 그 교육 프로그램을 긍정적으로 평가하였다.

> 의약분업하면서 준비를 많이 했어요. 약사회에서 3개월간 돈 내고 교육을 했는데, 교육내용은 그야말로 선진국 모형이었죠. 공부 많이 했어요. 약물학 같은—실제로 지금 현실에서는 전혀 쓰지 못하고 있지만…….
>
> -약사5-

분업제도가 정착된 뒤 약사들은 대체로 의약분쟁 당시 약사회의 지도체제와 정책에 만족감을 표하였다.

> 한약분쟁에서는 일방적으로 당하는. 파업도 우리가 했고 욕도 우리가 얻어먹고. 이번에는(의약분쟁에서는) 상대자가 의정이 워낙 많아서(의료계와 정부 간의 갈등이 주된 것이어서) 약계는 수용 분위기였고 밑에서 나이 어린 신세대[약사]는 의약분업하자는. 나이 많은 사람들은 고치기 힘들잖아요. 여태껏 하던 게 있는데 그래서 고수하자는 쪽이었는데 설득을 해냈어요. 아무튼 분업을 시행토록 하고 한 것에는 약사회의 공로가 크다고 생각해요. 대응도 잘했고. 약사회 간부급들이 많이 바뀌었고. 한약분쟁 겪으면서 많이 바뀌었어요. 예전에는 대형 약국 운영하고 난매하는 사람들이 잡고 있었으니까 바뀔 수가 없었죠. 그 사람들이 원래 조정하고 있었는데 한약분쟁하면서 지도부들이 바뀌고 정관 개정도 하고.   **-약사**1-

약사회의 한 인사(**약사**3)에 따르면, 약사들의 99퍼센트가 매년 대한약사회 회원으로 신상등록을 한다. 2005년 말 현재, 의사들의 대한의사협회 회원등록 비율이 78퍼센트인 것에 견주면(윤현병, 2006: 145), 약사들이 소속협회에 더 적극적으로 순응하고 있음을 알 수 있다. 또한 다른 두 전문단체와는 달리 여성 회원이 다수이다. 우리나라 여성 사회에서 약사는 가장 선호되는 전문직 가운데 하나이다. 여성 사회에서 엘리트라는 자부심은 약사회의 단결을 강화시킨 또 다른 요인이다.

약사단체와 정부 사이의 관계를 잘 알고 있는 한 인사를 인터뷰할 수 있었던 것은 의약분쟁의 실제 내부 상황을 이해하는 데 큰 도움이 되었다. **약사**3은 의약분업제도와 관련하여 약사회가 어떻게 정부와 정치권을 접촉하고 "설득"하였는지 다음과 같이 답변하였다.

> 정부 내 컨택 포인트를 중심으로. 사실 공무원이 해서는 안 될 일을 한다는 것보다는 저 나름대로는 약사를 품고 가는 의약분업이 되어야하는 게

아니냐 해서. 사실 우리나라 의사결정이 겉으로는 로비에 의한 것이지만 로비의 전 단계, 공감대가 형성되지 않으면 로비가 안 되는 거죠. 그런 접촉 포인트를 기존 이익단체는 세밀하게 알지 못해요. 단체에서는 '누구를 통하면 쉽게 움직일 수 있다'는 건 알죠. 다시 말씀드리면 '의사출신 국회의원', 그렇게만 알지, 메카니즘적인, 이것이 누구를 접촉해야 할지 단지 국회의원을 접촉해야 하는 문제가 아니라 다른 요소에서 어떻게 결정이 되고 어떤 식으로 무게가 실리고 상임위에서 어떤 과정을 통해 피력이 되고 법적 절차, 청원의 형식, 법률개정안의 재청원 형식·횟수 등을 파악하고 그에 따라 컨택 포인트마다 주장 논리 등을 달리하는 거죠.

청와대 하면 대통령 직접 만나는 걸로 알고 있지만 그게 아니라는 거죠. 수석을 통해서 해야 하고 수석의 역할은 어디까지이고 수석이 어떤 회의를 거치고 성향이라든지 포괄적으로 추구하는 방향 등을 설명해주고 그런 역할을, 길잡이를 해주면……. 이익단체들의 장점이 뭐냐면 방법을 가르쳐주면 해낸다는 거예요. 약사의 경우에는 여약사들이 *****(결혼을 잘해서) 누구의 남편이 굉장히 영향력을 미친다 하면 그걸 통해 인맥을 찾고 연결하는 거죠. 예를 들면 청와대 민정수석이 김돌쇠다 하면, 찾아요. 김돌쇠의 동생이 약사더라… 그렇게 만나보죠.

그런 의약분업과 같이 국가적으로 결정해야 하는 사안은 국회, 당, 청와대, 정부를 콘트롤하는 것인데 궁극적으로 의약분업 같은 건 장관이 무엇을 결정할 수가 없어요. 이런 거랑 같죠. 윗사람이 아랫사람에게 시키면 일을 잘 안 해요. 기분이 나빠지죠. 의사들이 늘 그런 식으로. 의사들은 항상 한쪽만 누구로부터 지시하게끔 하고 그러고 말아요. 그런데 그런 결정이 밑으로 내려갈 때는, [내용을] 알고 [지시]받는 것하고 모르고 받는 것하고, 또 윗사람이 결정해야 하는 것하고 밑에서 치고 결정하게끔 만들었을 때, 향후 추진력 [등이 달라집니다]. 그런 걸 [약사회는] 시기 적절히 했다고 보여지죠. 제가 보기에는 누군가가 정확하게 논리와 시기와 포인트를 만들어줘야 해요. 학자가 필요할 수도, 통계자료가 필요할 수도 있죠. 또 마지막으로 누군가는 발이 되어야 해요.   -정부관계자3-

약사회의 위 '대정부 설득과정'의 진위에 대해서도 고위 공무원(**정부 관계자**5)에게 제시하고 의견을 구하였다. 한의사협회의 '로비 프로토콜'과 공통적으로 "성실하게 답을 한 것 같고, 큰 그림에 익숙한 상태에서……. 체계적으로……"라고 평가하였다. 특별히 위 약사회의 로비과정에 대한 정부관계자의 의견을 보면 다음과 같다.

> 이 쪽이 [다른 단체, 즉 한의사협회보다] 더 체계적이고 세밀한 것 같음. '약사회'인 만큼 여약사들의 사례까지 들어가며 매우 귀에 들어오는 네트워킹 작업을 설명하고 있음. 실무담당 공무원들이 얼마나 힘을 발휘할 수 있는가를 잘 알고 있음. 장관이 먼저 알고 이를 일방적으로 시킨다 하는 느낌을 과장이나 사무관이 받는다면, 제대로 추진이 되지 않거나 되더라도 온갖 애를 다 먹인 다음에 될 가능성이 많음. 로비의 다양한 자원에 대한 언급도 약간 감동적임. 통계자료도 필요하고, 누군가는 발이 되어야 한다는 내용, 심지어는 학자까지……. 실제로 그렇습니다.　　　-**정부관계자**5-

따라서 한의사협회의 경우와 같이 약사회 인사가 밝힌 '대정부 설득과정' 또한 신빙성 있는 내용으로 판단되며 한의계보다 더 세밀하고 구체적으로 접근하는 점, 비공식적이고 광범한 네트워크 등은 약사회 정치 역량의 강점으로 볼 수 있다.

정부와 정치계를 대하는 약사회의 절차와 방식은 한의계 경우와 몇 가지 점에서 중요한 공통점이 있다. 약계와 한의계는 정치계의 고위직 못지않게 정부의 실무자들과 실무 라인을 중요하게 여기고 있었다. 이들은 관련 실무 공무원들에게 "예의를 갖추고 주의를 기울여 조심스럽게" 대하였으며 이들로부터 개별적인 정보를 수집하는 데 노력을 기울였다. 이는 의사단체로부터는 찾아보기 힘든 태도와 가치관이었다.

약사단체의 로비 과정에서 한의계나 다른 전문가단체와 비교하였을 때 가장 두드러지는 점이 있다. 의약분업제도가 마련될 때 약사 측은 이미 정부 안에 중요한 인사들을 우군으로 두고 있었는데 이들은 누구를 만나야 하고 어떤 경로와 인물을 거쳐야 하는지 등의 정보에 정통하였다. 이들 가운데 약사 출신 공무원도 일부 포함되었으며, 약사라는 직업의 어려움과 문제점을 이해하고 있었다. 고위 공직자인 **정부관계자5**는 이런 유형의 관계가 다른 부처에도 있음을 예시하며 약사 출신 공무원들의 영향력 가능성을 확인해주었다.

> '복지부 안 약사출신' 공무원들 부분은……. 일반 행정직이 아니라 별도의 전문 직렬로 뽑힌 공무원들일 텐데 그래서 더 동류의식 내지 공생관계가 더한 것 아닌가 합니다. ……(다른 부처에서 공무원과 관련 단체 간의 유사 관계를 사례로 간단히 제시함). 이런 네트워크와 비슷한 것 같기도 한데……. 이들은 [극단적으로는] 평생 한식구라는 인식이 많습니다.
>
> **-정부관계자5-**

관료계를 대하는 약사단체의 정치적 역량과 기술은 앞서 한약분쟁을 통해서도 확인되었다. 의약분쟁 동안에도 약사회는 정부와 정치권을 상대로 강성의 전략과 유순한 접근법을 동시에 활용하였다.

> 약계는 로비 등을 할 때 자세가 힘으로 가려고는 안 했어요. 대화와 논쟁과 싸우는 데, 물론 싸우는 과정은 말은 대화지만 험하게 싸웠고, 책상도 뒤집었고 모실장은 방에서 책상 두드리다가 40분을 싸웠는데 사무관들이 와서 폭력사태 날까봐. …… 집회신고하고 복지부 앞에서 협박하려 하고 마지막엔 날리고(철회하고). 강온 양쪽이 다하면서도 철저히 우리가 담당사무관, 과장, 국장, 실장, 차장관까지……. 실무자가 제일 중요하잖아요.
>
> **-약사3-**

한편 2002년 대통령 선거에서 의약분업을 이끌었던 진보정당이 재집권함으로써, 선거운동 기간 그 편에 섰던 약계로서는 정치적 영향력을 높일 수 있는 또 다른 발판을 마련하였다.

인터뷰를 통해 확인된 또 다른 사실은 약사단체의 이른바 외교 능력이었다. 의약분업제도안의 확정 단계에서 정부와 정치권의 주요 인사들을 설득하기 위해 약사회는 재정 자료와 근거를 필요로 하였다. 역설적이게도, 약사 측 한 인사(**약사**7)의 증언에 따르면, 약사 측에 그러한 근거와 논리를 제공한 이들은 의료계의 학자들이었다.

> 논리 개발, 남들을 설득시키는 데이터나 자료 같은 게 제일 발달하려면 보건경제학이나 그런 쪽이죠. 그런데 약학 파트에서는 그런 게 없어요. 사회약학이라고 해서 미국 중심으로 좀 터치하는 사회학적 개념에서 약학을 보는 개념이 있다는 건 아는데 전반적인 시각에서 보면 비주류예요. 약학으로 연구하는 사람들은 거의 없어요. 그래서 머리를 빌리는 데, …… 의료계로부터 빌렸어요. 아이러니죠. 약계는 사람이 없어요. 전반적인 보건시스템이라든지 보건의료에 대한 기본적인 각 분야의 통계자료 그런 걸 약계에서는 거의 안 가지고 있었어요. 보건사회연구원에 근무하는 약사 등 몇 분은 그런 연구를 했는데 아쉽게도 그 사람들 입지라는 것이 편을 들 수 있는 입지가 안 되었죠. 차라리 저같이 편을 들어도 가능했는데 그런 연구기관의 사람들은 만약 이게 약계를 위한 편향적인 평가가 내려지면 치명적이죠. 그래서 거꾸로……. 의료계 인사로부터 도움을 받은 거죠. 연구자료 통계자료 작성, 논리, 개념 등은 외부의 머리를 많이 빌렸죠. 그래서 지금도……. 의료계는 약계를 무한정 미워할지 모르지만 약계는 의료계 내부에 의사전달 라인이 있어요.　　　　　　　　　　　　　　　　　**-약사**7-

1999년, 의약분업 실행이 그 이듬해로 연기되었을 때 약계는 자신들의 주장을 관철하기 위한 이론적·재정적 자료와 보고서를 준비하기 시작했다. 그러나 의료계는 그런 준비작업에 들어갈 수 있을 정도의 상황이 아니었으며 의약분업의 실행여부에 대한 찬반 논쟁으로 홍역을 앓고 있었다. 당시 약계의 주장에 이론적 논거를 제시한 외인부대는 정부에 의약분업의 이론적 학문적 논리를 제시하였던 진보성향의 의료계학자들이었던 것으로 추측된다. 의약분업실현을 위한 시민대책위원회에서 의사 측이 준비한 재정관련 서류와 각종 준비는 매우 소홀했었다는 한 위원의 비판을 감안할 때 이러한 역설은 더욱 크게 비춰진다.

한편 약사회는 시민단체와 언론을 대하는 데도 강점을 지니고 있었다.

[의료계에 비해] 약계는 상대적으로 나았어요. …… 약사들은 한약분쟁 후 집단적으로 자각을 한 것 같아요. 언론이나 시민단체를 상대하는 방법이 세련되고 탁월했어요.   -**시민단체대표**3-

약사회가 가지고 있는 장점이, 코디네이션을 잘하죠. 다른 단체와의 관계. 한약분쟁에서는 놓쳤던 부분인데 시민사회단체와 정치권과도 좋은 관계로. 다른 이익단체와는 다르게 논리적으로 정책적으로 접근하고 한번 결정되면 지킨다, 한번 한 약속은 절대 지킨다는 신뢰감, 배신하지 않는다는 의식들이 늘면서 연결고리가 생기다보니까 약사회와 친해지는 것이 좋겠다. 다른 이상한 단체들과는 인식이 다르게, 도움이 된다고 보아진 거죠. 서로 친해지려하고.   -**정부관계자**3-

의약분업제도가 실시되면서 약사회의 지도부는 약계의 자체 정화운동에 들어갔다. 이는 윤리적 필요성에서뿐만 아니라 시민단체와 정부의 지지를 얻기 위한 정치적 전략으로도 적중했다. 일례로 약사회의 지도부는 제약회사의 '검은 돈'을 차단하고자 회원들에게 현금이 아닌 카드결재를 권고하는 한편 이에 불응하는 제약회사를 고발하도록 하였다.

투명성 확보라는 차원이죠. 약사회는 덮어두려는 것이 아니라 이런 문제에 대해 추적하고 없애려고 하는 건데. 장기적으로 맞다고 생각해요. 중요한 건 협회 쪽에서는 회원들에게 고통을 주면서도 다른 걸 얻어 와야 한다는 거예요. 크게 봐야 한다는 것. 결국에는 우리가 하는 게 맞다, "우리가 이렇게 하는 데 정부에서 뭘 줘야 안돼?", 시민단체에도 "우리 같이 하자,

우리 뭘 좀 도와줘.", 그렇게 같이. 예전에는 '국민을 위해서'를 붙이고 많이 밝혔는데 "봐라 진짜 우리가 국민을 위하잖아" 그 부분을 인정해주고 우리도 이 부분 나가는 것은 인정해 달라, 힘 실어 달라, 그게 가능하다는 거죠. 지금까지 일해 온 방식이 그래요. 지금까지는 효과가 있었고. 노무현 정부에서도 힘을 받을 것이라고 보고.   **-약사2-**

노무현 정부가 들어서면서 가장 비중을 크게 둔 과제 가운데 하나는 사회의 부정부패를 근절하는 것이었다. 신정부의 주요 지지세력이었던 시민단체 또한 이를 주요 사안으로 인식하였다. 이러한 상황에서 약사회의 자정 노력은 정부 정책 및 시민단체의 과제와 일치하는 것이었고 정부와 시민단체의 지지를 얻어낼 수 있었다.

이와 달리 의료계는 의약분업제도를 두고 '왜곡된 의료체계에서 충분한 보상 없이 약가 마진만을 없앤' 것이라는 주장으로 일관하였다. 정부와 시민단체의 관점에서 본다면 의료계는 약사단체보다 더 큰 부정부패적 요소를 안고 있으면서도 자체 정화를 전혀 시도하지 않고 있었다. 의료계와 약사단체의 서로 다른 태도와 활동은 정부와 시민단체에 의해 비교될 만한 것이었다. 정치적·정책적으로 약사회가 의사협회에 견주어 더 많은 배려를 받을 수 있었던 것도 이러한 차이점이 작용했기 때문이다.

2003년 12월 약사회는 최초로 직접선거 방식으로 회장을 선출하였다. 당시 원희목 부회장이 회장에 당선됨으로써 개혁주의자들은 공식적으로도 약사회를 주도하게 되었다. 한약분쟁을 계기로 소장파 개혁세력이 약사회 지도부에 등장한 지 10년 만에 이루어진 완전한 세대교체였다. 이는 또한 의약분업을 주도했던 약사회 지도세력에 대한 일반 약사회원들의 재신임으로도 평가될 수 있는 부분이다.

약사들의 성향과 태도
인터뷰에 응한 약사회 인사들에 따르면, 의약분업제도는 약사의 전문가적 정체성 위기를 극복하기 위한 중요한 대안이었으며 약사가 "진정한 약의 전문가로 거듭날 수 있는 마지막 기회(약사3)"였다. 약사들은 단지 약을 판매하는 점원 정도로 여겨지는 것을 결코 원치 않았다.

[약대] 졸업 후 바로 병원에 들어갔어요. 임상약사에 관심이 있어서 병원에 가게 된 건데. 우리는 없지만 미국에서는 MP(Medical Pharmacist)라고. 병원 안에서 많이 쓰일 수 있는 학문이 임상약학이라고 있어요. 환자가 더 나은 치료받을 수 있도록 같이 fellow가 되어서 의사, 약사, 간호사가 함께 상의하고……. 미국 가서 그 자격증을 따서 오는 분들도 많은데. 미국에서는 제대로 실시하고 있다고 그러더라구요. 서울대에서 의사-약사 팀을 만들어서 대학원과정을 만들었었어요. 실습, 병원 실습도 하고 했었는데 지금은 의사 협조 없이는 절대 안 되는 것이거든요. 자기 환자에 대해 얘기하는 것이니까. 현실적으로 될 수 없었는데 그에 대한 환상이 있어서 병원약국에 갔었죠. 그런데 병원에서 근무하면서 환상이 산산이 깨어졌어요. 병원에서 약사의 위치가 이런 것이구나, 언감생심 말도 안 되는. 그야말로 조제사죠. [병원에서는] 약사가 없으면 안 되니까. 조제는 거기서 도와주시는 분들이 훨씬 빨리하는데요 뭐. 오래 있으니까 5~6년 [경험] 있는 분(조제사)들이 훨씬 빨리하죠. 그렇게 있다가 꿈을 접자, 이건 나의 길이 아닌가보다…….
                                                        -약사1-

우리나라 전체 의료 시스템은 아직도 가부장적입니다. 의사들의 오더가 일방적으로 전달될 뿐이죠. 함께 논의한다는 건 있을 수 없는 일입니다. 나는 의료계의 모든 구성원들이, 의사와 간호사, 약사와 의료기사들 전부 한 팀이 되기를 바랍니다. 의사들이 맏형 역할을 하겠다는 걸 막겠다는 게 아니고……. 의사가 환자에게 처방을 할 때 약사와 먼저 논의하고 조언을 구했으면 하는 거예요.
                                                        -약사7-

한편 의사들과는 달리 약사들은 의약분업제도의 실행에 대비하여 일

찍부터 준비해왔다. 인터뷰에 응했던 소도시의 한 약사조차 의약분업제
도의 중요성을 깨닫고 미리 준비하였다고 한다.

> 의약분업 예외인 구미지역에서 약국을 하다가 나와서 개국했는데, 건물
> 에 투자를 직접 했는데 바로 오픈이 안 되어서 건물 뒤쪽에서 대기하면서
> 임시로 약국을 했었어요. 그러다가 현재의 장소로 옮겼는데. 저 같은 경우
> 는 의약분업 오래 전부터 사실 준비를 했었어요. 인테리어, 구조 등을 전부
> 구상했고. 처음에는 저 건물에 일정 지분 투자해서 안에 들어서려고 준
> 비를 했었는데 허가가 안 나서 대형화시켜 지금처럼 한 거죠.   **-약사5-**

약사5의 사례가 약사들 일반의 경우는 아니라 하더라도 의사에 견준
다면 약사가 의약분업제도를 더 적극적으로 수용하고 준비하고 있었음
을 보여준다. 실제로 약사들은 의약분업제도에 대해 의사들만큼 분노와
염려를 보이지 않았다. 의약분업제도가 시행되고 정착되는 과정에서 회
원들이 지도부에 대해 불만을 드러내기는 하였으나 전반적으로는 수용
하였다.
한편 현장조사가 진행되던 2003년 3월 당시, 의약분업제도가 정착되
면서 응답자들에 따르면 지역사회에서 의료기관의 의사들과 약국 약사
들 사이에는 일종의 종속관계가 형성되고 있었다.

> 우리 약사들은 근처 의원이나 병원에 의사들과 잘 지내도록 노력해야
> 해요.   **-약사5-**

병의원에서 처방 약품을 자주 바꿀 경우 인근 약국은 운영에 어려움
을 겪는다. 응답자들에 따르면 이러한 정황을 피하고자 약사들이 인근
의료기관에 명절 등의 시점에 '선물'을 돌리는 경우가 적지 않음을 인
정하였다. 의약분업제도로 말미암아 형성된 새로운 의존관계로 볼 수
있다.

이제 의사들 결정이 약국에 직접 영향을 주게 되었죠. 의사들이 우리 사정을 좀 봐주면 좋은데…… 자존심 상하는 건 말도 못하고.   -약사1-

약사들은 의사들의 결정에 일방적으로 따라야 한다는 데 근본적인 불만이 있었다.

그렇게 공부했는데 현재는 의사들의 지시에 따르기만 한단 말예요. 의사들의 처방에 문제가 있는 것들도 꽤 있는데 거기에 대해 이의를 제기하면 '왜 말이 많으냐'는 거죠. 우리 약국에서도 관리약사들이 의사들의 처방에 대해 전화상으로 문제 삼는 경우가 있는데 저는 그래도 오너니까, 대충 넘어가라 그러죠. 괜히 시간 더 걸리고 환자 더 못 받고 관계도 껄끄러워지니까. 그런데 나름대로 프라이드 센 약사들 경우는 의사들과 직접 부딪치고.   -약사5-

현장조사가 진행 중이던 시기에 행해진 한 언론사의 설문조사[60] 결과 또한 의약분업 이후 의약 관계가 여전히 갈등 상황에 있고 상대방에 대한 인식의 변화는 긍정적인 면보다 부정적인 면이 더 큰 것으로 나타났다.[61]

또한 지역 내 의료기관과 약국 사이에 '담합이라는 이상한 협력 관계'가 드러나기도 하고 의사단체와 약사단체가 서로 단속반을 가동하는 등의 부작용이 보도되기도 하였다(Biz & Issue, 2003c). 그 뒤 의약협력이 시도되거나 행해지고 있는 지역도 있지만(Biz & Issue, 2004), 여전히 실무 현장에서 의약 관계는 협력보다는 상호비난과 비협조 성향이 강한 것

---

60) Biz & Issue의 설문조사는 2003년 2월 중에 의사 954명, 약사 624명을 응답자로 하여 진행되었다. MD House에서 의사를 대상으로, yaksanet에서 약사를 대상으로 각각 조사를 실시했다(Biz & Issue, 2003b).

61) 약사들은 대표적인 갈등 유형으로 '상호직능에 대한 불인정'을 가장 비중 있게 들어 양 단체 사이의 종속적인 관계를 간접적으로 드러내었다. 또한 의약분업이 시행되는 한 갈등은 계속될 것이라는 부정적인 시각은 의사가 51퍼센트로, 약사의 30퍼센트보다 높았다(Biz & Issue, 2003b).

으로 알려지고 있다(Biz & Issue, 2005b, 2005c).

의존적 관계를 개선하고 전문가로서의 위상을 높이기 위한 약사들의 노력은 개편된 교육제도와 같은, 새로운 제도나 정책으로 영향을 받을 것으로 보인다. 의약분쟁은 의료계와 약계 사이에 일어났던 충돌의 한 사례였을 뿐이며 앞으로도 양자 사이의 갈등은 어떠한 형태로든 지속될 것이다.

이상에서와 같이 두 번째의 대규모 분쟁을 맞이하여 약사회는 좀 더 조직화되고 숙련된 관리기술을 보여주었다. 약사회의 지도부는 한약분쟁에서보다 안정된 체제를 갖추고 있었으며 의사단체에 견주어 준비된 리더십을 보여주었다. 일반 회원들을 효과적으로 설득하고 그들로부터 지지를 얻기 위한 프로그램과 전략들도 눈에 띈다. 약사회의 정치적 역량 또한 성공적이었던 것으로 판단된다. 정부 안에 우군을 두고 있었고 한약분쟁에서와는 달리 시민단체와 대중의 지지를 얻었다는 점은 약사회의 정치 역량이 이룩한 성과였다. 약사들의 태도에서 나타난 바와 같이 이들은 진정한 의미에서의 전문가적 위상과 역할을 희망하고 있었으며 의료체계에서 의사들과 동등한 팀 구성원으로 인식되기를 희망하고 있었다. 이러한 바람은 의약분업제도와 의약분쟁을 이끄는 중요한 동인이 되었다.

3) 시민단체의 역할

의약분업제도의 시행에 시민단체가 개입한 것은 '정부의 계획된 정치적 전략'이라는 것이 의사들의 주장이다. 한약분쟁의 결과 1994년에 개정된 약사법에 따르면 의약분업제도는 1999년 7월까지 시행하는 것으로 되어 있었다. 그러나 의사단체와 약사단체는 준비 미비를 이유로 2000년까지 시행 연기를 주장하였다. 의약분업제도 시행의 연기를 논의하는 과정에서 이 제도를 확정하는 데 시민단체가 참여한다는 조항이 경과규정으로 삽입되었다(원희목, 2003: 69-70). 시민단체를 참여시켜야 한

다는 주장은 의약분업제도의 주창자인 김용익 교수가 제기하였는데 그
는 이미 시민운동 영역에서 주요 인사였다. 이러한 상황을 고려하면
'최후의 중재자'로 추천된 시민단체들이 처음부터 그 기능과 처지에서
'중도'였다고는 보기 어렵다.

5·10 합의안의 시민단체대표였던 한 인사(**시민단체대표3**)에 따르면, 의
약분업제도를 설계하면서 시민단체가 어떤 태도를 견지해야 하는가에
관해서는 시민단체 안에서도 심각한 이견이 있었다. 의약분업제도가
실행될 수 없다고 하더라도 시민단체가 중재자로서 구실을 맡을 필요
는 없다는 주장이 시민단체 일각에서 제기되었다. 이들은 시민단체
원래의 정체성에 충실하여 일반 국민들이 잘 알지 못하는, 약가 마진
과 같은 의료계의 비리를 문제로 제기해야 한다고 주장했다. 또 다른
측에서는 의약분업제도는 더 이상 연기될 수 없으므로 시민단체가 적
극적으로 양 단체의 중재에 나서서 의약분업제도 실행에 앞장서야 한
다고 주장했다.

상반되는 위의 두 주장은 좀 더 근본적으로, 의료보험수가 수준이 적
정한가에 대한 이견에서 출발하였다. 의약분업제도 실행을 우선 주장하
는 쪽에서는 의료보험수가가 현저히 낮다는 사실을 인식하고 있었다.
이들은 수가 현실화와 함께 의약분업제도를 강행해야 한다고 주장했다.
그러나 의약분업제도보다 의료계의 비리 제기가 먼저라는 쪽에서는 의
료수가가 낮다는 주장에 공감하지 않았다. 그들에 따르면 의사의 소득
수준이 낮다는 어떠한 신빙성 있는 자료도 없으며 어느 누구도 수가
인상의 효과를 추정할 수 없다는 것이었다. 보험수가에 대한 이렇듯 다
른 의견으로 말미암아 5·10 합의안을 설계하는 동안 시민단체대표들 사
이에 줄곧 마찰이 있었다고 한다.

의약분업제도의 설계 단계에서는 시민단체가 중재자 구실을 맡아야
한다는 의견이 시민단체계에서 지배적이었다. 그러나 의사 측의 반대로
5·10 합의안이 무산되자 시민단체의 태도는 바뀌었다. 중재자로서 중립
성을 유지하고자 노력했던 시민단체의 종전 입장은 의료기관의 파업과

함께 "한국 의료체계에서 비리의 온상"인 의사들을 공격하는 것으로 바뀌었다.

> 의사들의 반발이 있고 난 다음에는 중재자의 역할을 포기하고 의사와 싸우기 시작했죠. 중재자의 역할이란 건 양쪽에서 욕을 먹을 수 있는 거잖아요. 무게중심이 되어야 하는 건데 당시 의약분업 시민운동본부, 경실련, 참여연대, 녹소련―거기서 중재자의 포지션을 버리고 의사들을 일방적으로 공격하기 시작했죠. 도덕성에 대해.　　　　　　　　　　**-시민단체대표2-**

인터뷰에 응한 모든 의사들은 시민단체가 정부의 "의사 죽이기에 앞장섰"다고 주장하였다. 의사들은 시민단체를 '홍위병'으로 비유하기도 하였다. **한의사4**에 따르면, 정부는 재정 지원과 함께 회원수를 확대시켜주는 등의 방법으로 시민단체를 지원하였다. 이는 뒤에 시민단체 내부에서도 자체적으로 반성하는 부분이었다.

> 왜 그 당시에 의약분업이 꼭 될 수밖에 없었느냐, 정부의 의도와 약사회가 맞아 떨어졌기 때문에 그래요. 그러면 정부와 약사가 맞아떨어지면 전위대가 필요한데 그걸 시민단체가 한 거예요. 왜 정부가 하는 의약분업 홍보에 시민단체에다 돈을 줍니까. 전위대지 그게 참 시민단체입니까?　　　　　　　　　　　　　　　　　　　　　　　　　　**-의사10-**

> 숙련되지 않은 부주의한 아마추어리즘이 모든 일을 망친 것 아니겠습니까.　　　　　　　　　　　　　　　　　　　　　　　　**-의사11-**

인터뷰에 응한 시민단체대표들 또한 당시 시민단체는 새로운 의료정책 입안과정에서 이해관계자들을 중재할 준비도 되어 있지 않았고 상황을 주도할 준비도 전혀 되어 있지 않았음을 시인하였다.

　문제가 뭐였냐 하면 바닥이 없었어요. 일반 시민사회 자체도 의료에 대해
이해나 의약분업, 의료를 어떻게 볼 것인가의 공감대가 약하고, 깊이 있게
토론을 해본 적도 없고, 베이스가 전혀 없는 상황에. 거꾸로, 일이 터지고
나서 막 가는데 베이스를 만들어야 하는, 동시에 가야 했죠. …… 의사회도
약사회도 시민단체도. 그런 베이스가 없는 상태에서의 의약분업이어서. 교
육, 토론, 포럼……. 이런 것들이 그제서야. 대한민국은 날아다니는 사회잖
아요, 그걸 또 해내니까. 뒤늦게 동시에 필요로 했기 때문에 또 하나의 과제
였어요.　　　　　　　　　　　　　　　　　　　　　　　**-시민단체대표2-**

　시민단체의 한 인사는, 의약분쟁 동안 시민단체의 가장 큰 과오는 중
재자에서 의사들에 대한 공격자로 전환시킨 것이었다고 자평하였다. 갈
등이 심화되면서 이들은 의사들의 도덕성을 "비난하는 것 외에는 아무
것도 하지 않았(**시민단체대표2**)"다. 시민단체는 공식적으로도 중립성을 잃
었으며 정부의 입장을 너무 두둔했다는 비난을 면치 못했다.

　우리도……. 그렇죠, 그때 정부 편에 너무 갔었다는 걸 반성하고 있죠.
　　　　　　　　　　　　　　　　　　　　　　　　　　　-시민단체대표3-

　시민단체의 태도와 관련해서는 일부 정부의 실무자들 또한 불편한
마음을 드러내었다. 한 공무원의 주장이다.

　잘 알아서 제대로 하는 것이 아니라 반대를 위한 반대를 하고 엉망으로
해놓고는 무책임하게 발을 빼는 사람들입니다. 함부로 믿지를 않습니다. 특
정 단체를 타겟으로 해서 적을 만들어 부수는 것이 그들의 전략인데.
　　　　　　　　　　　　　　　　　　　　　　　　　　　-정부관계자4-

　시민단체의 또 다른 인사 또한, 당시 의사들의 파업에 초점을 두고
비난하고 공격한 것은 잘못된 것이었다고 밝혔다. "파업은 단지 부차적

인 문제일 뿐이며 문제의 핵심은 아니었는데 시민단체가 이에 대해서만 집중 공격한 것은 상황을 크게 보지 못한 것"이라고 자평하였다. 파업보다는 좀 더 근본적인 사안, 즉 한국 의료체계에서 그들의 역할이나 다른 의료단체에 대한 의사 측의 태도 등을 문제 삼았어야 했다는 것이 그의 주장이었다.

> 시민단체들이 잘못한 부분이 있다고 생각해요. 그리고 공격의 핵심이 파업 그 자체로 너무나 근시안적이라는 비판이 있죠. 민간의료이고 어차피 도덕성과 책임성을 요구하는 건 한계가 있죠. 당연한 건데, 이익에 손해가 오는 제도에 반발하는 건 당연한데, 그래서 그렇게 공격이 가면 안 된다, 공격지점이 오히려 이런 사회적 비용과 서비스를 분산해라, 구태의연한 돈 버는 방식ー약이나 물리치료나 그런 걸 내놓고, 상담비용을 인정한다든지 전화상담도 비용으로 인정하게 한다든지. 약은 당연히 약사가 전문적인 게 맞고 그게 안 되면 약사들을 더 교육시켜야 하는 거죠. 그걸 너네가 안다, 모른다, 라고 하는 건 잘못되었다는 거죠. 공격의 지점은, 독점적 전문가의 지위가 잘못되었다고 했어야 한다고 생각해요. 파업 자체에 대한 공격은 안 맞았다고 생각해요. 파업은 누구나 할 수 있는 것이었고. 사실 프로페션 이라는 것이 공익을 위해 어느 정도 희생하려는 의무와 권리가 있어야 한다고 생각하는데 그런 기본적인 것은 있으나 파업 자체는 공격의 대상이 안 된다고 생각해요.   **-시민단체대표2-**

위 응답자의 설명에서도 알 수 있듯이 시민단체로서는 의약분업제도의 실행이 조직적인 영향력을 증대시키고 시민운동을 확대할 수 있는 중요한 기회였다. 실제로 의약분쟁 동안 시민단체는 정부의 지원을 받아 상당한 정치적 영향력을 행사할 수 있었으며 제도 형성 과정에서 합의안을 이끌어내기도 했다.[62] 한약분쟁 당시에도 시민단체는 중요한

---

62) 기존 연구들은 의약분쟁 당시 시민단체의 역할에 대해 대체로 높이 평가하고 있다(안병철, 2001, 2002a; 조병희, 2001; 전영평·홍성만, 2005).

조정 역할을 하였지만 의약분쟁에 이르러 시민단체 역할의 공식성과 영향력 정도가 더욱 두드러졌던 것은 의약분업제도의 이론적 틀을 제시하고 제도의 초안을 설계한 팀에 이미 시민단체와 관련된 유력한 인사들이 포함되어 있었기 때문이다.

4) 언론과 여론

의약분쟁 동안 여론은 일관되게 의사들의 의견과 주장에 반대하였다. 우선 국민들은 그동안 의료기관의 음성수입이었던 약가 마진에 대해 거의 알지 못하고 있었다. 약가 마진의 존재는 의료보험료를 부담하고 있던 국민에게 "일종의 배신감을 느끼게(**언론인**2)" 하였다. 의료기관의 파업과 의사들의 전국 집회 등과 같은 강력한 단체 행동 또한 여론의 반감을 샀다. 의사들의 대규모 단체 행동은 일반 국민, 특히 환자와 그 가족들에게 큰 분노를 일으켰다.

> 일반인이 느끼는 의사에 대한 사회적인 인식은 생각보다 훨씬 나빠요. 예전엔 선생님, 선생님 하던 것이 지금은 전혀 아니거든요. 나쁜 생각들을 많이 하니까.　　　　　　　　　　　　　　　　　**-시민단체대표**4-

> 의약분업 때는 주민들 얘기가 주로 의사들 성토하는 거였어요. 파업 때문에 사람도 죽고 그랬잖아요. 저네가 한 게 뭐냐, 말도 안 된다, …… 그런 얘기하면서 요번 의약분업 때는 [약사들은] 왜 의약분업 해야 하는가에 대해 환자 설득이 더 어려웠지, 의-약간의 분쟁은 아니었어요. 오히려 의-정의 분쟁으로 거의 갔어요. [약사들은] 목소리 못 내고 ****(조용히) 있었고. 그래서 우리가 비난의 대상이 된 건 아니었고 의사들하고 정부[가 여론의 비난을 받았고]. 보험료나 올리고 한다고…….　　　　　　**-약사**1-

의사협회가 정부 정책에 반대하여 다시 파업하겠다고 선언했을 때 약사회는 의사를 대신하여 환자를 진료하고 약을 처방하겠다고 응수하였다. 약사회는 앞서의 한약분쟁 경험을 통해 파업이나 집단행동이 국민을 자극한다는 사실을 잘 알고 있었고 이러한 장점을 충분히 활용하였다.

의사단체는 언론 광고를 통해 "약가 마진이 불가피했던 상황과 진실", 그리고 그 외 논란이 되는 문제들을 설명하고 국민을 설득하고자 하였다. 그러나 그러한 설명은 국민의 주목을 끌기에는 너무 복잡하고 어려우며 많은 내용을 담고 있었다.

> 국민들은 여기서부터는(이때부터는) 이제 신경 쓰고 싶지도 않다, 의대 약대 나온, 공부했다고 떠드는 자들, …… 이 단계로 넘어서부터는 전문의 약품이 어떻고 분류가 어떻고 일반의약품들이 어떻고 복잡한, 알지도 못할 얘기들 가지고 막 떠드니까 국민들은 아예 정치를 혐오하듯이 의약분업이라는 말도 혐오하고 쳐다보고 싶지도 않게 된 거죠. **-언론인2-**

인터뷰에 응한 의사들은 이러한 사회적 분위기를 인식하고 있었다. 의사들은 정부, 시민단체, 언론 등이 의사를 일방적으로 몰아붙이고자 "불순한 의도로 언론을 이용했는데 국민이 이에 넘어가" 전체적인 진실을 이해하지 못하고 있다고 주장했다. 의사들은 약가 마진이라는 것이 우리나라 의료체계의 구조적 모순으로 말미암은 불가피한 것임에도 정부와 언론은 의도적으로 이를 폭로하였으며, 의사에 대한 나쁜 이미지를 조장하고자 극소수 의사들이 행하고 있는 극단적인 부정사례를 언론이 확대 보도하고 있다고 믿었다. 의사단체가 가장 부정한 집단으로 비난받고 있는 것은 그러한 여론몰이의 결과라는 것이 의사들의 주장이었다.

의사협회 투쟁위원회의 한 인사였던 **의사**10은 의약분업과 관련된 보도 내용을 통제하기 위한 지침이 청와대로부터 각 언론사에 배포되었다고 주장하였다. 그의 주장은 한편으로는 정부가 의약분업제도를 강행하고자 언론을 통해 의사들을 호도했을 가능성이 있음을 의미하고, 또 다른 한편으로는 정부와 언론에 대한 의사들의 강한 불신을 시사한다.

의약분쟁 동안 실제로 언론이 뉴스나 해설, 기사 등을 보낼 때 의사들에 반하는 내용을 우선하는 경향이 있었는지 확인하고자 한 언론계 인사(**언론인2**)에게 질문하였는데 다음과 같은 답변을 들을 수 있었다.

> 의사들에게 정부가 악감정을 가지고 있었다고 하는 건 좀 오바이긴 한데 의사들을 확실한 기득권 세력으로 본 건 틀림없어요. 그래서 의사들이 기득권을 안 놓치려고 하는구나, 왜냐면 반발하니까. 그런 생각을 한 것 같고.
> 　　　　　　　　　　　　　　　　　　　　　　　　　　　　　　**-언론인2-**

위 응답자는 정치적으로 분명한 진보 성향을 지녔고 공정보도 운동으로도 알려진 인사이다. 따라서 그가 당시 정부에 반감을 가졌다고는 보기 어렵다. 그럼에도 의약분쟁 동안 정부가 의사들에게 우호적인 시각이 아니었음을 밝히고 있는 점은 주목된다. 즉 보도지침 배포와 같은 직접적인 방법은 아니었다 하더라도 당시 정부가 '간접적으로'라도 언론에 영향을 끼쳐 반의사 여론을 조성했을 가능성은 존재한다.

언론에 의한 여론 조작 가능성과 관련하여 2004년 말 약사회 최초로 회원 직접선거를 거쳐 회장으로 당선된 원희목 당시 부회장은 저서에서 다음과 같이 밝히고 있다.

> 당시 보건의료계를 담당하고 있던 한 기자는 나에게 이런 고백을 하기도 했다. "출입처가 자주 바뀌다보니 보건정책에 대해 깊이 연구할 틈이 없었다. 시민단체나 일부 여론에 휩쓸려 보도내용에 객관성이 결여된 부분을 인정한다. 지금 다시 보건의료계를 맡게 된다면 과거처럼은 쓰지 않을 것 같다"(원희목, 2003: 73).

원희목 당시 부회장이 의사단체와 맞섰던 단체의 핵심 인물이었던 점을 감안하면 결과적으로 언론이 반의사 분위기를 조장 또는 이에 편승했던 것은 사실이었다고 본다. 정종원(2004)은 언론의 반(反) 의사정서의 원인으로 언론의 이념적 성향, 전문지식 부족, 상업주의라는 언론사 내부적 원인과 언론의 기능 변화, 전문직 특성, 조직의 홍보부족이라는 환경적 요인을 제시하였다. 따라서 반드시 정치적인 의도가 아니었다고 하더라도 편향성 자체는 존재했다고 판단된다.

한 시민단체대표 또한 정부가 언론을 이용하여 의사의 공공 이미지에 타격을 주었다고 평가하였다.

> 의사들을 타겟으로 여론몰이를 하는 전략을 정부가 썼다는 건 당연한 얘기예요. …… 한 집단을 타겟으로 하여 집중적으로 몰면 전략적으로 쉽게 여론의 힘으로 일을 만들 수 있으니까.　　　　　**-시민단체대표4-**

그러나 또 다른 시민단체대표에 따르면 의사들의 이미지가 나빠진 것은 시민단체의 선동이나 정부의 전략 때문이 아니라 "국민의 성숙한 의식" 때문이라고 주장한다.

> 시민단체의 공격을 떠나서, 국민들이 바보인가요. 누가 보라 한다고 우루루 보구요, 그럴 시기가 지났어요. 대한민국이. 사람들의 인식 수준이 굉장히 높아져 있는 상태거든요. 결국 그래서, 의약분업 과정을 돌이켜보면서 여러 원인이 있겠지만, 사실 DJ(김대중) 정부가 사회적으로 보면 여소야대 시절에 정치를 한 여당이었고 여당으로서의 경험이나 파워도 굉장히 취약하고 행정력도 취약한 정부가 시행한 거고 시민단체가 기껏 중재자 역할로 합의되도록 처음에 해준 것이고. [의료기관이] 파업 들어가면서 [시민단체가] 공격도 하고 했지만. 그런 과정에서 국민들이 의약분업이라는 것에 대한 공감대가 정말 아니다라고 했다면 충분히 엎을 수 있을 만큼 국민들이 성숙했었는데. 그런 게(의약분업에 대한 공감대가) 약했다면 정부도 그렇게 취약하고 여당도 취약하고 시민단체도 베이스가 있는 게 아니었기 때문에

엎어질 수 있는 거였어요. 거기다 의사들이 돈을 얼마나 썼게요. 광고비만 80억원을 쓰고 온 힘을 해도 못 엎고 그대로 간 것이거든요.

이건 소소한 각 개체의 영향력을 떠나서 이 사회의 컨센서스가 존재하는 거라는 생각이 들어요. 그런 것 없이 개별 주체가 되고 막강한 집단 플러스 보수적 집단, 여론을 주도하는 보수파 의원들이라든가 전부 조인(join)을 한 것이거든요. 지역에서는 말도 못하고(말할 것도 없고). 그 정도를 쏟았으면 제도 자체를 못할 수 있었는데 그게 왜 안 되었느냐. 명분을 얻지 못했고 국민들이 그 명분을 수긍을 안 했다는 것이거든요. 거창하게 얘기하면 시민들의 역사의식이 존재하는 거다, 그 자체에. 그렇지 않고는 그렇게 많은 힘과 돈을 들여서 그것도 막강 파워가 있는 존재들이었는데 …… 그걸 (의약분업제도의 시행을) 못 엎은 것은 명분을 못 얻은 거죠.

-시민단체대표2-

의사들에 대한 부정적 이미지의 근원이 정부인지, 시민단체인지, 언론인지 또는 국민의 성숙한 의식인지는 단언키 어렵다. 그러나 어떤 경우에서였든 의료계는 여론으로부터 비난을 받았으며 그에 언론의 편향성이 일조했다는 점은 분명하다. 이러한 상황에서 여러 인사들이 우려한 바와 같이 "한국사회에서 의사와 환자 사이의 신뢰를 회복하는 데는 [실제로] 아주 오랜 시간이 필요할 것(**의사**13)"으로 보인다.

4. 갈등의 영향 요인과 의료전문직 체제 변화

의약분쟁은 앞서의 한약분쟁보다, 그리고 Abbott(1988)이 제시한 서구의 사례들에서보다 더욱 복잡한 원인을 내포하였다. 의약분업제도는 분쟁의 당사자인 두 전문단체로 하여금 한 영역에서의 독점권을 보장받는 대신 다른 한 영역을 포기할 것을 요구하였다. 의사들은 진료와 처방에 대한 독점권을 위해 약을 조제하고 판매하는 권한을 포기해야 했으며, 약사들은 약을 조제하고 판매할 수 있는 독점권을 얻는 대신 약의 처방과 기초 진료권을 포기해야 했다.

실제 분쟁에서는 경제적 이윤과 직접 관련되는 약의 조제(및 판매)권에 초점이 맞추어졌다. 그러나 의사들이 의약분업에 저항한 바탕에는, 비록 약의 조제와 판매권만큼 분명하지는 않았지만 전문가적 위상과 직접 관련되는 진료권 독점에 대한 문제가 자리하고 있었다. 의약분쟁에서의 관할권 갈등은 단선적이 아닌 복잡하고 다면적인 형태, 즉 각각의 분쟁 주체가 서로 다른 영역에서 공격자인 동시에 방어자로서 역할하는 양상으로 전개되었다. 따라서 Abbott이 중시한 일종의 관할권 분쟁이기는 하되 내용적으로는 한층 복잡한 상황으로 진행되었다.

영역 갈등을 심각한 정도로 만든 또 다른 이유는 관련 주체들이 우리나라 의료체계의 가장 영향력 있는 단체들이었다는 점이다. 논란이 되었던 전문영역 또한 각 단체의 가장 핵심적인 관할권이었다. 따라서 갈등은 특정 영역에 대한 논란을 넘어 전문가적 정체성과 자존심의 문제로 확대되었다.

논란의 핵심이 된 약의 조제·판매권은 경제적 이윤과 직결되면서 분쟁을 더욱 혼란스러운 형태로 이끌었다. 의료 서비스가 자유경쟁시장을 통해 수급된다는 정황으로 말미암아, 미국에서와 같은 의료인의 이윤추구 동기와 행태가 유사하게 발생하였다. 의약분쟁의 직접 동기가 된 약가 마진조차 미국 제약업체의 마케팅 수단들과 크게 다르지 않은 듯 여겨질 수 있다. 그러나 사회의료보험제도를 택하고 있는 우리나라는 의료지출 절감이 절실한데 이는 의료비 절감의 압력이 크지 않은 미국의 의료체계와 전혀 다른 상황이다. 특히 약가 마진이 실질적으로 저수가를 보전해주는 역할을 하여 공식 보험수가제도와 음성수입 체계가 얽혀 있던 상황에서 의약분쟁은 불가피하게 경제적 이해관계의 충돌이 되었다.

의약분쟁에서 의료전문인들의 이윤추구 동기는 한약분쟁에서와 같이 경쟁적인 시장체제라는 의료 서비스 공급체계의 환경적 요인이 기본적으로 작용하였다. 그러나 전문인으로서 그에 합당한 보상을 받아야 한다는 개인적인 동기는 한약분쟁에서보다 더 뚜렷하고 공개적으로 제시되었다. 이러한 경제적 이윤추구 동기가 각 단체 전반에 자리한 일반적인 풍토임은 한약분쟁에서와 같다.

또한 한약분쟁이나 Abbott의 사례들에서와는 달리 의약분쟁은 정치적·이데올로기적 갈등의 특성을 보였다. 의약분업제도를 기점으로 의사단체와 약사단체, 특히 전자는 뚜렷한 보수정치 성향을 드러내었다. 의료계는 의약분업제도를 실행한 집권정당의 정치성향에 반대하고 자유시장경제체제에 입각한 의료체계를 주장하였다. 따라서 2002년 대통령 선거전은 정치세력화를 선언한 의사단체 대 의약분업제도를 실행, 수용한 집권당 및 약사회의 일대 충돌이었다.

Abbott(1988)은 전문직 체제에 변화를 가져오는 외부 환경 요인에 주목하였고 개별 전문직의 조직내적 요인이나 관리 문제에 대해서는 크게 관심을 두지 않았다. 그러나 의약분쟁의 경우 리더십, 동원화 전략 등과 같은 조직관리의 특성은 전문영역을 주장하고 확보하는 데 중요한 요인이었다. 의약분쟁에서 확인된 전문영역 관할권을 변동시키는 조직적 요인은 다음과 같다.

첫째, 약사회가 앞서의 한약분쟁에서 경험하였던 것처럼 의사단체도 첫 갈등인 의약분쟁을 거치면서 집행부 내부에 심한 갈등을 겪었으며 분쟁기간 동안 세 차례에 걸쳐 집행부가 교체되었다. 일반 회원의 단체행동을 주도하면서 소장 개혁파의 역할과 중요성은 확대되었으며 직접선거를 통해 공식적으로 협회 집행부를 전담하기도 하였다.

둘째, 의약분쟁을 겪으면서 관련 전문가단체들은 조직운영에 개혁을 시도하고 발전을 꾀하였는데 특히 조직구조와 인사제도를 개편한 점이 두드러진다. 의약분쟁을 거치면서 의사협회는 집행부의 업무를 세분화하고 그에 적합하다고 판단되는 인사들을 고용하여 조직을 개편하였는데 상근이사는 종전의 1명에서 6~7명으로 증원되었다. 분쟁을 거치면서 연구소와 학회, 신문보도국 등의 업무가 더욱 활성화되어 자료형성과 정보제공, 협회주장의 이론적 근거 마련 등에 중요한 역할을 하였다.

셋째, 의약분쟁을 거치면서 협회 차원이 아닌 일반 의사들로 구성된 소단체들의 자율적인 활동이 확대되었고 의사단체 전체의 자율성과 활동성에 기여하였다. 분쟁 초기에는 동네의원살리기모임, 민주의사회 등과 같은 개별 자원단체들이 결성되고 활동을 전개하였는데 이들은 곧 의사협회의 의사결정 과정에 참여하여 영향력을 행사하였다. 인터넷을 통한 의사전달과 네트워크는 참여와 활동성 확대에 기여하였다. 단체행동이나 참여에 전혀 관심을 두지 않았던 의사들이 그 중요성과 필요성을 인식하고 활동에 나서게 된 것은 의약분쟁이 이끈 또 다른 조직변화로 특기할 만하다. 이러한 현상은 한약분쟁을 거치면서 약사회의 소단체들이 지도부 의사결정체제에 관여하게 된 과정과 유사하다.

넷째, 한약분쟁에 이어 두 번째로 큰 분쟁을 맞아 약사회는 더욱 강력하고 안정된 조직체계를 갖추었다. 의사단체와 맞서고 시민단체와 정부를 설득하는 과정에서 약사회 지도부는 정비된 리더십과 성숙한 조직관리 전략을 보여주었다. 이미 한약분쟁을 겪으면서 협회의 내부 개혁과 조직 정비를 경험한 약사회는 이러한 강점을 두 번째 의료갈등에서 최대한 활용할 수 있었다.

전문체제 내부의 성층화와 그 체제를 지배하는 우월한 권력의 존재는 전문영역을 변화시키는 중요한 요인이다(Abbott, 1988: 118-121, 134-142). 우리 의료체계에서 의사단체와 약사단체 사이에는 부인할 수 없는 권력상의 계층이 존재한다. 먼저 전문가적 능력이라는 면에서 의료계는 약사단체보다 우월하다. 회원 수나 단체의 재정 능력 면에서도 의사단체가 우위에 있다. 다만 전문가 권력의 또 다른 요소인 대외적 능력, 즉 정부지원 및 외부세력과의 연합이라는 측면에서 본다면 최근 10여 년 동안 약사회가 유리한 위치였다.

전문성의 측면에서 의사와 우열 관계에 있다는 사실은 약사단체가 의약분업제도를 수용하고 추진한 중요한 동기였다. 전문직 단체의 성층화 논리에 따르면 하위직일수록 정형화되고 담당하는 업무가 단순해지는 경향이 있다(Abbott, 1988: 118-119). 의약분업이 시행되기 전 약국은 가벼운 질환 환자의 일차의료기관으로 기능하였다. 그러나 약사의 이러한 '작은 의사' 기능은 의사의 본래 전문적인 기능과 비교하였을 때 오히려 단순한 하위 업무였으므로 약사들은 본래의 순수한 전문성을 발휘할 수 있는 독자적인 영역을 희망하였다. 따라서 의약분업제도는 기존의 성층화 구조에서 전문성을 살리지 못하고 있던 약사들로서는 평등한 분업을 통해 전문가적 정체성을 살릴 수 있는 제도적 장치였다.

두 단체 사이의 분쟁 과정과 결과는 체제 안의 지배 권력에 대한 Abbott의 견해와 일치하지 않는다. 우리나라 의료체계의 주류이고 지배 권력이라 할 수 있는 의료계가 의약분쟁을 통해서는 상대적으로 타격을 입었기 때문이다. 이러한 결과는 먼저 약사회의 영향력이 의료계와 경쟁할 수 있을 만큼 성장하였음을 입증한다. 다른 한편으로는 분쟁 당시 의료체계를 둘러싼 정치 사회 환경이 지배 세력인 의료계의 성향에 반하는 것이었고 의료단체들 사이의 역할과 기능에 새로운 질서를 기대하는 기류가 강했던 점을 주목할 필요가 있다. 의약분업제도의 개념에서 업무 분리는 원칙상 양 단체의 동등한 전문가적 위상을 전제로한 것이었으므로 기존의 불평등한 계층 관계에 대한 변화가 요구, 수반될 수밖에 없었다. 따라서 법적 행정적 영역과 여론에서 유리한 위치였던 약사회로서는 의약분쟁이 기존의 상하관계를 개선할 수 있는 기회였던 반면, 의료계는 기존의 지배적인 위상과 영향력에도 불구하고 의약분쟁에서 적지 않은 타격을 입었다.

내부 성층과 관련한 또 하나의 특이점은 의료계 안에서 전문의와 일반의, 전공의, 수련의 사이의 계층 관계이다. 현재 일반의로서 의원을 운영하고 있는 의사들은 전체 의사 수의 10퍼센트 미만이며 그나마 연령대가 높은 이들이다. 현재 대부분의 일반의는 종합병원에서 전공의와 수련의 과정을 밟고 있다. 의료계의 엄격한 내부 계층 구조는 의약분쟁 동안 단체 행동을 뒷받침하는 힘이 되었다. 특히 전공의와 수련의들의 조직 체계와 활동은 의료계 투쟁의 핵심이 되었다.

전공의와 수련의에게 의약분업제도는 미래의 전문가적·경제적 안정성을 위협하는 중대한 사건이었다. 그동안 이들의 근무 조건과 위상은 의료계 안의 계층 구조에 따라 엄격히 통제되어 왔다. 선후배 사이의 계층질서와 구성원 사이의 단결은 의료계 내부에 어떠한 저항이나 하극상도 허락하지 않았었다. 전공의와 수련의의 과다한 업무 분량과 그로 말미암은 고충이 의료계 내부에서 개선되지 못하고 약사회와 정부라는 외부 단체와의 갈등에서 강력한 동력으로 분출되었다는 점은 상당히 역설적이다. 의사들로서는 전문의와 전공의 및 수련의 사이의 갈등이라는 내부 분쟁보다는 외부 단체와의 분쟁을 택하는 것이 오히려 현실적인 방안이었던 것으로 보인다.

급변하는 사회 정치 상황 또한 전문영역 관할권을 변동시키는 중요한 환경 요인이다. 서구와는 달리 우리는 근대 이후 짧은 기간 동안 급격한 사회 변화를 경험하였는데 특정 직종의 전문화 또한 동일한 시기에 행해졌음에 주목해야 한다. 의약분쟁에서 전문영역 사이의 갈등에 영향을 준 주요 정치·사회적 동향으로 의약분쟁이 진행된 1999년부터 2002년 당시의 상황뿐만 아니라 '80년대의 사회 변화를 함께 고려해볼 가치가 있다.

의약분쟁을 이끈 의사단체와 약사단체의 핵심 활동세력은 이른바

386세대였다. 이들은 '80년대 정치 사회 변혁기에 대학생활을 하면서 독특한 청년 문화를 경험한 세대이다. 그 전의 세대에서는 극소수만이 저항 세력을 형성, 독재 세력에 항거하는 이른바 선도자적 역할을 하였고 그 뒤의 세대에서는 정치적 이슈가 희석되면서 단체보다는 개인 중심의 대학 문화가 형성되고 있는 것에 견주어, 386세대에서는 정치적 저항 운동이 구성원 일반에까지 확산되고 시위 등 단체 행동에의 참여가 빠르게 확대되었다. 따라서 이 세대는 다른 어느 세대보다 단체행동과 참여에 익숙한 특징을 지니고 있다. 386세대가 의사협회와 약사회의 주요 세력으로 등장하면서 이 세대의 특성은 의약분쟁의 전개 과정에서도 표출되었다.

먼저 이들은 조직의 구성원과 재원을 동원하고 조직화하는 데 앞장섰으며 구성원들의 호응을 얻어 적극적인 단체 행동을 이끌었다. 또한 386세대는 사회에 진출하고 직장 생활을 시작하면서 개인용 컴퓨터를 익히고 PC통신을 활용하기 시작한 세대였다. 의약분쟁에서 인터넷을 통한 의사전달은 신속한 의사소통과 의사결정, 단체 행동에의 참여 확대 등에 중요한 기능을 했다. 이러한 특징은 의사단체와 약사회에서 공통적으로 발견되었다. 이들은 서로 반대되는 처지로 대립하였지만, 각 단체의 활동을 조직적이고 전략적인 형태로 주도한 세력의 공통점은 80년대의 정치·사회 변화를 함께 경험했다는 점이다.

의약분쟁 당시의 정치·사회적 동향 또한 중요한 영향 요인이었다. 의약분쟁은 한국 정치사상 최초로 진보정당이 집권한 시기에 발발하였다. 정부 여당이 사회 각 분야에서 평등과 형평성을 강조하고 있었기 때문에 약자의 주장은 그 어느 때보다 힘을 얻을 수 있었다. 의료계와 약사회 사이의 갈등도 이러한 사회 상황을 상당부분 반영한다. 의료계에 견주어 상대적으로 약자였던 약사회는 여론과 시민단체 그리고 정부로부터 지지를 얻을 수 있었다. 무엇보다 의약분업제도는 '분업'의 개념상 의사와 약사 사이의 계층 의식보다는 역할 비중의 동등성 또는 평등성에 무게를 둔 것이었다. 따라서 의사들에게는 의약분업제도의 실행이 기존 위상과 권한의 상대적인 상실을 의미할 수밖에 없었다.

또 다른 관점에서 본다면, 의약분업제도에 대한 의사들의 저항은 당시 우세했던 진보적인 정치·사회 환경에서 보수주의가 제기한 거의 첫 번째 가시적인 반격이라 할 만하다. 의료체계에서 정치적 보수와 정치적 진보 사이의 이데올로기적 갈등은 2002년 대통령 선거가 다가오면서 더욱 구체적이고 분명하게 드러났다.

한편 당시 대부분 진보 진영에 있었던 시민단체들도 의약분쟁의 핵심 주체였다. 시민단체의 등장과 발전, 활성화는 '90년대 우리 사회의 가장 두드러진 특징 가운데 하나이다. 분쟁 초기, 시민단체가 두 단체 사이에 공식 중재자로서 관여하고 합의를 이끌기도 하였으나 결국 이들의 주장과 역할이 진보 집권당에 지나치게 근접하고 말았다는 점은 시민단체의 근본적 정치 성향과 무관하지 않다.

의약분쟁에 영향을 끼친 또 다른 사회적 정황은 분쟁의 시작과 함께 우리 사회가 언론과 여론을 통해 비로소 본격적으로 의료체계에 대한 논의와 비판을 시작하였다는 점이다. 정부는 이러한 현상과 그 중요성을 인식하고 있었고 의사들은 정부가 시민단체, 언론과 함께 의도적으로 의료계를 호도한다고 주장하였다. 의사들이 정부의 행태를 선동주의 또는 인민주의라고 비난하였지만 사회 분위기를 반전시키는 데는 역부족이었으며 오히려 일반 국민의 반발을 일으켰다. 진보 성향 우위의 당시 사회 분위기는 결코 의사들에게 유리하지 않았다. 의사들이 저항 수위를 높일수록 여론의 압력은 가중되었다.

정치·사회적 정황과 관련하여 주목할 만한 또 다른 사안은 경제적 이해관계와 전문가적 도덕성 사이의 논란이 주요 이슈로 부각되었다는 점이다. 전문영역의 도덕성은 Abbott이 제시한 문화적 요인의 하나이기도 하다. 일반 국민은 약가 마진이라는 의료체계의 관습에 분개하였다. 당시의 의료보험 체계에서 약가 마진이 생성될 수밖에 없었던 현실적인 이유가 있기는 하였으나 일반인들은 그러한 복잡한 이유나 역사를 듣고 싶어 하지 않았다. 정당하지 못한 수입의 존재 자체는 의료계의 도덕성에 치명타였다.

의사들의 파업 또한 도덕적 논란을 불러일으켰다. 국민은 어떤 근거에서건 의사가 환자를 '저버리고' 파업을 한 상황을 이해하려 들지 않았다. 당시 특히 젊은 세대를 중심으로, 병역 기피 등 그동안 우리 사회에서 등한시되어 왔던 노블레스 오블리주를 촉구하는 분위기가 팽배하였으며 상류사회의 도덕성과 도의적 책임에 대한 요구가 전에 없이 높아지고 있었다. 이러한 상황에서 의사들의 파업은 '사회적 경제적으로 상류 계층인 의사들이 더 많은 경제적 이득을 위해 환자들을 희생시킨 행위'로 간주되어 여론을 악화시켰다.

의약분업이 시행되고 분쟁이 진정되어갈 무렵 의료계와 약사회 내부에서 자체정화라는 이슈가 등장하였다. 이때 초점은 특별히 의료전문인의 경제적 이윤추구에 맞추어졌다. 응답자들이 밝힌 바와 같이 의료 전문가의 도덕성은 장기적 관점에서 의료체계의 발전을 논의할 때 더욱 중요하게 부각되었다.

서구 국가들에서 의료 전문가의 도덕성 확보는 전문가단체가 형성되고 체계화되는 초기 과정에서 필수적인 단계로 거론되었다. 우리나라에서도 의료전문 단체의 윤리 강령은 전후 각 협회가 정비되는 과정에서 마련되었다. 의사협회의 경우 1961년 10월 '의사의 윤리'가 제정되었으나 '90년대 말 의약분쟁이 발발하기 전까지 형식적으로만 남아 있는 정도였다. 1995년 '의사의 윤리' 개정 추진이 결의된 뒤 연구를 거쳐 1997년 2월 개정된 '의사윤리선언'이 확정 공포되었고 동년 4월에는 '의사의 윤리' 내용을 좀 더 구체화시킨 '의사윤리강령'이 제정 공포되었다. 그 뒤 의약분쟁을 거치면서 '의사윤리선언'과 '의사윤리강령'에서 지향하는 내용을 의료 현장에 적용하여 1차적인 판단기준을 할 수 있도록 하는 '의사윤리지침'이 만들어져 2001년 11월에 공포되었다.

종전에는 이윤추구와 관련하여 의료전문인의 도덕성을 공개적으로 논의할 만한 기회가 없었으나 의약분쟁은 의료인의 이윤추구 동기와 도덕성 문제를 사회적 이슈로 부각시켰으며 전문직 내부에서도 자체정화에 관심을 기울이도록 하는 계기가 되었다.

한편 재정지원과 훈련 및 교육과정을 둘러싼 대학에서의 전문직 사이의 경쟁이나 갈등은 영역분쟁에 영향을 주는 중요한 문화적 요인이다(Abbott, 1988: 208). 의약분쟁 직후 본격화한 약대 6년제 개편 논란은 기존의 교육과정을 개편, 강화하는 것이 인근 단체들에게 얼마나 민감하고 심각한 사안인지 보여주었다. 우리나라의 약사 단체는 "고등교육은 전문가주의의 가장 중요한 요소(Ben-David, 1963: 256)"임을 일찍부터 깨닫고 있었다. 대한약사회는 학계와 협력하여 연구보고서를 작성하고 정부에 정책대안으로 제시하는 등 교육연한 연장을 위해 일찍부터 노력해왔다(대한약사회, 1985; 대학교육심의회, 1993).

약학대학의 교육 연한을 6년으로 개편한다는 것은 먼저 약사의 전문 지식과 기술을 높일 수 있다는 실용적 측면에서의 변화를 의미한다. 약사들은 긴 교육연한을 통해 임상 경험을 갖게 될 것을 희망하고 있으며 이를 통해 약사들의 전문성 수준은 분명 높아질 것으로 보인다. 의료계와 당초 한의계가 약대 6년제 개편에 반대했던 이유는 약사의 전문 기술과 지식 증대가 의사·한의사의 진료권과 처방권을 위협하고 의료체계에서 약사의 영향력이 확대될 것이라는 우려 때문이었다. 그러나 이러한 가시적 실용적 의미 못지않게 사회적 상징적 측면에서의 변화가 예상되는데 우리 사회에서 약사의 사회적 지위와 전문가적 영향력이 높아질 것이기 때문이다.

우리나라에서 최근 행해진 약학대학 교육제도 개편 논란과 결정은 개별 전문단체가 전문화 과정 — 즉 자격 또는 면허 시험 절차, 교육기관의 설립과 인허가, 교육과 훈련, 윤리강령 제정과 시행 등의 요건(Abbott, 1988:193)이 완료되어 최소한 외형적으로는 틀을 갖추고 정립된 뒤 다시 제기된 사안이라는 점에 주목된다. 약사들과의 분쟁을 겪고 난 뒤에야 의료계와 한의계는 각각 약사단체의 영향력을 실감할 수 있었다. 의료계와 한의계가 약사단체의 새로운 교육제도에 민감할 수밖에 없었고 이에 강력히 저항한 것도 의료체계 안 전문직들 사이의 영향력이 기존의 질서에서 더욱 크게 변동될 것을 우려하였기 때문이다. 특히 한약분쟁 이후 한약사 제도가 신설되고 기존의 약사들이 통합약사의 지위를 얻게 될 것을 우려하여 한의계가 조건부로 약대 6년제 개편안에 동의하기까지의 과정 전반은(메디게이트뉴스, 2006; 데일리팜, 2005b; 한의신문, 2004a; 데일리팜, 2004a) 약사회의 영향력이 얼마나 조직적으로 확대되었는지, 그리고 인근 의료단체와의 관계에서 약사회가 얼마나 전략적으로 유리하게 상황을 주도하였는지 보여준 대표적인 사례이다.

5. 갈등의 주도 세력과 정부의 역할

갈등의 장(場)과 주도 세력

특정 전문가단체의 관할영역에 대한 주장은 여론과 법적 영역, 그리고 실무 영역의 세 분야에서 제기된다(Abbott, 1988: 60-67). 의약분업제도의 시행으로 촉발된 갈등은 의사와 약사 사이의 갈등을 넘어 여러 이해관계자들이 관여하는 이른바 '전쟁'으로 확대되었고 여론과 법적 영역, 실무 영역은 각 단체의 상반되는 주장과 첨예한 갈등이 전개되는 전장이 되었다.

의사협회와 약사회는 여론의 지지를 얻고자 서로 경쟁하고 충돌하였다. 두 단체 사이의 광고전은 여론을 얻기 위한 노력의 대표적 사례이다. 그러나 두 단체가 행한 광고의 횟수와 내용에는 큰 차이가 있었다. 의사단체가 노력과 재원을 대량 투입하여 많은 광고들을 게재한 반면 약사들은 최소한으로만 대응하며 충돌과 자극을 의도적으로 회피하는 전략을 썼다. 분쟁의 후반 들어 의(醫)-약(藥)보다는 의(醫)-정(政) 갈등이 뚜렷해지면서 정부가 의사들 주장에 반박하는 광고를 게재하기 시작했으며 약사회는 오히려 분쟁에서 한 발 물러서는 양상을 보였다.

광고를 통한 의사들의 주장과 노력에도 불구하고 여론은 그들 편이 아니었다. 언론 보도를 통해 밝혀지고 확산된 '약가 마진'의 존재는 의사단체에 대한 부정적인 여론을 되돌릴 수 없는 지경으로 악화시켰다. 의료기관의 파업 또한 여론을 악화시킨 주요 원인이었다. 일반 국민이 생각하기에 의사들은 단체 행동이 불필요한 부유한 계층이었으며 단체 행동을 해서도 안 되는 전문인들이었다. 집회와 농성, 파업 등은 우리 사회가 발전해오는 과정에서 사회적 경제적으로 열악한 위치에 있었던 단체들이 택해 온 전형적인 집단행동이었다. 이러한 행동 방식이 2000

년대를 맞이하는 시점에서 의사들에 의해 재현되는 것을 보는 여론의
시선은 냉담했다.

약사들은 앞서 한약분쟁에서 단체행동을 통해 얻었던 값비싼 교훈을
충분히 활용하여 어떠한 집단행동도 하지 않았다. 여론을 의식한 약사
들은 파업과 같은, 전문가단체의 이미지를 훼손할 만한 무리수를 두지
않았으며 신중한 태도를 견지하였다. 의료기관이 파업하면 약사들이 대
신 환자를 돌보겠다고 나설 정도로 약사회의 전략은 기민했다.

여론의 장에서 펼쳐진 두 단체의 주장과 정황을 살펴보면, 여론은
법적·제도적 영역으로 나아가는 통로라는 Abbott의 주장이 의약분쟁
에서도 적용될 수 있음을 알 수 있다. 의약분쟁의 경우 의사들이 여
론의 지지를 잃어감에 따라 정치권은 의사들의 요청이나 지지를 회피
하기 시작했다. 정치권이 여론에 가장 민감했던 2002년 대통령 선거전
당시 보수정당이 의사들의 공개적인 지지를 부담스러워했던 것은 대
표적인 사례이다. 따라서 의약분쟁에서 여론은 정치권에 상당한 영향
을 주었으며 이러한 영향력은 관련 법규와 제도 형성에도 이어진 것
으로 판단된다.

앞서 한약분쟁에서와 같이 의약분쟁에서도 법적·제도적 영역은 갈등
이 처음 촉발된 분야였다. 1994년 한약분쟁이 타결되면서 의약분업제도
의 실행이 입법되었으며 약품실거래가상환제 등 그를 위한 조치가 본
격화하면서 의사단체가 반발하고 나서 갈등이 시작된 것이다. 법적·제
도적 영역이 갈등의 출발점이 되는 경우는 Abbott(1988)의 사례에서 거
의 찾아볼 수 없다. 그러나 우리의 경우 한약분쟁과 의약분쟁 모두 법
적인 영역에서 점화되었다. 특정 정책이나 제도가 분쟁을 촉발시켰고
그 분쟁을 해결하기 위한 법적·제도적 영역에서의 시도가 다시 갈등을
일으킨 것이다. 기존의 제도와 정황이 운영되고 있는 상태에서 법적 영
역에서의 갑작스러운 또는 새로운 결정은 이해관련 단체의 저항을 가
져올 수밖에 없었다. 이러한 상황을 또 다른 관점에서 해석한다면 법적
·제도적 결정 과정에서 이해 관계자들과 충분한 사전 논의가 이루어지

지 않았음을 의미한다.

법적·제도적 영역에서 제도의 기안 등 의약분업제도 시행의 초기단계에서는 의약분업제도를 주관한 약무식품정책과를 중심으로 보건복지부가 중심 역할을 하였다. 또한 공식적 비공식적으로 시민단체 또한 법적 제도적 영역에서 정부와 함께 제도를 설계하고 두 의료단체 사이에 합의를 끌어내는 데 중요한 역할을 하였다. 그러나 분쟁이 본격화하면서 정치권이 개입하였고 특히 청와대가 상당한 권한을 행사하였다. 따라서 의약분쟁 전반에 걸쳐 법적·제도적 영역에서는 주도세력이 수차에 걸쳐 변동되었다.

한의사들과 첫 번째 갈등을 겪는 과정에서 약사회는 의약분업제도를 이미 대안으로 인식하고 있었고 한약분쟁이 타결된 이후에는 분업제도 실행에 대비한 준비작업이 약사회 차원에서, 그리고 약사 개인 차원에서 꾸준히 진행되어 왔다. 그러나 의사들은 정부가 그 제도를 '정말' 실행할 것이라고는 생각지 않고 있었다. 두 단체의 이처럼 다른 태도는 약사단체와 정부가 의약분업제도의 법적 행정적 영역에서 주도권을 잡고 의사단체를 압박하였던 상황에 대한 배경 설명이 되고 있다. 의사들은 법적·제도적 영역에서 열세였으며 새로운 제도에 저항하는 것 외에는 달리 대안이 없었다.

법적 영역에서 관련 단체들의 주장과 노력은 정부와 정치권을 대상으로 한 '설득 과정'이나 로비과정을 포함하였다. 한약분쟁에서와 같이 약사회는 정치권과 정부 실무자들을 설득하기 위한 조직적이고 민첩한 상향식 접근 전략을 실행하였으며, 약사 출신 공직자들은 의약분쟁에서도 약사회의 주요 지원 세력이었다. 이와 달리, 의사단체의 대정부 접근과 응대 방식은 직선적이고 미숙하였다. 정치권에 대한 잠재적인 영향력은 의사단체가 월등하였을 것이나 현실적으로 설득 노력이나 구체적이고 지속적인 전략적 활동은 미미하였다. 결과적으로 법적·제도적 영역에서 의사들은 불리한 상황에 있었다.

앞서 논의된 여론의 장 및 법적 영역과 비교해볼 때 약사들에게는 업무 현장이 가장 불리한 전장이었다. 의료체계에서 약사의 기존 역할과 위상, 특히 의사와의 전통적인 관계라는 측면에서 볼 때 실무에서 약사의 열세는 불가피한 것이었다. 갈등의 장으로서 실무 현장은 의약분업제도 실시 전후로 구분하여 논의할 수 있다.

의약분업이 시행되기 전 의사와 약사가 업무현장에서 직접 대면하는 일은 거의 없었다. 의원과 약국은 사실상 별도의 독립된 기관이었다. 병원에서 함께 근무하는 의사와 약사의 업무상 관계는 계층적인 성격이 짙었다. 병원에서 의사의 결정에 대한 약사의 이론과 불만이 없었던 것은 아니지만 중요하게 다루어지거나 인정되는 경우는 거의 없었다. 의약분업제도가 이슈로 부상하면서 의사와 약사 사이의 갈등은 커졌으나 이조차 현장에서 업무와 관련하여 개별적 또는 집단적으로 충돌한 것은 아니었으며 환자들을 접촉하는 과정에서 우회적으로 자신들의 처지를 알리는 정도였다.

그러나 의약분업제도가 실행되면서 의사와 약사 사이에는 업무상 직접적인 관계가 형성되었다. 약을 처방하고 그에 따라 조제하는 기관으로, 지역사회에서 공조가 불가피하게 된 것이다. 그러나 그 관계는 양자가 수평적으로 협조를 주고받는 관계라기보다는 최소한 지금까지는 상하관계의 성격인 것으로 판단된다. 좀 더 많은 환자의 처방전을 받고자 인근 의료기관과 '좋은 관계'를 유지해야 하고 별도의 비공식적인 '노력'이 필요하게 되었다는 것이 약사들의 주장이다.

현행 약사법상 의료기관과 약국 사이의 담합행위는 엄격히 금지되어 있다.[63] 그러나 인터뷰 응답자들은 의사가 환자의 약국 선택에 간접적이고 비공식적인 영향을 끼칠 수 있다고 주장하였다. 이러한 상황으로

---

[63] 약국개설자가 의료기관개설자에게 처방전 알선의 대가로 금전, 물품, 편익, 노무, 향응 그 밖의 경제상의 이익을 제공하는 행위, 의료기관개설자가 처방전을 소지한 자에게 특정 약국에서 조제 받도록 지시하거나 유도하는 행위 등은 금지된다(약사법 제22조). 또한 약국과 의료기관이 구조 등 물리적 시설 측면에서도 담합의 여지가 없도록 규정하고 있는데, 약국을 개설하고자 하는 장소가 의료기관의 시설 안 또는 구내이거나 의료기관과 약국 사이에 전용복도 계단 승강기 또는 구름다리 등의 통로가 설치되어 있거나 설치하는 경우 약국 개설등록이 되지 않도록 하는 경우가 그것이다(약사법 제16조).

말미암아 약사들은 일종의 종속감과 불편함을 느끼고 있었으나 현실적 경제적 이유에서 인근 의료기관과 우호적인 관계를 유지하고자 노력하고 있었다.

상술한 바와 같이 의약분쟁 동안 약사들은 여론과 법적 영역에서 유리한 위치였으나 의약분업제도가 시행되면서 실무 현장에서는 의사들과의 직접적인 관계에서 열세에 놓여 있다. 그러나 실무 현장에서 지금과 같은 의사들의 우월한 지위가 안정적이라고는 볼 수 없다. 약학대학이 6년제로 변경, 확정된 것은 실무영역에서 양자 사이의 관계가 직접적이고 첨예하게 대립할 수 있는 중요한 변수로 작용할 것이다. 더 많은 전문교육을 받은 약사들로서는 특히 임상과 관련하여 전문가적 역할과 위상을 높이려 할 것이고 이는 의사들이 독점적이어야 한다고 주장해 온 진료 영역에 어떠한 형태로든 영향을 미칠 것이기 때문이다. 대체조제 범위가 확대되는 것 또한 현재 실무 영역에서의 관계가 앞으로 크게 변화될 것임을 예고하는 대목이다. 이러한 상황을 장기적이고 거시적인 측면에서 거론한다면, 결국 법적·제도적 영역에서의 우세가 현장 실무 관계에 영향을 미칠 것으로 보인다.

정부의 역할

정부는 제도의 제안자로서, 결정자로서, 갈등의 촉발자로서, 중재자로서, 정책의 집행자로서 의약분쟁의 처음부터 끝까지 중요한 역할을 하였다. 그러나 의약분쟁 동안 정부의 역할에 대해서는 많은 회의와 비판이 따르고 있다. 혼란한 상황을 제대로 관리, 수습하지 못했기 때문이며 정책에 일관성을 기하지 못했다는 이유에서이다.

우리나라는 국가발전 과정에서 거의 모든 분야에 걸쳐 정부가 적극적이고 주도적인 역할을 해 왔던 만큼 의약분업제도의 기안과 결정, 실행에 정부가 적극 개입한 것이 전문가단체나 일반 국민에게 낯선 것은 아니었다.

[의약분쟁 전까지] 우리는 단지 정부가 하는 대로 믿고 따랐을 뿐이죠.

-의사13-

그러나 사회적으로 영향력 있는 전문가 집단들의 이해관계가 첨예하게 걸려 있었기 때문에 실행 단계에 임박하여 갈등은 전격 표출되었고 이를 해결하고자 정부는 다각적인 방안을 모색하였다. 영수회담이 이루어지고, 청와대가 관여하고, 다섯 차례에 걸쳐 의료보험수가가 인상되는 등, 다양한 정치적 재정적 조치들이 시도되었다. 문제는 이러한 다양한 방안들이 당초의 기본계획이나 장기적인 시각에서 행해진 것이 아니었다는 점이다. 그러나 분쟁의 후반부는 의사와 약사 사이의 대결구도가 아닌 의사단체와 정부 사이의 갈등으로 진행된 점, 그리고 의약분업이 자리를 잡았고 약가 마진을 없앴으며 의사단체에 대한 견제가 정부의 의도대로 성과를 거둔 점 등을 감안하면 결과적으로 의약분업제도가 정부의 당초 기본정책 목표에서 벗어나지는 않았다고 본다.

응답자들도 확인한 바와 같이 실무자 수준의 행정 영역에서는 약사 측이 유리하였다. 그러나 좀 더 고위 수준인 정치권에서의 결단이 없었다면 행정권의 노력만으로 이 제도가 실행될 수는 없었다. 당시는 진보 정당이 집권하고 있었고 이들은 다른 영역에 대해서와 마찬가지로 의료체계를 개혁하는 데 강한 의지를 보였으므로 많은 부작용과 후유증이 있었지만 약 40년 동안 규정으로만 남아있던 의약분업제도를 실행할 수 있었다.

의약분업제도를 이끌면서 정부는 몇 차례에 걸쳐 정책방향을 수정하였다. 1999년부터 2002년까지 보건복지부는 다섯 명의 장관을 보내고 맞이하였으며 그때마다 의약분업에 대한 정부의 접근방식도 변화하였다. 의약분쟁 동안 정책 갈등과 협상의 현장에 있었던 인사들(약사3, 언론인1)의 경험과 회고를 정리하여 당시의 정책 동향을 살펴보면 다음과 같다.

차흥봉 장관(1999. 5.~2000. 8.)은 의료정책 특히 의료보험제도에 관해 개혁 성향을 지닌 학자 출신 장관이었다. 차홍봉 장관은 학문적 이론적 지식을 근거로 제도의 틀을 만들었으며 강력한 의지로 실행에 옮겼다. 당시로서는 매우 '낯설었던' 의약분업제도를 단행하면서 그는 의료계와 약계 양측으로부터 동시에 비난을 받아야 했다. 의사들이 대규모 시위로 대정부 투쟁을 시작하면서 정통 관료 출신의 최선정 장관(2000. 8.~2001. 3.)이 부임하였다. 노동부장관 시절 노사정협의회를 이끌었던 경험을 바탕으로 최선정 장관은 의약정협의회를 구성, 갈등 국면을 해결하고자 하였다. 세 번째 장관이었던 김원길 장관(2001. 3.~2002. 1.)은 강력한 정치력을 지닌 인사로 평가되었으며 의사와 약사, 정부 사이의 냉각 관계를 정치적으로 풀기 위해 발탁되었다. 이어 임명된 이태복 장관(2002. 1.~2002. 7.)은 의료체계의 부정부패 근절이라는 점에 초점을 두고 의약분업제도를 이끌어 나갔다. 의료보험 재정이 심각한 적자를 드러내자 후임 이선정 장관의 주요 임무는 의료보험수가와 약가를 동결하거나 삭감하는 것이었다.

보건복지부 장관의 잦은 경질은 관련 단체 사이에 갈등이 증폭되거나 사태가 악화한 경우 일종의 돌파구로 행해졌다. 매번의 위기에서 장관 교체가 일단 경색 국면을 전환하는 데 도움이 되기도 하였으나 "정부가 원칙과 확신을 잃었다(약사3)"는 평가는 부인할 수 없을 듯하다. 무엇보다 정부는 강력한 영향력을 지닌 두 의료단체 사이에서 의약분업제도 실행의 주도권과 두 단체에 대한 통제력을 상실한 것으로 평가되고 있다.[64] 결국 갈등의 조정 역할은 주무부서인 보건복지부에서 정치권으로 넘어갔는데 정부의 한 실무자는 그 분기점이 되었던 상황을 다음과 같이 설명하였다.

---

[64] 박민정(2006: 208)은 이러한 상황에 대해 "정부는 …… 주도적으로 지대창출을 하지 못했으며 대립되는 지대추구자들 사이의 갈등 속에서 지대배분의 어려움을 겪고 이를 어떻게 비난을 적게 받으면서 조정할지에 대해 상당한 시간과 노력을 기울였을 뿐 이를 주체적으로 배분하는 역할은 상실한 상태"였다고 평가하였다.

의약분업 전에는(안을 마련하는 단계에서는) 정부가 주도한 게 맞고. 의
약계에 명령하고 강제식으로 해도 애기가 됐는데. 의약분업[실행]하면서 주
도권을 상실한 거고. 내 생각에 그 기점이 된 게 결정적으로 6·4 영수회담
이었던 거 같애. 그때 복지부 손을 떠난 거지. 그러고 나서는 [보건 복지부
는] 의료계 저항을 무마하기 위해 허겁지겁 따라가는 정도로. 기존의 정책
과 정부안을 합리화시키기에만 급급해서.　　　　　　　-**정부관계자**1-

　당시의 정부 정황에 정통한 한 정치권 인사에 따르면 의약분쟁을 해
결하기 위해 청와대에 비공식 태스크 포스가 설치되었다고 한다. 정치
권의 핵심부가 갈등에 관여할 수밖에 없었던 이유와 정치권의 한계에
관해 응답자는 다음과 같이 설명하였다.

의약분업에 비공식적으로 청와대가 관여하게 되었죠. 당시 …… 복지수
석에서 정책기획수석이 맡게 되었고 그 밑에 태스크 포스가 만들어졌어요.
이걸 아는 사람은 거의 없는데. 당시 ○○○비서관이라고. 정부, 보건복지
부에서 조정 역할을 했어야 했는데 그게 안 되니까 결국 청와대 역할로 그
렇게 넘어간 거죠. …… 복지부는 굉장히 미숙했다고 보죠. 의약분업만의
문제로 남는 게 아니고 의료보험 직장-지역 통합문제, 재정문제와 결합되어
있었기 때문에 같이 가는 거죠. 그 문제들이 그런 큰 흐름 속에서 우리나
라 의료보건이 함께 가는데 ……. 실제로 문제가 발생하거나 하면 서로의
의견을 조정하고 중재하는 협상력이 있어야 하는데 그런 게 없었죠. 그러
니까 나중에 청와대로 빼앗겨버리는……. 청와대에 비공식적으로 태스크
포스, 마지막 협상에서는 이들이 전권 행사했죠.
　[보건복지부가] 아주 어리숙하고 미숙하고. 그러니까 이런 거죠. 의약분
업이란 것이 의사-약사-국민-부처 세력 간의 관계에서 주의·주장을 죽 정
리해 놓고 이것을 협상을 끌어가는 전략축이 있어야 하는 건데, 어떤 부분
은 되고 안 되고 하는 원칙 등이 있어야 하는데, …… 시기도 참 중요했거
든요. 파업이라든가 의협내부 분쟁……. 의쟁투 활동 등을 어떻게 할 건가,

분리시켜서 대처한다거나 그런 전략들이 있었어야 했는데 관료들이 쫓아가기에는 너무 복잡했어요. 공무원들은 그냥 상황을 쫓아가는 데만 급급했죠. 마지노선을 정해놓고 내부적으로, 그 앞에서 진지구축을 하고 하다가 그쪽 내부세력 고려해서 물러나면서 결정지어야 하는데 그런 걸 못했죠. 그걸 관료들에게 기대하기는 무리였죠. …… 복지부는 의약분업에서는 거의 자기 역할, 중재 조정 협상해서 단일안 끌어내고 합의시키는 것을 전혀 못했어요. 장관들조차 …… 개인적으로는 여러 얘기가 있겠지만 협상을 이끌만한 준비나 역량이 없었어요. '수가 올려주면 되겠지' 단순하게 생각했어요. 부당과잉청구를 카드로 내세울 필요가 있었어요. 우선 환경을 정비할 필요가 있다고 생각했죠. 지역별 기관별 제약회사별 근거를 가지고 부당과잉 허위청구에 강력한 법집행을 더 했어야죠. 수많은 부정부패가 있어 왔는데 본보기식으로 강력하게 대처했었어야 했어요.

…… [또한 정치적으로도] 전체를 이끌고 지킬 만한 파워가 없었던 거라고 봅니다……. 정책이 행해질 때는 그걸 이끌 만한 정치적 파워가 가장 중요한데 당시 DJ 국민의 정부는 정치적 파워가 결국 국회분포 의석분포로 나타났었는데 실제로 그걸 지킬 만한 파워에서 밀렸어요. 여소야대 국회였으니까. 그걸 할 수 있는 힘이 없는 상태였어요. **-정부관계자2-**

한편 의약분쟁에 대한 정치권의 관여와 통제는 정부 실무자들에게 업무상의 어려움과 불만을 초래했다. 공무원 신분으로 정치권에 공개적으로 저항할 수는 없었으며 자괴감을 느껴야 했다. 한 정부 관료의 당시 정황에 대한 설명이다.

의약분업 당시 모든 책임은 결국 실무담당자에게 돌아갔어요. 국장님 한 분이 중징계 받고. 검찰에서 ○○○장관님 소환해서 수사하려 했는데 장관님께서 '좋다, 그렇다면 모든 얘길 하겠다'. 그렇게 나오니까 이런저런 파장을 고려해서 소환 안하고 그냥 입 다무는 것으로 정리가 되었고 실무자들만. 그때 많은 공무원들이 분노하고 자괴감을 느꼈고. 이번에 다시 복귀하기는 했지만. …… 사실 의약분업은 청와대에서 모두 지시가 내려왔어요.
그런데 복지부 공무원들이 다 덮어쓴 거죠.   **-정부관계자4-**

분쟁을 수습하는 과정과 결과에서 정치권과 실무행정권 사이의 갈등
상황이 확인된다. 양자는 넓은 의미에서 '정부'로 포괄, 통칭될 수 있으
나 실제 정책과정에서는 업무방식과 처지 등에서 보이지 않는 마찰이
있었다.

정부가 의사결정 주체와 과정에서 동요와 변화를 경험한 반면 정부
와 개별 전문단체 사이의 관계는 비교적 일관된 형태를 유지하였다. 응
답자들에 따르면 정부와 의료계 사이의 관계는 이견과 저항과 불신 등
이 지속된 반면, 정부와 약계는 상호이해와 협상의 여지가 충분한 관계
로 이어졌다. 의료계와 정부, 그리고 의료계와 약사회 사이의 불신은
의약분업제도의 내용을 확정하고 실행하는 데 중요한 걸림돌이었다.

그러나 이에 대한 의사들의 평가는 달랐다. 그들에 따르면 정부는
"의사협회를 단지 산하기관으로만 생각하고" 의약분업제도에 무조건 따
라오도록 '밀어붙이기만' 했다는 것이다. 정부의 이러한 지도 방식은 의
사들의 거센 저항을 불러일으켰다.

　　정부는 의사를 개혁의 대상으로만 봤어요. 많이 가졌으니 내어놔라는 식
의. 주체 자체를 [결정과정에서] 배제한 거죠. 이미 세팅된 틀 안에서 움직
이게끔 할려고 한…….   **-의사14-**

약사회 또한 의료계를 대하는 정부의 태도에 문제가 있다고 보았다.

　　특히 약품수라든지 주사제 사용량이라든지 전부 타율적으로 법으로 끊어
내는 역할을 하게 되니 자꾸 마찰이 생기고, 마찰이 생기니 의료계가 스스
로 할 수 있는 일들이 자꾸 줄고, 목줄 끌어서 정부가 끄는 듯한 모양새로
가고 있고. 실제로 바람직하지 않다고 생각하는데. 감정적으로 의사들이 미

올 때도 있는데 그러나 우리나라 보건의료정책의 중심에는 의사가 있는 게 분명하고 변화를 받아들이고 적극적으로 풀어내는 것으로 사회분위기가 만들어지고 그렇게 정책적으로 가는 것이 맞다, 더디더라도.   **-약사3-**

건강보험심사평가원(심평원)의 업무방식은 정부의 의료계에 대한 관리·규제의 대표적인 형태이다. 심평원의 주요 역할은 의료기관이 청구한 보험급여비 내용을 검토, 확인하여 부당한 요청을 삭감하는 것이다. 그러나 삭감 기준의 일관성이나 합리성과 관련하여 의사들로부터 많은 비난을 받고 있다. 지급요청을 검토하고 삭감하는 업무 담당자의 상당수가 전직 간호사라는 점 또한 의사들의 불신과 불만을 초래하는 이유 가운데 하나이다. 심평원에 대한 의사들의 불만은 "10년 넘게 쌓여왔(**약사3**)"다고 한다.

의료계에 대한 노무현 정부 인사들의 태도는 김대중 정부에서와는 달라졌다고들 한다. 김대중 정부의 개혁가들은 "의사들을 완전히 때리고 부수고 끌고 가지 않으면 개혁은 불가능하다"는 급진적인 생각을 지니고 있었다(**언론인1**). 반면 노무현 정부의 자문단과 공무원들은 의사들을 달래 함께 일해야 한다는 점을 인식하고 있으며 의료정책에서 가장 중요한 것은 의사들의 자발적 협조를 얻어내는 것이라는 점에 공감하고 있다고 한다. 그럼에도 노무현 대통령은 "여전히 의사들에게 강한 불신감을 갖고 있다(**언론인1; 한의사4**)"고 한다.

의료계에 대한 것과는 달리, 모든 인터뷰 대상자들은 정부가 약사들에게 개방적이고 우호적인 태도를 보인다고 응답하였다. 이러한 정황에 대한 의사들의 극단적인 표현이다.

보건복지부가 아니라 보건약사부잖아요.   **-의사5-**

정부와 약사단체 사이가 '좋은 관계'라고 여겨지는 주요 이유는 먼저 인적 요인과 관련된다. 의사들이 늘 불평하는 바와 같이 약사출신 공무원들은 의약분업제도의 시행 과정과 의약분쟁에서, 보이지 않는 약사단체의 우군이었다. 의약분업제도의 취지가 약사회가 택한 장기발전 방향 및 정책 내용과 일치했다는 점 또한 정부와 약사회의 관계가 우호적으로 지속된 이유였다. 정부와 담당 공무원들에 대한 약사회의 노련한 대인 전술도 양자 사이의 관계에 순기능으로 작용하였다. 정부와 약사단체가 갈등 관계에 놓인 적도 있었지만 결국 서로 합의점을 찾고 협조했던 것으로 평가되고 있었다.

의약분업제도 실행 과정에서 정부가 역량의 한계를 드러낸 것은 부인할 수 없는 사실이다. 응답자들의 평가는 당시 정부의 역할과 기능에 대한 문제점을 보여준다. 먼저 이익단체에 대한 정부의 기본적인 시각과 태도에서 한계점을 찾을 수 있다. 정부는 의료단체를 포함한 외부의 관련 단체들이 정부의 결정과 정책에 복종하고 따라야 하며 실제로도 그럴 것이라고 믿고 있었다. 이러한 관점에서 의사들의 시위와 파업은 정부로서도 예기치 못했던 부분이었으며 상황 대처에 어려움을 가져왔다.

> 문제라고 한다면 약간 정책을, 정책수행에 구식 패러다임을 가지고 있었다는 거죠. 정부결정에 전문가들은 그냥 따라만 가면 된다, 그럴 것이다, 로 생각했는데 그게 아니니까 [정부는] 당황한 거죠. 사실 민주화 후에 사회가 많이 달라졌잖아요. 의사단체도 전체로서 연구하고 이해관계를 조정하고 설득했어야 하는데 이 부분을 간과했죠. 그저 옛날처럼 전문가집단을 집행의 수단으로만 보았던 거죠. DJ정부의 복지정책은 사실 정치화되었거든요. 당사자 간에 적극적으로 붙었는데 복지부는 너무 안이하고 나이브(naive)하게 생각했었죠. -시민단체대표6-

또한 조정과 합의보다는 일방적 지시와 결정이라는 관료제적 관리 방식에 익숙했던 정부는 시민단체 등 제3자의 주도로 합의에 이른 사항을 인정하고 준수하는 데 특별한 가치를 두지 않았던 것으로 보인다. 시민단체대표들은 의료계와 약계 사이의 의약분업에 대한 최초의 합의문인 5·10 합의문을 정부에 제출하였으나 제도 집행에 필요한 구체적인 규정을 수립하는 과정에서 정부의 정형적이고 형식적인 업무 방식이 장애가 되었다고 한다.

> [시민단체의 중재로 의료계와 약사단체가] 합의해서 정부에 주었는데. 정부가, 문제는 정부가 합의할 때 안 들어온 것이고, 합의해서 갖다 준 건데. 같이 정부하고 구체화하는 데까지 갔어야 하는데 그게 조정에 대한 취지가 약한 채로 간 데다 우리나라 복지행정이 이런 사회적인 합의라 그럴까 그런 것을 행정내부로 수용하는 능력이 약한 거예요. 합의해서 왔는데 [정부가] 자기 방식대로 하는 게 있고 거기에 대해서 그러니까 의사들은 불만이고 시민단체들도 불만이고. 그러니까 무슨 "정부가 시민단체에 조정 중재 부탁해서 합의해서 정부에 주고 원칙적 합의를 한 거니까 세부적 합의를 정부 안에서 같이 해서 구체화해서 실효성 있게 되어간다"는 코스인데 그게 그렇게 잘 안 된 거죠. …… 과정에 대한 게 한국은 약하잖아요.
>
> -**시민단체대표3**-

당시 5·10 합의안을 도출하는 데 참여했던 한 인사는 의약분쟁에 관한 정부의 또 다른 문제점으로 의약분업제도에 대한 어떠한 재정적 계획도 사전에 없었음을 지적하였다.

> 복지부하고 재경원하고 기획예산처가 다 걸리는데. 기획예산처는 정책 조정기능이 없고 돈은 안주고, 복지부는 예산이 따라오지 않으니까 실제 정책 세우기 힘들고 내부 조정권자가 될 수 없고. 그래서 처음에 5,000억 예산으로 세웠는데 2,000억은 처방료와 조제료, 나머지 3,000억은 인프라 구축으로. 그런데 초기투자만 이렇게 세웠지 장기로 보고 계획을 세웠어야 했는데 그게 안 되었죠. 결국 청와대조차 나중엔 역량 부족으로 드러내고 문제가 된……. 결국 시스템이 미비했던 거죠.
>
> -**시민단체대표6**-

이상과 같은 당시 정부의 태도와 문제점을 근거로 분쟁 동안 정부의 기능과 위상을 평가하면 다음과 같다.

첫째, 의약분업제도 실행을 위한 사전의 구체적인 계획이 부족하였으며 이해관련 단체의 상황을 제대로 파악하지 못해 큰 저항을 샀다. 갈등이 분출되자 정부는 단기적인 시점에서 개별 의료단체를 유화하는 데 초점을 두었다. 정부가 구체적인 절차와 계획을 가지고 있었던 것도 아니고 사전에 철저한 준비를 한 것도 아니었다는 점은 면담자들의 응답에서 자주 확인되는 부분이었다. 결국 정부는 정책주도권을 내줄 수밖에 없었고 갈등 조정의 주도 세력은 시민단체와 외부의 의료개혁가들, 그리고 정치권으로 이전되었다.

둘째, 의약분업제도의 기안 단계에서 약사출신 공무원들이 중요한 역할을 했다는 사실은 제도 실행의 또 다른 기본 한계였다. 이들이 아무리 중립을 지키고 "의사들의 손실을 보전하는 데 초점을 두(**정부관계자**3)"려 노력했다고 하더라도 정부와 약사회, 그리고 의약분업제도 자체에 대한 의사들의 불신을 막을 수는 없었다. 약사출신 공무원들이 적극적인 역할을 하게 된 중요한 원인은 의약분업을 다루는 사항이 의료법이 아닌 약사법에 명시되었고 주무부서가 약사(藥事)와 관련되는 약무식품정책과로 결정되었기 때문이다(주간조선, 2000). 결국, 약사출신 공무원들이 의약분업제도에 관한 보건복지부의 실무를 진행하면서 정책의 편향성 논란은 피할 수 없는 한계로 작용하였다.

셋째, 정부 안에서 관련 단체와 상황을 통제할 수 있는 조정자나 축이 없었다. 보건복지부장관과 실무진이 자주 교체됨으로써 상황은 일관성을 잃고 혼란으로 빠져들었다.

이러한 한계에도 불구하고 정부는 의약분업제도를 강행하였으며 이 제도는 중요한 보건의료제도로 정착되었다. 세부계획 없이 급박하게 이루어진 것이었으나 정부로서는 오랜 과제를 실행에 옮긴 것이며 의사단체를 개혁 대상으로 하여 약가 마진이라는 음성수입을 없앨 수 있었다. 그러나 보험급여비 지출 증대라는 재정적 부담과 의료단체와 정부

정책에 대한 신뢰 저하라는 사회적 비용은 큰 부담으로 남게 되었다.

　의약분쟁에서의 정부 역할을 〈표 Ⅱ-1〉의 Freidson(2001)의 유형론에 비추어보면 먼저 분쟁 조정과정에 당사자와 시민단체 등이 공식적으로 참여하였으므로 공무원들만으로 구성된 계층제적 모형이 아닌 조정적 모형이다. 정부의 정책성향에 관해서는, 분쟁이 진행되는 동안의 세세한 과정에 초점을 둔다면 조정적－반응적 유형(유형Ⅱ)에 가깝다. 정부가 특정한 의도를 추구하기보다는 관련 단체들의 주장과 상황에 반응하여 정책을 입안하고 수행한 측면이 강하기 때문이다. 그러나 결과적으로 정부가 정치적 결정에 따라 의약분업을 강행하였고, 이는 관련 단체들의 의견을 종합하여 반영한 것이라기보다는 정부가 특정한 정책 목표를 실현하고자 했던 정치적 의지의 산물이라는 점에 초점을 둔다면 의약분쟁에서 정부의 역할은 조정적－주도적 유형(유형 Ⅳ)에 가깝다.

6. 맺음말

의약분쟁은 우리나라에서 불거진 최대규모의 전문직 갈등이었다. 이 분쟁은 앞서 한약분쟁 타결의 한 조건으로 의약분업제도의 실행이 명시되었을 때 이미 예견된 것이었다.

의약분쟁은 전문영역 관할권을 둘러싼 전문직 사이의 갈등이었을 뿐만 아니라 경제적 정치적 성격을 동시에 내포한 분쟁이었다. 무엇보다 의약분업제도가 의료기관에 미친 재정적 충격이 분쟁의 직접적인 원인이었다. 의료전문인들은 우리나라 의료체계의 구조적·환경적 특성상 경제적 수입을 중시하는 것이 불가피함을 강조하였고 전문인으로서 합당한 보상을 받는 것이 당연하다는 태도를 분명히 하였다. 미국에서 만연한 제약업계의 마케팅 전략과 우리의 약가 마진 상황은 일견 유사한 것으로 보인다. 그러나 전자가 의료인 개개인에 대한 극히 사적이고 부가적인 소득임에 반해 우리의 경우 약가 마진은 낮은 수준의 공식적인 의료보험수가를 공공연하게 보충해오는 역할을 해왔는데, 이를 평가하는 관계자들 사이의 시각차는 컸다.

또한 서구의 경우와 비교할 때 우리나라만큼 의료 전문영역 사이의 갈등과 변화의 소용돌이 속에서 관련 단체들의 정치적 성향이 분명히 드러난 사례도 흔치 않다. 특히 의료계는 의약분업을 시행한 집권당의 진보 정치성향에 반대하며 자유시장체제를 근간으로 하는 보수 정치성향을 분명히 하였다. 이러한 편향성의 계기는 의약분업제도를 포함한 정부의 의료정책 방향에 대한 찬반에 기인한 것이었으나 면담자료에서 나타난 바와 같이 정책적 성향 이상의, 두 단체 구성원들의 서로 다른 기본적인 정치 성향을 드러낸 것으로 볼 수 있다.

의약분쟁에 관여된 중요한 요인들을 살펴보면 첫째, 한약분쟁에서와 같이 관련 전문단체들은 의약분쟁을 통해 조직과 관리 부문에서 발전을 경험하였다. 의사협회는 의약분쟁을 겪으면서 집행부 조직을 개혁, 정비하고 조직관리 방식을 개선하며 외부 조직과의 관계 형성과 운용을 학습할 수 있었는데 이러한 성과에는 적지 않은 시행착오가 뒤따랐다. 한약분쟁에 이은 두 번째 갈등을 겪으면서 약사단체는 더욱 조직적인 관리체계와 숙련된 전략을 활용할 수 있었다.

둘째, 의료계는 의료지식과 기술 등 전문성에서 우월한 위치를 점하고 있었지만 세밀하고 광범한 사회 네트워크와 정치 전략에서 우월함을 보였던 약사회와 대응하는 데 어려움이 있었다.

셋째, 각 전문 단체의 내부 성층화와 경쟁은 자체적인 내부 갈등으로 진전되기보다는 다른 전문단체와의 외부 갈등으로 표출되었다. 약국들 사이의 경쟁, 의료기관들 사이의 경쟁, 의사단체 안에서 전문의와 전공의 및 수련의 사이의 갈등 등이 그 자체적으로 촉발되지 않고 의-약의 대결 구도로 전개된 것은 특정 집단 구성원들끼리의 단결성과 일체성을 중시하는 우리 사회의 한 특징을 시사하는 대목이다.

넷째, 정치·사회 환경은 의약분쟁에서 특히 중요한 변수였다. 각 전문단체를 주도한 젊은 세력의 성향과 태도는 '80년대 정치·사회 민주화 과정에서 영향 받은 바 크며, 분쟁 당시의 정치적 정황, 즉 진보정당의 집권은 의약분쟁의 전개 방식과 방향을 결정하는 데 결정적이었다.

다섯째, 의약분쟁을 통해 의료전문인들의 이윤추구 행태가 주요 쟁점으로 부각되었다. 전문인의 윤리라는 관점에서의 주장과 최소한의 자본주의 논리라는 주장 사이의 시각차는 컸다. 전문화의 단계와 요건 가운데 구성원의 도덕성이 필수적으로 포함됨을 고려할 때, 의약분쟁을 통해 본격화한 의료전문인들의 윤리에 대한 논의는 진정한 의미에서 의료단체들의 전문화에 기여한 바 크다.

한편 의약분쟁에서 시민단체들은 한약분쟁에서보다 더욱 중요하고 적극적인 구실을 맡았다. 이들의 개혁 성향은 당시 진보 집권당의 목적이나 의도와 일치하였으며 시민단체의 지도 인사 일부가 의약분업제도의 기안에 직접 참여하기도 하였다. 시민단체의 공식적인 기능은 분쟁 초기 양 의료단체 사이의 중재자 위치에서 중반 이후 의료계에 대한 비판자로 바뀌었다. 시민단체들은 의약분업제도를 주창하며 여론 형성에도 상당한 노릇을 하였다. 그러나 이들의 친정부 성향과 정치적 기능은 뒤에 스스로도 반성하고 재평가하였으며 시민단체의 활동과 전략을 재검토하는 계기가 되었다.

기존의 의료 전문가 체계에서 확고한 권위를 행사하였던 의료계는 의약분쟁으로 말미암아 그 위상과 영향력에 손상을 입었다. 의료체계 안에서 가장 강력한 전문가적 입지에도 불구하고, 의료계는 개혁을 선호하던 당시의 정치환경과 진보주의를 선호하던 당시의 사회정황을 극복하지 못했다. 의약분쟁 전반을 통해 의사들이 현실적으로 치중할 수밖에 없었던 사안은 약가 마진이 없어지고 약품실거래가상환제가 실시되면서 급격히 감소한 수입을 보전할 수 있는 제도적 방안을 찾는 것이었다. 그로 말미암아 전문가로서 존경을 받던 그들의 이미지는 훼손되고 경제적 이익에 치중한다는 인식을 일반인들에게 남겼다. 한편 의약분쟁은 의사들로 하여금 협회를 재조직화하고 관리 전략과 정치 역량을 발전시키는 계기가 되었다.

약사들에게 의약분쟁은 의료체계에서 스스로의 입지를 확인하고 전문가적 위상을 강화한 계기였다. 전문성이라는 측면에서 상대적으로 약자였던 약사들은 전문가적 정체성의 위기를 극복하고자 자체적인 사회적 정치적 네트워크를 개발해왔으며 이를 통해 분쟁에서 유리한 결과를 이끌 수 있었다. 의료체계와 의사들을 개혁하고자 했던 당시의 사회·정치적 정황 또한 약사회의 영향력 강화에 일조하였다.

의약분업제도 실행에는 의료체계를 개혁하고자 했던 진보 성향 정부의 강력한 의지가 주요 동인이 되었고 따라서 의료계는 개혁의 주요 대상에서 피해갈 수 없었다. 의료계가 여론의 장에서뿐만 아니라 제도적·법적 장에서도 고전을 면치 못했던 이유도 이러한 정치적 정황이 크게 작용하였다. 의료분업제도의 시행을 약무식품정책과가 맡고 시민단체가 제도의 설계와 시행에 관여하면서, 의료계가 실무차원에서 정부를 설득하는 데는 어려움이 따랐다. 법적·제도적 영역에서 주도권을 행사한 주체가 그 뒤 청와대 등의 정치권으로 바뀌었으나 의사단체 처지에서는 정황이 달라지지 않았다.

한편 의약분업이 실행된 뒤부터 실무영역에서는 의사와 약사 사이에 일종의 종속관계가 나타나고 있다. 그러나 약대 6년제 개편이라는 교육체계의 변수는 장기적으로 약사의 전문성과 사회적 위상을 강화시켜 실무에서의 현행 관계를 변화시킬 수 있을 것으로 보인다.

의약분업제도의 시행과정과 분쟁의 조정과정에 시민단체 등 외부단체가 공식적으로 관여한 것은 한약분쟁에서보다 더 두드러진 특징이었다. 정부는 상황통제의 주도권을 유지하는 데 실패하였으며 분쟁기간 동안 세부적인 정책 내용과 전략에 혼선이 있었다. 구체적인 정책과정에 초점을 두고 본다면 정부의 정책 혼선이 대외적인 요구와 관련 단체의 요구에 대한 반응이었다고 볼 수 있다. 그러나 의약분업제도가 당초의 정치적 결단과 의도대로 시행을 보았다는 결과에 초점을 두고 본다면 정부 역할은 〈표 Ⅱ-1〉에서 Freidson(2001)이 제시한 모형 가운데 조정적 – 주도적 유형에 가깝다.

V 양한방 갈등

세 번째로 다루어질 의료전문직 갈등 사례는 의료계와 한의계 사이의, 이른바 양한방 갈등이다. 이들 두 전문단체의 갈등은 쟁점이 다수로 분산되어 있고 아직 전면전으로 부상하지는 않았다. 그러나 두 단체의 전문가적 위상과 우리나라 의료체계의 기본 구조로 볼 때 종전의 어느 분쟁보다 대규모로 확대될 수 있는 가능성을 내포하고 있다. 이들 두 단체 사이의 갈등관계를 검토함으로써 세 의료단체 사이의 관계와 의료체계 전반의 상황을 좀 더 깊이 있게 이해할 수 있다.

양한방 갈등은 2006년 말 현재에도 계속 진행 중이므로 논의의 범주를 설정하는 것이 쉽지 않다. 본 연구에서는 두 단체 사이에 제기된 논쟁 가운데 대표적이라 이를 만한 두 가지 사안을 다룬다. 하나는 특정 세부 영역을 둘러싼 갈등 사례로, 특히 IMS 시술에 대한 논란을 중점적으로 검토한다. 두 번째 사안은 좀 더 근본적이고 거시적인 것으로, 두 의료의 일원화에 대한 논쟁이다. 이들 두 사안 가운데 한의계는 IMS 논란 등 구체적인 사안에 초점을 두어 온 반면, 의료계는 일관되게 일원화 논쟁에 초점을 두고 있다. 이러한 논점의 차이는 각 단체가 양한방 갈등에서 서로 다른 목적과 태도를 지니고 있음을 보여준다.

1. 갈등의 전개

우리나라는 공식적으로 서로 다른 두 유형의 의사면허를 인정하고
있다. 하나는 (양)의사 면허이고 다른 하나는 한의사 면허이다. 의사는
우리나라 의료 서비스 공급자 체계에서 부동의 주류이고, 한의사는 특
히 최근 들어 유망한 전문직으로 주목받고 있다. 가장 중요한 이들 두
의료 서비스 공급단체 사이에 분쟁이 발생할 경우 그 규모와 파장은
어느 전례에 못지않으리라 예측한다.

> 의료시장은 이미 한계가 딱 설정되어 있어요. 그 속에 의사, 한의사, 약
> 사가 있어요. 기존에는 덩치가 다들 작아서 틈이 많았어요. 근데 이제 덩치
> 가 다 커진 거예요. 이제는 조금만 움직여도 부닥치고 밀려. 지금은 그런
> 상황이에요. …… 밀어내는 싸움이 일어날 거예요. 이제 바깥으로. 남은 건
> 의사와 한의사인데. 거의 필연적으로 일어날 거라 생각해요. 이제 [양한방
> 분쟁이] 일어나면 한약파동? 의약분업파동? 게임도 안 될 거예요. 의사들끼
> 리 싸우면, 그 전엔 의사-약사 간의 싸움이었어요. 어쨌건. 근데 의사-의사
> 싸움이면 ****(정말 치열해질 겁니다). 완전 동일 업종이니까.   **-의사11-**

이원화한 의사면허 제도로 의사들과 한의사들은 실제로 적지 않은
마찰을 빚어왔다. 한의계는 환자를 진단할 때 초음파기 등과 같은 현대
의료장비를 사용할 수 있기를 요청해왔으며 MRI 등의 장비를 운용하는
의료기사에 대한 지휘권을 요구해왔다. 한의사들의 이러한 요구에 대해
의사협회는 보건복지부를 상대로 "한의사들의 영역 침범"을 통제하고
막아줄 것을 요청해왔다. 한편 한의사들 또한 소수 양의사들이 한의약
을 처방하고 있다고 비난하면서 정부가 특별히 조처해줄 것을 요구해

왔다. 양 의료단체가 상대방의 영역 침범에 매우 민감하게 반응하고 있음을 알 수 있다. "왜 당신들이 이걸 하려 드느냐? 이건 우리 것인데." 인터뷰하는 가운데 이러한 표현은 가장 단순하면서도 직설적으로 서로에 대한 두 단체의 처지를 나타내고 있다.

현장조사가 진행되고 있던 2003년 3월, 의료계와 한의계 사이의 갈등 구도가 표면화한 사건이 발생하였다. 273개 병의원 의료기관이 건강보험심사평가위원회를 대상으로 IMS(Intra-Muscular Stimulation & Transcut aneous Electrical Nerve Stimulation, 이하 IMS로 표기)라는 의료시술을 의료보험이 적용되는 의료계의 새로운 치료법으로 인정해줄 것을 요구하였다. IMS는 전자침이나 봉을 이용하여 환자의 근육이나 신경을 자극함으로써 통증을 완화하는 방법이다. 미국에서 이 치료법을 들여온 의료계는 정부 측에 의료보험을 적용받는 시술로 포함시켜줄 것을 주장한 것이다. 이러한 치료법을 필요로 하고 있던 치과협회 또한 의사협회와 병원협회의 주장을 지지하고 나섰다.

의사들의 주장에 대해 한의계는 성명서를 발표하여(대한한의사협회, 2003) "양의사들이 침술을 시행하는 것"에 반대한다고 밝혔다. 성명서에서 한의사들은 IMS가 한방의 핵심 치료술인 침술과 다르지 않다는 점을 주장하였다. 따라서 한의사들은 정부가 의사단체의 요청을 철회할 것을 촉구하고 의사협회는 한의사들에게 침술의 남용에 대해 사과해야 한다고 주장하였다. 2005년 4월과 5월, 건설교통부 자동차보험진료수가 분쟁심의회에서 IMS 시술에 대한 급여 결정의 혼선과 2006년 7월, 서울행정법원의 관련 판결이 있었지만 IMS와 한방 침술 사이의 영역 자체에 관해서는 아직 결정유보 상태이다.

IMS 이슈와 함께 의료계와 한의계 사이에 마찰을 일으킨 또 다른 사안은 2003년 신정부가 들어서면서 청와대의 두 번째 주치의로 한의사가 결정, 임명된 것이었다. 한의사를 대통령 주치의로 임명하겠다는 것은 노무현 대통령의 선거공약이기도 하였는데, 이에 대한 의료계의 반응은 매우 부정적이었다.

의료계는 커다란 충격에 휩싸였다. …… 일각에서는 "의약분업보다 더 충격적인 일"이라며 …… 그 자체로 해결할 수 있는 질병이 매우 제한되어 있는 한의학을 현대의학에 대비되는 독립된 의학으로 생각하는 것 자체를 받아들일 수 없다는 것이다(청년의사, 2003c).

2003년 5월, 국립한의대를 설치하겠다는 정부의 결정은 양 의료계 사이에 다시 논쟁을 불러일으켰다. 당시 신정부는 한의대학이 2005년 서울대학교에 설립될 것이라고 구체적으로 발표하였다. 국립한의대 설치가 숙원이었던 한의계는 크게 환영하였지만 의료계는 강하게 반발하였다. 서울대에 한의대학을 설치하려던 계획은 서울대 의대 측의 반발로 무산되었고 2006년 11월 한의학전문대학원이 부산대에 설립되는 것으로 결정되었다. 결정과정에서, 그리고 그 결과를 두고, 의료계와 한의계가 '극과 극으로 상반된'(청년의사, 2006a) 반응을 보인 것은 충분히 예견된 상황이었다.

2004년 12월말, 한의사가 방사선사를 통해 CT를 사용한 것은 면허 이외의 의료행위로 규정할 수 없다는 취지의 서울행정법원 판결은 한의계로서는 환영할 만한 것이었다. 특히 이 판결이 현행 의료기사지휘권에 대해 규정하고 있는 법률[65] 개정 검토를 권고함으로써 현대의료기기 사용에 대한 한의계의 오랜 바람이 이루어지는 듯하였다. 이 판결을 비난하며 의료계는 일원화 논의에 더욱 적극적으로 임하였으며, 양한방 사이에 맞고소로 이어지는 등 마찰이 이어졌다(한의신문, 2004b). 정부 또한 이 판결이 예외적이었을 뿐이며 의료법상 한의사가 의료기기를 사용하는 것은 위법임을 밝혔다(의협신문, 2005b). 그 뒤 서울고등법원은 1심을 뒤집고 한의사는 CT를 사용할 수 없다고 판결하면서 "의료법상 의사는 의료행위, 한의사는 한방의료행위에 종사하도록 돼있고 면허도 그 범위에 한해 주어지는데" "한의사가 방사선 기사로 하여금 CT기

---

[65] 의료기사는 '의사 또는 치과의사의 지도하에 진료 또는 의화학적 검사에 종사하는 자'로 정의된다(의료기사등에관한법률 제1조).

기로 촬영하게 하고 방사선진단행위를 한 것은 '한방의료행위'에 포함된다고 보기 어려워 면허된 이외의 의료행위를 한 때에 해당한다"고 밝혔다(중앙일보, 2006a). 그 밖에도 2005~2006년은 개원한의사협회와 대한내과의사회가 과대광고, 의료기기사용, 불법의료행위 등의 상호 맞고소 사태로 대치하여 양한방 갈등이 본격적으로 표면화한 시기였다.

이상에서와 같이 양한방 사이의 연이은 마찰은 기본적으로 치료대상과 치료범위가 명확히 구분되지 않는 양방과 한방 의료 범위 사이의 갈등이며 양자 일원화에 대한 이견 사이의 충돌이다.

2. 갈등의 원인과 성격

1) 갈등의 전문적 성격: 전문영역 관할권 갈등

IMS 시술에 대한 갈등은 의료계가 인정받으려는 통증경감 시술이 한 의계의 침술과 동일한 것이냐 아니냐에 대한 것이며, 세부적인 하나의 전문영역 관할권 분쟁이다. 그러나 이러한 관할권 분쟁의 이면에는 사 실상 전면전이 될 수밖에 없는 의료 일원화라는 중대한 쟁점이 놓여 있다. 극단적으로 본다면 의료 일원화는 한의계의 존치 여부와 관련되 는 사안이다. IMS 시술에 대한 구체적인 논란과 의료 일원화라는 근본 적인 사안을 먼저 전문성이라는 관점에서 논의하면 다음과 같다.

IMS 시술에 대한 갈등

현행 법령에 따르면 의료계와 한의계 사이에 시술 범주의 경계는 분 명치 않다. 한의약육성법에 따르면 한방의료란 '우리의 선조들로부터 전통적으로 내려오는 한의학을 기초로 한 의료행위'라고 정의하고 있으 며 한약제제는 '한약을 한방원리에 따라 제조한 것'이라고 규정하여(한 의약육성법, 제2조) 학문적 이론과 원리를 그 기준으로 제시하고 있다. 그 외에는 한방의료나 한의약기술 등에 관해 달리 구체적인 규정이나 주 석이 없다. 따라서 논란이 되는 특정 시술이 한방의료에 속하느냐 아니 냐를 판단할 수 있는 유일한 기준은 기존의 한의학 문헌에 해당 시술 에 대한 이론적 근거가 있느냐의 여부이다. 이러한 기준의 적용과 판단 은 개별 시술이 논란이 될 때마다 개별적으로 검토할 수밖에 없다.

엄격한 과학성이 있느냐 없느냐를 차치하고 새로운 기법이 나타나면 이

게 누구 것이냐에 싸움이 붙는 거예요. 특히 미국에서 대체의학이란 게 나
오고 나서부터 정통 양의학계도, 이게 우리가 쓰는 것 외에도 영역이 있구
나, 우리가 빼앗길 수 없다는. 약사도 마찬가지예요. 양약만 쓰다가 어? 한
약도 있네? 저거 약이잖아, 우리 것이다. 의사도 수술, 양약투입하고 chiro,
요가, 향기요법……. 그러면 어? 저거 우리 것이다. 그게 서로 교집합이 된
거예요. 그러니까 양쪽에서 관련 단체를 만드는 거예요. 학회를 만들고, 학
술지를 만들고, 잡지를 만들고. 나중에 재판에 들어가겠죠. 누가 더 그동안
데이터를 많이 축적했느냐 그 게임이 되는 거죠.   -한의사3-

 의료계와 한의계의 분쟁을 전문지식이나 기술이라는 측면에서 볼 때
가장 중요한 영향 요인의 하나는 영국이나 미국 등 서구 국가의 의료
경향이다. 최근 국내 의사들 가운데 일부가 서구, 특히 미국에서 대체
의학을 연구하여 국내에 소개하고 있다. 이들 의사에게 서구에서 들여
온 대체의학은 서양의학의 일부라는 인식이 강하다. 그러나 한의사들에
게 대체의학은 한의학과 크게 다르지 않으며 그 근원도 한의학이라고
믿고 있다. 양의사들이 수입한 대체의학 시술을 서양 의학이라고 보는
것은 옳지 않다는 것이다.

 우리나라 양의들은 한의의 효과성을 믿으려 하지 않습니다. 미국이나 영
국의 의사들조차 그 효과를 알거든요. 그런데 참 아이러니하게도 한의의 중
요한 치료법들은 대체의학이라고 해서 오히려 양의에 의해서 들어오고 있잖
아요.   -한의사4-

 의료계와 한의계의 이견은 IMS 시술분쟁에서 전형적으로 드러났다.
의사들은 정부가 IMS를 의료계의 치료법으로 인정해야 한다고 주장하
는데 그 근거는 IMS가 서구에서 수입된 것이며 그 결과는 서양의학의
해부학과 신경병리학으로 설명되기 때문이라는 것이다. 의사들은 워싱
턴 의과대학의 Gunn이 IMS를 창시하였다는 점을 주장하면서 Gunn은

현대 서양의학을 공부한 사람임을 강조하였다. 의사들은 Gunn의 학력 자체가 곧 IMS가 서양의학임을 입증하는 것이라고 주장하였다(주수호, 2003). 그러나 이에 대해 한의 측은 반박하기를, Gunn과 그의 가족은 중국에서 이민하였으며 그의 의학적 뿌리는 한의이고 그의 의학 지식 또한 조상들로부터 영향을 받은 것이라고 주장하였다(김현수, 2003).

의사들 주장에 대한 한의사들의 또 다른 반박은 '양의사들의 침술행위를 저지하기 위한 한의계의 성명서'에도 잘 나타나 있다. 성명서에서 한의사들은 IMS가 한방의 침자술, 침전기자극술과 동일한 것이며 이는 침술의 일부로서 고통을 경감시키기 위한 것임을 밝히고 있다. 이들은 한의계의 교과과정에도 해부학이 포함되고 있고 이러한 해부학으로 침자술과 침전기자극술을 설명할 수 있음을 지적하였다.

한의사들은 IMS 분쟁에서 패배할 경우 그 손실은 한약분쟁에서 겪은 것 이상으로 심각할 것으로 인식하였다. 침술은 한방의 핵심 치료법이기 때문이다.

> 한의는 역시 침구학입니다. 200년 후에도 한의는 여전히 두 방법(첩약과 침술) 뿐일 것이고 양의는 무수히 많은 방법으로 분화되어 존재하겠지만.
>
> **-한의사**11, 2003 **한의계비상대책회의-**

의료 일원화 논쟁

그러나 의료계의 처지에서 IMS 논란은 단지 시발점일 뿐이었다. 의사협회의 진의는 의료계와 한의계 사이의 일원화 문제에 초점을 맞추는 것이었다. IMS 시술에 대한 라디오 토론에서도 의사단체 대표는 많은 시간, 의료 일원화의 필요성을 강조하였다(주수호, 2003). 의료 일원화는 의료계의 궁극적인 목표인 만큼 양측의 갈등은 세부 전문영역을 둘러싼 마찰에서 의료전문직 체제 전반에 변화를 가져오는 분쟁으로 확대될 가능성이 있다.

의료 일원화를 주장하는 의사들의 가장 현실적인 근거는 한의과대학

교과과정의 70퍼센트 이상이 의과대학 교과과정과 동일하다는 것이었다. 따라서 의사들은 한의계와 의료계는 통합되어 일원화될 수 있고 또 그렇게 되어야 한다고 믿고 있었다.

> 의료 일원화 때문에 한의사들 접촉을 작년(2002년)에 좀 했어요. 구체적인 합의까지는 못나왔는데 교육과정을 통합하는 데는 일단 합의를 한 상태예요. 그 다음에 면허 통합하고. 구체적으로 어떻게 통합할거냐는 시간이 많이 걸릴 거예요. 그런데 한의사들도 어쩔 수 없는 것이 시장이 어차피 한정되어 있기 때문에 그게 서로가 사는 방법일거라 생각이 돼요.
>
> -의사3-

의료계의 또 다른 인사는 현재 한약 유통 체계를 개선하기 위해서라도 일원화는 반드시 필요하다고 주장하였다.

> [양]약만 놓고 생각한다면, 약은 일단 약으로서 허가를 받는데 굉장히 많은 단계를 거치잖아요. 신약 개발해서 약 시판까지 4~5년. 실험이나 부작용 등 거쳐 국가에서 허가받으면 시판, 허가도 어렵지만 공장도 철저히 관리해야 하고. 유통판매도 사실은 허가받은 사람만 유통할 수 있게 해주고 판매도 의사 아니면 약국. 철저히 통제하는데 한약은 생산, 어디서 누가 생산하는지도 몰라요. 중금속, 농약. 아무도 몰라요. 친구들 한의사 많은데 걔들 중에도 그런 논문 쓰는 애들 많아요. 중금속 농약 함유량이 굉장히 심각하다고 해요. 그런데 거기에 대한 국가의 통제는 전무하다구요. 한약재를 어디서 팔아요? 시장에서 팔아요. 생산, 유통, 판매, 전혀 컨트롤 못하죠. 국민건강 우선시하면 이것부터 관리를 해야죠. 이쪽(양약)은 관리가 되고 있거든. 누가 판매하느냐의 문제일 뿐이지. 관리가 되는데, 저쪽(한약)은 완전히 방기하고. …… 상식적으로 내가 생각할 때 정말 국민건강 위해 보건의료정책 하려면 당장 손대야 할 쪽은 한의다…….
>
> -의사7-

위에서 제기된 주장과 근거는 비교적 온건한 편이었다. 위 응답자는 의약분쟁 때 의료계를 이끌었던 인사로서 인터뷰 당시 의사협회는 내부적으로 정권교체기에 있었다. 그가 직접 가담하고 주도했던 의약분쟁에 관해서는 직설적이고 확고하게 의견을 개진한 데 반해 의료계와 한의계 사이의 갈등이라는 새로운 분쟁 사안에 대해서는 조심스럽게 응대하였으며 자신의 소관 밖에 있는 것이라며 신중하게 대답하였다. 위의 인사와는 달리, 당시 의사협회 새로운 집행부의 한 인사는 의료 일원화에 대해 확고한 태도를 밝혔으며 한의계에 대해서도 강경하였다.

> [일원화는] 당연히 해야 하는 건데요. 한의와의 관계는 우리나라는 뭐가 잘못되었죠. 한의가 한국의학이 아니고 중국의학인데 한국의학으로 바꾸면서. 한국의학이 없죠. 중국 것을 자꾸 한국 민족의학이라고 하는데 그러면 결국 [의과대학과 한의대학의] 교과과정 자체가 70~80퍼센트가 같은데 그게 뭐예요? 한의에서 뭘 할 게 없다는 것이고 일원화가 될 수밖에 없는 것인데 언젠가는 되어야 할 것으로 보구요. 한의[와의] 관계는 그렇게 뭐, 그것도 마찬가지예요. 한의사는 한방, 한은 한나라 한(漢) 자인데 중국의 한방, 거기에 입각한 한방의학을 테두리를 자기 것으로 생각해야 하는데 그 바운더리 외의 것으로 현대의학을 자꾸 접목시키려니까 문제가 되죠. 그러면 현대의학이 되죠. MRI, X-ray, CT 보면 현대의학이지 그게 무슨 한방이야.
> -의사9-

현장조사에서 한의계에 대한 비판과 의료 일원화의 근거는 2003년 당시 신임 의사협회 회장단과 일반 의사들로부터 주로 제기되었다. 이들은 한의의 '비과학적이고 비전문적인 성격'을 강도 높게 비판하였다. 의사들에게 논의의 핵심은 과학성이었으며 전문지식과 기술이라는 측면에서 볼 때, 특히 한의와 비교해볼 때, 과학성은 의사단체의 가장 큰 강점이었다. 의사들은 과학적인 서양 의료만이 국민을 위한 유일한 의료가 될 수 있다고 주장하였으며 의료는 또한 과학적으로 설명될 수 있는 것이어야 함을 주장하였다.

이들은 오직 입증할 수 있는 의료만을 인정하였다. 의료계에서는 비과학적이고 미신적인 치료법을 지적해내기 위한 일단의 운동을 가시화하고 있었다. 예를 들면 '건강과 과학(http://www.hs.or.kr)'이라는 웹 사이트는 "과학적 합리성에 바탕을 둔 건강정보를 제공하고 왜곡된 정보를 바로잡아 우리 사회에 바람직한 건강 개념을 확산시킴으로써 국민건강 향상에 이바지하고자 노력"함을 공식적인 목표로 제시하고 있다. 따라서 이 사이트에 게시된 주장이나 칼럼의 대부분은 '비과학적인' 의료행위에 대한 비판과 우려, 부작용의 사례 등인데 그 구체적인 대상은 한방의료와 관계가 깊다.

인터뷰에 응한 의사들의 의료 일원화에 대한 의견은 다음 세 유형으로 분류된다. 첫째, 대부분의 응답자들은 한의에 강한 거부감을 보였으며 한의계를 의료전문직으로 인정하지 않았다. 이들은 한의가 환자와 치료에 전혀 도움이 되지 않는 근거 없는 요법으로 이루어져 있으며 공공보건에 오히려 해가 된다고 주장하였다. 이들은 왜 한의사가 청와대 주치의로 임명되는 것에 반대하는지, 왜 국립한의대학 설치에 반대하는지 납득시키고자 하였다. 또한 '비과학적인 한방'이 민족주의와 전통이라는 가치로 포장되어 과대평가되고 있다고 주장하였다.

> 솔직히 [한방은] 의학이라고 생각하지 않습니다. [한의사] 친구들도 많지만 만나면 일체 의료에 대한 얘기는 안 합니다.   **-의사13-**

> 한의사들 하는 얘기는 전부 비과학적이고 입증도 안 되는 ***(비합리적인) 얘기죠. 의료사고가 터지면 입증을 못하니까 책임도 없어요.   **-의사5-**

이들은 과학적인 서양의학만이 의학이고 의료라고 믿고 있었다. 따라서 이들에게 의료 일원화란 한방과의 융합이라기보다는, 서양의학만으로의, 또는 최소한 서양의학 중심의 일원화였다. 이러한 견해는 실제로 많은 의사들이 공유하는 것으로, 한의계에서 첫 청와대 주치의가 임명되었을 당시 의료계의 반응도 이러한 인식을 반영한다(청년의사, 2003c).

한의계를 바라보는 의사의 두 번째 유형은 한의계에 대해 거의 무관심하며 한방 효능에 대해 '그럴 수도 있다'는 정도의 반응이었다. "한의가 어떤 영역에서는 효과가 있겠죠. 아닐 수도 있고."라는 한 응답자의 표현은 이러한 관점을 대변하고 있다. 그러나 이들은 한의사가 서양의학의 의료기구나 치료법을 활용하려고 하는 것에 대해서는 반대하였다.

> 일단은 전통적인 의학이니까 경험치료에 대해서 나름대로 인정은 하는데 요즘 서양 개념의 치료를 하려고 한단 말예요. 서양식 도구를 사용한다든지, 접근방법도 서양식 치료를 가지고 접근한다든지. 제가 생각하기에는 무리가 있다고 봐요. …… 특히 우리처럼 전통의학의 뿌리가 있는 나라에서는 한의가 할 수 있는 역할도 있다고 생각해요. 그런데 자기 역할, 물론 한의사들도 수가 많아져서 경쟁이 치열해져서 자기 영역이 아닌 데도 불구하고 무리하는 경우가 있어요. 그런데 자기 범위 내에서 한다면 괜찮다고 봐요.　　　　　　　　　　　　　　　　　　　　　　　　　-의사8-

이들은 의료 일원화보다는 오히려 한방이 독자적으로 존치하되 서양의료기술은 활용하지 말아야 한다고 주장하였다.

한의계에 대한 마지막 반응 유형은, 극히 예외적인 것으로, 한의를 대체의학과 같이 존중한다고 응답한 경우이다. 본 연구에서 유일했던 응답자는 대체의학에 깊은 관심을 가지고 있었으며 그러한 기법을 자신이 운영하는 의원과 치료법에 적극 도입하고 싶어 했다. 응답자의 이러한 태도에는 독특한 배경이 있다. 그의 전문과목은 의사단체에서 영향력이 적은 소수집단이었다. 전문분야만으로는 독자적으로 환자들을 유치하여 의원을 운영하기 어려웠으며 수입은 '매우 불합리하게 낮은' 의료보험수가에 의존할 수밖에 없었다. 또한 응답자는 첨단 의료장비를 구입하고자 지속적으로 많은 투자를 감행해야 했다. 이러한 정황에서 그는 다른 분야로 전문영역을 확대하고자 희망하였는데 대표적으로 통증이나 비만치료를 위한 IMS와 테이핑치료를 들었다. 그는 진료 영역을 확대함으로써 환자를 유치할 수 있을 것이라고 믿고 있었으며 더 이상의 과다한 투자 없이도 의원 운영이 가능할 것으로 기대하였다. 그러나 기존의 전문과목을 살리지 못하고 재정적 이유로 대체의학에 관심을 두어야 한다는 현실에 심적인 불편함을 느끼고 있었다.

> 전문가로서의 자부심이란 건 뭐⋯⋯. 자존심이 상하죠. 학생 때 생각했던 것과는 많이 다르니까. 이런 일 하려고 이 과를 택한 건 아닌데 싶고.
>
> -의사6-

그는 의료 일원화에 대해서는 특별히 의견을 제기하지 않았다. 인터뷰 과정에서 의료 일원화를 명시적으로 반대하지 않았고 일원화를 통해 그가 희망하는 대체의학이나 한방을 특별한 제한 없이 활용할 수 있다는 현실적인 측면을 고려한다면 일원화에 비교적 긍정적일 것으로 판단한다.

한편 최근 들어서는 의료계에서도 한의학을 비롯한 전통의학에 관심을 보이는 현상이 나타나고 있다. 2004년에 설립된 대한보완대체의학회는 대표적인 사례이다. 고려대, 연세대 등 일부 의과대학에서 한의학 관련 과목이 신설, 운영되고 있는 것도 새로운 경향을 반영하고 있다(메디게이트뉴스, 2005b). 그러나 여전히 이는 극히 일부의 동향일 뿐이다.

이상에서와 같이 의료계의 다수 시각은 한의를 전문 의료분야로 동등하게 인정할 수 없다는 것이다. 따라서 의료 일원화에 대한 주장 또한 수평적 의미에서의 융합이 아닌 서양 의료 중심의 일원화라는 성격이 강하다.

한방에 대한 의료계의 회의적인 시각은 상당 부분 전문의료와 일반의료의 견해 차이에서도 비롯된다고 본다. 인터뷰에 응한 의사들은 대부분 특정 전문과목에 종사하는 전문의이며, 실제로 독립적인 치료 활동에 종사하는 의사의 대부분은 전문의이다. 이와 달리 한방은 인체 전부분의 상태를 고려하고 전인적인 치료를 추구하는 만큼, 한의사의 성격 자체가 일반의료에 가깝다. 인터뷰에 응한 의사들이 사용한, '한방(韓方)'을 냉소적으로 일컫는 '한 방[一放]'이라는 표현에는 모든 병을 특정한 전문성 없이 통합적으로 치료한다는 한의 원리에 대한 짙은 불신이 담겨 있다.

한편 2003년 현장조사 당시, 한의계 지도부는 의료 일원화를 거론하는 것조차 꺼리고 있었다. 일원화에 대한 이들의 견해는, "일원화는 국민들의 신중한 검토와 심사숙고가 있은 뒤에 검토되어야 하며 의료 서비스의 공급자 입장에서 논의할 문제는 아니"라는 것이 유일하였다. 이들은 양한방 갈등문제를 IMS 논쟁이나 기타 구체적인 사안에 국한하여 논의할 것을 희망하고 있었다. 그러나 일반 한의사들 사이에는 의료 일원화 사안이 이미 심각하게 받아들여지고 있었고 논란이 되고 있었다.

인터뷰에 응한 대부분의 한의사들은 일원화를 반대하였다. 한의사협회 등 관련 인터넷 웹 사이트의 게시판에서도 일원화 반대 의견이 주를 이루었다. 한의사들은 한의가 나름대로의 특수한 전문지식체계와 자체적인 중요성을 가지고 있음에도 불구하고 의사들이 현재 제기하고 있는 의료 일원화는 결국 "한의계를 흡수하고 없애기 위한 것(한의사4)"이라고 믿고 있었다. 그러나 한의계 모두가 일원화에 반대하는 것은 아니었다. 한 인터뷰 대상자와 한의계 웹 사이트 게시판의 소수 의견은 일원화에 긍정적이었다.

의료 일원화를 반대하는 다수 의견의 주요 근거는 한의계 자체의 전문가적 그리고 실용적 "우월성"이 의료 일원화로 묻혀서는 안 된다는 것이었다. 한의가 비과학적이라는 의료계의 비난에 대하여 한의사들은 강하게 반박하였다.

과학이 뭡니까? 양의에서는 과학을 가시화로 보는데, [나도] 박사논문을 실험해서 썼지만 불 질러 없애고 싶어요. 과학을 눈에 보이는 것으로만 보면 안 됩니다. 나름대로 근거와 논리, 체계가 있으면 과학이죠. 그런데 양방에서의 과학화란 가시화입니다. 눈으로 확인해줄 수 있느냐는 거죠. 이것이 얼마나 큰 논리적 모순이냐는 건데. 한의는 철학입니다. 그래서 저는 한의학과를 이과생들 뽑는 것에 반대합니다. 문과생들 뽑으라고. 철학을 눈으로 보이라는 게 말이 됩니까. *** 양방에서 전혀 이해하지 못하고 있기 때문에 과학이라는 훌륭한 단어를 오도해서 혹세무민하는 것과 같아요. 이미 과학인데 그걸 눈으로 보이라니? 기(氣)는 눈에 보이지 않지만. 신과학이라고 해서. 분석해서 나오는 것을 다시 다 합하면 그게 됩니까? 안됩니다. 1년생 인삼과 6년생 인삼과 성분은 똑같습니다. 그렇지만 분명 다릅니다. 그 왜 차이가 있습니까? 효과가 있잖아요. 이건 철학입니다.

약을 누군가가, 신농씨[66]가 느껴보고 냄새 맡아보고 어디어디에 좋을 것이라고 정리해 놓은 것이 신농씨본초학입니다, 근데 양약사들이 성분 뽑아서 분석해서 만들어 냅니까. 저는 뽑아내고 추출하면 이미 생약이 아니라고 봅니다. 중요한 건 기(氣)ㅡ느낌, 체질. 이게 어떻게 비과학이라는 거냐? 과학이라는 것을 잘못 붙인 거죠. 그런데 문화적 헤게모니를 쥔 사람들이 자기들의 잣대를 강요하고 요구하고 있습니다. 한의사인 내가 대통령이 된다면 어떤 일이 있어도 첩약의보할 겁니다. 반드시. 반대? 국민들에게 묻습니다. 반대는 의사 약사들뿐일 겁니다. 저는 이게 대한민국을 살리는 길이라고 생각해요, 국위선양할 수 있습니다. 엄청난 데이터 쌓여서 외국에서도 배우러 올 겁니다. 그때쯤이면 의료 일원화할 수 있습니다. 그렇지만 지금 의료 일원화는 한의가 사라지는 겁니다.   **-한의사2-**

응답자는 주장하기를, 양방의 상당 부분이 실제로 환자들의 건강에 오히려 해를 주고 있는데 이는 약물의 오남용과 과다한 주사나 수술 때문이라고 하였다.

---

66) 중국 상고시대의 전설적 인물로 본명은 염제(炎帝). 농경과 의약의 발명자로 알려짐(야후사전, 2006).

우리 장모님이 제일 좋다는 병원에서 수술을 받으셨어요. 수술이 끝났는
데도 깨어나지를 못하시는 거예요. 장모님 체질로서는 전신마취나 양방 치
료가 맞지 않았던 거예요. 그런데도 양의사들은 그걸 알지 못했던 거죠. 내
가 우리 의원에 모셔다가 그 양반 체질에 맞게 치료를 하고 해서 회복했는
데.   **-한의사2-**

한방의 과학성에 대해서는 또 다른 견해가 있다. 인터뷰에 응한 **한의
사**1에 따르면 한의과대학 교과과정의 약 70퍼센트가 서양 의학의 이론
이므로 사실상 한의는 서양 의학의 견지에서 보더라도 이미 충분히 과
학화되었다는 것이다. 따라서 더 이상 한방의 과학화를 주장하는 것 자
체가 크게 의미가 없다는 주장이다. 중복되는 교육과정이 의사들에게는
의료 일원화의 근거가 되고 있는 것과는 대비되는 부분이다.

교과과정이 지금 우리나라가, 내부적으로 비판할 때 하는 말로는, 외부적
으로는 전통이고 내부적으로는 중국으로 말하면 중서의 결합이다, 중국은
중의/서의/중서의 결합으로 나눠지는데, 중의는 한의, 서의는 양방, 결합은
교육제도에서 서로 왔다갔다……. 우리 한국의 경우는 그런 게 없는데 표
면적으로는 한방과 양방이 나누어져 있지만 실제 교육 내용에 들어가면 한
방은 60~70퍼센트가 양방이고 나머지가 한방입니다. 필요한 양방을 가져와
서 결합한 거죠. 왜냐면 현대의 요구니까. 일반인들이 우리(한방의) 언어를
못 알아들으니까 도입한 겁니다. 그런데 미국에서 우리 교육과정을 가장
이상적이라고 했습니다. 자연과학 기초 위에서 전통의학을 하니까. 순전히
전통만 하면 양방에서 보기에 황당하다 할 것이고. 그런 의미에서 보면 현
시스템이 굉장히 이상적입니다. 한방은 교육내용으로 보면 인간문화재처럼
한방이 아니고 겹쳐진 개량된 한방이예요. 과학적 접근을 어느 정도 할
건가? 과학적 교육시스템을 적극 도입할건가? 등의 문제에서 보면 엄청나
게 이미 도입해두었다는 거죠.   **-한의사1-**

한방의 과학성에 대한 한의계의 또 다른 견해는, 한의가 무분별한 과학화를 시도할 경우 한방 자체의 특징과 영향력을 잃을 것이라는 우려였다. 과학화 자체는 좋은 것이지만 현실적으로 기술적 한계 등으로 말미암아 주도권을 상실할 염려가 있는 과학화에는 반대한다는 것이다.

[한방의 과학화 자체는] 긍정적으로 보는데, 그 근거는 전 세계 내지는 객관적 틀이라는 입장에서 보면 가야한다고 보는데, 다만 주체가 누가 되느냐에 따라 결과가 달라진다고 보는데, 비유가 적정할지 모르겠습니다만 전통을 현대로 접목시키거나 전통의 방식을 유지시킨다고 할 때 그 방식은 인간문화재로 하는 방식이 있고 교육시스템으로 하는 방식이 있거든요. 전자는, 교육시스템 개발 전에는 그런 기술을 가진 '사람'들을 유지시켜야 하는 것, 교육시스템이 제대로 안되어 있으니까 활용되는 방식인데, 그렇지만 의학은 사실 교육시스템에서 논의하기 때문에 갈등이 생기는데 그러면 한의학을 과학화시키는 주체를 누구로 보느냐의 문제죠.

예를 들면 김치를 잘 담그는 사람이 있는데 이 사람이 과학적인 방법을 배워서 자기 방법을 과학화시키는 게 이상적이냐, 아니면 서양 영양학을 배운 사람들이 내용을 정리해서 그 사람한테 배워서 분석해보니까 사실은 이런 거더라… 도구를 가지고 있는 입장에서는 기술이나 이념이나 사상을 가진 사람들을 재단할 수 있다는 거죠. 자기의 도구의 잣대로. 그런 측면에서 전체적으로는 긍정적으로 가겠지만 오히려 전체로 갔을 때 다 해석되고 난 뒤에 배제된 부분에 전통의 장점이 있다면 그 부분을 상실하거나 왜곡될 수 있다, 그런 점에서 주체가 원래의 기술을 가진 사람이어야 하고. 그래서 주변의 과학화시키는 사람들은 다만 그 사람이 밝히지 못하는 부분을 뒷받침해주는 쪽으로 가줘야 한다, 그런 점에 있어서 저는 [한방 과학화에 대해] 굉장히 반대를 합니다. 긍정적이지만.　　　　　　　**-한의사**1-

실제로 '90년대 중반 이후 첨단 장비의 개발과 활용을 이용한 한의계 자체의 과학화 움직임은 활발하다. 젊은 한의사들을 중심으로 진단과 치료에 첨단기술을 도입하고 과학성을 높이려는 노력이 진행되고 있는데 한의대학에서는 임상정보를 컴퓨터 자료로 전환하고 데이터베이스를 구축하기 위한 노력이 활발히 행해지고 있다. 연구자는 **한의사**1에게 한의계에서 활용하고 있는 첨단 장비들이 얼마나 효과적인지에 대해 질문하였다. 그러나 "한의사들에 의한 일반적 평가에 따르면 여전히 만족스럽지 못하다"는 대답이 돌아왔다. 그에 따르면 한의사들의 진단과 장비를 활용한 진단 사이에는 여전히 차이가 있는데 이는 전통의 한의 개념을 현대적인 도구와 기술을 활용하여 해석하려는 데서 오는 한계 때문이라고 한다(**한의사**1).

인터뷰에 응한 대부분의 한의사들은 한방에 대해 지식 면에서든 실제적인 면에서든 큰 자부심을 가지고 있었다. 따라서 이들은 한의가 양방과는 별개의 독자적인 전문의료 영역으로 존재해야 한다고 믿었다.

> 일례로 침술의 치료범위는 매우 광범합니다. 그러나 임상에서 잘 이용되고 있는 부분은 실제 침술이 치료할 수 있는 범위를 카바하지 못하고 있다는 의미입니다. 예를 들면 암환자가 화학요법에서 가장 힘든 것이 오심구토입니다. 침술로 아무런 메디신(약품) 쓰지 않고 침술만으로 환자의 그 부분을 해소시킬 수 있습니다. 실제 화학요법의 부작용을 해소할 수 있는 것이죠. 그러나 국내에서는 제대로 안됩니다. 실제로 침술의 기술이 떨어져서 안 되는 경우도 있을 것이고 제도적으로 양방 한방이 서로 잘 협진 되지 않기 때문에 안 되는 부분도 있습니다. 제도적 맹점이 있고 한방의료기술 자체가 조상이 물려준 만큼을 제대로 못해주고 있는 것이고. 둘 다 국가가 제도를 잘못 운영하고 있는 탓도 있습니다. 한의에서 스스로 잘 연구하지 못한 탓도 있고. 그러다보니까 외국에서 들어오는 거겠죠.　　　　-**한의사**4-

> 무기가 인정받을 수 있는 게 실천과정에서 효과와 영향력이 있기 때문이죠. 단순 이념 논쟁에서는 논란만 있겠지만 우리는 "실제 맞는지 입증해봐라"할 때 실제로 치료해서 나으니까. 저쪽에서는 안 낫는 경우만 가지고 공

격을 했었어야 했는데 그것도 안하고 그냥 비과학적이라고만 하니까. 비과
학적이라는 논리에는 과학도 한계가 있다는 논리로 대응하면 비슷해지죠.
첨단과학자 중에도 과학의 세계에는 한계가 있다고 하니까. 의학 하는 사
람들은 자기들이 하는 모든 것이 설명할 수 있고 정당하다는 착각에 빠져
있습니다. 근데 한의학 하는 사람들은 철학이나 과학의 논쟁, 종교와 과학
의 논쟁 같이 공부를 많이 하니까 오히려 과학의 한계에 대해 자꾸 뽑아내
어서 과학이 다가 아니다, 라고 접근하는 데 훨씬 유리하죠. 최근에는 전체
적인 연구가 환경학적 입장에서 강조를 많이 하니까 자연과 더불어 사는
게 낫다는 생태적 입장에서 접근하니까. 그 논리하고 한의의 입장이 맞아
떨어지니까.   -한의사1-

　　인터뷰 응답자들의 의견이나 한방 관련 웹 사이트의 게시판에 올려
진 글들을 보면 일원화에 대한 반대가 한의계의 다수임은 분명했다. 대
부분의 한의사들은 한방이 과학 이상의 일종의 철학이라 믿고 있었으
며 이들은 한의가 사라질지도 모를 위험한 상황을 원치 않고 있었다.

　　완전히 서로 다른 패러다임을 가진 두 의료 체계가 서둘러 행정편의식으
로 합쳐진다면 한의는 사라지고 말 것입니다. 의료 일원화는 한의의 전문
화가 아니라 맞지도 않은 패러다임에 강제로 편입되는 겁니다.　 -한의사6-

　　한약조제와 관련해서는 약사들의 공격을 받았습니다. 진단과 치료에서는
일원화라는 명분으로 양의사들의 공격을 받고 있습니다. 한의는 완전히 공
중분해될 처지에 놓여진 겁니다.   -한의사4-

　　약사들은 한약조제로 우리 영역을 침범하고 있고 양의들은 우리 눈앞에
서 버젓이 침술행위를 하고 있습니다. 이런 상황에서 도대체 일원화를 주
장하는 사람들은 누굽니까? 정말 한의사들이 맞습니까? 지금 적 앞에서 자
살이라도 하자는 겁니까?   -한의 관련 웹 사이트 게시판에서-

세계에서 우리만큼 고급 인력이 한의사 되는 데가 없습니다. 중국도 안돼요. 형편없거든요. 장사꾼이에요. 프로필이 많지만 실제로는 장사꾼이에요. 한국의 한의사들만큼 동양의학에 정통한 데가 없습니다. 지금 1등급 안에 드는 우수한 자원들이 한의대 지원합니다.   **-한의사2-**

그러나 다른 의견을 가진 한의사들도 있었다. 인터뷰에 응한 한 한의사는 한의에 과학화가 필요함을 인정하였으며 특히 2006년 의료시장이 외국으로 개방되기 전 과학화 작업은 필수적임을 강조하였다. 그에 따르면 미래에도 한의가 살아남기 위해 가장 중요한 것은 과학화였다. 그는 한의의 과학화는 양방 의사들의 도움과 협조 없이는 불가능하다는 견해도 덧붙였다(**한의사**10). 비록 공개적으로 일원화를 주장하지는 않았으나 그는 한의의 서구식 과학화에 긍정적이고 적극적인 반응을 보인 유일한 응답자였다.

그게(과학화) 앞으로 한의계가 지향해야 할 방향이죠. 왜냐면 …… 현대 문명 자체가 전부 과학화되고 있는 이 시점에 한의도 과학화하는 것이 정체성을 확보할 수 있는 유일한 방법이죠. …… 장기적으로 한의가 살아나가려면 과학성이 제일 중요합니다. 왜냐면 한약이야 [우리에게는] …… 정서적으로 임의대로 관습적으로 맞아 들어가요. 이야기하면. 그런 의료행위를 외국에 가져가서, "전통의학인데 다 된다, 너희도 해라", 그게 그 쪽에서 정부나 공공의료에서 OK 하겠어요? 절대로 안 한단 말예요. 국제적으로 과정이 되었고 WHO에서 요구하는 practice 과정을 거쳤느냐? 그게 되면 받아들이는데 안 되면 폐기처분되는 거거든요. 그 작업이 한국 한의학이 해야 할 일이라는 거죠.

한국 한의학이 살려면 한국 내에서는 살 수 있어요. 몇 천 년 동안 한건데 100년, 200년 만에 없어지지는 않겠죠. 그렇지만 모든 행위가 달러화되고 상품화되어 팔아먹지 않으면 도태되죠. 그걸 하려면 외국에서 논문을 보고 OK해야 하죠. 근데 한의계 사람들은 이 생각에 반대해요. 종교성이

있기 때문에, "내가 그 사람에게 말로 설득해서 믿음을 줘서 병을 고칠 것
이다……." 전도사 같아요. 한의계 풍조는 그거예요. "미국 너희들이 한의
를 인정해라, 믿음을 가지고." 정말 종교적인 ……. 한의가 과학적 정체성
을 확보하기 위해서는 과학을 필요로 하는데 그 과학이 사실 의학이잖아
요. 그러려면 의사 도움 없이는 절대 불가능하죠.   -**한의사**10-

그는 한의계의 처지와 함께 한의가 일원화에 대해 가지고 있는 두려
움을 다음과 같이 이해하고 있었다.

　일원화가 되면 수적으로나 여러 면으로 동등하게 안 된다는 건 할 수 없
어요. 동서고금을 봐도 두 패러다임이 만나서 융화될 때 동등이란 없어요.
어쩔 수 없이 한 패러다임은 종속될 수밖에 없어요. 그렇지만 한의는 어떻
게든 동등하게 가고 싶은 거니까.   -**의사**10-

그럼에도 그는 한의사들이 단기적이고 협소한 시각을 넘어 변화하는
상황을 진지하게 고려해야 함을 지적하였다.

　한의계도 한의 자체만으로는 힘이 없으니까 대체의학이 들어오고 양의도
막 들어오고 약사계에서도 들어오니까 이제 한의도 믹싱된 새로운 패러다임
이 만들어지지 않을까 싶어요. 지금 사회는 한의가 혼자 독점적으로 모든
걸 할 수 없게 되어 있다는 거죠. 그게 더 변화를 요구받지 않을까 해요.
          -**한의사**10-

한의계 웹 사이트 게시판에도 극소수이기는 하나 한의의 미래를 위
해 일원화가 불가피하다는 주장이 있었다. 이들 주장의 근거는 일부 한
의사들이 이미 서양 의료기술을 활용하고 있고 한의대학 교과과정의
많은 부분이 (양방)의과대학의 것과 동일하다는 점이었다. 의료 일원화
는 세계 의료시장에서 한의의 경쟁력을 높이기 위해 불가피하다는 의

견이었다.

의사협회의 한 인사는 젊은 한의사의 70퍼센트 정도가 의료 일원화 계획에 찬성할 것으로 보았다(의사10). 그가 제시한 수치를 받아들이기는 어려운데, 일원화에 대한 견해를 묻는 직접적인 또는 전면적인 조사에 근거한 것이 아니고 연구자의 인터뷰 결과나 한의 인터넷 홈페이지의 게시글에서는 일원화 반대의 목소리가 다수이기 때문이다. 그러나 한의 사들의 상당수가, 특히 의사들이 한방을 배우고 싶어 하는 것보다 더 높은 비율의 한의사들이 양방 의료를 배우고자 한다는 조사 결과가 있어 주목된다. 정부의 한방 관련 내부 자료에 따르면 1999년에 행해진 조사에서 57퍼센트의 한의사들이 양방을 배우기를 희망하는 것으로 나타났고, 의사들의 39퍼센트가 한의를 배우고 싶어 하는 것으로 나타났다(보건복지부·한국보건산업진흥원, 2002: 25). 이 조사는 양방과 한방 사이의 협진에 대한 의식과 실태를 파악하고 협진을 장려하기 위한 것으로, 의료 일원화에 대한 갈등이 드러나기 이전에 실시한 것이었다. 이러한 수치를 일원화를 지지하는 비율로 보기는 어렵다. 그러나 의사보다 더 많은 비율의 한의사가 양방을 배우고자 한다는 사실은 한의사들이 양방의료를 수용하는 데 더 적극적임을 의미한다.

인터뷰에 응한 한의계 인사들은 정체성의 위기를 겪으면서 환자를 끌기 위해 서양의학 형태로 시술을 변화시키려는 젊은 한의사들을 우려하고 있었다.

한의를 하면서도 개인적으로 서양의학을 도입한다든가 진단방법, 치료내용을 바꾼다거나 서양에서 동양의학을 연구하는 대체의학을 마치 서구의 것인 양 도입해서, 오히려 그런 싸움이 있기 전에 전통이 잘 유지되던 틀이 무너지지 않았느냐, 그런 부정적인 면이 있죠. 지금 한의원의 전략이나 경영방식이 변화되는 걸 보면 그 후로 사실 많이 변하는데 양방과 같이 하는 것도 늘고, 개인 한의원인데 이게 한의원 맞나? 싶고. 그런 이미지로 생존전략이 나오죠. 정체성이 흔들리는.   -한의사1-

한의계의 이러한 경향은 한방의 과학화나 의료 일원화 논의에 엄격하고 보수적인 기존 한의계 의견과는 일관되지 않는 것이어서 주목된다. 의료 일원화에는 반대하면서 의료기사지휘권을 가지고 양방에서 사용하는 현대식 의료장비는 쓸 수 있어야 한다는 것이 많은 한의사들의 주장이다.

한의계 내부의 한방 과학화와 의료 일원화에 대한 양분된 견해, 그리고 의료기기 활용에 대한 요구 등은 한의계가 직면하고 있는 딜레마를 그대로 보여준다. 한의사들은 자신들의 전문지식이 서양의 과학적 의학보다 우월하다고 믿고 있으면서도 그 우월성을 (양)의사나 일반인에게 제대로 설득하지 못하고 있었다. 한의사들은 또한 의료 일원화를 통해 한의가 일방적으로 흡수 통합될 것을 우려하고 있었다. 정부와, 최소한 외향적으로는 한의사협회가 한의 발전에 과학화가 중요함을 선언하고 있지만 한의사들은 과학화라는 서양식 패러다임에 여전히 거부감이 강하였다(**한의사**1). 그럼에도 한의사들은 서양 의료기술이나 현대화한 치료방식을 도입하는 데 적극적이었다.

앞서 살펴본 IMS 문제는 Abbott(1988)이 제시하고 있는 바와 같은 또 하나의 전형적인 관할권 분쟁이다. 의료계는 자신들의 전문영역을 대체의학 또는 한의 부문으로 확장하려 하고 있다. IMS를 의료보험 서비스에 포함시켜 주도록 정부 측에 요구한 것은 이러한 노력의 일환이기도 하다. 그러나 한의사들이 보기에 IMS 시술은 한방의 침술과 별 차이가 없다. 침술이 한방에서는 핵심적인 치료방법인 만큼 한의사들은 의사들의 주장에 민감할 수밖에 없었으며 강경하게 대응하고자 하였다.

IMS 사안에 견주어 의료 일원화 논란은 훨씬 근본적이고 심각한 영역 갈등이다. 한의사들은 의사들이 일원화를 통하여 한방을 양방에 흡수하려 한다고 믿고 있었다. 한의가 사라질지도 모른다는 한의사들의 우려는 의사들의 응답 내용을 살펴보아도 전혀 근거 없는 것은 아니었다. 양방은 공공 보건을 위해 과학적인 시술과 입증 가능한 의료를 주장하였으며 이러한 기준에서 한방은 사실상 취약점을 지니고 있기 때문이다. 의료 일원화는 우리나라 의료계의 판도를 완전히 변화시킬 수 있으며 그 변화로 말미암아 한 측은 크게 타격 받을 수 있다. 한의사 협회가 최근에 이르러서야 의료 일원화 논쟁에 적극 가담하기 시작한 것과 달리 의사들은 수년 동안 지속적으로 한의계에 대한 공격을 늦추지 않고 있다. 의료 일원화 논쟁은 서로 다른 지식체계와 가치, 즉 전통 의학과 문화 대 현대 과학 의료와 문화 사이의 충돌이기도 하다.

2) 갈등의 경제적 성격: 의료전문직의 이윤추구 성향

양한방 갈등에서도 경제적 동기는 작용하고 있었는데 의료 일원화에 대한 논의보다 IMS 논쟁에서 좀 더 구체적이고 직접적으로 나타났다. 의사, 특히 진단방사선과(현 영상의학과)와 재활의학과 의사에게 IMS라는 새로운 시술은 적지 않은 소득원이 되고 있다. 과장된 것이기는 하나, 한의계 인사의 다음 응답에서 IMS 시술에 대한 의사들의 경제적 동기를 찾아 볼 수 있다.

> IMS는 미국에서조차도 일반화된 시술이 아닙니다. 단지 치료의 한 방법일 뿐이죠. [우리나라] 양의들이 경제적인 이유로 서둘러 도입했을 뿐이고. 지금 재활의학과나 마취과에서는 IMS가 없으면 병원 운영을 못한다고 할 정도랍니다. 수입 높이려고 그렇게 서둘러 도입한 거죠.　　　-**한의사**4-

IMS 치료를 반대하는 한의사들의 주장에도 경제적 동기가 있으며 그 정도는 의사들에 못지않다. IMS와 유사, 또는 동일하다고 일컬어지는 침술은 한방 의료보험 급여의 95퍼센트를 점하는 핵심 영역(**한의사**4)이기 때문이다. 의사들은 IMS를 의료보험급여 대상에 포함시키기를 희망하고 있는데 정부가 의사들의 요구를 수용할 경우, 비상대책회의에서 제기된 한 한의계 인사의 표현을 빌자면, '한의원 가운데 90퍼센트가 문을 닫아야 할' 상황에 이른다고 할 만큼 한의계는 경제적 타격을 받는다.

한편 의료 일원화 논쟁에서 경제적 동기는 한의계가 의료계를 비난할 때 주로 언급되고 있다. 한의계는 양방 의사들이 오직 경제적인 이유만으로 의료 일원화를 주장한다고 믿고 있는 반면, 의사들은 일원화 주장에서 경제적 동기를 전혀 드러내지 않았으며 실제로 부인하고 있었다. 의사들이 의료 일원화를 주장하는 공식적인 동기는 비과학적 시술로부터 국민의 건강을 보호하자는 것과 공공의료비를 절감해야 한다는 것이다.

> 이제 환자들은 약국에 먼저 가고 그래도 낫지 않으면 동네 의원에, 그래도 안 되면 한의원, 또 낫지 않으면 한방병원, 그리고 또 양방병원, 그렇게들 찾아갑니다(다소간의 차이는 있었지만 다른 응답자들도 이러한 '의료 쇼핑' 현상을 지적하였다. 특히 한의사들의 경우 이러한 '쇼핑'의 최종점으로 "결국 한의원이나 한방병원으로 다시 돌아온다"는 점을 강조하였다).
>
> -의사3-

의사들은 의료 일원화를 통해 환자들의 의료 쇼핑을 줄이고 의료보험 재정에 안정을 기할 수 있을 것이라 응답하였다. 그러나 한의사들은 의사들이 한의계를 흡수하여 새로운 소득원을 원할 뿐이라고 단언하였다.

> 그들(양의사, 약사, 치과의사들)은 우리를 완전히 갈라서 각자 몫으로 나눠 갖자는 속셈입니다. 우리는 개발될 수 있는 잠정적인 영역이 거의 무한대니까요. 자신들의 영역에서는 그저 서양에서 들여온 시술을 따라할 수밖에 없는데…….
>
> -한의사12, 2003 **한의계비상대책회의**-

> 양의사들은 국제수준의 저널에 자기들 것만 갖고는 논문 한편 싣기 어렵잖아요. 그래도 한방으로서는 국제적인 수준에서 상대적으로 우위를 가질 수 있을 테니까.
>
> -한의사13, 2003 **한의계비상대책회의**-

내 사촌이 뉴저지에서 정형외과 하는데 나이가 드니까 요즘 침으로 먹고 산다고 그러더라고. 한국 사람들이 외국에 나갈 때 양방만으로 살아남을 수 없고 그래도 한방을 해야 경쟁력이 생기는데 국내에서는 오히려……[한방이 열세인 점이 안타깝다].　　　**-한의사**10, 2003 **한의계비상대책회의-**

현재의 의료시장은 의사에게 결코 유리하지 않다. 의약분업제도의 시행도 악재였으며 의료시장에서는 이미 서로 다른 유형의 의료전문인들과 공존하며 경쟁하고 있다. 이러한 정황에서 한의계 발전을 위한 일련의 정부 정책은 의사들을 자극하였으며(대한의사협회 외, 2003) 의료 일원화 추진에 박차를 가하도록 자극하는 중요한 계기가 되었다.

양한방 갈등에서 의약분쟁의 '약가 마진'과 같은 직접적인 경제적 논점은 찾아볼 수 없다. 그러나 여러 정황과 응답자들의 주장을 근거로 할 때, 두 전문가 집단은 관할영역을 변화, 유지, 또는 존속시킴으로써 자신들의 재정적 어려움을 개선하고자 노력하고 있다. 한의사와 의사 모두 후배 의료전문인들의 수적 급증을 우려하고 있었다. 의사들은 특히 의약분업 이후 재정 상황을 개선하기 위한 노력을 강화하고 있다. 한의계와 의료계는 진단과 치료라는 동일한 전문영역을 두고 경쟁하는 의료전문직이다. 상대방의 기존 영역과 시장이 새로운 수입원으로서 높은 가치가 있다는 사실은 양자 사이의 갈등에 기본적으로 내재하는 경제적 동기라 할 만하다.

3. 관련 단체의 대응과 전략

1) 의료계의 대응 전략과 역량

의료 일원화는 사실상 의료계의 오랜 논제이기는 하였으나 강도 높게 공론화하기 시작한 것은 최근의 일이다. IMS 시술이 처음 논란이 되었을 때도 일반 의사들 사이에서 의료 일원화가 주요 논점으로 부각되지 않았다. 의사들은 다만 현실적으로 당장 일원화가 이루어지지 않는다 하더라도 일원화에 대한 주장만으로 얻는 것이 있다고 여겼다. 즉 최소한 한의사들이 '무모하게' 의료기기를 사용하고자 하는 것을 막고 영역 사이의 경계를 분명히 할 수 있을 것으로 믿었다.

> 의료계는 이번 [IMS] 논란을 계기로 그동안 묵과되어 온 한의사들의 무분별한 불법 의료기기 사용을 근절시켜야 한다고 목소리를 높이고 ……
> 한의사협회의 주장대로 침술행위가 한의과의 고유영역이라면 초음파 진단기 등 고유영역이 아닌 부분에 대해 모두 포기해야 하며, 이번 분쟁으로 의료행위 영역에 대한 구분을 분명히 할 수 있을 것이라고 기대하고 있다
> (**청년의사**, 2003b).

그러나 정부가 일련의 정책을 통하여 한의계를 지지하고 나서자 의료계는 민감한 태도를 보이기 시작했다. 의료계 내부에서 의료 일원화의 목소리가 높아진 때는 의사들이 정부의 한방 정책에 비난과 실망을 표출한 시점과 거의 일치한다. 의료계는 한의계와 관련되는 세부 논점에 집착하기보다는 근본적이고 거시적인 문제, 즉 의료 일원화 문제로 확대시켜 논의하는 전략을 택하였다.

한의계와의 갈등을 맞이하여 사태의 초기에 의료계가 보여준 전략은 분산된, 그러나 비교적 연계되고 조직적인 것이었다. 즉, 정부 측에 IMS 시술을 새로운 치료법으로 인정해달라고 요청한 주체는 273개 개별 병의원들로서, 주로 진단방사선과(현 영상의학과)와 재활의학과 소속이었다. 이에 해당 학회가 273개 병의원의 주장을 지지하고 나섰고 의사협회 또한 언론을 상대로 이들의 처지를 대변하였다. 이와 동시에 의사협회는 의료 일원화의 필요성을 강조하는 데 초점을 두었다. 현장조사가 진행된 2003년 2월부터 4월까지 의사협회는 IMS 논쟁을 의료 일원화 문제로 확대하여 국민의 관심을 끌고자 노력하고 있었다.

의료계는 한의계와 맞서 의약분쟁에서와는 달리 좀 더 신중한 태도를 견지하는 편이었는데, 우선 IMS 사안과 의료 일원화 논쟁은 의약분업제도를 통해 의사가 약의 조제·판매권을 잃었던 만큼 심각한 현실적 문제가 아니었기 때문이다.[67] 의료계는 한의계와의 갈등을 통해 최선으로는 의료 일원화를 통해 의료 영역을 확장할 수 있을 것이고, 차선으로는 IMS 시술을 의료보험 서비스로 인정받고 그에 따른 경제적 수입을 늘릴 수 있을 것이었다. 의료 일원화나 IMS 시술의 보험 급여 인정이 모두 거부된다 하더라도, 한의사가 의사의 전자침 사용을 반대하는 것과 동일한 논리로, 의사는 한의사에게 양방 의료 기구를 사용할 수 없다는 주장을 할 수 있을 것이었다. 따라서 의사협회는 한의계와 맞서 결코 서두르거나 무리한 행동을 감행하려 들지 않았다.

의사들이 한의계와의 대치에서 서두르지 않았던 또 다른 이유는 '70년대 이후부터 의사협회는 두 개의 의사 면허증을 통합하고 의료 일원화를 실시해야 한다는 주장을 꾸준히 펼쳐왔다는 데 있다. 의료계로서는 일원화 주장이 결코 낯선 논제가 아니었으며 장기적인 정책이자 목

---

67) 2005년 6월 현재 의료계의 IMS 학회 회원 수가 1,568명으로 아직 소수인 것도 이를 입증한다. 또한 자동차보험급여 결정과 관련하여 2005년 이른바 2차 IMS 파동을 겪고 있던 당시, 대한의학회와 대한의사협회가 발표한 '보완요법 72가지에 대한 등급 결정'에서 IMS가 '판단근거 불충분'으로 분류되어 IMS 학회로부터 거센 반발을 샀다(의협신문, 2005c).

표라는 것을 이미 인식하고 있었다. 무엇보다도 의사들은 의료 일원화가 이루어질 경우, 주도권을 갖는 쪽은 의료계라는 점을 확신하고 있었다. 이는 의료 일원화를 경계하고 우려하는 한의계의 상황과는 전혀 다른 것이었으며 상대적으로 여유로울 수 있는 처지였다.

그러나 2003년 5월경부터 의료계는 강경한 태도를 나타내기 시작하였다. 정부의 '친한방 의료정책'에 강력히 반대하면서 의료 일원화 논의에 적극적인 행보를 취하게 된 것이다. 2003년 6월, 양방의 학회와 단체들은 의료 일원화를 위한 범국민추진위원회 설립을 제안하였다.

2004년 6월 21일, 그동안 의사협회와 같은 논리로 약대 6년제 개편안에 반대해 오던 한의사협회가 약사회와 전격 합의함으로써 양한방 사이의 관계는 더욱 멀어졌다. 특히 동년 12월말, 한의사의 CT기기 사용이 면허 이외의 의료행위로 규정할 수 없다는 서울행정법원의 판결 직후 한의계에 대한 의료계의 태도는 더욱 강경해졌으며 전방위적으로 한의계 공격에 나섰다(보건신문, 2005a). 의료계는 이 판결을 '충격적(청년의사, 2004)', 또는 '의약분업 이후 최대위기(Biz & Issue, 2005b)'라고 받아들였으며 '의료 일원화에 대한 본격적 논의를 촉발시킬 수 있는' 계기로 받아들였다. 2005년 5월 대한내과의사회는 한의원 12곳을 과대광고 또는 의료기기사용 등의 혐의로 고소 고발하였으며 이에 개원한의사협의회가 양방 병의원 24곳을 과대광고와 무면허의료행위 교사 등 불법의료행위 혐의로 고발하기에 이르렀다.

의사협회는 모든 관련 논쟁과 갈등 상황을 의료 일원화 논점으로 집중하겠다는 전략이다. 의료 일원화 범의료계대책위를 지원하여 태스크포스팀을 구성하고 의료 일원화를 위한 4대 원칙과 4단계 면허통합 방안을 제시하는 등의 노력을 기울이고 있다(메디게이트뉴스, 2005a). 2005년 12월말 보건복지부 한방정책관실이 마련한 '한의약육성발전 5개년 종합계획'68)에 대해 의사협회는 "우리나라 의료시스템에 심각한 왜곡현상을

---

68) 동 계획은 국립한의과대학 설립, 한방임상센터 설치, 한방전문병원제도 실시, 한방공공보건사업 강화, 한방건강보험 급여확대, 양한방 협진체계 활성화, 한약관리 강화 등을

초래할 것"이라고 지적하며 전면 재검토할 것을 강력히 요구하였다(한국의약신문, 2005).

2006년 3월 의사협회회장 직접선거에 출마한 후보들의 선거공약에서도 한의계와의 갈등은 주요 논점이었다. '의료 일원화 적극 추진'을 직접 제시한 경우에서부터 '파라메디칼에 의한 의권침탈 분쇄', '한의학 안전성 및 유효성 검증', '사이비 의료와의 전쟁', '한방의 불법현대의료기기 사용에 대한 근절' 등 한의계와의 갈등을 내포하는 구호들이 거의 모든 후보들의 정책 공약에 포함되었다(청년의사, 2006l). 당선자인 신임 장동익 회장은 특히 한의계와 맞고소에 이르는 강경책을 주도한 인사였다는 점을 감안할 때 앞으로 양한방 갈등이 쉽게 마무리되기는 어려울 것으로 보인다.

의료계와 한의계라는 가장 중요한 두 의료전문직 사이의 갈등은 우리나라 의료체계를 바꿔놓을 만한 '빅 뱅'으로 예견되고 있다. 양한방이 충돌할 경우 어떤 요인들이 각각에 유리하거나 불리하게 작용할 것인가? 앞서 행해진 한약분쟁이나 의약분쟁처럼 본격적인 전면 분쟁으로 진전되지는 않았기 때문에 현재의 요인과 상황들만으로 잠정적인 역량을 판단해볼 수밖에 없다.

인력과 재원의 측면에서 본다면 의료계가 한의계를 압도하고 있다. 2006년 초 현재 의사들의 수는 약 88,000명으로 한의사 규모의 약 5배에 달한다. 두 의료단체가 실제로 동원할 수 있는 재원량을 추정한다는 것은 쉽지 않지만 다음의 답변은 의료계의 잠재적인 재원 동원력이 월등함을 암시한다.

> 가장 큰 대형 [양방] 병원의 수입이 한방 총수입보다 큽니다. **-한의사4-**

또한 의료계는 의료기기업체와 제약회사 등의 단체를 지원세력으로

주된 내용으로 하고 있다(한국의약신문, 2005).

두고 있어 정보나 재원 등에서 더욱 유리할 것으로 판단된다.

　의료계의 조직적 정치적 전략은 종전까지 상대적으로 취약하였으나 의약분쟁을 경험한 뒤 빠르게 정비되었다. 개선된 조직 역량과 정치 전략은 한의계와의 갈등에서 유리하게 작용할 수 있을 것이다.

　　의협은 최근 조직도 정비되고 대응력이 좋아지고 있거든요.

　　　　　　　　　　　　　　　　　　　　　　　　-정부관계자4-

　전문지식과 기술 측면에서 보면 의료계가 또한 우월한 처지라고 볼 수 있는데 과학적이고 첨단기술을 활용한 치료방법 등이 환자와 일반 국민에게 상대적으로 크게 부각되어 있기 때문이다.

　그러나 현 정부를 설득하는 데는 의료계가 여전히 어려움을 겪고 있다. 의약분쟁을 겪으면서 공무원들도, 의사의 협조 없이는 어떠한 의료정책도 성공할 수 없고 의사의 주장과 처지를 수용하고 인내하려는 노력이 필요하다는 것에 동의하고 있지만 여전히 의사들의 고압적 태도에 불만을 표하고 있다(**정부관계자1**). 참여정부 인사의 대다수가 의사에 대한 강경정책은 재고되어야 함을 인식하고 있지만 대통령 당사자는 여전히 의사에 대한 '불신(**한의사4**)'과 '불편한 심경(**언론인1**)'을 숨기지 않고 있다고 한다. 따라서 의료 일원화를 비롯한 의료정책 일반에서 정부가 쉽게 의료계의 편을 들어줄 것 같지는 않다. 또한 한약분쟁 이후 정부는 꾸준히 한방의학의 발전을 지원해오고 있다. 한의를 위한 기본 정책이 시행된 지 10년도 지나지 않아 정부가 그 기조를 바꾸지는 않을 것으로 보인다. 한편 이러한 상황에서 의사 일반은 정부나 시민단체와의 강경투쟁보다는 대화와 협력이 효과적이라고 밝혀 의약분쟁 이후 달라진 의사단체의 분위기를 알 수 있다(의협신문, 2006c).[69]

---

[69] 대한의사협회 의료정책연구소 시행 설문조사에서 응답자 1,057명의 77퍼센트가 대화와 협력이 효과적이라고 응답하였으며 22퍼센트만이 강경투쟁을 주장하였다(의협신문, 2006c).

의료계에 대한 비판과 반대 여론 또한 아직은 크게 개선되지 않고 있다. 여론의 부정적 시각은 지난 의약분쟁에서 의료계가 입은 가장 큰 손실이다. 언론계의 한 인사는 양한방 갈등에 대한 여론의 향방을 다음과 같이 추론하였다.

> 국민들 정서요? 상식적으로는 큰 병원이라면 한방 양방 같이 좀 갖춰놓고 같이 좀 해줬음 좋겠다, 그렇게는 생각할 건데. 의사들한테 역시 반발이 있을 것 같은데? …… 지금 의사들이 이미 의약분업으로 나쁜 감정을 받고 있는데 한의와 붙으면 좋은 얘기는 안 나올 것 같은데?　　　　　　-언론인2-

의약분쟁이 끝났지만 국민은 여전히 의사에 대해 불편한 감정을 가지고 있다. 의료계 관련 기사가 인터넷에 게재되면 해당 기사의 게시판은 다른 기사에 견주어 훨씬 많은 비판과 논란으로 메워지는 것을 확인할 수 있다.[70] 의사들의 주장은, 아무리 합리적이고 논리적인 근거의 제안이라 하더라도 국민으로부터 쉽게 수용되지는 않을 듯하다.

그러나 의료 일원화 자체에 대해 여론의 큰 반대가 없다는 사실은 의사단체에 분명 고무적이다.[71] 특히 2004년 말 이후 양한방 사이의 마

---

70) 일례로, 2006년 7월 6일 새벽5시 30분경, "인턴·레지던트 노조 생겼다(중앙일보)"라는 기사가 인터넷 포털 사이트(DAUM)에 처음 게시된 뒤 8시간여 만에 의견 댓글 523개가 첨부되었다. 동일 시간대 첫 게시되고 동일 시간 경과 뒤 가장 많은 관심을 끈 기사와 비교해본다면, 월드컵 준결승전 결과에 대한 기사에 189개의 의견이 첨부되었다. 이튿날인 7월 7일, "의사는 선택받은 직업? 옛날 말(오마이뉴스)"라는 기사가 오후 5시경에 게시된 뒤 3시간여 만에 691개의 의견 댓글이 첨부된 것과 달리, 동일 시간대 첫 게시되고 동일 시간 경과 뒤 또한 가장 많은 관심을 끈 기사와 비교해본다면, 월드컵 뉴스인 "엘리손도(저자주: 한국 대 스위스 전에서 불공정 심판의 논란을 일으킨 심판), 결승전서도 주심 'FIFA 특혜(?)'" 기사에 대한 댓글이 192개, 북한의 미사일 시험 발사 직후의 뉴스인 "남북장관급회담 11일 예정대로 개최" 기사에 107개의 댓글이 첨부되었다. 이와 같이 의료계 뉴스는 다른 어떤 기사보다 많은 의견 댓글을 유도하였는데 내용의 대부분이 의사단체 또는 의사들에 대한 비난이라는 점이 주목된다.

71) 대한의사협회가 양한방 의료기관을 방문한 환자 814명을 대상으로 직접 면접 방식으로 조사한 결과 응답자의 약 62퍼센트가 양한방 의료를 통합해야 한다고 응답한 반면 약 37퍼센트만이 현재와 같이 구분하는 것이 좋다고 응답했다(메디게이트뉴스, 2005b). 조사방법이라는 측면에서 볼 때 이러한 결과를 그대로 받아들이는 데는 무리가 있다. 조

찰이 잦아지고 있는데 그 내용을 살펴보면 의료기기 사용, IMS의 자동 차보험수가 인정 문제 등, 모두 세부적이고 일반인에게는 지나치게 전문적인 사안이다. 세부적인 다수의 논쟁을 '의료 일원화' 하나로 집결하여 대응하는 것은 의료계로서는 전략상 유리할 것으로 보인다.

이런 상황에서 의료계는 의외의 우군을 만났는데 바로 약사들이다. 의약분쟁 동안 의료계와 약사단체는 심한 갈등을 겪었지만 한의 정책과 의료 일원화에 대해서는 같은 목소리를 내고 있다. 약사들 또한 정부의 친한방 정책을 달가워하지 않고 있다. 약사회는 정부와 정치권에 대한 성명서를 통해 의료 일원화에 대한 자신들의 강한 태도를 나타냈으며 정부의 계속되는 친한방 정책을 반대한다고 밝혔다(약사공론, 2003). 의료 일원화에 대한 갈등은 의사단체를 중심으로 하는 연합세력 대 한의계로 양분되는 경향을 보이고 있다.

2) 한의계의 대응 전략과 역량

당초 한의사들은 IMS 논쟁이 의료 일원화 이슈로 진전되는 것을 원치 않고 있었다(김현수, 2003). 한의계는 자신들의 독점 영역인 침술을 지키는 데 전력을 다하고자 하였다. 현장조사를 통해 수집된 자료들은 IMS 사안으로 말미암은 한의계의 위기감과 대응 의지를 보여 주고 있다. 자신들의 핵심 전문영역을 보존하고자 한의계는 '수단과 방법을 가리지 않고 싸우'겠다는 뜻을 표명하였다.

IMS 사안이 부상하자 한의계는 그 치료법이 양방 의료보험 급여에 포함되지 않도록 모든 조직적 전략과 노력을 기하였다. 한의사, 특히

사 주체가 특정 의견을 가진 단체이므로 조사설계와 과정에서 객관성이 훼손되었을 가능성을 배제하지 않을 수 없기 때문이다. 특히 응답자들이 의료 일원화의 개념과 파장을 어느 정도 이해하고 있었는지에 의문이 있다. 그러나 응답의 결과가 상당히 크게 차이가 나고 통합을 원하는 응답자의 대부분이 불필요한 의료행위를 줄이고 의료비 낭비를 감소시킬 것이라고 답변한 점으로 보아 의료 일원화에 대한 여론은 일단 우호적이라고 보아도 좋을 듯하다.

소형 한의원에 근무하는 한의사들은 상황의 심각성을 더욱 잘 이해하고 있었다. 쟁점이 제기되자마자 한의계 인터넷 홈페이지 게시판은 의료계와의 '전면전'을 촉구하는 글들로 메워졌다.

한의계 지도부 차원에서는 IMS가 침술과 다르지 않으며 한방에 속한다는 점을 뒷받침할 수 있는 학문적 이론적 근거를 확보하는 데 주력코자 하였다. 현행 법령에 따르면 특정 치료에 대한 이론적 근거가 관할영역을 결정하는 데 가장 핵심이기 때문이다. 한의계 지도부는 IMS 분쟁이 결국 학문적 논쟁이 될 것으로 확신하였다.

또한 한의계는 한약분쟁의 경험을 바탕으로, 합리적이고 신중한 대응방식을 활용하는 것이 더욱 이득이 될 것이라고 믿었다.

> 지난번 약사들과의 싸움에서 우리는 실리적으로든 명분으로든 모두 졌어요. 이제 더 강력한 적이 나타났는데 이번에는 투쟁은 최후의 대안이 되어야 해요. 전쟁을 서둘러서는 안 돼요. 지금 필요한 건 학문적인 논의, 공청회나 포럼 같은 걸 거예요. 그걸 통해서 우리가 양의사들을 누를 수 있을 거고 국민들로부터 많은 지지도 얻을 수 있겠죠.　　　　　　　　　　-**한의사**8-

한의계의 비공개 비상대책회의[72] 에 본 연구자는 특별히 참관인 자격으로 자리할 수 있었다. 이 회의를 통해 한의계가 의료계를 맞이하여 어떻게 조직적 틀을 마련하고 전략을 수립하는지 파악할 수 있었다.

> 한약분쟁 때 대국민 홍보에서 승리한 겁니다. 이번에는 상황이 다릅니다. 전쟁 치르기 전에 준비해야죠. 이번에 이기려면 학문적 근거가 절대적으로 필요합니다.　　　　　　　-**한의사**13, 2003 **한의계비상대책회의**-

양의사들의 주장에 반박할 수 있는 학문적인 자료가 나오지 않으면 정책

---

72) 비상대책위원회는 2003년 4월 3일 개최되었으며 참석자들은 대한한의사협회, 대한침구학회, 한의과대학들의 주요 인사들이었다.

이든 대국민 관계든 다른 모든 방법들이 무의미해질 겁니다.

-한의사10, 2003 한의계비상대책회의-

비상대책회의에서는 학계와 협회 실무 이사들 사이의 열띤 토론을 거쳐, 한 학회의 회장이 본 사안을 해결하기 위한 책임자로 선임되었다. 학계의 대표가 책임자가 되었다는 것 자체가 본 갈등의 학문적 중요성을 입증하고 있다.

회의 참석자들은 IMS에 대한 영문 문헌을 번역하고 양방의 IMS 학회가 강조하고 있는 주요 논점들을 반박해야 한다는 데 의견을 모았다. 참석자들은 또한 IMS가 한방의 침술과 다르지 않다는 것을 알릴 수 있는 대정부 설득용 자료를 만들기로 하는 한편, 학문적으로도 충분히 입증할 수 있는 책자를 발간하기로 하였다. 나아가 이들은 한의사의 전문가적 입지를 근본적으로 강화할 수 있는 방안을 논의하였다. 회의에 참석한 한의계 인사들은 침술의 위상과 중요성이 먼저 한의계 내부에서부터 높아져야 한다는 데 의견을 같이했다.

회의 참석자들은 한방 치료의 80퍼센트가 침술인데도 한의대학에서 침술 과목이 점하는 비중은 겨우 20퍼센트임을 지적하였다(**한의사**13). 한 인사는 정부의 지원이나 한의사협회의 지원으로 한의대학에 침술학과가 별도로 개설되어야 함을 주장하면서 이것이 한의가 발전할 수 있는 방법임을 역설하였다.

한약분쟁 때는 특별히 학계가 지도부에서 중요한 위치를 차지하지 않았다. 물론 학계 구성원들이 분쟁에 적극 동참하였으나 주요 정책을 결정하는 핵심 지도부는 한방 의료기관에서 환자들을 진료하는 이른바 '로컬' 한의사들이 주축을 이루었다. 그러나 IMS건의 경우, 이전과 견주어 보면 학문적 근거가 분쟁에 큰 영향을 줄 것이라는 점에 주요 인사들 사이에 공감대가 형성되어 있었다. 실무계와 학계 사이에 공조체제가 마련되었으며 지도부에서는 공식적으로 학계 인사가 더 높은 지위를 맡게 되었다. 앞서 행해진 투쟁 일변도의 분쟁들과는 다른 형태로 양한방 분쟁이 전개될 수 있음을 추측케 하였다.

그러나 이러한 논리적·학문적 노력도 일단 정부의 제도적 차원에서 불리한 결정이 내려지자 강경조치와 단체행동 전략으로 급선회하였다. 2005년 4월과 5월, 자동차보험급여와 관련하여 IMS 파동이 일어났을 때 한의계의 대응은 강경하였다. 긴급임시대의원총회, 비상대책위원회 등이 소집·가동되고 전국한의사비상총회 개최를 계획하는 한편 건설교통부 장관을 항의방문 하였다. 일련의 가시적 단체성 움직임과 압력을 통해 한의사 단체는 결국 자동차보험진료수가분쟁심의회의 결정을 유보시키는 데 성공하였다. 나아가 이 심의회의 위원으로 한의사 한 명을 포함시키는 성과를 거두었다.

한편 한의계에서 의료 일원화에 대한 논의는 의사들의 강경한 태도와 주장들에 자극을 받아 2003년 4월부터 본격 등장하였다. 한의협회 홈페이지의 게시판은 이에 대한 논란으로 들끓었다. 그러나 집행부는 여전히 어떠한 정책도 제안하지 않았고, 이에 맞서기 위한 조직적 움직임도 보이지 않고 있었다. **한의사**4에 따르면, 한의계 지도부는 의료계와 맞서서 사태가 악화되는 것을 '의도적으로 자제하고 있'었으며 정부의 원칙, 곧 이원화한 의료체계 유지 방침에 전혀 의구심을 갖지 않고 있었다.

> 정부가 한방을 발전시키겠다는 현재의 정책을 고수하는 한 우리가 일원화 분쟁에 나설 필요는 없겠죠. 지금으로선 저쪽(양방) 공세에 일부러 굳이 대응할 필요가 없는 거고.　　　　　　　　　　　　　-**한의사**4-

이러한 한의계 집행부의 무대응 전략은 2004년 말 CT 사용에 대한 서울행정법원 판결 직후 의료계의 대응이 강경해진 이후에도 지속되었다.

> "기자들도 웃을 구태의연한 애들 장난에 우리가 같이 놀아야 하느냐"

2005년 4월말, 기자들이 의료계의 잇단 한의원 고발에 대한 한의협의 대응책을 묻자, 안재규 당시 대한한의사협회장이 답변한 내용의 일부이다(메디게이트뉴스, 2005c). 위의 표현은 한의사협회의 무대응 전략과 상황을 대표하는 것이었다.

그러나 의료계 공격의 수위가 높아지고 연이어 구체적인 사안들로 마찰이 잦아지면서 한의계의 미온적 대응은 회원들의 불만을 증폭시켰으며 내부 분열로 이어졌다. IMS에 대한 자동차보험진료수가분쟁심의회의 결정과 지도부의 미온한 대응에 책임을 물어 긴급 임시대의원 총회가 개최되고 협회장에 대한 탄핵안이 제기되었다. 불신임안은 두 차례 총회에서도 통과하지 못했으나 지역 지부장들의 연이은 사표와 회원들의 압력으로 결국 회장이 퇴진하고 집행부가 교체되는 진통을 겪었다. 안재규 회장의 사퇴는 다른 한편으로 볼 때, '90년대 한약분쟁을 주도했던 한의계 지도 그룹 가운데 한 축이 물러나는 것이었으며(안호원, 2005) 상대적으로 보수온건파로 분류되었던 인사들이 퇴진함으로써 다시 세대교체가 이루어졌음을 의미하였다.

한의사들이 '한약분쟁, IMS 사태 등 현안에 늑장 대응하고 투쟁성이 약하다는 이유로' 안재규 회장단을 교체한 것과 그동안 의사단체와 전면전을 펼치고 있었던 개원한의사협회에 상당한 지지를 보냈던 것(데일리메디, 2006)은 같은 맥락으로 볼 수 있다.[73]

양한방 갈등에 영향을 주는 요인들 가운데 인력이나 재원 등 조직자원 측면에서 본다면, 한의계가 의료계보다 뒤진다는 점을 부인할 수 없다. 한방의 용어와 치료 내용 및 방식 또한 일반인의 이해가 어려운 부분이며 의사소통의 장애요인이다. 한의계가 가지고 있는 강점은 정치적 역량, 즉 조직화한 대정부 설득 경로와 여론의 지지이다. 인터뷰에 응한 한의계 인사들은 정부의 정책방향과 자신들의 대정부 설득의 영향력을 신뢰하고 있었다.

---

73) 2006년 3월 한의사협회 회장 선거에서 대의료계 강경투쟁을 주도했던 개원한의사협회 김현수 회장이 안재규 회장의 자리를 이은 엄종희 현회장에 고배를 마셨으나 불과 3표 차이였던 것은 소장파 한의사들의 대 의사단체 강경투쟁 분위기를 반영한 것이다.

양의사들이 뭐라 하든 우리는 그저 현 정책에 맞춰 한발 한발 나가면 되
는 겁니다.　　　　　　　　　　　　　　　　　　　　　　　　**-한의사4-**

비상대책회의에서 결정된 대책과 대 정치권 활동 계획은 한의사협회
가 '통상적으로 행하는' 정규 활동 경로를 따르는 것이었다. 이는 한약
분쟁 당시 한의사협회의 활동 경로와 크게 다르지 않았다. IMS 사안이
처음 불거진 2003년 봄 당시는 새로운 정부가 막 출범한 시기였으며
한의사협회 집행부는 비상대책회의가 있었던 일주일 뒤 신임 보건복지
부장관과 대면식을 앞두고 있었다. 신임 장관이 취임하면 주요 관련 단
체별로 대면 인사를 나누고 현안에 대한 간략한 논의와 상호 협조를
당부하는 것이 관례이다. 비상대책회의에서는 신임장관과의 대면 석상
에서 IMS건에 대해 언급해야 한다는 의견이 제기되었는데, 회의 참석자
들의 동의를 얻어 다른 현안과 함께 IMS건의 의의와 심각성을 전달키
로 결정되었다. 한의계 인사들은 신임 장관이 동 사안의 중요성과 의미
를 정확히 파악하지 못한 채 의사들의 제안을 수용하게 될 상황을 우
려하고 있었다. 또한 의사들의 주장에 대한 반박 자료를 별도로 작성하
여 심평원, 보건복지부, 언론에 배포하기로 결정하였다.

한의사협회 집행부의 성향은 양한방 갈등에서 중요한 요인으로 작용
하였다. 2003년부터 2년여 동안 협회 지도부는 정부의 지지를 신뢰하고
사태를 확대하지 않겠다는 미온적인 태도를 지속하였다. 그러나 의료계
의 대응이 강경해지고 구체적인 사안들에서 한의계에 불리한 정부 결
정이 내려지자 사태는 급변하였다. 회원들은 집행부의 미온적인 태도를
비판하였고 한의협 집행부는 한약분쟁 이후 또다시 중도퇴진, 전격교체
라는 상황을 맞았다.

한편 여론은 한의계가 가장 강력히 믿고 있는 원군이었다. 양한방 갈
등이 드러나기 시작한 2003년 초만 해도 한의사들은 국민이 이번에도
한의계 주장을 지지해줄 것으로 확신하고 있었다.

한방 양방 싸움은 이데올로기 싸움입니다. 전통민족문화와 서구문화 간의.

국민들이 우리 것을 버리지는 않을 거구요.   -한의사1-

언론인2 또한 여론이 한의계를 지지할 것이라는 점에 동의하였다. 그러나 그 뒤 여러 구체 사안들로 양한방 갈등의 횟수와 수위가 높아지자 한의계에 대한 국민의 시각에도 변화가 있는 듯하다. 세부 논점들을 이해하기가 어려울 뿐만 아니라 의료단체 사이의 갈등에 이미 식상한 국민으로서는 한약분쟁에서처럼 특별히 한의계를 지지할 뚜렷한 이유가 없어 보인다. 양한방 갈등에 특별한 관심이 없는 일반인을 대상으로 한 2006년의 면담에서는 한방에 대한 부정적인 시각도 적지 않았다.74)

특히 다음의 한 응답에서 보는 바와 같이 일반 시민 가운데는 의료 일원화에 대한 개념이나 그를 주장하고 반대하는 의료단체들의 의도를 전혀 이해하지 못하는 이들도 있었다. 즉, 양방과 한방이 각기 주장하는 의료 일원화의 찬반 논리와는 정반대로, "양한방이 통합되면 한방치료가 지금보다 더 활성화되고 양방치료와 자연스럽게 함께 활용될 것이므로, 한약을 신용하지 않는 나로서는 반대한다"는 응답이 있었다. 통합을 반대한다는 주장은 한의계와 동일하지만 그 사유는 한의계의 논리와는 정반대였다.

한약분쟁이나 의약분쟁에서와 같이 언론이나 시민단체, 정부 등의 조직화한 의견이나 주장이 본격화되지 않은 상황에서 양한방 갈등에 대한 일반인의 의견은 혼란스러웠고 특별한 경향을 찾기 어려웠다. 여론의 동향을 파악하기 어렵다는 상황은 역설적으로, 여론을 강력한 우군으로 믿고 있는 한의계에 불리한 여건이라 볼 수 있다.

---

74) 부정적인 의견 가운데는 보약 수요층이 줄어들고 있다는 의견("요즘 예전처럼 애들한테 누가 한약 먹이느냐"), 전문화하지 않은 한방에 대한 불신("한방으로는 안 되는 게 없잖아요. 낫지도 않고."), 한약재료의 위생 상태에 대한 우려("중국산도 많고, …… 농약이나 중금속 같은 것 때문에……") 등에 대한 지적이 주를 이루었다.

4. 갈등의 영향 요인과 의료전문직 체제 변화

의료계와 한의계 사이의 갈등은 2003년 초부터 가시화되고 있다. 두 단체가 의료 공급자 체계의 주축이라는 점을 감안하면, 앞서 일어났던 두 분쟁보다 더 파장이 크고 심각한 것으로 진전될 수 있다. 무엇보다 두 의료단체는 환자 진료라는 동일한 관할영역을 공유하고 있어 가장 치열한 경쟁관계에 있다.

한약분쟁이나 의약분쟁에서와는 달리 한의계와 의료계 사이의 갈등에는 다수의 쟁점들이 동시에 불거지고 있다. 한의계는 당초, IMS 시술 등, 구체적인 사안별로 대응하고자 하였으나 최근에는 의료 일원화 논쟁에 적극 개입하기 시작했다. 의료계가 궁극적으로 원하는 것은 한의와 마찰이 빚어지고 있는 구체적인 쟁점들을 좀 더 근본적인 의료 일원화 문제로 확대, 논의하는 것이다. 양한방 갈등은 현대의학과 전통의학 사이의 충돌인 동시에 현대 과학 문명과 전통 문화 사이의 갈등이기도 하다. 따라서 양한방 갈등 사례는 서로 다른 수준의 관할영역이 동시에 갈등 대상으로 등장하는 상황을 보여주고 있으며 Abbott이 제시한 관할권 분쟁의 개념에 또 다른 유형을 추가해주고 있다.

양한방 갈등의 이면에는 경제적 동기가 작용하고 있다. 의료계로서는 IMS 시술이 새로운 소득원이 될 수 있으며 의료 일원화를 통해 의료 시장의 전반적인 확대를 기대할 수 있다. 이와 달리 한의계는 보험급여비의 중요한 원천인 침술의 독점권을 유지하고자 노력하며 의료 일원화에 따르는 흡수통합이 이루어지지 않기를 기대하고 있다. 그러나 의료 일원화 문제에서 경제적 동기가 표면화되지는 않고 있는데, 사안의 성격이 포괄적이고 기본적인 체계상의 문제이기 때문인 것으로 보인다.

갈등에 영향을 미친 환경 요인들 가운데 조직적 요인을 설명하는 데는, 양한방 갈등이 관련 두 전문단체로서는 각기 두 번째 분쟁이라는 점을 기억할 필요가 있다. 첫 번째 갈등에서 두 단체는 집행부의 세대교체와 조직관리의 개선이라는 내부 개혁을 경험하였다. 이러한 경험을 토대로 두 단체는 분쟁 초기, 일단 신중한 조직운영과 전략적 대처 양상을 보였다. 무엇보다 두 단체는 각자의 주장을 관철시키기 위한 학문적이고 합리적인 근거를 찾는 데 주력하였다. 이는 앞서의 분쟁에서 단체행동에만 의존했던 것과는 다른 면모였다.

그러나 갈등이 심화하면서 초기의 조직 전략과 양상은 변화하였다. 특히 한의계는 한약분쟁을 이끌었던 중심 세력 가운데 협회를 이끌어 왔던 온건파가 퇴진하고 집행부가 교체되는 등의 내부 진통을 겪었다. 한의계는 양한방 갈등에서도 지도체제가 강경하게 대처해줄 것을 기대하고 있다.

의료계 또한 의료 일원화를 추진하는 데 대응의 강도를 높여가고 있다. 2006년 3월, 김재정 회장 후임으로 선출된 장동익 회장은 한의계의 개원의협의회와 정면충돌을 이끌었던 인사였다는 점을 주목할 필요가 있다.

의료계와 한의계 사이의 관계에서 상하 관계나 지배적인 권한이 존재하는지에 대해서는 단언하기 어렵다. 법적인 견지에서 보면 의사와 한의사 모두 동급의 의사이다. 그러나 의료계는 현대의학의 주류이며 과학성과 표준화한 전문지식이라는 측면에서 현실적으로 한의계보다 우월한 위치에 있다. 인력과 자본력 등 조직의 자원 측면에서도 의료계가 앞선다. 그러나 최소한 현시점에서 정부의 정책적 지원과 시민단체 등 외부세력과의 연합이라는 점에서는 한의계가 우위에 있다. 전문직 체제의 권력 구조에서 두 단체 사이에 우열을 가늠하기 힘들다는 것은 본격적인 양한방 분쟁이 발생할 경우 그만큼 사회적 파장이 클 것임을 의미한다.

양한방 갈등에서 확인되는 새로운 영향 요인은 전문지식 체계의 변화이다(Abbott, 1988: 177-184). 양방과 한방으로 이원화하고 있는 우리나라 의료체계에서는 서구에서 주목하고 있는 대체의학을 각기 달리 해석하고 있다. 양의학에서 새로운 치료법이라 하여 수입된 것도 한의학에서는 전통 한방의 일부라고 주장하는 IMS 논쟁이 대표적이다.

새로운 전문지식이나 기술이 등장하면 기존의 전문영역들은 더욱 폐쇄적으로 관리·보호되거나, 특정 전문직(들)이 쇠퇴함으로써 나머지 전문직의 관할영역이 확장된다(Abbott, 1988: 96-97). 대체의학이 전혀 새로운 의학 지식인지 한의와 동종의 것인지에 관해서는 이론의 여지가 있으나 대체의학이 국내 의료의 전문지식체계에 변화를 가져오고 있는 것만은 분명하다.

새로운 전문지식에 대한 Abbott의 주장은 의사단체의 관점에서 보았을 때 일견 수긍할 만하다. 즉 서구에서 유입되고 있는 대체의학은, 그 자체에 부정적인 견해를 지닌 의사들이 있음에도 '새로운 치료기법'이며 새로운 관할영역으로 받아들여지고 있다. 이러한 의사들의 태도에 한의계는 학문적으로 긴장할 수밖에 없으며 조직적으로도 구성원 사이의 단합을 촉구하며 방어적인 태도를 취하게 된다. 그러나 한의계의 관점에서 보면, 전혀 새로운 전문지식이나 기술이 아닌데도 다른 전문직에서 관할권을 주장한다는 이유로 분쟁에 처하게 되었으니 상황은 오히려 역설적이다. Abbott의 주장을 적용하여 대체의학 자체로 말미암아 전통 의학인 한의가 쇠퇴하고 그로 말미암아 양방의 전문영역이 확대되는 과정은 발생하지 않을 것으로 보이나, 의사단체가 대체의학을 양방의 전문영역으로 수용해 나갈 경우 대체의학과 유사하고 경계가 불분명한 한의계는 타격을 받을 가능성이 크다.

한편 양한방 갈등은 두 의료단체 사이에, 또한 의료의 정통성에 관해 한의사들 사이에 행해져 왔던 오랜 논쟁을 재발시켰다. 19세기 서구 국가들은 전문직의 정통성에서 과학성을 강조하였다(Abbott, 1988: 189-190). 이와 크게 다르지 않은 상황을 최근 양한방 갈등에서 확인할 수 있다. 과학성은 의료계가 한의계를 공격할 때 제기하는 가장 주된 논점이다. 의사단체는 의학이 과학적이고 입증 가능해야 한다고 주장한다. 한의계에서는 의료계의 이러한 '서구식 편견'에 대부분 반대하고 있지만 과학화가 필요하다는 의견 또는 실제로 과학화에 동참하는 행태가 분명 존재한다. 최근의 양한방 갈등에서는 스스로의 전문가적 정통성을 주장하고 상대의 정통성을 부정하는 두 단체의 상반된 처지가 처음으로 심각하게 충돌하고 있다. 종전에 의사들과 한의사들은 막연한 감정적 수준에서 개별적 산발적으로 상대방을 비판하는 데 그쳤었다. 그러나 최근 들어 감정적인 반응에 더하여 의료의 과학성에 대한 논쟁이 본격적으로 행해지고 있다.

기술은 한의학에서 더욱 크게 논란이 되고 있는 사회적 변수이다. 한의사들이 한의학의 우수성을 주장하고 있지만 많은 한의사들이 서양의학의 과학적 의료기기 사용을 희망하고 있다. 젊은 한의사들과 정부, 그리고 한방연구기관들은 한방의 과학화와 과학기술의 활용도를 높이는 데 적극적인 태도를 보이고 있다. 서구와 우리나라 의료계에서는 사회 전반에 걸쳐 이루어진 과학과 기술의 발전이 자연스럽게 유입되었으나, 우리나라 한방의 경우 '독립된 의료 영역'이라는 위상과 전통 의학이라는 스스로의 정체성으로 말미암아 보편적인 기술 발전의 결과를 도입하는 데 내외적으로 오히려 어려움을 겪고 있다. 최근 양방 의료기기와 기술 도입에 점차 많은 한의사들이 적극적인 태도를 보이면서 두 단체 사이의 갈등과 한의계 내부의 갈등이 더해가고 있다. 이러한 정황에서 의료계는 '비과학적인' 한방을 공격하고 서양의료의 전문적 실제적 우수성을 입증할 수 있는 자료를 수집하는 데 노력하고 있다.

한편 우리나라의 사회 정치적 환경이라는 측면에서 보면 양한방 갈등은 서양의학의 과학성 또는 합리주의라는 가치와 한의학의 전통 및 민족 유산이라는 가치 사이의 갈등이다. 한의학의 민족주의적 특징은 여전히 국민 정서에 호소력을 지니고 있지만 합리주의와 과학성이라는 현대의 보편적 가치, 그리고 양질의 의료 서비스에 대한 국민의 수요는 여론이 전적으로 한의계에만 있지 않을 것임을 시사한다.

국제 환경의 변화는 국내 의료갈등 사례에서 처음 등장하는 요인이다. 그 하나는 전술한, 서구에서 대체의학이 등장하여 주목받고 있다는 점이고 다른 하나는 의료시장 개방에 대한 국제적 압력이다. 먼저 의료 일원화에 대한 양측의 논란과는 무관하게, 집행부 사이의 일원화에 대한 공식적인 모임을 가능케 한 논제는 세계무역기구의 도하 개발 아젠다(WTO Doha Development Agenda, 이하 WTO DDA)에서 제기된 의료시장 개방 건이었다.

> WTO 도하 아젠다 때문에 한의사들하고 접촉을 많이 했는데 '누가 고양이 목에 방울을 다느냐'예요. 그런(일원화) 생각은 하지만 누가 나서서 할려고 하느냐…….
>   -의사3-

실제로 의료시장 개방 건은 의료체계에 지각변동을 일으킬 수 있는 의외의 강력한 변수이다. 본 연구를 위해 현장조사가 진행되었던 2003년 초 세 의료단체의 핵심 인사들은 이미 의료개방화를 우려하고 있었으나 그 정도가 구체적이거나 심각한 것은 아니었다. 그러나 2005년 5월 WTO DDA 2차 양허안이 제출될 즈음 의료 서비스 부문이 계속 거론되었고 이 의제가 2006년 말 타결을 목표로 진행되기 시작하자 의료시장 개방은 피할 수 없는 현안이 되었다. 무엇보다 2006년 들어 한미자유무역협정(한미 FTA) 협상이 본격화되면서 의료시장 개방은 단시일에 중요한 사안으로 등장하였다(외교통상부, 2005; 오픈닥터스, 2006; 박주영·최용준, 2004; 청년의사, 2006i, 2006j).

의료시장 개방은 한의계보다는 의료계에 상대적으로 유리한 변수가 될 것으로 보인다. 서구 선진국에서 유입되는 우수한 의료기관 및 기술과 경쟁해야 하는 의사단체도 우려하는 바가 크지만[75] 기본적으로 양

---

75) 함윤희 외(2005)의 조사 결과에 따르면 의료시장의 전면적 개방에 대해 의사들의 반대의견(40.2퍼센트)이 찬성의견(30.6퍼센트)보다 많았는데 이렇게 부정적인 시각이 높은 것은 '기존의 연구와 차이를 보이'는 예외적인 것으로 평가되고 있다. 따라서 전반적으로 볼 때 한의계보다는 의료계가 시장개방에 상대적으로 긍정적이라고 보는 데 무리가 없을 듯하다.

방은 교육내용과 치료법 등이 국제 의료 표준에 충실하다. 최근 의사협
회 의료정책연구소에서 실시한 설문조사에서 응답자 의사의 70퍼센트
가 의료시장 개방에 찬성하는 것으로 나타난 것도 이러한 상황을 반영
하고 있다(의협신문, 2006d). 특히 의사와 간호사 등 전문직 인력에 대한
상호인정안이 받아들여질 경우(청년의사, 2006a, 2006i) 의사들로서는 유리
한 상황이 될 것으로 보인다.

한편 한의계는 의료시장 개방과 관련하여 국제 표준에 부합하는 현
대적이고 과학적인 의료 서비스를 공급해야 한다는 부담과 함께 한방
의 종주국이라고 알려져 있는 중국의 의료 서비스와 경쟁해야 하는 어
려움을 안게 되었다. 특히 2006년 말 한미 FTA 협상과정에서 드러난 것
과 같이 시장개방을 통한 한의사 자격증 상호인증을 우려하여 한의계
가 강력히 반대하고 있다. 주된 근거는 우리나라 한의사 교육제도의 연
한과 수준이 외국의 경우와 격차가 크기 때문이라는 것인데(매일경제,
2006), 이는 앞으로 한방 의료시장 개방이 논의될 때마다 중요한 장애가
될 것으로 보인다.

의료시장 개방은 지금까지 논의되어 온 요인들과는 전혀 다른 외적
변수이며 그 파장 또한 클 것으로 추측한다. 국제 의료시장에서 경쟁력
을 갖추어야 한다는 현실적 요구는 국내 의료단체들로 하여금 의료 일
원화를 재검토하도록 하는 의외의 압력이 될 수 있다.

5. 갈등의 주도 세력과 정부의 역할

갈등의 장(場)과 주도 세력

의료계와 한의계는 법적 영역, 여론의 장과 실무현장뿐만 아니라 학계에서 자신들의 관할권을 주장해 왔다. 양한방 갈등에서는 학문 분야가 두 전문단체 충돌의 새로운, 그리고 중요한 장으로 부상하였다. 의료계와 한의계는 각자의 주장을 뒷받침할 수 있는 학문적 근거를 수집하는 데 노력을 기울이고 있다. 현행법상 특정 시술이나 치료방법이 특정 전문직의 영역으로 인정받기 위해서는 기존 문헌에 이론적 근거가 중요하기 때문이다. 두 단체 모두 앞서의 분쟁에서 행했던 물리적 단체행동이나 정치적 전략에만 의존하지는 않고 있다.

의약분쟁에서도 관련 전문단체의 학문적 노력이 있었다. 그러나 당시의 노력은 전문가적인 권리나 관할영역의 근거를 찾기 위한 것이 아니라 의약분업제도로 말미암은 재정적 손익을 추정하기 위한 것이었으며 기술적인 성격이 강했다. 이와 달리 IMS 분쟁과 일원화 논쟁에서는 각자의 관할영역에 대한 깊이 있는 학문적 근거를 찾고 개발하는 데 두 단체 모두 노력을 기울이고 있었다.

법적·행정적 영역에서 정부는 두 의료계가 독립적으로 존재할 것임을 분명히 밝히고 있다. 한약분쟁 이후 한의 발전을 위한 장기계획과 공약을 지속적으로 실행하고 있으며 양한방 협진체계의 정착을 정책기조로 삼고 있다

여론의 장에서는 양한방 갈등에 대한 평가나 성향이 아직 드러나지 않고 있다. 일반 국민의 관심을 모으기에는 개별 사안의 경우 논점이 지나치게 세부적이고 이해하기 어려우며 일원화 문제는 너무 포괄적이고 개념 자체가 혼란스럽기 때문이다. IMS 논쟁이 라디오 시사 프로그

램을 통해 처음 방송되었을 때에도 양측의 토론 내용은 일반인이 이해하기에 너무 전문적이고 세부적인 경향이 있었다.

환자에 대한 의료전문인의 영향력이라는 측면에서 볼 때 실제로 두 의료단체의 우열을 가리기는 쉽지 않다. 의사들은 입증 가능한 전문지식과 과학기술이라는 측면에서 대중으로부터 전문가적 신뢰를 얻고 있으며 중풍이나 노인성 질환과 같이 장기 치료와 요양을 요하는 질병에서는 한방의 효능이 신뢰를 얻고 있다. 의약분쟁 이후 의사들에 대한 이미지는 적지 않게 훼손되었지만 의료 일원화에 대해서는 우호적인 의견이 제기되고 있다.

종합병원에서의 양한방 협진을 제외하고는, 환자를 치료하는 현장에서 두 전문 집단이 직접 마주하는 경우는 없다고 보아야 한다. 이들 사이를 매개하는 역할은 의료 쇼핑을 통해 양한방을 오가는 환자들의 몫이다. 의사들과 한의사들은 서로 상대방이 환자의 상태를 악화시키거나 부작용을 일으킨다고 주장하고 있는데 이러한 반목은 면담 내용에서도, 또한 인터넷 웹 사이트의 글을 통해서도 나타났다. 양한방 협진의 경우에도 양측의 상호 전문가적 신뢰가 높지 않음이 자주 거론되고 있다.

정부의 역할

의료계와 한의계의 갈등에서 정부는 거시적으로 일관된 정책 기조를 보여주고 있다. 현재 정부는 두 의료단체가 공존하는, 이원화한 의료체계의 지속을 분명히 하고 있으며 이를 전제로 한의계 지원정책을 계속하고 있다. 의료기기 사용 등 세부적인 사안에서는 혼선을 빚는 경우도 있으나 대체로 의료계의 손을 들어주어 양 의료체계가 최소한의 선을 긋고 공존하도록 한다는 자세를 고수하고 있다. 양한방 갈등 상황에 대응하여 정부는 양한방 협진체계를 장려, 확대하는 데 초점을 두고 있다. 2007년 의료법 개정안에서도 정부는 이러한 태도를 분명히 하고 있다. 그러나 양 의료단체의 동등함을 전제로 하는 '협진'이라는 개념 자체가 기존의 의료전문직 체제에서 한방의 위상이 높아지는 것을 의미하여 양 단체 사이에 평가가 엇갈리고 있다.

1978년 세계보건기구는 각국의 전통의료가 서양의학과 통합되어야 함을 건의한 바 있다. 1994년 이래 의료보장개혁위원회는 양한방 협진을 권장해 오고 있다. 양한방 협진은 관련 단체 사이의 갈등이 본격화되기 이전 관계를 조정하고자 정부가 시행한 거의 유일한 정책적 대안이라고 볼 수 있다.

양한방 협진 실태를 보면 일단 양적으로는 증가 추세에 있다. 1999년 보고서에 따르면 130개 한방병원 가운데 79개인 60.9퍼센트의 한방 의료기관이 협진체계를 도입하고 있다(보건복지부·한국보건산업진흥원, 2002: 25). 2003년 의료정책연구소가 시행한 조사에 따르면 전체 한방병원의 70퍼센트가 협진을 시행하고 있으며(김계현, 2004), 2006년 심평원이 한방병원을 대상으로 실시한 조사 결과에 따르면 조사대상 64개 한방병원 가운데 93.8퍼센트가 양한방 협진을 실행한다고 응답하였다(데일리팜, 2006b).[76]

그러나 협진에 대한 많은 문제점이 거론되고 있는데, 2003년 대한의사협회 의료정책연구소 조사에 따르면 의료인들 스스로가 협진의 효과나 필요성에 대해 높게 평가하지 않았으며 현행 법령과 제도상 부득이 위법하게 진료를 할 수밖에 없다는 문제점이 지적되었다. 현행 의료법상 서로 다른 직역인 의사와 한의사가 공동으로 하나의 의료기관을 개설할 수 없고 서로를 고용할 수도 없다. 따라서 환자가 양방과 한방의료기관을 오가며 불편을 겪거나, 환자가 거동이 불가능하여 의사가 오갈 경우 위법한 상황이 된다. 2005년, 경희의료원 동서협진센터에서 실행한 조사에 따르면 협진이 활성화되지 못하는 이유로 205명의 의료진이 제기한 문제점을 살펴보면 한방의 과학적 자료와 치료에 대한 객관

---

76) 심평원 조사에서 협진 형태는 동일재단 또는 동일소유주 병원 사이의 협진이 70퍼센트로 높았으며 대부분이 중풍과 근골격계 질환에 집중되어 있는 것으로 나타났다. 그러나 100병상 당 한의사는 13.5명인 데 반해 의사는 극소수여서 0.0명의 수치로 나타났다(데일리팜, 2006b).

적 평가 부족(25퍼센트), 협진에 대한 프로토콜 부족(20퍼센트), 양한방 상호 이해부족(18퍼센트), 치료효과에 대한 확신부족(9퍼센트) 등이다(데일리메디, 2005b).[77]

현실적으로 양한방 협진의 가장 중요한 장애로 거론되는 것은 의료계와 한의계 사이의 첨예한 갈등이며 서로의 사회적 존재가치를 인정하지 않으려는 강한 불신이다(MBC 시사매거진 2580, 2005; 김병준, 2001). 그럼에도 협진이 행해지고 있는 주된 이유는 병원경영을 위한 수익창출 방안이라는 평가가 절대적이다(김계현, 2004; 메디게이트뉴스, 2005f; E-헬스통신, 2005).

2003년 현장조사 당시 협진에 대한 부정적인 시각은 쉽게 만날 수 있었다.

> [현재의 협진은] 단순히 물리적인 결합이에요. 좀 더 화학적인 결합이 되어야 한다고 생각해요.　　　　　　　　　　　　　　**-한의사10-**

> 변형되고 왜곡된 모습이죠. 제가 여기서 정확한 진단과 치료를 할 수 있는데 (의료기사지휘권이 없기 때문에) 안 되니까 어떻게? 조인트를 해야죠. 편법이 들어가면 의료수가 더 많이 가져올 수 있고. 양쪽으로 청구하면서.　　　　　　　　　　　　　　　　　　　　　　　**-한의사2-**

> 내가 아는 한 협진은 재정적인 이유 때문인데…….　　　**-의사4-**

정부가 국립대학교에 한의학전문대학원을 설립하는 것도 양한방 협진을 기본 구도로 전제한 것이다. 이에 대해 한의사협회는 "전통의학인 한의학이 한단계 도약하는 계기가 될 것"으로 기대하는 분위기이지만 의사협회는 "보건복지부가 보건의료체계에 혼란을 가중시키고 있다"며

---

77) 환자들은 설비 및 여건 등에서 주로 불편을 제기하였다(데일리메디, 2005b).

비난하고 있어(조선일보, 2006; 청년의사, 2006c) 양자 사이의 갈등 관계를
확인시켜주고 있다.

정부가 양한방 협진을 권장하는 데는 의료계를 더 효과적으로 통제
하기 위해서라는 시각도 있었다.

> 정부로서는 좋다 하죠. 양방이 할 수 없는 걸 우리가 해주니까. 항생제
> 남용을 줄여준다거나 하는.   -한의사5-

정부가 의사단체에 대한 통제를 중심으로 의료체계를 개혁해 오고
있다는 점을 감안하면 협진을 통해 의료계를 규제한다는 것이 의도적
이라고 보는 데는 무리가 있지만 결과론적으로는 가능한 논리라고 볼
수 있다. 실제로 **한의사**4와 위의 면담이 행해진 지 3년 뒤인 2006년 3
월, 보건복지부는 전국 12,000여 의료기관의 항생제 처방률을 언론에
공개하였다. 이에 대해 의료계는 "정보제공보다는 소신진료 위축과 의
료행위의 획일화, 환자와 의사 사이의 불신감 조장 등의 부작용을 발생
시킨다"고 주장하며 강하게 반발하였다(청년의사, 2006h; 2006k).[78]

한편 정부는 IMS 시술과 관련된 갈등에서는 공식적으로 어느 편도
들지 않고 있다. 2003년 IMS 분쟁 초기, 건강보험심사평가원이 IMS에
대한 보험급여 결정을 연기하였을 때 한의계의 한 인사는 비상대책회
의에서 정부의 처지와 분위기를 다음과 같이 전한 바 있다.

> 정부에서는 [IMS 문제에 대한] 양쪽 싸움에 개입하기 싫다는 거고요. 왜

---

78) 정부는 2001년부터 의료기관들의 항생제 사용률을 조사하여 그 결과와 평균 지표값을
해당기관에 제공함으로써 항생제 처방률 감소를 유도해왔다. 그러던 중 2005년 초 참여
연대가 의료기관들의 항생제 처방률을 공개해달라는 정보공개요청을 하였고 복지부가
항생제 저처방률 의료기관 25퍼센트의 명단을 발표하였으나 참여연대가 다시 2006년 1
월 복지부를 상대로 법원에 소송을 내어 '복지부는 항생제 처방률 상하위 4퍼센트에
해당하는 기관을 공개하라'는 승소 판결을 받았다. 1월말까지 보건복지부는 고처방률
기관들을 공개하지 않고 항소할 뜻을 보였다. 그러나 보건복지부가 태도를 바꾸어 공개
하자 의료계는 크게 반발하였다(청년의사, 2006h; 2006k).

우리가 하느냐는 식입니다. 빠지고 싶은데 그 근거를 만들어 달라, 머 그런
입장인 것 같습니다.   -한의사4-

  위의 언급이 사실이라면, 한의계 인사의 해석처럼 "한의계에 유리한
정보라 하더라도(**한의사4**) 결정에 근거가 될 만한 정보일 경우 정부는
기꺼이 활용하겠다는 태도다. 실제 정부의 진의를 단언하기는 어렵지
만 이미 두 차례의 의료분쟁을 겪은 상황에서 정부가 의사결정 때 논
란을 최소화할 수 있는 '객관적 근거'에 높은 가치를 두고 있는 것은
분명하다.
  2005년, IMS와 관련하여 정부는 결정에 혼선을 빚었다. IMS에 대해
건강보험심사평가원의 신의료기술 여부 결정이 내려지지 않은 상태에
서 건설교통부의 자동차보험진료수가분쟁심의회가 급여 결정을 한 것
이다. 자동차보험 급여 결정은 건강보험수가 여부와 관련 없이 독자적
으로 결정할 수 있기 때문에 절차상 문제가 있는 것은 아니었다. 그러
나 한의계는 이러한 결정이 곧 한방치료인 침술을 의료계에 양보하는
것으로 간주하며 거세게 반발하였고 협회 집행부를 탄핵하기까지에 이
르렀다. 한의사협회는 건설교통부 장관을 항의 방문하여 결정을 철회
할 것과 자동차보험진료수가분쟁심의회에 한의사를 포함시켜 줄 것을
요구하였다. 결국 건설교통부는 자동차보험진료수가분쟁심의회에 IMS
수가 결정을 재심의할 것을 통보하였고 심의회는 동년 5월 "보건복지
부 결정이 있을 때까지 IMS 관련 심사청구건을 유보키로 한다"고 결정
하였다. 또한 한의계의 요구대로 자동차보험진료수가분쟁심의회에 한
의사 1명을 포함하였다. 건설교통부 자동차보험심의회 관련 혼선은 부
처 사이에 정보 소통의 부재라는, 관리 측면의 가장 기본적인 문제점
으로도 지적될 수 있다.
  그 뒤 2006년 7월 서울행정법원은 의사가 한의학의 전통 침술행위를
해서는 안 된다고 판결하였는데 이때 "IMS가 한의학의 침술 행위에 해
당하는지 여부는 별론으로 한다"고 하여 IMS 자체에 대한 판단은 내리

지 않았다. 그러나 "근육에 침을 놓아 통증을 치료하는 IMS 시술은 시행에 앞서 X레이와 CT 촬영, 촉진 등 의학적 검사를 해야 한다"고 밝혀(연합뉴스, 2006b) 한의학의 전통침술과 IMS 시술 사이에 처치상의 차별을 인정하였다.

현재 정부, 구체적으로 보건복지부는 IMS 건에 대해 어떠한 결정도 내리지 않고 있다. 그동안 두 단체의 갈등이 증폭되어 사안이 더욱 예민하게 변화하였기 때문이다. 당초 이론적 학문적 근거로 판단을 내리고자 했던 정부도 단체들의 항의와 압력에 결정을 유보하고 있다. IMS 시술로 인정받기 위해서는 사전 의학적 검사를 필수적으로 요한다는 서울행정법원의 판결은 사실상 한의계의 방어가 성공적임을 의미한다. 그러나 침술과 IMS 시술이 처치 절차상 차이가 있음을 인정하여 IMS 시술이 곧 침술이라는 한의계의 주장에 이견을 보였고 의사들로서는 비보험 의료 서비스 형태로 IMS 처치를 계속할 수 있게 되어 정부로서는 불안정하나마 균형을 취하고 있는 것으로 보인다.

한편 한의사의 CT기기 사용에 손을 들어주었던 2004년 12월의 서울행정법원 판결은 2006년 서울고등법원에서 번복되었다. 이러한 결론은 당초 보건복지부의 의견과 일치하는데, 보건복지부는 유권해석을 통해 청진기 사용 외 한의사들의 방사선진단이나 임상병리검사 등은 불가하며 물리치료사 등 의료기사를 둘 수 없다는 견해였다(Biz & Issue, 2005b). 의료기기 사용에서는 양한방 사이에 구분을 둔다는 것이 지금까지 정부의 비교적 일관된 태도로 보인다.

양한방 갈등에 대한 정부의 태도를 〈표 Ⅱ-1〉의 Freidson(2001)의 논의에 적용해볼 수 있다. 먼저 양자 사이의 갈등에 대한 특별한 중재 기구는 마련되지 않은 단계이며 정부 차원에서 매 건마다 공식적인 결정을 내리거나 의견을 표명하고 있는데 의료 이원화 체계라는 분명한 정책 기조를 고수하고 있다. 따라서 정부가 직접 정책 의도를 표명하고 실현해 나가는, 계층제적-주도적 모형(모형 Ⅲ)에 해당한다. 한편 IMS 등과 같은 양 단체 사이의 세부적인 관할권 분쟁에 있어서는 정부가 결정을

유보하거나 특정한 결정을 내린 경우라도 반대편 항의에 결정을 다시
번복하는 등의 태도를 보이고 있어 계층제적 - 반응적 모형(모형 I)에 가
깝다고 판단한다.

6. 맺음말

의사단체는 양한방 갈등의 세부 논점들을 의료 일원화라는 단일 사안으로 진전시켜 접근하고 있다. 의료 일원화 논쟁은 우리나라 의료체계 전반에 가장 중대한 변화를 초래하는 대규모의 관할영역 분쟁이 될 수 있다. 한의계는 IMS와 같은 세부적이고 구체적인 논점별로 일일이 대응하는 전략을 취해 오다가 최근 들어 의사단체의 의료 일원화 논의에 정면 대응하고 있다. 2006년 초, 의사단체와 한의사단체 모두 새로운 집행부를 구성하였는데 특히 한의계에 강경노선을 취해 오던 인사가 의사협회 집행부를 맡게 된 상황에서 앞으로 양자 사이의 갈등은 계속될 것으로 보인다.

의사단체는 의료 일원화를 통해 독점적인 진료권을 확보하고자 한다. 이것이 결과론적으로는 시장 확대를 통한 재정적 효과를 수반할 것이나 현재로서는 경제적 측면에서 거론되기보다는 의료의 전문성과 과학성이라는 점에서 주장되고 있다. 다만 한의사들은 의료계의 일원화 주장이 경제적 의도에서 비롯된 것이라는 데 비난의 초점을 맞추고 있다. IMS 등의 세부적인 논쟁은 좀 더 구체적인 경제적 이해관계의 성격을 드러내고 있다. 한의사들은 한방의 독립적인 입지와 영역이 유지될 것이라는, 또한 유지되어야 한다는 믿음을 전제로, 침술 등의 구체적인 관할영역을 유지하는 데 초점을 두고 있다.

잠정적으로 가장 큰 파장이 될 양한방 갈등에 영향을 미치는 다양한 요인들이 있다. 한약분쟁이나 의약분쟁에서와는 달리 전문영역을 주장하는 데 학문적 이론적 근거의 중요성이 높아지고 있으며 따라서 학문적 영역이 갈등의 새로운 장으로 등장하고 있다. 단체행동과 물리적 수단의 동원에 치중했던 종전의 대응전략에서 합리적이고 학문적인 주장을 병행하려는 노력이 확인되고 있다. 무엇보다도 대체의학의 등장으로 말미암은 의료전문지식 체계의 변화는 갈등에 새로운 변수로 작용하고 있다. 대체의학을 서양의학의 새로운 영역으로 인정할 것인가, 한방과 유사한 의료부문으로 볼 것인가는 현재 이원화한 의료체계에서 중요한 논점이다.

서구적인 의미에서 의료의 과학성은 의료계와 한의계가 서로를 인정하지 못하는, 논란의 중심에 있는 가치이며 요인이다. 이와 관련하여 현실적으로는 첨단 의료기술과 장비의 활용을 두고 의사와 한의사가 서로 대치하고 있으며 한의사들 내부에서도 이견을 보이고 있다.

의료계와 한의계의 갈등은 과학성과 합리성이라는 사회적 가치 대 전통에 근거한 민족주의라는 가치의 충돌로 해석된다. 일반인들은 후자를 외면하지 못할 것이지만 실용적 측면에서 전자에 대한 공감도 적지 않은 듯하다. 정부는 기본적으로 한방에 대한 우호정책을 계속 유지하고 있으며 한의계의 독립된 존재를 인정하고 있다. 한의계는 한약분쟁의 결과로 얻어낸 정부의 한의장기발전계획과 여론의 지지에 힘입어 상승기조를 계속하고 있다. 의료계는 자신들의 주장을 관철하고자 정부를 설득하고 여론의 지지를 회복하는 데 여전히 어려움을 겪고 있지만 의료 일원화는 의료 서비스 수요자들로부터 우호적인 평가를 얻을 가능성이 있는 논제이다.

국제 경제의 시장개방 압력은 새로운, 그리고 양한방 분쟁의 직접적이고 중요한 요인으로 등장하고 있다. 의료시장 개방은 정부의 의지나 기존의 정책, 민족주의적 국민 정서 등과는 별도로 국내 의료공급체계를 변화시킬 수 있는 요인으로 판단된다.

양한방 협진체제는 의료단체 사이의 갈등이 본격화되기 전부터 정부가 정책적으로 조치를 시도한 드문 사례이다. 현재 외형적으로는 협진을 행하는 의료기관이 증대하고 있으나 수입 증대에 초점을 둔 형식적 측면이 강하다. 정부는 2007년 의료법 개정안에서 의사와 한의사의 공동개원과 상호 고용이 가능토록 하며, 양한방 협진이 적극 행해질 수 있도록 조처하고 있다. 양한방 협진체제는 의사들의 의료 일원화 주장을 저지하기 위한 정부 측의 논리와 대안이기도 하다. 다른 사회단체들과 일반 국민이 아직 양자의 갈등에 직접적인 관심을 표명하고 있지 않은 상태여서 정부는 동 사안을 이끌고 관리하는 데 현재까지 주도적인 위치에 있다. 그러나 양 단체의 동등한 처지를 전제로 '협진'을 활성화하고자 현재의 정부 정책은 의사단체의 반발을 사고 있다.

한편 IMS 분쟁은 의료보험 영역이 의료 공급자들 사이에 새로운 분쟁의 영역으로 등장하고 있음을 보여주는 대표적인 사례이다. IMS 시술을 의료보험 급여범위에 포함할 것인가에 대해 정부는 아직 결정을 내리지 못하고 있다. 사회의료보험제도를 채택하고 있는 현행 체제에서 특정 의료 서비스가 보험급여의 적용을 받느냐의 여부는 전문성의 측면에서도, 재정적 측면에서도 중요한 사안이다. 따라서 앞으로도 구체적인 사안에 대한 양자 사이의 영역 주장이 의료보험체계에서 충돌하는 사례가 많아질 것으로 보인다. 의료보험체계에서 의료단체 사이의 갈등은 다음 장에서 구체적으로 논의한다.

VI 의료보험수가 갈등

네 번째 의료전문직 갈등 사례는 의료보험체계에서 행해지는 의사단체, 한의사단체, 약사단체 사이의 갈등이다. 앞장에서 살펴 본 **IMS** 시술 논쟁에서와 같이 의료보험제도는 의료단체들 사이에 새로운 분쟁의 장으로 등장하고 있다. 특정 치료법이 의료보험급여의 대상이 되느냐의 여부는 해당 의료단체의 영역 확보와 함께 그 치료법에 대한 수요 증대에 기여하기 때문이다. 그러나 의료보험과 관련한 의료단체들 사이의 좀 더 직접적인 쟁점은 더 많은 급여비를 차지하기 위한 경쟁이다. 이는 일반 국민에게는 덜 알려져 있지만 다른 어떤 쟁점 못지않게 현실적이고 민감한 사안이다.

의료보험체계에서의 갈등은 세 의료단체 모두에게 특별한 의미가 있다. 의료계와 한의계, 그리고 약사회는 각기 서로 다른 단체들과 두 차례에 걸쳐 분쟁을 겪었거나 겪고 있다. 그러나 이들 삼자가 직접 함께 관여하고 충돌하는 예는 의료보험을 둘러싼 갈등이 거의 유일하다. 따라서 의료보험체계에서 이들 세 단체 사이의 관계를 검토함으로써 우리나라 의료체계의 또 다른 특징을 찾아볼 수 있다.

본 장에서는 의료보험을 둘러싼 갈등의 유형에서 출발한다. 의료보험제도와 관련한 개별 단체의 전략과 정치적 역량은 각 단체에 대한 더욱 많은 정보를 제공한다. 정부가 의료보험수가 결정과 관련하여 이들 단체를 어떻게 통제하고 있는지에 관해서도 논의한다.

1. 의료보험체계에서의 의료전문직 갈등 유형

1993년 이래 국내 의료체계는 세 차례에 걸친 의료갈등을 겪어 왔다. 한약조제를 둘러싼 한의사와 약사 사이의 한약분쟁, 의약분업제도로 촉발된 의사와 약사 사이의 의약분쟁, 그리고 이들 두 분쟁만큼 가식적이지는 않지만 IMS와 같은 구체적인 사안에 대한, 나아가 의료 일원화라는 근본적인 체제문제를 둘러싼 양한방 사이의 갈등. 이들 모두와 비교하였을 때 의료보험을 둘러싼 갈등은 여론의 주목을 크게 받지 못하고 있다. 그 이유는 의료보험요율과 의료보험수가의 결정 과정이 일반 국민에게 잘 알려져 있지 않기 때문이며 내용 자체가 통계분석과 수치로 가득한, 일반인에게는 복잡하고 까다로운 사안이기 때문이다.

그러나 사실상 의료보험제도는 어느 분쟁 못지않게 의료단체 사이의 역동적이고 복잡한 관계가 얽혀 있는 중요한 영역이다. 한 정부 관계자의 표현을 빌자면 의료보험수가 결정이야말로 감추어진, 그러나 가장 민감한 의료체계의 이슈이며 모든 의료 관련 논쟁의 출발점이자 귀결점(**정부관계자1**)이다. 앞서 세 갈등과는 달리 의료보험을 둘러싼 세 단체 사이의 다양한 관계는 이들 주요 의료 전문단체가 서로 어떻게 연관되고 있는지를 보여주는 또 다른 사례이다.

의료보험제도와 관련된 의료전문 단체 사이의 갈등 유형은 다음 세 가지로 구분할 수 있다. 첫 번째는 특정 의료단체 내부에서 발생하는 갈등이며 후자의 두 유형은 의료단체 사이의 외형적 갈등이다.

첫 번째의 갈등 유형은 특정 의료 서비스를 보험급여 범위에 포함시켜야 하는가에 대한 개별 의료단체 내부의 갈등이다. 한의계에서 논란이 되고 있는 첩약보험화가 그 예이다. 첩약은 아직 보험급여로 적용되지 않고 있는데 한의계 내부에서도 의견이 엇갈리고 있다.

현재 한의계에서 비보험 의료 서비스 수입의 대부분은 첩약에서 비롯한다. 의료보험 서비스의 수가가 높지 않은 현행 체제를 감안한다면, 한의사의 전체 수입원 가운데 첩약이 가장 큰 부분을 차지한다는 의미다. 따라서 단골 고객을 많이 둔 한의사는 첩약보험화에 특별히 찬성할 이유가 없다. 그러나 젊은 한의사는 첩약이 보험급여에 포함되기를 희망한다. 첩약을 보험화하면 환자는 지금보다 훨씬 낮은 가격으로 한약을 구입할 수 있고 이는 첩약에 대한 수요와 고객 수를 증대시켜 젊은 한의사들이 운영하는 한의원의 재정상태가 개선될 것이기 때문이다.

한의사협회 또한 첩약보험화로 말미암아 고객의 전체 수를 늘리는 것이 한의계 전체가 생존하는 데 중요한 과제임을 인식하고 있었다. 우리나라 의료체계에서 살아남기 위해서는 한방 의료 서비스의 많은 부분이 가능한 빠른 시일 안에 의료보험제도에 편입되는 것이 필수적이기 때문이다(**한의사**9). 또한 한의사들의 수입원을 더욱 투명하게 하여 국민의 신뢰를 얻기 위해서라도 첩약보험화는 필요한 조처로 평가되었다(**한의사**10).

그럼에도 한의사협회는 첩약의 보험급여 적용을 정부에 공식적으로 신청하지 않고 있다. 주된 공식 이유는 의료보험재정에 어려움을 줄 수 있다는 것과 객관적이고 표준화한 가격 체계가 아직 완성되지 않았다는 것이다. 특히 후자는 한방의 특성상 한약재 처방의 표준화가 어렵다는 점과도 관련이 있다. 이러한 이유 외에 첩약을 주로 하는 고정 고객이 많은 한의계 기득권층의 영향력도 무시할 수 없는 현실적인 이유다. 따라서 첩약보험화는 아직 '신중하게 연구, 검토'되고 있는 중이다.[79]

의료보험을 두고 일어나는 두 번째 갈등은, 한 의료단체가 특정 의료 서비스를 보험화하려 할 때 유사한 의료 서비스를 다른 의료단체가 시

---

79) 2005년 10월, 청년한의사회 주최 토론회에서 첩약 보험급여 실현을 위한 방안으로 총액예산제가 제시되었다. 참여자들은 비용해결 대안으로서 이를 긍정적으로 보았으나 한의사협회 측은 회원들 사이의 내부 합의가 먼저 이루어져야 한다는 의견이었다. 한약재 처방표준화에 관해서는 이견들이 있었다(청년한의사회, 2005).

행하고 있거나, 특히 다른 의료단체가 의료보험 서비스로 이미 공급하고 있는 경우에 발생한다. 이때 사안은 두 단체 사이의 관할영역 분쟁으로 비화한다. 앞 장에서 논의한, 의료계와 한의계 사이의 IMS 논쟁이 대표적인 예이다. 이때 의료보험체계는 전문직 사이의 또 다른 분쟁의 장이 된다. 현행 의료보험제도는 강제적인 사회보험 방식이기 때문에 가능한 모든 의료 서비스가 보험급여 항목에 포함되는 것이 장기적으로 바람직하다는 것을 의료전문 단체들은 잘 인식하고 있다.

의료보험을 두고 발생하는 세 번째 유형의 갈등은 의료단체들이 보험재정에서 자신들에게 적용되는 급여비 몫을 늘리고자 노력하고 경쟁할 때 발생한다. 2006년 말까지의 의료보험수가 결정체계에서는 의료단체가 연합하여 정부 그리고/또는 보험료를 지불하는 피보험자 대표들과 맞서는 경향이 강했다. 그러나 보험수가 인상을 위한 의료단체 사이의 연합 전략도 서서히 경쟁과 갈등 구도로 변화될 움직임을 보이고 있다. 특히 의료보험수가가 단체계약이 아닌 의료기관 유형별 계약으로 전환될 경우 의료단체들 사이의 관계는 더욱 복잡해질 것이다.[80]

의약분쟁 동안 의료보험수가 인상은 분쟁 해결의 한 전략으로 활용되었다. 당시 의료단체, 특히 의사들은 정부의 이러한 전략이 임시방편이라는 것을 알고 있었다. 그러나 의료기관의 재정난을 개선하기 위해서는 수가 인상이 절실하다는 현실적 이유 때문에 정부의 수가 인상 제안을 기꺼이 수용하였다. 그 뒤 2년 동안 의료보험 재정 적자가 심각해지면서 수가는 동결 또는 삭감되었다. 의료보험재정의 압박으로 의료단체들은 보험수가에 더욱 민감해졌으며 단체 사이의 경쟁과 갈등도 불가피해지고 있다. 특히 의료보험수가 결정방식의 최근 변화는 의료전문직 체제의 또 다른 변동을 반영하고 있다. 본 장에서는 의료보험체계에서 발생하는 이상의 세 갈등 유형 가운데 세 의료단체가 직접 관련된, 수가 인상을 둘러싼 세 번째의 분쟁에 초점을 둔다.

---

80) 의료계 일각에서는 유형별 계약이 의료공급자들 사이의 분열 가능성 또는 다른 관련 단체들끼리의 단합 가능성을 가져올 수 있다고 우려하고 있다(김방철, 2006).

2. 의료보험수가 결정 과정과 의료전문직 갈등

1) 현행 의료보험수가 제도와 결정 과정

종전에 보건복지부(보건사회부)와 재정경제원(경제기획원)의 합의에 따라 결정되던 의료보험수가는 의약분업으로 말미암은 갈등이 한창이던 2000년, 계약제로 전환되었다.[81] 2000년에는 계약에 필요한 준비가 사실상 이루어지지 않아 국민건강보험법에 따라 설치된 건강보험심의조정위원회에서 수가가 결정되었다. 2001년에는 계약을 위한 협상이 시도되었으나 결렬됨으로써 다시 이 위원회에서 수가가 결정되었다. 2002년부터는 2006년 말까지 한시적으로 적용된 국민건강보험재정건전화특별법에 따라 건강보험정책심의위원회(건정심)가 설치되었는데 마찬가지로 보험공단과 요양급여비용협의회 사이의 수가협상이 결렬되면서 2002년~2004년, 그리고 2006년에는 이 위원회에서 수가가 결정되었다.[82]

건강보험심의조정위원회는 가입자대표 8명, 공급자대표 6명, 공익대표 6명으로 구성되었다. 그 뒤 2002년 특별법에 따라 설치, 운영하였다가 한시법의 효력이 정지하면서 기존의 국민건강보험법 개정으로 2007년부터 운영하고 있는 건강보험정책심의위원회(이하 건정심)의 구조는 가입자대표·공급자대표·공익대표 모두 각각 8명이다.

계약제가 도입된 시기가 의약품실거래가상환제가 실시되고 의약분쟁

---

81) 수가계약제를 명시한 국민건강보험법은 1999년 2월 8일에 제정되었으나 그 시행령과 시행규칙이 각각 2000년 6월 23일과 30일에 제정되어 동 법령들은 모두 2000년 7월 1일에 동시에 시행되었다.

82) 건정심에서 합의가 이루어지지 않을 경우 표결에 들어가는데, 이때 각 대표단은 보험수가 환산지수와 보험요율에 대한 대안을 동시에 제출하도록 요청되었으며 두 항목이 조합된 형태로 표결에 부쳐져 왔다.

이 촉발되었던 시점이라는 데 주목할 필요가 있다. 종전까지 보험수가는 비현실적으로 낮았고 그러한 비현실적인 공식 의료 서비스 가격 수준을 실질적으로 보완해준 것은 음성적인 약가 마진이었다. 약가 마진을 없애고 수가를 인상하면서, 특히 분쟁이 본격화한 상황에서, 보험수가 결정방식을 관련 단체가 참여하는 계약체제로 전환한 것은 공식적으로 수가를 현실화하겠다는 정부 의지의 표명이었다.

그러나 2005년 한 해를 제외하고는 사실상 실질적인 보험수가결정기구가 되어버린 건정심의 구성을 보면 공급자대표단에 유리한 것은 아니다. 당초 공급자대표단이 6명이었던 것에 견준다면 현재 8명이라는 인원수가 그동안 의료계의 대정부 투쟁의 성과라고도 볼 수 있지만 그동안 운영되었던 특별법의 목적과 공익 대표단의 성격을 고려할 때 공급자 측에 유리한 구조는 아니었다.

현행 의료보험수가 체계는 세부적으로 분류된 개별 의료행위마다 상대가치점수를 부여하고 그 점수에 환산지수(점수당 단가)를 곱하여 산정하는 상대가치점수제이다(박은철, 2003: S428-S429). 따라서 의료보험수가의 구체적인 결정 대상은 각 항목별 상대가치점수와 환산지수라는 두 요소이다. 이 가운데 2006년 말까지 수가결정에서 가장 중요한 것은 보험급여 속 모든 항목들에 일괄적으로 적용되는 환산지수였다.

환산지수의 결정은 의약계 대표로 구성된 요양급여비용협의회와 국민건강보험공단이 협상을 거쳐 계약하도록 되어있다. 계약이 결렬될 경우 건강보험정책심의위원회(2001년까지는 건강보험심의조정위원회)에서 심의, 결정한다. 그러나 1차 계약단계에서 보험공단의 의견은 농어업인단체 및 도시자영업자단체대표와 시민단체대표로 구성된 공단 내 재정운영위원회(국민건강보험법시행령 제17조)에서 사실상 결정된다는 점을 감안하면 결국 보험수가 결정은 의료공급자와 보험가입자 사이의 협상 구도로 볼 수 있으며 이때 정부가 어떤 구실을 하느냐의 문제로 귀착한다.

2002년의 건정심 구조를 살펴보면, 공급자대표단은 의사단체대표 2명과 병원단체·치과의사단체·한의사단체·약사단체·간호사단체·제약업계

의 대표 각 1명으로 구성되었다. 가입자대표단은 경영자단체·민주노총·
한국노총·농어민단체·중소기업·시민단체·음식업단체·소비자단체 대표
각 1명으로 구성되었으며 공익대표는 보건복지부·건강보험관리공단·건
강보험심사평가위원회·재정경제부의 정부기관과 연구원, 그리고 학계
인사를 포함하여 8명으로 구성되었다. 공급자대표와 가입자대표는 각
협회나 단체에서 추천한 인사로 임명되며 공익대표는 보건복지부가 추
천한 인사로 구성된다.

건정심에서 공급자대표단은 의료보험수가와 보험요율을 '적정 수준'
으로 인상하는 것이 목표이며 가입자대표단은 보험료와 보험수가의 인
하 또는 동결에 목표를 둔다. 이들 사이에서 공익대표단은 양 극단의
주장을 조정하는 한편 보험수가 수준을 통제함으로써 의료지출을 억제
하고 보험재정을 안정화시킨다는 임무를 띠고 있다. 무엇보다도 건정심
전체의 우선 목표는 보험재정의 안정화인 만큼 현행 건정심 체제에서
의료단체들의 수가 인상 목표는 기본적으로 제약을 받는다.

현장조사 결과, 건정심은 각 대표들의 서로 다른 이해관계와 목표가
상충하는 곳이었으며 매번의 회의는 각 단체 대표 사이의 '치열한 전
장'이었다. 건정심 회의에 각 단체 대표로 참석했던 이들은 매번의 회
의가 얼마나 힘들었는지에 관해 토로하였다.

> 회의할 때 스트레스란 건 말도 못하죠. 수가결정이 논리보다는 힘으로
> 밀어붙이는 회의진행 상황이니까. 밀리지 않으려는 처절한 상황이 벌어지
> 는 것이고. 막판에는 완전히 체력전이고 그 스트레스란 건 뭐…….
>
> **-의료공급자대표L-**

> 수가 관련 회의에 나가는 직능단체 대표는 저뿐만 아니라 다른 대표들도
> 스트레스 엄청 받아요. 자기 직능의 수입과 직결되는 데다가 의견이 다른
> 쪽은 설득을 해야 하고 내가 설득을 못하면 상대방이 쳐들어 온단 말이죠.
> 우리 파이 영역을 방어하고 또 전체 파이(몫) 키우려면 회의에 집중해야 하

고 그 스트레스는 뭐⋯⋯. ***(우리 단체) 임원 중에 보험관련 임원이 제일 스트레스라는 걸 인정해요. 다른 회의에 많이 나가봤었고 참석에 의의가 있지만 이건 한시도 한눈팔 수가 없어요. 왜 ****(특정단체의 급여비 항목) 가 그렇게 비싸냐 막 치고 들어오면 엄청 스트레스 받아요.

-**의료공급자대표G-**

그렇게 일정을 힘들게 잡는 것도 정부 전략인 것 같애요. 위원회에 빨리 결정 하라는. 공무원들도 이런 상황을 다룰 수 있는 어떤 기술을 갖고 있는 것 같고.　　　　　　　　　　　　　　　-**의료공급자대표J-**

2002년의 건정심 위원회는 모두 24차례[83] 소집되었으며 건당 평균 회의 시간은 약 4시간이었다.[84] 그 가운데 13차례는 오전, 특히 9차례의 회의는 오전 7시나 오전 8시부터 시작되었다. 24차례의 회의 가운데 11차례의 회의가 11월에 집중됨으로써 이듬해 적용될 의료보험 수가와 보험요율 결정이 건정심의 가장 중요한 사안이었음을 보여주었다.

건정심 회의는 비공개로 이루어진다. 특정 사안의 경우 개별단체 또는 단체들 연합이 성명서를 발표하거나 "전략적으로 언론에 정보를 흘리는 경우가 있"지만(**의료공급자대표J**, 2003) 구체적인 회의 내용은 공개되지 않는다. 건정심 내부 자료의 접근을 거부한 정부관계자의 다음 언급은 비공개 회의의 이유를 설명한다.

건정심이 비공개로 진행되는 가장 큰 이유는 위원들의 요청 때문입니다. 사안에 따라서는 대승적 입장에서 개개단체의 대변인이라는 역할을 뛰어넘어 의사결정을 할 수도 있는데 낱낱이 공개가 되어버리면 그런 의사결정은 불가능해집니다. ⋯⋯ 그렇게 되면 건정심 내에서 합의는 거의 불가능하다

---

83) 24차례 건정심 본회의와는 별도로 건정심 내 수가조정소위원회가 9차례 소집되었고 11 차례의 상대가치점수평가팀 회의가 있었다. 이들 두 회의의 평균 진행 시간은 약 2시간 이었다.
84) 연구자가 확인한 19차례 회의의 평균임.

고 봐야 하고…….   -정부관계자6-

건정심 회의에 참석하는 단체들 또한 각자의 구체적 협상안과 협상
전략을 일반 회원에게 공개하지 않고 있었다. "사안이 민감한 만큼 내
용이 완전 공개될 경우 과다한 회원들의 요구를 모두 수용할 수 없기
때문(**의료공급자대표K**, 2003)"이다. 또한 짧은 시간 동안 집중적으로 회의가
열리고 진행되기 때문에 일반 회원의 의견을 수렴하고 합의를 도출하
는 것이 현실적으로 불가능하다는 이유도 있다. 따라서 각 단체는 집행
부 내부 회의만을 거쳐 대안과 전략을 결정하고 건정심 회의에 임하고
있었다.[85]

각 대표들은 자신의 주장이나 의사가 곧 소속 단체 전 회원의 수입
또는 지출과 직결된다는 점에서 회의 상황과 결과에 큰 부담을 느끼고
있었다. 특히 회의에 참석하는 주요 의료단체들은 회원 일반의 이해와
직접 관련되는 보험수가와 보험요율의 결정을 매우 민감한 사안으로
인식하고 있었다. 이들 단체는 회원의 직접선거를 통해 회장을 선출하
거나 간접선거제도를 택하는 경우라 하더라도 과거 중대 상황 때 집행
부의 중도 퇴진이나 탄핵을 목격한 바 있기 때문에 보험수가 결정에
신중을 기할 수밖에 없었다.

기존 건정심 구조에 대해 공급자대표단과 가입자대표단 모두 강한
불만을 나타내었다. 의료계를 비롯한 공급자대표단의 불만은 특히 두드
러졌다. 의사단체대표는 "정부가 보험급여와는 무관한 단체들을 [건정
심의] 공급자대표단에 함께 포함시킴으로써 사실상 의료계를 무력화시
키고 있"다며 "대표자 숫자가 [보험급여 비중에 따라] 합리적으로 이루
어져야 한"다고 주장하였다[86](**의료공급자대표M**). 2002년의 24차례 회의 가

---

85) 인터뷰에 따르면 보험수가와 관련하여 지역 대표나 대의원들과 함께 논의한 단체도 있
   었으나 이러한 경우는 비정기적이고 예외적인 것이었다.
86) 현재 의료 공급자별 보험급여 비중은 병의원 63퍼센트, 한방병의원 5퍼센트, 약국 27퍼
   센트, 치과병의원 5퍼센트 선이다 (의료보험심사평가원, 2002).

운데 의료계는 9차례[87])에 걸쳐 회의 참석을 거부하거나 중도 퇴장함으로써 건정심의 다수결 결정 구조에 강한 불만을 표하였다.

건강보험법 자체가 잘못된 거지. 심의조정위원회(건정심)에 공익·가입자 대표가 전부 잘못된 거예요. 일본처럼 합리적인 숫자 배합이 되어야 하는데 사실 건보법 자체가, 몇 개 조항을 공평하게 개정해야 할 거다, 공급자와 수요자, 각자 생각해야 하는데 평가가 결국 쉽지 않죠.   -의사9-

건정심의 구조는 정부에 대한 의사들의 불신을 가중시키고 있었다.

일상 개인의 작은 계약에서도 조건 등이 상세하게 기재되어야 하는 겁니다. 그런데 수가라는 매우 중요한 계약, 국민 모두에게 영향 주는 중요한 계약인데도 대충 이루어지고 있는데. 결정자, 단가, 진료범위 등을 전부 계약조건에 넣어야 하는데 그렇지 않고. …… 계약과정이나 당사자, 범위 등을 세부적으로 다시 설정하고 개정해 주도록 계속 요청하지만 정부는 신경도 안 씁니다.   -의사1-

수가도 정부에서 용역을 하지만 원가 계산 등이 재정난 속에서 책임을 전부 의사에게 넘기려는 거예요. '의사들 것 빼앗아서 나누자'는 논리죠. 작년에 수가 내렸지만 의원급에 집중되었는데. 의사 배제한 의료정책이고 사회적인 합의라는 건 단지 여론몰이예요.   -의사14-

수가전략을 세울 수 있는 제도가 아니에요. 법에는 계약으로 되어 있지만 실제로는 계약이란 게 이루어질 수 없는 체제예요. …… 심의위원회는 어떻게 이루어졌냐면 의사(의사협회 대표)가 둘, 병협 하나, 간호사, 약사회, 시민단체 그렇게 등등 들어가는데 그 중에 의사는 둘밖에 없어요. 그러면

---

87) 본 연구자가 확인한 자료에 한함.

도저히 협상이 안 되고 그러니까 큰소리도 나고 그렇잖아요. 그러면 의사
나가라 그러고 빼고 자기들끼리 해요. 그러면 정부안대로. 시민단체안은 뭡
니까, 돈 안 올리는 거잖아요? 시민단체하고 정부하고 하는데 전략이라는
게 필요 없어요. 법을 바꾸지 않으면 수가계약이란 건 명분의 항목일 뿐이
에요. 또 하나, 수가계약을 하면 뭐해요. 보건복지부 고시라는 게 있어요.
저네 맘대로 변동시켜요. 계약하면 1년을 유지시켜야 하잖아요. 그렇지 않
아요. 아무 때나 고시 내서 변동시켜요. 그래서 행정소송을 걸었어요. 근데
기각 당했어요. 그래서 수가는 아무 것도 이루어질 수가 없어요. 싸우는 수
밖에 없어요.   -의사10-

특히 2003년 말, 의사협회는 주장에 훨씬 밑도는 수가 인상안이 결정
되자 "건강보험료 인상을 반대합니다. 의료수가를 동결하겠습니다"라는
광고를 내며 건정심 합의구조 자체를 인정할 수 없다는 의지를 분명히
하였다.

가입자대표단에서도 건정심의 구조와 결정 과정에 불만을 표하기는
마찬가지였다. 2002년 건정심 회의에서 중요한 결정 사안마다 가입자
측의 일부 대표들이 회의 도중 퇴장하였고 2003년 회의에서는 양대 노
동조합 대표들이 모두 불참함으로써 동 기구에 대한 가입자대표들의
불신을 표하였다.

정부 관계자 또한 건정심 구조에 문제가 있다는 것은 인정하였다(**정
부관계자**6). 그러나 건정심 구조가 쉽게 변경될 것이라는 데는 회의적인
태도를 보였는데 동 기구가 법정 기구이며 이를 변경하는 데는 복잡한
정치적 과정이 필요하기 때문이었다.

2004년 건정심에서는 종전까지 최후의 방식으로 채택되었던 표결에
는 이르지 않았다. 2003년 건정심 결정 뒤 더욱 강도 높게 수가결정 구
조를 비판하고 특히 공익대표단의 구성에 이의를 제기해 온 의사협회
가 9인 특별소위원회(공익대표 3인, 가입자대표 3인, 공급자대표 3인)를 구성
하는 과정에서 공익대표 선정에 자신들의 의견을 상당 부분 반영하였

기 때문이다. 의사협회는 공익대표가 사실상 가입자대표임을 주장하며 위원회의 구성, 활동, 회의 과정에 강한 불만과 불참을 표명해 왔었다. 그러나 2004년 소위원회 구성에서는 공익대표 선정에 가입자대표와 공급자대표가 별도로 어렵게 논의 과정을 거친 결과 의사단체에 '전적으로 불리했던' 종전의 보험수가 결정방식과 구조는 변화될 수 있었다(의약뉴스, 2004b; 일간보사, 2004; 건정심 내부자료, 2002, 2003; 병원신문, 2004).

2005년에는 계약제가 도입된 이후 처음으로 건정심 회의까지 이르지 않고 건강보험공단과 요양급여비용협의회가 수가계약에 합의하여 2006년도 보험수가를 결정하였다. 건정심에서의 가입자단체는 보험공단의 재정운영위원회로 활동하며 공급자단체인 요양급여비용협의회에 맞섰다. 수가 협상시 보험공단과 의약단체가 공동으로 보건산업진흥원에 보험수가 연구용역을 의뢰하고 그 결과를 존중하자는 각서까지 작성하여 계약 성사에 노력하였다. 그러나 용역 결과가 발표되자 연구 과정과 내용을 신뢰할 수 없다는 이유로 보험공단 재정운영위원회가 강력한 반대 의사를 표명하였으며(국민건강보험공단 재정운영위원회 가입자단체, 2005), 만료시한에 임박하여 재정운영위원회가 별도의 환산지수를 제시하면서 공급자단체와 대치 상태가 시작되었다. 협상과정에서 공단이 종별계약과 약제비 절감 공동노력 등을 조건으로 하는 환산지수안을 제시하면서 협상은 실마리를 찾았으며 결국 용역결과의 최저치보다 낮은 수준에서 극적인 타결을 보았다(선욱, 2005; 의협신문, 2005a). 이 합의에 따라 보험공단과 요양급여비용협의회는 2007년부터 병원, 의원, 치과, 한의원, 약국 등 요양기관의 특성을 고려해 각 유형별로 수가를 계약하기로 하였다(국정브리핑, 2005).

그러나 2007년도 의료보험수가는 요양기관 유형별이 아닌 종전과 같이 공급자단체들에게 단일의 환산지수를 적용하는 것으로 결정되었다. 1년의 기간 동안 공급자단체들은 개별로 구체적인 대안을 마련하는 데 소홀하였으며 정부 또한 관련법 개정 등의 제도적 준비를 전혀 하지 않았던 것이다. 2006년 11월 말, 유형별 계약의 실행 여부를 놓고 논란을 벌이다 결국 보험공단과 의료공급자단체들 사이의 계약은 무산되었고 그 뒤에도 정부는 의과, 치과, 한방, 약국 등 4개 분야로 분류해 수가를 결정하고자 하였으나 의료공급자 측에서는 비용과 준비 시간 부족 등의 현실적 이유를 들어 종전의 방식을 주장하였다. 결국 유형별 수가계약은 2008년도부터 적용하는 것으로 결정되었다(청년의사, 2006d; 2006e; 2006f).

한편 국민건강보험재정건전화특별법의 시한이 2006년 말로 만료됨에 따라 개정된 국민건강보험법은 여전히 건정심 구조를 기존의 8:8:8로 규정하고 있다. 이에 대해 의료단체들과 시민단체 모두 반발하고 있어 기존 건정심 구조에 대한 깊은 불신을 보여주고 있다(청년의사, 2006b).

건강보험정책심의위원회의 의료보험수가 결정 사례

건강보험수가 결정의 내부 과정이 어떻게 진행되고 있고 어떤 상황인지에 대해 정확히 파악하는 것은 쉽지 않다. 건정심 위원들과 담당 공무원들만이 구체적인 정황을 알고 있을 뿐이다. 각 대표에 의해 내부 정황이 외부에 알려지는 경우는 있으나 단편적이며 특정 시각에 치우치는 경우가 많다. 2003년의 현장조사에서 행해진 면담은 회의에 참석한 주요 대표들을 상당수 포괄하였으며 관련 내부 자료가 함께 검토되었다. 각 단체 대표의 응답과 건정심의 내부 자료는 건정심에서 중요한 결정이 어떻게 행해지고 있는지에 관한 깊이 있고 구체적인 정보를 알려준다. 나아가 우리나라 의료체계의 관련 단체들이 기본적으로 어떤 관점에서 의사결정을 하는지 보여주고 있다.

2002년과 2003년의 건정심 회의 가운데 세 차례의 중요한 수가조정 의결을 구체적인 사례로 분석하고 그 의미를 살펴보고자 한다. 2002년 2월의 보험수가 인하와 보험요율 인상, 2002년 11월에 결정된 2003년도 보험수가와 보험요율 인상, 그리고 2003년 11월에 통과된 2004년도 보험수가와 보험요율 인상 과정은 각각 다음과 같다.[88]

2002년 4월부터 적용되기 시작한 급여수준과 보험요율 수정안은 동

년 2월 말에 의결되었다. 심각한 의료보험 재정난으로 말미암아 당시
결정은 수가인하를 전제한 것이었다. 각 단체별로 제시된 안과 결정 내
용은 〈표 VI-1〉과 같다.

〈표 VI-1〉에서와 같이 보험요율 인상률에 대해서는 대안별로 큰 차이
가 없었으므로 논의의 초점은 수가인하 폭에 맞추어졌다. 가입자안은
협상과정에서 세 차례 변동된 반면 공급자 측은 수가동결 주장으로 일
관하였다. 수가인하를 전제로 진행되었던 동 회의의 성격상 공급자안은
처음부터 검토에서 제외되었다.

공급자대표들의 강한 반발을 수반한 채, 협상은 가입자대표단에서 제
출한 안들을 중심으로 진행되었다. 의협이 불참한 상황에서 표결 절차
가 행해졌고 표결 과정에서 다시 가입자와 공급자 대표 일부가 퇴장하
였다. 가입자 3차안과 공익안에 대한 표결 결과 9:10으로 정부가 제시
한 공익안이 채택됨으로써 2.9퍼센트 수가 인하와 6.9퍼센트 보험요율
인상이 확정되었다.

〈표 VI-1〉 2002년 2월의 보험수가 인하와 보험요율 인상

		보험수가 (환산지수)	보험요율	결과	
				표결결과	비고
가입자안	1차안	-8.5%	+7%		
	2차안	-7.2%	+7%		
	최종안	-3.97%	+6.7%	9	- 표결당시 의협불참
공익대표안 (최종 채택)		-2.9%	+6.9%	10	- 표결시 일부 공급자·가입자 대표 퇴장
공급자안		동결	의견 없음	표결대상에서 제외	

자료: 인터뷰 자료, 건정심 내부 자료와 언론 보도자료에서 정리

---

88) 이하 의료보험수가 결정에 대한 사례 분석은 저자의 별도 논문에서 발췌하였다(최희경, 2004).

⟨표 VI-2⟩ 2003년도 보험수가 및 보험요율 결정 (2002. 11.)

		보험수가 (환산지수)		보험요율		결 과
1차 계약	보험공단안	7% 인하		(해당사항 없음)*		협상 결렬
	요양급여 비용협의회안	19.8% 인상		(해당사항 없음)*		
2차 건정심 의결		최초안	최종안	최초안	최종안	공익대표안에 대해서만 찬반 표결 ↓ 13:3으로 공익대표안 가결(6명 퇴장, 1명 투표거부)
	가입자안	10.7% 인하	2.6% 인하	동결	2.6% 인상	
	공급자안	19.8% 인상	8.7% 인상	37.7% 인상	14.4% 인상	
	공익대표안 (최종채택)	2.97% 인상		8.5% 인상		

* 보험공단과 요양급여기관 사이의 보험수가 협상 단계에서 보험요율은 논의 대상이 아님.
자료: 인터뷰 자료, 건정심 내부자료와 언론 보도자료에서 정리

2002년 11월 15일, 2003년도에 적용될 의료보험수가를 두고 요양급여 비용협의회와 보험공단 사이의 협상이 결렬됨에 따라 결정은 건정심에 회부되었으며 안건 상정 이후 12일 만에 확정되었다. 각 측이 제시한 안이 ⟨표 VI-2⟩에 제시되어 있다.

협상 과정에서 공단은 기존의 환산지수에서 7퍼센트 인하를 주장한 반면 요양급여협의회는 19.8퍼센트 인상을 주장하였다(치과신문, 2002). 각 측의 대안은 보험공단과 의료계 5개 단체가 발주한 환산지수 연구 결과 제안된 안 또는 그에 거의 근접하는 안이다. 환산지수에 대한 용역연구 결과, 의료보험수가 19.8퍼센트 인상안과 7퍼센트 인하안이 제시되었는데 이러한 결과를 두고 건정심 내부에서 많은 논란이 있었다. 동일한 연구에서 이처럼 다른 결과가 도출된 것은 각기 다른 산정기준을 적용하였기 때문이다.[89] 공급자 측과 가입자 측은 연구 결과 가운데 각자에

─────────
89) 요양기관의 진료원가를 보상한다는 측면에서 원가 환산지수를 적용하는 경우와 요양기

유리한 결과를 대안으로 제시하였다.

한편 보험요율의 경우, 보건복지부의 추계에 따르면 급여비와 의료수요의 자연증가분만 반영할 경우 적자보전을 위해서는 9퍼센트의 인상이 필요한 것으로 보고되었다(건강보험정책심의위원회, 2002). 그러나 보험재정과 보험요율의 추계 결과는 정부가 제시한 것과 가입자 대표단의 주장이 달라 다시 논란이 이어졌다(시민사회노동농민단체 대표, 2002a).

가입자 최종안과 공급자 최종안 사이에 더 이상의 접근은 이루어지지 않았고 공익대표안이 제시되었다. 공익대표안에 대한 찬반투표 결과 13:3으로 가결되었는데 이 과정에서 6명이 퇴장하고 1명이 투표에 불참하였다.

공급자 측과 가입자 측은 각자의 최초안을 통해 자신들의 기대 수준을 제시하였다. 협상이 진행되고 각 단체의 최종안에 이르러서는 최초안에 비하여 각각 상당히 후퇴한 양상을 보여주고 있다. 그러나 양측 사이에 더 이상 의견이 좁혀지지 않았고 이에 정부는 공익대표안을 제시하였는데 이는 공급자 최종안과 가입자 최종안의 중간 지점이었다.

외부 기관에 의뢰한 환산지수 연구 결과인 19.8퍼센트 인상안과 7퍼센트 인하안은 큰 차이를 보이고 있다. 또한 정부가 추정한 보험요율 인상안 9퍼센트는 급여비와 의료수요의 증가분만 반영한 것이다. 따라서 어떠한 연구 결과나 추정도 환산지수나 보험요율의 결정에 분명하고 객관적인 기준이 될 수 없었음을 알 수 있다.

2003년 11월 28일에 결정된 2004년도 의료보험수가 및 보험요율 결정과정과 결과를 요약하면 〈표 VI-3〉과 같다.

1차 수가결정 협상에서 요양급여비용협의회는 기존의 환산지수에서 20.3퍼센트 인상할 것을 최초안으로 제시한 반면 건강보험공단은 7퍼센트 인하를 주장하였다. 최종 협상까지 양측 주장의 격차가 다소 줄기는

관의 비급여 수입을 감안하여 경영수지 환산지수를 적용하는 경우, 서로 다른 결과가 도출되었다(박은철, 2003: S433). 전자의 경우 보험수가는 인상되어야 하는 것으로, 후자의 경우 보험수가는 인하되어야 하는 것으로 대안이 제시되었다.

하였으나 여전히 큰 차이를 보여 계약은 결렬되었다.

수가결정이 건정심으로 넘어 오면서 공급자 측은 6.3퍼센트 인상안을 폐기, 다시 20.3퍼센트 인상을 주장하였다가 협상 과정에서 10.6퍼센트 안으로 변경하였다. 보험요율에 대해서는 공급자 측이 구체적인 안을 제시하지 않았던 대신, 정부가 제시한 가이드라인 8퍼센트를 수용할 의사가 있음을 간접적으로 시사하였다(**의료공급자대표L**). 가입자 측은 노동조합대표들이 불참한 가운데 '보험요율 동결, 수가 인하'를 주장하였고 수가에서도 보험요율에서도 수치화한 대안을 제시하지 않았다. 여기에는 가입자대표 8개 단체 사이의 의견조율이 어려웠고 특히 구체적인 수치로 합의안을 도출하는 것이 쉽지 않았다는 현실적인 이유도 컸다.

공익대표 측은 세 가지 대안을 제시하였고 공급자대표 6명이 퇴장한 가운데 표결이 행해져 공익안 가운데 중도안(제2안)이 가결되었다. 공익

⟨표 VI-3⟩ 2004년도 보험수가 및 보험요율 결정 (2003. 11.)

		보험수가 (환산지수)		보험요율		결 과
		최초안	최종안	최초안	최종안	
1차 계약	보험공단안	7%인하	5.9%인하	- (해당사항 없음)[1]		협상 결렬
	요양급여비 용협의회안	20.3%인상	6.3%인상	- (해당사항 없음)[1]		
2차 건정심의 결	가입자안	인하 (구체적 의견 제시 않음)		동결 (구체적 의견 제시 않음)		공익대표 측의 3개 안에 대해 표결
	공급자안	20.3%인상	10.6%인상	의견 없음	의견 없음	
	공익대표안 정부안[3]	3%이내에서 인상[2]		8% 인상		1안:2안 = 2표:14표로 공익대표 제2안 가결 (6명 퇴장)
	공익대표안 1안	3.1% 인상		8% 인상		
	공익대표안 2안	2.65% 인상		6.75% 인상		
	공익대표안 3안	1% 인상		9% 인상		

1) 보험공단과 요양급여기관 사이의 보험수가 협상 단계에서 보험요율은 논의 대상이 아님.
2) 11월 3일 전문지 기자단과의 간담회에서 보건복지부 장관이 밝힘(데일리팜, 2003a).
3) "11월 초 보건복지부 측에서 언론을 통해 제시한 가이드라인(의료공급자측대표G)"
자료: 언론 보도자료와 e-mail 통한 인터뷰 자료에서 정리

대표의 세 가지 안 가운데 제1안은 11월초 보건복지부가 가이드라인으로 제시한 안과 거의 동일한 것이었고(데일리팜, 2003a; **의료공급자측대표G**), 가결된 2번째 공익안에서 보험수가 2.65퍼센트 인상의 근거는 보건사회연구원이 미국식 수가연동제(SGR시스템) 방식에 따라 산출한 결과 가운데 하나였다.[90] 보건사회연구원의 연구 결과에 대해 공급자 측과 가입자 측은 모두 거부 의사를 표명하였으나 정부가 유력한 안으로 채택하였고 표결 뒤 확정되었다. 한 공급자대표는 이 연구 결과에 대해 "회의 중에도 간단한 설명 수준을 넘지 않았고 정부 측에 자료 제출을 요구할 때는 아직 마무리가 되지 않았다고 이야기하다가 최종 단계에서 도저히 검토할 시간이 없을 때 갑자기 연구 결과라면서 내어놓았던 것(**의료공급자대표D**)"이라고 주장하였다.

이상의 사례들에서 보는 바와 같이 2000년 이후 의료보험수가 결정은 정부뿐만 아니라 여러 공급자단체와 다양한 가입자단체들이 직접 참여하여 계약 또는 건정심 의결을 통해 이루어지고 있다. 따라서 Freidson(2001)의 논의를 바탕으로 한 〈표 Ⅱ-1〉의 전문가정책 운영 형태에 따르면 의료보험수가 결정 기구는 이해 관계자들이 공식적으로 참여하여 협상에 임하는 조정적 조직에 해당한다. 이는 정부기관이 수가를 결정, 고시하였던 종전의 방식과는 분명히 구별되는 형태이다. 종전의 의료분쟁에서 의료 공급자들은 여론이라는 불특정 다수의, 또는 시민단체의 견제(또는 '공격')를 받았지만 의료보험수가와 보험요율 결정 과정에서는 구체적인 실체로서의 가입자대표라는 조직과 대립하였다.

건정심의 구조에 대해 공급자대표단과 가입자대표단은 모두 강한 불만을 나타내었다. 기본적인 이유는 건정심의 현행 구조에서 다수결 원칙이 적용되기 때문이다. 기존의 24명 구성원에서 전원 참석할 경우 의결 요건인 과반수는 13명인데, 8명의 공익대표들은 다른 어느 대표단보다 동일한 성향과 목표를 지니고 있어 스스로 제시한 공익안을 건정심

---

90) 연구 결과 서로 다른 산정 기준에 따라 2.656퍼센트 인상, 2.657퍼센트 인상, 2.93퍼센트 인상의 세 가지 안이 제시되었다(데일리팜, 2003b).

에서 관철시키는 것이 상대적으로 유리하였다. 이와 달리 공급자 측과 가입자 측은 구성원들 사이에 구체적인 이해관계가 달라 의견조율이 어렵고 상대적으로 결속력이 약하며 소속 대표단 명의로 제시되는 안에 대해서도 서로 다른 선호의 강도를 보였다. 익년도 보험수가와 보험요율을 결정하는 회의에서 2002년, 공익안이 13표로 통과되고 2003년, 3개 공익안 가운데 중도안이 14표로 의결된 것은 이러한 상황을 반영하고 있다.

의료보험수가 결정 과정에 참여하는 단체들은 서로 다른 처지에서 상충되는 목표를 추구하고 있다. 따라서 결정 과정에서는 구체적 사안마다 첨예한 갈등이 노출되었는데 가입자와 공급자 사이의 갈등 관계가 주된 것이었다. 의료공급자들 사이에는 이하에서 살펴보는 바와 같이 갈등관계보다 협력 관계가 강하게 나타났으나 항목별 상대가치점수를 조정하는 과정에서는 다시 공급자단체들 사이의 갈등이 불가피하였다.

건정심에서 가입자대표단과 공급자대표단은 각자의 의견을 표명하는 데 불참과 퇴장의 강경한 방법을 활용하기도 하였다. 특히 주요 표결 상황에서의 퇴장은, 협상 과정에서 어느 정도 자발적 양보는 가능하지만 최종안에서 더 이상은 물러설 수 없음을 표출하는 방법이었으며 "표결에 참석해도 더 이상 바뀔 것이 없다는 판단에서 할 수 있는 유일한 행동(**정부관계자4**)"이기도 하였다.

보험수가결정 과정에서 참여자들의 관계와 정부 역할에 영향을 주는 요인 가운데 하나는 객관적인 기준과 자료가 부족하다는 것이었다. 보험수가와 보험요율의 결정에 기본적으로 필요한 자료는 정확한 의료지출과 재정 안정화에 필요한 보험재정의 추계, 그에 적합한 보험수가와 보험요율의 대안이다. 그러나 보험재정의 추정에서부터 참여자들 사이에는 이견을 보였다. 보험수가의 산정을 위해 연구 용역을 의뢰하였으나 연구자의 선정에서부터 연구 과정 검토, 결과에 이르기까지 이견과 갈등을 보였으며, 정확성을 기한다는 측면에서 서로 다른 기준에 따라 제시된 복수의 연구 결과는 오히려 양 단체가 서로 다른 주장을 내세우는 근거로 활용되었다.[91] 특히 연구 결과가 제시되는 시점이 결정 시한에 임박한 즈음이어서 구체적인 자료를 가지고 논의하는 데 한계가 있었다. 이런 상황에서 각 단체마다 구체적인 수치로 대안을 제시하기는 어려웠으며 상대방을 설득할 수 있는 대안을 제시하기란 더욱 어려웠다. 따라서 상대적으로 많은 재정 자료와 정보를 확보한 정부 의견이 매번 유력한 대안으로 등장하였다.

2) 의료 서비스 공급자단체와 보험가입자단체 사이의 갈등

의료보험수가 결정과정에서 주된 갈등은 결국 의료 서비스 공급자 대표단과 보험가입자대표단 사이에 발생한다. 특히 두 대표단에서 각기 핵심 단체라 할 수 있는 의사협회와 노조 대표들 사이의 갈등이 첨예하다. 2002년의 건정심 회의에서도 두 주체는 매번 회의 때마다 심각한 의견 충돌을 보였다.

건정심 내부 자료에 따르면 2002년의 경우 의사협회 대표들은 세 차례의 중요한 회의에서 중도 퇴장하였다[92]. 이 밖에도 7차례에 걸쳐 의사협회 대표들은 건정심 회의에 불참하였는데 의사단체에 불리하고 통

---

91) "올해[2005년]도 공단과 의약계는 거의 3억원에 가까운 연구비용을 사용하고도 그 결과를 서로 불신하여 상호 공방 속에서 협상을 진행하였다. …… 그동안 수가결정의 기초가 된 연구방법은 논란이 많았으나 2~3년 동안 검토되고 보정되었다. 의약계는 이를 근거로 각자의 처지를 반영하여 연구를 진행하였다. …… 그러나 공단의 연구방법은 오랫동안 수가연구를 진행한 연구자들조차 이해하기 어려운 방법을 협상 단계에서 공개함으로서 …… 더욱이 몇 년 동안 공단에서 주도하거나 참여한 기존의 연구 결과조차 전면 부인함으로서 과연 연구라는 것이 필요한가에 대한 의문조차 갖게 했다(이석현, 2005:15)."

92) 첫 번째는 상대가치점수에 대한 연구를 누구에게 의뢰할 것이며 어떤 방식으로 할 것인지를 결정하는 자리에서였다. 11차 회의에서 의사협회 대표들은 후보 연구팀과 그들의 연구 방식에 객관성과 편향성에 의구심을 나타내었으며 결국 최종 확정 투표를 거부하고 퇴장하였다. 두 번째 사안은 의료보험수가 보전 개혁안이었다. 16차 회의에서 의사협회 대표들은 보험수가 인하에 강력히 항의하며 약사회 대표와 중도 퇴장하였다. 23차 회의에서 의사협회 대표들은 상대가치점수안과 보험요율안에 대한 확정 투표를 거부하며 퇴장하였는데 당시 최종안의 수가 인상폭이 의사협회의 제안과 큰 차이가 있었기 때문이다.

제할 수 없는 상황에 대한 강력한 항의의 표시였다.

의료보험의 재원을 공급하는 주체로서 가입자대표들의 태도는 단호하였다. 수가를 인하하고 보험료는 동결하며 정부의 재정 지원을 확대하여 보험재정의 적자폭을 줄여나가야 한다는 것이었다.

> 의약분업으로 새로 개원된 의원의 숫자가 증가하고 있지 않습니까. 그게
> 바로 의약분업으로 의료기관들이 돈을 엄청 벌고 있다는 증거입니다. ……
> 건강보험의 재정 안정화를 위해서는 의료계에 대한 수가를 동결해야만 합
> 니다.　　　　　　　　　　　　　**-의료보험가입자대표, 2002년 건정심회의-**

다른 대표들, 특히 공급자대표단은 가입자대표단의 강경한 태도를 우려하였다. 한 인사의 표현에 따르면 가입자대표들은 건정심 회의에서 "어떠한 타협이나 조정도 원치 않"았다.

> 한번은 우리가 회의를 7시간 동안 했는데 그 결과가 뭐였냐 하면 "내일
> 오후에 다시 회의를 시작한다"―그게 전부였어요. 그때 중요한 안건을 결
> 정하기 전에 의사협회에서 시간을 필요로 했어요. 돌아가서 회원들에게 전
> 달하고 설득할 수 있는. 그 다음 회의일정을 잡는 데 최소한 하루는 지나
> 야 하는데 노조대표들이 그 요청을 거부하는 겁니다. 그 자리에서 바로 결
> 정을 하자는 거죠. 장장 7시간 동안, 즉석에서 결정하자, 내일 회의를 다시
> 하자, 그러고선 다시 내일 아침에 하자, 오후에 하자……. 그걸로만 7시간
> 을 끌고 간 거예요.　　　　　　　　　　　　　　　　　　**-공익대표B-**

2002년의 경우 가입자 측은 성명서 등을 통해 정부의 소극적 태도를 비난하는 한편 건정심 내부에서는 공급자 측과 극심한 대립 양상을 보이면서 의료계의 수가 인하를 강력히 주장하였다. 또한 의료계가 추가적으로 재정절감 노력을 보일 것을 요구하였다. 가입자 측은 특히 의료기관에 비보험 수입이 존재하는 현실을 지적하며 수가를 더욱 큰 폭으

로 인하할 것을 주장하였다. 불참이나 회의 도중의 퇴장은 가입자대표
단에서도 행해졌다. 2002년 건정심 회의에서 가입자대표 일부가 회의
도중 퇴장한 사례는 세 차례였다.[93]

2003년 건정심 회의에서 이듬해에 적용될 보험수가와 보험요율의 대
안을 제시해 달라는 요청에 대해 가입자대표단은 끝까지 구체적인 수
치를 제시하지 않았다. 대신 다음의 응답은 가입자 측이 건정심에서 기
본적으로 어떤 자세를 견지하고 있는지 보여주고 있다

> 우리는 항상 한가지 밖에는 이야기할 것이 없다. 수가는 깎고 보험요율
> 은 동결이다.   **-의료보험가입자대표**, 2003년 건정심회의-

또한 가입자대표 가운데 민주노총과 한국노총은 2003년 회의 때 시
종일관 불참하였다. 이 또한 타협불가라는 가입자 측의 강경한 태도를
표현하기 위한 전략으로 해석된다. 그러나 공급자 측에 따르면 이들 대
표는 "건정심 회의에 참여하는 다른 가입자대표를 통하여 여전히 강력
하게 의견을 개진함으로써 불참을 통한 장외 압박뿐만 아니라 내부 투
쟁도 계속하였던(**의료공급자대표D**)" 것으로 평가되고 있다.

3) 의료 서비스 공급자단체 사이의 협력

의료보험수가 결정 구조에서는 가입자대표단이나 공단의 강경한 태
도에 맞서 의료단체끼리 공조체제가 형성되는 경우가 많았다. 의료단체
들은 의료보험수가를 인상시키고자 서로 다른 처지와 논란에도 불구하
고 협력해야 했다.

---

93) 첫 번째는 2월의 건정심 회의에서 의료보험수가 인하폭을 결정하는 자리였다. 두 번째
는 의료공급자 단체들이 경영상의 어려움을 보고하는 자리였고 세 번째 퇴장은 이듬해
적용될 환산지수와 보험요율을 결정하는 회의에서 행해졌다.

우리는 모두 동일한 공급자 위치잖아요. 그래서 어떤 때는 서로 공개적으로 협조하고 어떤 때는 전략적으로 갈라져서 수가가 낮아지지 않도록 플레이하고…….

-의료공급자대표J-

한 공급자대표와의 면담에 따르면, 관련 정보를 언론이나 가입자대표단에 흘리거나 정부 관계자들을 압박하여 특정 의료단체가 특정 혜택을 받지 못하도록 저지한 다음 의료단체들끼리 협조하여 해당 혜택을 공유할 수 있다고 한다. 즉,

① 특정 의료단체 A가 정부로부터 새로운 혜택을 받는 것으로 잠정 결정된다.
② 다른 주요 의료단체들이 가입자 단체나 언론 등에 A의 특혜 사실을 알리며 저지를 시도한다.
③ 한편, 다른 주요 의료단체들은 정부 관계자나 고위인사에게 A에 대한 특혜가 '형평에 어긋난' 것임을 항의하고 A에게는 해당 특혜를 공유하자고 압력을 넣거나 설득한다.
④ 결과적으로 A를 포함한 주요 의료단체 모두 특혜를 공유한다.

의료보험수가와 관련한 의료단체 사이의 협조는 다음의 또 다른 예에서도 찾아볼 수 있다. 건정심 회의 도중에 제시된 한 보고서에 따르면 내과 총수입의 40퍼센트 이상이 비보험 의료 서비스에서 확보된다고 하였다. 그러나 의료계의 주장은 내과 비보험수입이 20퍼센트가 넘지 않는다는 것이었다. 제출된 보고서의 내용을 근거로 가입자대표 측과 공익대표 측은 의료보험수가를 삭감하고자 하였다. 이미 상당 부분의 수입이 비보험 의료 서비스로부터 확보되고 있기 때문에 의료보험수가를 낮추어도 무리가 없다고 판단하였기 때문이다. 이에 다른 공급자대표들이 의료계를 지지하며 수가 삭감에 반대하고 나섰다.

"만약 당신네들이 의사들 수가 깎으면 우리도 가만히 있지 않겠다. ……
이런 대안은 어떠냐. 모든 의료단체의 평균치 정도로. 건정심이 의사들만
공격할 이유가 없지 않느냐" 그렇게 의사들을 끌어안는 거죠. 그러면 가입
자 단체와 정부에서도 우리 주장이나 대안을 반대할 수 없습니다.

-의료공급자대표K-

위에서와 같이 기존의 의료보험체계에서는 상대적으로 가장 집중적
으로 공격을 받는 단체(주로 의사단체)를 통해 결과적으로 다른 공급자단
체가 부가적인 이득을 확보하는 경우가 있다.

그리고 나서 물론 우리가 그들을 도왔다는 걸 절대 잊지 않죠. 언젠가는
우리가 그들의 도움을 필요로 할 때가 있을 거니까.

-의료공급자대표K-

의료보험제도에서 의료단체 사이에 "우호적인 관계"를 형성하는 또
다른 예가 있다. 2002년 10월, 건정심은 의료계의 서로 다른 수가체계
를 통합하기로 결정하였다. 당시 의료계의 수가체계는 전문과목에 따라
네 유형[94]으로 구분되어 서로 다른 수가가 적용되고 있었다. 만약 두
번째 높은 등급인 B유형에 맞추어 네 유형을 통합할 경우 당초 A유형
에 포함되었던 전문과목 의료기관들은 손실을 봐야 하는 상황이었다. A
그룹의 손실을 보전하기 위한 대안이 제시되었는데 만성질환자에 대한
장기요양급여가 그것이었다.

조정과 결정이 거의 이루어지면 그 다음에 다른 공급자단체들이 "우리도
장기요양환자들을 위한 수가가 필요하다"고 주장합니다. 그렇게 다른 대표

---

94) 당시 가장 높은 수가를 적용 받는 A그룹에는 내과, 정신과, 소아과, 가정의학과, 결핵과
가 포함되며 B그룹에는 외과, 산부인과, 피부과, 안과, 비뇨기과, 재활의학과, C그룹에는
진단방사선과, 핵의학과, 예방의학과, 치과, 그리고 D그룹에는 응급처치과가 포함되었
다.

들의 동의를 받아내죠. 의사대표들이 우리 편을 안 들어줄 수가 없습니다. 왜냐하면 그 항목 자체가 우리가 동의해 줘서 통과된 거니까.

-의료공급자대표L-

위의 사례는 의료보험체계 안에서 서로 협조하는 의료단체들의 또 다른 전략을 보여준다.

① 특정 의료단체 A와 가입자대표단 그리고/또는 공익대표단 사이에 이견이 있을 때 중재자로서 의료단체 B가 나서서 대안을 제시하고 의료단체 A로 하여금 그 대안을 주장, 요구하도록 한다.
② 중재 의료단체 B는 의료단체 A가 대안 획득에 성공하도록 지원한다.
③ B는 A가 얻어낸 대안이 자신들에게도 필요한 것임을 주장한다. 이때 A는 B의 의견에 동조하거나, 최소한 반대하지 않는다.
④ 주요 의료단체들 모두 새로 제시된 대안의 혜택을 공유한다.

대부분의 경우, 공급자대표단의 선두에서 가입자대표단과 공익대표단의 공격을 받는 의료단체 A의 역할은 의사단체의 몫이다. "의사 단체를 방패삼아(의사1)" 다른 공급자들은 보험체계 안에서 각자의 몫을 지키는 전략을 택한다. 의사단체는 불만이 있지만 "이처럼 불합리한 수가결정 체계"를 받아들이지 않을 수 없었다. 의사단체는 수가결정구조에서 여러 공급자단체들 가운데 하나에 불과하여, 다른 공급자단체의 협조가 절실한 실정이다. 건정심 위원회는 결정에 다수결 원칙을 택하고 있었고 24명의 위원들 가운데 의사단체대표는 '단지' 2명뿐이기 때문이다.

4) 의료 서비스 공급자단체 사이의 갈등

건강보험수가를 두고 공급자단체들 사이에도 갈등이 있다. "파이는 한정되어 있"는 상황에서 좀 더 큰 몫을 차지하고자 서로 경쟁해야 한다. 상대가치점수 평가는 의료단체 사이의 갈등을 보여주는 대표적인 경우이다. 상대가치점수는 보건복지부장관이 건정심의 심의를 거쳐 고시하는 것으로 되어 있다(국민건강보험 요양급여의 기준에 관한 규칙 제12조 3). 그동안 건정심 내부에 상대가치점수평가팀이 구성되어 활동해왔는데 실제로 개별 의료 서비스에 대한 가치를 구체적으로 검토하는 작업은 외부 연구팀이 담당하였으며 상대가치점수평가팀은 이러한 연구 결과를 검토하고 조정하는 역할을 하였다. 팀 회의가 진행되는 동안 개별 의료전문 단체들은 다른 단체가 더 큰 몫을 차지하지 못하도록 서로 견제하고 통제해왔다. 2003년 8월에는 상대가치점수제도의 전면적인 개선을 위해 건강보험심사평가원에 상대가치점수연구개발단이 설치되었으며 그 결과는 건정심의 심의 의결을 거쳐 보건복지부장관이 고시하도록 되어 있다.

2002년까지 의료보험수가 결정과 관련하여 영향을 미친 건정심 내부 상대가치점수평가팀의 운영 상황을 보면 팀에서 의료전문 단체 사이의 갈등은 공개적이거나 분명하지 않고 내부적이고 우회적으로 행해지는 신경전이었다. 의료 전문단체들은 서로 공개적으로 비난하거나 충돌하지 않았다. 의료전문 단체들은 결국 동지적 관계로서 가입자 측에 맞서 수가인하를 저지하거나 수가를 인상하고자 서로 협력해야 했기 때문이다. 그럼에도 상대가치평가팀에서 이들은 다른 의견을 제시하거나 까다로운 질문을 함으로써 서로를 견제하였다.

상대가치점수평가팀에서 의료전문 단체들 사이의 미묘한 갈등 관계를 보여주는 응답이다.

약국만 근무약사와 개설약사의 근무시간이 다른 거예요. …… 우리가 예전엔 12시까지 하다가 요즘은 9~10시까지 하는데 의사들도 이런 점을 인정은 하지만 적극적으로 편은 들어주지 않죠. 나머지 단체들은 각자 자기들의 이해관계에 따른 걸 주장하죠. 예를 들면 비보험 부분을 너무 많이

계산했다―자신들은 비보험 부분이 13퍼센트, 정부에서는 27퍼센트. 비보험
이 늘면 수입이 좋게 나타나서 환산지수가 내려가거든요. 그런 걸 얘기하
느라고. 결국 파이 싸움인데 다른 쪽이 많이 가져가면 우리가 줄어드니까
다른 집단의 주장이 일리가 있더라도 반박은 안 하지만 크게 동조는 안 하
는 편이죠. 파이는 한정되어 있으니까. ―약사6―

이와 같이 의료보험제도 안에서 의료전문 단체들 사이의 갈등은 공
급자대표단, 특히 의사단체대표와 가입자대표단 사이의 갈등만큼 분명
하게 드러나지는 않는다. 그럼에도 의사단체와 가입자단체 사이의 갈등
이면에서 서로 다른 공급자대표들은 서로를 견제하며 급여비 몫을 키
우고자 노력해왔다.

2003년, 당시 보건복지부 김화중 장관은 의료보험수가 결정에서 모든
의료 서비스에 획일적으로 적용되는 화폐환산가치의 결정보다는 개별
의료 서비스에 대한 상대가치평가를 검토하고 조정하는 데 더 많은 초
점을 두겠다고 밝혀(데일리팜, 2003a) 공급자단체들을 긴장시켰다.

2004년 수가계약과정에서 의사협회는 "종별 수가불균형 문제를 해소
하지 않으면 수가계약을 할 수 없다"는 공식의견을 밝혔는데(메디포뉴스,
2004), 보험공단에서 현행 단체계약제 대신 종별 개별계약제로의 전환을
제시하자 실제로 공급자단체 내부에서 갈등이 일어났다. 의사협회와 한
의사협회, 치과협회가 개별 계약에 찬성한 반면, 병원협회와 약사회가
강력히 반발하고 나섰다. 이러한 마찰은 건강보험공단이 실시한 2005년
도 환산지수 연구용역 결과, 전자 세 단체에서는 인상안이 제시된 반면
후자 두 단체에 대해서는 인하안이 제시되었기 때문이다(메디게이트뉴스,
2004a). 종별 개별계약제는 가입자단체인 한국노총에서도 지지를 표명
하였다(의약뉴스, 2004a). 따라서 2007년부터는 병원, 의원, 치과, 한방,
약국 등 요양기관의 특성에 따라 유형별로 서로 다른 수가가 적용될
것이며, 각 의료단체는 좀 더 많은 보험급여비를 지급 받고자 해당
서비스에 대한 정밀한 분석과 과학적인 자료를 준비할 것으로 기대되

었다.

그러나 2006년 말 마지막 건정심 회의에서 요양기관 유형별 보험수가 계약은 2008년도부터 적용하는 것으로 연기되었다. 이와 관련하여 2007년 1월까지 건정심 제도개선소위원회에서 연구자를 선정, 유형분류에 관한 연구용역을 실시하고 9월까지는 관계법령을 개정키로 결정하였다(청년의사, 2006d; 2006e; 2006f). 유형별 수가 연구에서 상대적으로 유리한 결과로 나타났던 의원급 의료기관과는 달리, 병원계와 약사회 등은 유형별 보험수가 제도에 여전히 비우호적이다(청년의사, 2006g).

3. 세 의료전문직의 전략과 정치적 역량

1) 의료계의 전략과 정치적 역량

의사협회에서 보험국의 공식 위치는 상당하다. 협회 부회장이 보험 업무를 담당해 왔는데 2001년까지 부회장이라는 직책은 의사협회 집행부에서 유일한 상근 임원이었다. 그러나 1999년 의약분쟁이 일어난 뒤 의사협회의 모든 역량과 자원은 정부와 약사단체에 대응하는 데 집중되어 보험국이 자체적으로 큰 노릇을 하지는 못했다.

건정심의 의사결정구조에 대해 의료계는 강한 불만을 토로하였다. 8명의 공급자대표단 가운데 의료계대표는 병원협회대표를 포함, 3명인데 이는 보험급여비의 60퍼센트 이상이 의료계에 배분되고 있는 상황을 고려하면 상대적으로 발언권이 약하다는 것이다. 또한 의료계대표 가운데 병원협회대표와 의사협회대표 사이의 견해가 항상 일치하는 것은 아니었다.

의사협회가 수가 인하를 주장하는 가입자대표와 정부에 강력히 반대한 반면 병원협회대표의 태도는 달랐다. 의사협회 한 대표의 면담 내용에 따르면, 의사협회가 병원협회를 공개적으로 비난하지는 않았지만 그렇다고 우군으로 생각하고 있지도 않았다. 면담 도중에 연구자는 다음과 같이 언급하였다.

> 연구자: 건정심 회의 과정에서 의협대표들과 병협대표가 종종 퇴장하기도 한다던데…….

연구자의 말이 채 끝나기도 전에 응답이 나왔다.

병협은 퇴장한 예가 없습니다. 의협에서 전부 주도하고 결정을 종용하고 퇴장도 하고 그런 거죠. 병협은 경영자 단체니까. 병원이라는 구조 안에 있는 다른 다양한 직종을 관리하는 경영관리자의 입장이죠. …… 발언권은 의협이 주도하고 병협은 의료정책에서 자유롭지 못하니까 퇴장한 예도 없습니다.

-의사1-

의료보험수가를 인상 또는 현상유지 하려고 노력하지만 의사협회대표들은 건정심 내부에서 인적 측면이나 역량이 많이 부족하고 불리하다고 여기고 있었다.

현장조사를 진행하는 동안 대부분의 일반 의사들이 의료보험수가에 생각만큼 적극적으로 관심을 표명하지 않았다. 의약분업제도의 시행과 함께 의료보험수가는 의사들의 소득을 결정짓는 가장 중요한 요인이 되었으므로 연구자는 의사들이 보험수가에 특별히 관심을 가지고 있을 것으로 추측하였다. 그러나 일반 의사들은 '정부의 모든 의료정책'에 극도의 불신감을 보였으며 '포기했다'는 반응이었다. 이런 태도는 당시가 의약분쟁 직후였기 때문으로 보인다. 즉, 의사들은 여전히 정부와 의약분업제도에 대해 불만이 높았으므로 이런 상황에서 의료보험수가에 직접 관심을 표명한다는 것은 정부의 제도와 틀을 인정한다는 의미였기 때문이다.

현장조사에서 의료보험수가 인상을 위한 의사협회의 전략을 문의하였을 때도 응답자의 반응은 놀라운 것이었다.

전술이나 무기가 너무나 뻔한 게, 최선정 장관 시절에 장관이 공식적으로 대국민 담체인지에서 장관이 직접 얘기했어요. 지금 수가는 원가의 70퍼센트, 비정상적인 구조다. 환자 볼수록 손해 보는 구조인데 이것이 약, 비급여에서 벌충해왔는데 비급여는 계속 있겠지만 약은 없어지니까 이 부분을 벌충해주겠다. 날짜까지 정했어요. 2001년 9월에 80퍼센트, 2002년인가에 90퍼센트, 그 뒤에 100퍼센트……. 거기서 무슨 무기가(전략이) 필요해

요. 복지부장관이 나와서 원가에 30퍼센트 못 미친다고 했는데. 사실이 그
렇고. 그 이상의 어떤 무기도 없어요. 원가도 안 되는데…….   **-의사16-**

의료보험에 관한 의료계의 이런 의견과 반응은 연구자가 기대하지
않은 것이었다. 앞서 의약분쟁 사례에서 살펴본 바와 같이 의료보험수
가를 인상시키는 대가로 의사들은 스스로의 권리와 제도를 개선할 기
회를 포기한 경우가 있었다. 그런데 의사들에게 "그 정도로 중요한" 의
료보험수가를 인상하는 데 특별한 전략이 없다는 응답은 의외였다.
의료보험수가와 관련한 의사들의 준비와 전략은 의약분업제도 시행
이 전격 논의되기 시작한 의약분쟁의 초반에 특히 빈약했다. **시민단체대**
표3과의 면담에서도 이러한 사실이 확인된다. 1999년 초 당시 의사협회
와 약사회는 새로운 의약분업제도가 시행될 경우 두 단체가 각기 당면
하게 될 손실의 정도와 보상 규모에 대한 자체 추계 결과를 제출토록
되어 있었다. 시민단체의 그 인사는 "그때 의사회 준비가 얼마나 부실"
하였는지 기억하고 있었다.

5월에 재정추계작업을 하는데, 복지부 내에서요, 의사들은 처방료를 계산
해 오는데 그야말로 좀 ***(답답한) 수준이었어요. ****(주체 언급) 그냥 대
충 계산해서 오는데 근거도 뚜렷하지 않아 보이고 난해하고. …… 의사들
도 물론 투명하지는 않겠지만 그래도 용역을 하고 했어야 했는데 그렇지
않은 것 같았어요. 후에도 계속 그런 식으로 수치 데이터를 필요로 했는데
…….   **-시민단체대표3-**

그러나 인터뷰에 응한 일부 인사들은 의약분쟁을 거친 뒤 의료계의
의료보험수가 관련 준비와 전략은 개선되고 있음을 인정하였다.

의약분쟁을 하면서 많이 배우고 해서 의사들이 참 빨리 조직화되었어요.
1999년까지는 서류를 준비한다거나 다른 관리 과정들에서 의사 쪽은 형편

없었거든요. 이제는 우리가 따라잡을 수가 없을 정도입니다. 의협이 매년? 연구 조사 등에 ***(엄청나게) 투자한다는데요. 실제로 맨파워에서도 우리가 따라잡을 수가 없죠.

-한의사9-

2006년 3월, 의사협회가 실시한 설문조사 결과에 따르면 의사들은 의료보험을 중요하게 여기는 것으로 나타났다.[95] 의약분업제도가 정착되면서 결국 의사들에게 가장 현실적인 문제는 의료보험수가라는 것이 확인되었다. 당시 신임 협회장 선거에 출마한 후보들의 공약에도 보험 정책을 개선하고 수가 수준을 정상화하겠다는 내용이 거의 공통적으로 포함되어 의료보험이 중요한 정책 과제로 다루어지고 있음을 알 수 있다(청년의사, 2006l).

한편 의사들은 의료보험제도에서 약사들에게 지급되는 급여비 수준에 강한 반감을 드러내었다. 의사들은 약사들에게 지급되는 보험급여비는 전문 기술이나 서비스에 대한 대가가 아니며 "약을 포장하는 단순하고 기계적인 행위에 대해 엄청난 금액을 지급하는 부당한 처사"라고 평가하였다.

지금 [약사들이] 전문인으로서 하는 게 없잖아요. 오더대로 약 싸주는 것만 하는데. 복약지도를 의사가 이미 하는 거야. 오더를 내면서 다 하는데. 약의 저항작용이 있어서 이 약 저 약 섞어서 먹지 말라, 이건 벌써 의사들이 진료실에서 다 한단 말이죠. 지금 이 넘쳐나는 전문인력한테 환자 당 3000원어치의 가치를 하난 말이야. …… 병원에서 의사지도하에 약을 쓰면……. 얼마였지? 150원, 머 그렇게 받았어요, 의약분업 전에. 그런데 약사가 분업하고서 환자 한 사람당 3000원이니까. 공단에 돈이 남아나느냐는 거지.

-의사5-

---

95) 의협이 가장 중점적으로 추진해야 하는 정책이 무엇이냐는 질문에 의료보험수가 개선이라고 응답한 비중이 43퍼센트로 가장 높았다(의협신문, 2006b).

2) 한의계의 전략과 정치적 역량

한의계는 세 의료단체 가운데 의료보험의 영향을 가장 적게 받는다. 한의계 한 인사에 따르면 한의계의 총수입 가운데 보험수입과 비보험 수입의 비율은 '대략 반반(**한의사9**)'이라고 하며 한 정부 관계자(**정부관계자4**)에 따르면 비보험 의료 서비스로 말미암은 수입의 비중이 훨씬 높다고 한다. 그러나 한의계에서도 보험수입의 비중은 점차 높아지고 있다.

> 모르는 사이에 많이 바뀌었는데 [한약분쟁 발발 당시] 의료보험금은 저 경우 운영비밖에 안 되었어요. 한의사들의 경영에 차지하는 부분이 아주 적었는데 지금은 의보를 안 하면 망할 한의원이 굉장히 많아요. 10년 전만 해도 의보를 안 했으면 하는 한의원들이 많았는데 지금은 아니에요. 한의원에서 의보가 절대적이고.　　　　　　　　　　　　　　**-한의사9-**

젊은 한의사들을 지원하고 의료전문 단체로서의 위상을 강화하고자 한의사협회는 의료보험의 적용을 받는 의료 서비스 수를 늘려가고 있다. 한의계의 보험국은 한방의료 서비스의 표준화와 체계화를 연구하고자 협회에서 가장 큰 예산과 인력을 확보하고 있으며 어느 조직보다 활발히 활동하고 있었다.

> 우리나라에서 진정한 의료 전문단체가 되려면 환자들의 접근이 더 쉬워져야 하죠. 그래서 해답은 보험 적용을 받는 한방 의료 서비스 숫자를 늘리는 수밖에 없습니다. 한방이 보험화되면 그에 대한 수요가 늘겠죠. 솔직히 지금 양방 쪽으로 가는 환자들을 우리 쪽으로 끌어와야 합니다. 그렇다면 우리 파이가 커지겠죠.　　　　　　　　　　　　**-한의사9-**

첩약보험화를 위한 한의사협회의 준비 상황은 보험정책과 관련하여 어떤 점을 우려하고 있고 자체적으로 어떻게 대응하고 있는지 보여준다.

정부가 보험화 하기 전에, 우리가 먼저 자체적인 세부사항을, 약의 범위나 용량, 적정 가격 등을 마련해 놓고 있어야 합니다. 그 때문에 우리가 아직 정부에 적극적으로 첩약보험을 주장하지 못하고 있는 겁니다. 제일 어려운 건 보험 안에서 적정 수가를 결정하는 거예요. 수가가 수요를 늘릴 수 있을 만큼 낮아야 하고 또 한의사들에게 수입이 될 만큼 높아야 하니까. 물론, 수가는 건정심에서 결정되지만 그래도 우리가 먼저 근거와 대안을 가지고 있어야 하죠. 그래야 건정심에 우리 안을 낼 수 있고. -한의사9-

의료보험수가결정 체계에서 한의계대표는 공급자들 가운데 상대적으로 여유로운 위치에 있었다. 의료보험 급여비에서 한의계가 점하는 비중은 약 4퍼센트에 지나지 않아 가입자대표단이나 공익대표들로부터 특별한 표적이 되지 않기 때문이다.

의료보험과 관련하여 다른 공급자단체에 대한 한의계의 태도와 생각을 살펴보면, 한의사들은 보험재정의 어려움이 양의사들에 대한 보험수가 인상 때문이라고 여기고 있었다. 그리고 의사들에 대한 보험수가가 "너무 많이" 인상되었다고 보고 있었다. 의사단체가 보험 가입자나 정부뿐만 아니라 다른 의료단체로부터도 보험재정과 관련하여 제일의 견제 대상이 되고 있음을 시사하는 대목이다.

종별 개별계약제가 시행되면 한의계 또한 더 많은 보험급여비 지급을 확보하고자 재정적 근거를 확보하고 자료를 수집하는 데 노력할 것으로 보인다.

3) 약사단체의 전략과 정치적 역량

1989년 전국민의료보험제도가 확립되면서 정부는 약사들에게도 보험급여비 지급을 결정하였다. 현재 약사들이 적용받는 보험급여의 유형은 다섯 가지로, 처방조제료(2004년 기준, 총 조제수입의 52퍼센트), 의약품관리료(18퍼센트), 약국관리료(14퍼센트), 복약지도료(12퍼센트), 기본조제기술

료(4퍼센트), 직접조제료(0.1퍼센트)이다(데일리 팜, 2005a). 총 보험급여비에
서 약사들에게 지급되는 비중은 전체의 약 27퍼센트다. **약사**6에 따르면
약사회는 처방전 검토료나 약형 변형료 등, 새로운 보험급여 항목을 추
가하고자 지속적으로 노력을 기울이고 있다.

약사회 한 인사의 말에 따르면 의료보험과 관련한 전략은 다른 갈등
상황에서 약사회가 행한 것과는 전혀 다른 것이었다. 의료보험체계에서
는 "우리가(약사회가) 의사들 덕을 보고 있(**약사3**)"음을 인정하였다.

> 수가는 의사들의 덕을 많이 봤어요. 의사들에게 딸려서 많이 갔어요. 우
> 리는 그것만 했어요 '우리도!'. 전면에 나서서 싸우는 건 의사가 하고 우리
> 는 '우리도!'. 수가문제에서는 전술이라기보다는, 수가에 있어서는 어쩔 수
> 가 없었어요. 정부가 수가 인상이라는 것을 가지고 설득을 했기 때문에 양
> 주체(의사단체와 약사단체)가 수가 인상을 같이 했단 말이죠. 의사들이 조
> 금 더 많이 했어요. 의사들이 8퍼센트 하면 우리는 7퍼센트, 의사들이 7퍼
> 센트 하면 우리는 6퍼센트. 이것 가지고도 [약사회] 내부적으로 비난을 많
> 이 받았어요. 바보들, 가가지고 말이지 내(항상) 지고 온다고. 그런데 표현
> 이 그렇지만 지고 와야 돼요. 우리가 타겟이 될 필요가 없어요. 7퍼센트 올
> 린 쪽보다는 8퍼센트 올린 쪽이, 언론에서는 후자만 비난의 대상이 되잖아
> 요. 그런 점에서 우리가 그 싸움에서 똑같이 혹은 우리가 더 비난받을 필
> 요가 없었고 "우리도 합당하게 해주라", "우리도!", 그것만 가지고 수가에서
> 는 살았죠. 그 부분에서는 지나고 나서도 잘못했다고 생각 안 하고…….
>
> -약사3-

> 총론은 기대기 전법으로 가고 각론은 각개전파로 가는 거겠죠. 대응하는
> 약계 전략은, [전체 수가] 인상률이 결정되면 인상률에는 기대어서 가는 거
> 죠. 규모가 다르니까 의료가 80이라면 우리는 10 정도도 안 되잖습니까(실제
> 비율은 64:27). 그러니 기대어야 하는 것이고 개별항목으로 들어가면 각개
> 로…….
>
> -약사7-

보험수가를 올리기 위한 약사회의 준비와 전략은, 특히 의료계와 비교하였을 때, "정교하고 치밀**(시민단체대표**3**)**했"던 것으로 평가되고 있다. 한 시민단체 인사에 따르면 의약분쟁 초기 의약분업으로 말미암은 손실과 보상규모 추계 작업에서 약사들의 재정 서류는 "아주 정확하고 나름대로 분명"한 것이었다. "환자수, 시설 투입비용 등 비용 계산하고 수익이 얼마이고 지출이 얼마이고 등등…… 그래서 결국 자기들이 제안한 만큼 정확히 받아 갔**(시민단체대표**3**)**"다고 한다.

약사회에서도 보험 업무를 담당하는 부서는 상당한 위치에 있었다. 그러나 약사회는 보험 자체에 정책의 초점을 두지 않았고 한의계만큼 적극적으로 보험 업무에 중점을 두지도 않았는데 약사들에게 보험수가의 인상은 그 자체가 주된 사안이 아니었기 때문이다. 한약분쟁, 의약분쟁, 약대 6년제 개편 등 약사회의 주된 정책은 좀 더 거시적이고 근본적인 사안들에 초점을 두어 왔다. 또한 약사들은 의료보험제도에 접근하거나 편승하는 데 한의계처럼 강력한 동기를 갖고 있지 않았다. 전문가 집단으로서의 정체성을 강화하고자 약사회는 교육제도를 개편하고 임상 약사제도를 도입하는 등의 방안을 택하였다. 의료계의 한 인사에 따르면,

> 약사들 첨(처음)에 조제료 정해진 건 이미 정부에서 정해준 거거든요. 그거 깎아야 기껏 3퍼센트 깎고 아니면 올려주고 그런 건데 그네(약사)가 답답한 게 뭐가 있어요. 더 올려 달라 주장할 필요도 없구요. 지금 처방[조제]료가 3일치가 2,800원인가 그래요, 환자부담이. 연고 하나 집어주면 그게 5일치가 될 수도 있고 10일치 될 수도 있어요. 그러면 거기 7천 원, 8천 원이 붙어요. 거기다 더 올려 달라 그러면 국민들한테 욕 얻어먹는 거죠. 그냥 내버려둬야죠. …… 약사들은 일반의약품들 늘려달라고 주장해요. 그건 처방을 안 받아도 자기들이 맘대로 다룰 수 있거든요. 그러니까 조제료보다는 전문의약품을 일반의약품으로 바꾸는 것에 모든 정책을 집중하고 있죠.
>
> -의사10-

실제로 의료보험제도에서 약사회가 적극적으로 나서서 목소리를 높이는 경우는 거의 없었으며 특별한 전략을 활용하는 것도 아니었다. 또한 가입자단체 등 다른 단체의 표적에서도 벗어나 있었다. 의료보험 급여체계에서 약사들에게 해당하는 항목은 '단지' 다섯 가지뿐이기 때문에 3만여 종의 급여 항목으로 갈등에 휩싸이고 있는 의료계의 처지를 적절히 지원하고 이에 편승하는 전략을 택하고 있었다. 2004년 건정심의 특별소위원회에서 약사회는 의사협회, 치과의사협회의 대표와 함께 3인의 공급자대표단에 포함되었다. 보험급여비는 의료계(64퍼센트) 다음으로 약사 측(27퍼센트)에 많이 배정되고 있어 보험체계에서 약사회는 명실상부 '의약계'로 통칭되는 주요 공급자단체이다.

그러나 약사들은 의사들이 여전히 의료보험의 너무 많은 몫을 차지하고 있다고 비난한다. 또한 약사들에 대한 의사들의 비난, 즉 단순하고 기계적인 업무의 대가로 많은 보험급여비를 받고 있다는 주장에 대해 분노하고 있었다. 약사들은 의사가 환자를 진료하는 데 자신의 전문지식을 활용하듯, 약사 또한 환자에게 전문 서비스를 제공하고 있다고 응수하며 의사들의 주장에 반박하였다(**약사**6).

종별 수가계약제가 거론되면서 약사회는 긴장하고 있다. 지금까지 의료계에 편승하여 의료보험체계에서 상대적으로 편이한 처지였으나 이제 독자적으로 수가 증대를 위해 노력해야 하기 때문이다. 약사회 자체에서도 이에 대한 대책 마련의 목소리가 높다. 종별 수가계약에서는 약사의 조제 수가를 인정받을 만한 정밀한 업무 분석과 이를 자료화한 연구 결과가 필수적이므로 약사의 업무를 세밀히 분석하여 조제료 항목을 개발하고 항목별로 환자에 대한 기여도를 입증함으로써 조제료로 인정받을 수 있도록 해야 한다는 점이 자체적으로 강조되고 있다(약업신문, 2004; 약사공론, 2004, 2005).

4. 갈등의 의미와 영향 요인

현행 의료체계에서 특정 의료 서비스가 보험 적용을 받는다는 것은 해당 의료 서비스를 공급하는 의료전문 단체가 그 서비스에 대해 안정된 관할영역을 인정받는다는 뜻이다. 또한 해당 의료 서비스에 대해 환자가 직접 지불해야 하는 부담이 낮아지고 수요는 늘어나 해당 의료전문 단체의 총수입이 증대될 수 있음을 의미한다.

최근 의료보험과 관련한 의료단체들의 갈등이 새로운 이슈로 등장하고 있는데 구체적인 내용을 보면, 특정 의료단체가 자신들의 특정 의료 서비스를 의료보험 적용 대상으로 신청할 경우 발생하는 내부 갈등, 특정 서비스를 보험적용 대상으로 신청하고자 할 때 다른 단체가 유사 서비스를 공급할 경우 발생하는 갈등 등이 이에 속한다.

한약분쟁, 의약분쟁과 같이 일반에게 드러난 분쟁의 뒷면에서 의료보험은 숨겨진 갈등의 원인 또는 장(場)이었다. 실제로 의약분쟁은 종전의 낮은 의료보험수가를 보전해 왔던 음성적인 약가 마진 수입을 없애고 수가 자체를 현실화 공식화하는 과정에서 발생한 갈등이었으며 의료보험수가 인상은 정부가 의료단체들을 조정하는 데 활용한 중요한 전략이었다. IMS 시술로 말미암은 의료계와 한의계의 갈등에서도 이 치료법의 의료보험 적용 여부는 두 단체 사이에 전문영역의 변화와 직결되었다.

의료보험과 좀 더 직접적으로 관련된 갈등 양상은 주요 세 의료단체가 더 많은 급여비 몫을 확보하고자 서로 경쟁하는 것이다. 그러나 의료보험을 둘러싼 이러한 갈등은 다른 기존의 갈등과는 근본적인 차이점이 있다. 한약분쟁이나 의약분쟁, 그리고 양한방 갈등에서 관련 의료단체들은 일반 국민의 반대와 견제에 부딪쳤는데 이때 국민의 반대는 여론 또는 시민단체의 의견이라는 형태로만 존재하였다. 그러나 보험수가 결정에서 국민의 의견은 보험공단 내 재정운영위원회라는, 또는 건정심 내 가입자대표단과 공익대표단이라는, 구체적이고 조직화한 형태로 등장하였다. 가장 영향력 있는 노동조합대표들이 이끄는 가입자대표단은 보험수가를 인상하려는 의료단체들의 주장에 가장 강력히 반대하고 있다.

이러한 상황에서 의료단체들은 의료 서비스 공급자라는 동지적 처지에서 협조 관계를 형성하였고 보험료를 인상하고 소속 단체에 대한 수입분을 확보하고자 노력해왔다. 그러나 정부가 앞으로는 환산지수 결정을 통해 동일하게 수가를 변동시키기보다는 개별 의료 서비스의 상대가치점수의 변동 결정을 더 강조하겠다고 밝힘에 따라, 또한 종별 수가 결정방식이 본격적으로 거론됨에 따라 의료단체들 사이의 갈등은 더욱 고조될 것으로 보인다.

의료계는 의료보험급여비의 60퍼센트 이상을 할당받는 단체로서 의료보험수가 결정에서는 가입자단체와 정부 측의 강력한 견제를 받고 있다. 의료계는 다른 공급자대표들의 도움을 필요로 하는 처지인 반면, 다른 의료단체들은 의료계를 지원하며 이에 편승하여 각자의 이득을 보호하는 전략을 펼치고 있다. 지금까지 정부는 다른 어떤 의료분쟁에서보다 의료보험수가 갈등에서 의료전문 단체들을 더 적절히 통제하고 있다. 기본적으로 의료보험의 재원은 가입자의 보험료를 주로 하는 공적 기금이므로 정부의 관여와 통제가 필수적이고, 의료단체들이 이를 극복하는 데는 한계가 있기 때문이다. 종별 계약제도가 실행되면 공급자단체에 대한 정부의 관리전략도 변화할 것으로 보이는데 다른 어떤 단체보다 재정적·정치적 정보를 많이 가진 정부가 개별 협상에서 불리해질 이유는 없을 듯하다.

한약분쟁, 의약분쟁, 양한방 갈등에서도 경제적인 성격과 동기가 작용하였지만 의료보험체계에서 세 단체 사이의 마찰은 공식적이고 분명한, 경제적 이득에 관한 갈등이다. 의료보험수가 의료인들이 적용받을 수 있는 가장 큰 비중의 제도적 공식적 수입인 만큼 의료인들의 관심과 경쟁은 클 수밖에 없다. 특히 관행으로 이어졌던 약가 마진이라는 비공식적 수입이 정리되는 과정에서 사회적으로 많은 비난을 경험하였던 의사들로서는 제도적이고 공식적인 의료보험수가의 중요성을 더욱 절감하고 있다.

자신들에게 적용되는 수가와 다른 의료전문직종에 적용되는 수가에 대한 평가에서 보는 바와 같이, 의료인들이 생각하는 '합당한' 수가 기준에는 다소 차이가 있었다. 의사들이 생각하는 수가의 기준은 의료전문 기술과 지식의 상대적 중요성이었다. 3만 4천여 개의 세부적이고 구체적인 급여 항목을 가진 의료계로서는 의료전문 기술과 지식이라는 객관적이고 기술적인 기준만으로도 의료보험수가에 대한 주장이 가능하기 때문이다. 그러나 단 5개의, 그마저 의료전문 기술과 지식이라는 측면에서 다른 의료단체들이 '이해하고 수긍하기 어려운' 급여 항목을 지니고 있는 약사단체로서는 구체적인 전문 기술과 지식만으로 수가 인상을 주장하는 데 한계가 있다. 이는 1989년 10월, 약국의료보험이 시행될 때부터 예견된 것이기도 하다.

현재 약사단체에 적용되는 보험수가 수준은 전문 기술과 지식만을 반영하는 것이 아니라 약사들의 교육 수준과 사회적 위상 또는 역할과 같은 사회적 의미의 일반적인 보상을 함께 내포하고 있다고 보아야 한다. 의료계와 한의계가 약사단체의 보험수가를 비판하고 있는 것도 이런 정황 때문이다. 약사단체 또한 보험수가체계에서의 이러한 취약점을 극복한다는 측면에서 객관적이고 합리적인, 더 세분화되고 많은 전문적 급여 항목을 개발하고자 노력하고 있다.

의료보험 갈등에서 가장 중요한 변수는 의료보험수가와 보험요율을 결정하는 체계와 조직구조이다. 지금까지 건정심에서의 표결이나 합의에 따라, 또는 공단과 공급자단체 사이의 계약에 따라 보험수가가 결정되었지만 결국 공급자단체 대 그를 견제하는 가입자단체와 정부 사이의 관계였으며 이 양자 구도에서 각각 몇 명의 대표자가 선출되어 결정기구를 구성하느냐가 관건이었다.

의료전문 단체 사이의 계층과 지배적인 권한은 의료보험수가 결정 체제에서 실제와는 다른 경향으로 작용하고 있다. 의료 분야의 전문성 이라는 관점에서 보면 의사단체와 한의사단체가 약사단체보다는 상대 적으로 우월한 위치에 있다. 약사 또한 높은 전문성이 요구되지만 의료 체계에서의 역할과 책임이라는 측면에서 볼 때 환자를 직접 진단하고 치료하는 의사에는 미치지 못하기 때문이다. 의사와 한의사의 관계에서 는, 현대의학의 주류 전문직으로서 의사의 우월한 위치를 부인하기 어 렵다. 인력이나 재원 등 조직이 동원할 수 있는 공식 자원이라는 측면 에서도 의료계가 지배적인 위치에 있다. 비공식 네트워크 등을 활용한 실제의 정치적 영향력에서는 약사단체도 강하다고 알려져 있지만 전반 적으로 보았을 때 의료체계의 지배적인 권한은 의사단체에 있다고 보 아야 한다.

그러나 의사단체의 이러한 지배적인 권한이 의료보험수가 결정 과정 에서는 크게 반영되지 못하고 있다. 지금까지 주된 수가결정기구였던 건정심에서 의료계는 6개 공급자단체 가운데 하나이며 이들 가운데 3/8 의 의결권을 가지고 있었다. 의사협회와 병원협회의 의견이 항상 일치 하는 것이 아니라는 점을 감안하면 7개 공급자단체 가운데 2/8의 의결 권만 행사하고 있는 셈이었다. 의사협회가 건정심 내부의 다수결 의결 원칙에 불만을 표하고 회의에 불참하거나 중도 퇴장하는 경우가 많았 던 것도 의료체계 안에서 전문가로서의 지배적인 권한과 영향력이 의 료보험수가 결정 과정에는 전혀 반영되지 않고 오히려 견제의 대상이 되고 있기 때문이다.

이러한 상황은 의약분쟁 동안의 정부 정책방향, 즉 의료체계를 개혁 하고자 의사단체를 주된 개혁 대상으로 보았던 정부의 태도를 어느 정 도 반영한다. 의료보험수가 결정방식이 계약제로 전환되고 건정심이 구 성된 시점이 의약분쟁 당시였다는 사실도 수가 결정방식이 결코 의사 단체에 유리하도록 제단된 것은 아니라는 점을 뒷받침해주고 있다.

의료보험수가 갈등에 영향을 주는 또 다른 중요한 요인은 사회적 정치적 정황이다. 의약분업제도의 시행과 함께 건강보험은 심각한 재정적 자를 드러내고 있었으며 이는 사회정책 전반에 걸쳐 가장 중요한 이슈 가운데 하나였다. 국민과 정치권은 의료보험수가를 되도록 삭감하고 보험요율은 동결하거나 최소한으로만 인상하고자 하였다. 보험재정 안정화의 논리는 2006년 말 현재까지도 강력한 논지로 작용하고 있는데, 이러한 사회적 정치적 정황은 건정심의 의사결정에 엄격한 제약으로 작용하고 있다.

한편 의료보험체계 안에서 집단 사이의 갈등은 의약분쟁에 이어 정치적·이데올로기적 갈등 성향을 다시 드러내고 있다. 2004년도 의료보험수가와 보험요율이 결정된 뒤 의사단체는 정부의 '의료 사회주의화' 정책에 반대하고 '의료의 신자유주의 지향'을 선언하며 연초 대규모 집회를 열었다. 물론 이러한 단체행동이 현행 의료보험체계만을 표적으로 한 것은 아니었으며 선택적 의약분업이 가장 중요한 요구 사항이었다. 그러나 '의료인의 자유를 억압하고 사유재산을 침해하는 독재적 발상의 참여복지 5개년 계획 가운데 건강보험분야 전면 철회'와 '사회주의 방식의 의료보험제도를 시장경쟁원리에 따라 자율 협력을 통해 발전할 수 있도록 관련법 개정' 등의 구호에서 보는 바와 같이 보험제도가 주요 논점인 것은 분명했다. 집회가 4·15 총선을 앞둔 시점이었다는 것도 정치상황에 영향을 의도한 결정이었다. 이와 같이 의사단체는 2000년 이후 정치세력화를 지속하고 있으며[96] 개별 사안에 구체적으로 대응하기보다는 여러 현안을 정치적·이데올로기적 측면에서 총괄적으로 접근하고 해결하려는 전략을 택하고 있다.[97]

---

96) 더욱 직접적으로 의사협회는 2004년 총선을 겨냥하여 태스크 포스를 구성, 의사출신 후보에 대한 지원에 나섰다. 2006년 보궐선거에서는 의협이 한나라당 신상진 후보를 조직적으로 지원했다는 한나라당 내부 보고서가 공개되어 열린우리당이 신상진 후보와 의협을 검찰에 고발, 집행부 인사들이 공직선거법 위반 혐의로 유죄판결을 받기도 하였다 (의협신문, 2006a).

97) 2006년 3월, 의사들을 대상으로 행해진 설문조사 결과는 의사들의 정치성향을 잘 나타내주고 있다. 어느 정당을 지지하느냐는 질문에 응답자의 65퍼센트가 한나라당이라고 응답하였으며 없다/모른다/무응답이 21퍼센트인 데 반해 열린 우리당 9퍼센트, 민노당 2

의사협회의 이러한 정치적 행보에 대해 반대 세력의 대응 또한 의료 갈등의 정치적 성향을 강화시키고 있다는 점은 더욱 주목을 끈다. 2004년 의사협회의 대규모 여의도 집회에 대해 민주노총과 한국사회보험노동조합 등은 의협을 해체하라는 등의 강성 발언을 담은 성명서를 발표하며(민주노총/공공연맹/전국사회보험노동조합, 2004) 의사단체를 강력 비판하였다. 이들은 의료보험급여비에 대한 의사들의 부당청구와 이윤추구 행위를 비난하는 한편 의사협회의 자유주의 의료체계 주장을 반박하였다. 이들 단체는 주요 선진국들도 의료의 공공성을 강조하며 의료공급자들에 대한 관리를 강화시키는 방향으로 개혁을 추진하고 있다고 주장하고 민간보험제도의 위험성을 경고하는 한편, 의사단체의 시장원리 주장은 무한 이윤추구를 위한 집단이기주의라고 비난하였다.

의사단체와 그에 대응하는 노동조합단체의 대립은 우리나라 의료체계가 공공성과 자유시장주의 가운데 어떠한 방향으로 나아가야 할지에 대한 근본적인 시각차를 보여주고 있으며 사회 계층 사이에 정치의식의 격차를 다시 한번 드러내고 있다.

퍼센트로 나타났다. 이 결과를 게재한 매체의 평 자체가 오히려 의사단체의 정치성향을 보여주고 있어 주목되는데 "의협 회원들이 지지하는 정당은 한나라당이 압도적일 것이라고 예상했다. 그러나 뚜껑을 열어보니 한나라당에 대한 지지율이 여타 정당에 견주어 크게 높긴 했으나 '압도적'인 수준은 아니었다"는 것이었다(의협신문, 2006e).

5. 갈등의 주도 세력과 정부의 역할

갈등의 장(場)과 주도 세력

개별 의료단체들은 의료보험체계에서 더 많은 급여비를 확보하고자 실무현장, 법적 영역, 여론과 학계 등의 장에서 서로 경쟁하고 대치하였다. 일상 의료현장에서 의료 전문가들은 다른 의료단체들이 지나치게 높은 수가를 적용받고 있으며 자신들은 부당하게 낮은 수가를 적용받고 있다고 주장하였다. 이들 주장은 자신이 속한 단체와 다른 단체들의 전문지식 및 기술에 대해 어떻게 평가하고 있는지 반영한다. 의사들은 자신이 공급하는 전문 의료 서비스가 의료보험체계 안에서 몹시 평가절하되어 있다고 주장한다. 그럼에도 의료보험 재정적자가 심각한 것은 '단순하고 전문성이 없는 약사들의 행위'에 지나치게 높은 급여비가 지급되고 있기 때문이라고 주장한다. 이에 대해 약사들은 자신들이 환자에게 공급하는 서비스는 충분한 대가를 받아야 하는 전문 서비스이고 보험재정 적자는 정부가 의약분업제도를 강행하고자 의사들을 '달래려는 의도로' 수가를 지나치게 많이 인상해주었기 때문이라고 주장한다. 한의사들은 높은 의료보험수가를 주장하는 경쟁에서 한걸음 물러나 있는데 여전히 수입의 많은 부분이 비보험 의료 서비스에서 비롯되기 때문이다. 그러나 한의사들 또한 의사와 약사가 너무 높은 보험수가를 적용받고 있다고 믿고 있다. 이들 의견은 소속단체 내부에서 또는 개인적으로 인터넷 등을 통해 거론되는 경우가 대부분이고 환자들을 통해 전달되기도 한다.

보험수가 결정과 관련, 법적 제도적 영역은 보험공단과 요양급여비용협의회의 협상 과정, 건정심에서의 회의 과정, 보건복지부를 비롯한 정부의 결정과 정책 내용 등을 포괄한다. 앞서 의료보험수가 결정 사례들에서 살펴 본 바와 같이 이 영역에서는 정부가 실제적으로 주도권을 행사하고 있다. 세 의료단체대표들은 소속단체의 급여비 수준을 높이고 자 협력하거나 경쟁한다. 앞서 서로 대규모 갈등을 경험하였지만 의료 보험체계에서만큼은 직접 충돌하거나 심각하게 갈등하는 상황이 거의 없으며 상대의 주장에 이견을 제시하거나 상대에게 불리한 정보를 제3 자에게 흘리는 식으로, 간접적으로 견제하는 정도이다. "전체 파이를 키우기 위해", 즉 보험요율을 올리고자 의료단체들은 의료보험체계에서 갈등보다는 협력 관계를 형성하며 가입자나 공익대표단의 반대에 맞서 공조체제를 이룬다.

그러나 이에 대한 여론의 시각은 냉정하다. 실제 여론의 장에서는 건 정심에서와 마찬가지로 의사들이 보험료 상승의 주된 원인 제공자로 비난받고 있었으나 다른 의료단체들도 그 비난에서 완전히 자유롭지는 못했다. 보험료를 납부하는 국민의 처지에서는 의료 서비스 공급자 단 체 모두 보험요율 인상을 주도하는 주체로 여겨진다. 보험재정 관련 뉴 스에서도 언론과 시민단체는 국민이 부담해야 하는 보험요율 상승에 초점을 두고 있다.

한편 보험수가와 보험료 결정에서는 기존에 '대중'으로만 표현되던 일반국민이나 시민단체가 보험공단의 재정운영위원회나 건정심의 가입 자대표와 공익대표 등의 이름으로 제도적으로 공식 참여하게 되었다. 이는 우리나라 의료체계에서 여론의 장과 법적 영역이 공식적으로, 또 한 영향력 있게 연결된 첫 번째 경우이며 이를 통해 일반 국민은 더욱 조직화하고 강력한 방식으로 공급자단체를 견제할 수 있게 되었다.

의료보험에서 좀 더 높은 보험수가 수준을 주장하고자 관련 단체들 은 조사와 연구를 통한 논리 개발을 필요로 하고 있었다. 건정심에서 의료단체, 정부, 보험가입자단체의 각 대표들은 보험수가 조정과 관련 하여 누가 어떤 방식으로 연구를 수행하는지, 또한 그런 결과를 받아들 일 것인지의 여부를 두고 첨예하게 대립하였다. 건정심 구성원들은 서 로를 신뢰하지 못하고 있었기 때문에 연구가 상대방단체에게 특별히 유리하게 진행되는 것은 아닌지 매번 강한 의구심을 나타내었다. 보험 요율과 수가를 결정하는 데 중립적인 자세에서의 연구와 객관적인 근 거가 무엇보다 절실히 요구되고 있으나 사안 자체가 워낙 민감하여 대 표들은 어떠한 연구 방법이나 연구자도 신뢰하지 못하고 수용하지 못 하였으며, 따라서 다시 정치적 합의나 표결 등을 최후의 방법으로 선택 하고 마는 역설적인 상황이 반복되고 있었다.

앞서 IMS에 대한 양한방 갈등과 본 장에서 의료보험과 관련한 세 의 료단체들 사이의 갈등을 살펴볼 때 의료보험제도가 새로운 갈등 요인 으로 등장하고 있음을 알 수 있다. 이러한 현상은 앞으로 더욱 빈번하 고 심각해질 것으로 보인다. 새로운 의료 서비스가 도입되거나 개발될 때마다 의료단체들은 해당 서비스에 대한 독점 관할을 주장하며 의료 보험급여에 포함시키고자 경쟁할 것이다. 동시에 의료보험의 중요성이 커짐에 따라 각 의료단체들은 자신들에게 적용되는 수가를 인상하고 의료보험 안에서의 수입을 확대하고자 경쟁할 것으로 보인다.

정부의 역할

의료보험체계 안에서 행해지는 의료단체 사이의 갈등에 대해서는 그 유형별로 정부의 기능과 정책이 다르다. 먼저 한의계의 첩약보험화 건 과 같이 특정 의료전문직에서 특정 의료 서비스의 보험급여화가 문제 되는 경우, 정부는 관련 연구와 해당 조직 안에서의 갈등 조정을 일단 해당 전문직에 맡기고 있다. IMS 분쟁과 같이 특정 의료 서비스의 보험 급여화가 의료전문직들 사이의 갈등으로 이어지는 경우, 정부는 가능한 중립을 유지하며 결정을 지연, 또는 유보하고 있다. 마지막으로 의료보 험수가에 관한 의료단체 사이의 갈등에서는, 실제로 갈등의 양상이 다 른 사례들 만큼 뚜렷하지 않지만, 일단 정부의 의도대로 정부가 상황을 주도하는 것으로 보인다. 무엇보다 보험재정 안정이라는 분명한 목표와 제약이 있기 때문이다.

1999년부터 2001년까지 의약분쟁 기간 동안 정부는 다섯 차례에 걸

처 의료보험수가를 인상하였고 2001년, 건정심이 설립되었을 당시 의료보험은 2조 4천억 원의 적자를 기록하고 있었다. 건강보험과 관련한 정부의 첫 번째 목표와 관심사는 결국 재정안정일 수밖에 없었다.

> 보험공단은 재정적자를 줄이기 위해 지금까지 노력해왔습니다. 보험료 징수율도 99.6퍼센트까지 높였습니다. 내년부터는 더 이상 적자가 없어야 합니다. 상대가치점수와 보험율을 결정할 때 우리가 이 점을 고려해야만 합니다. 이 모임의 기본 전제로서 우리는 건강보험의 재정균형을 고려해야만 합니다.　　　　　　　　　　　　**-공익대표, 2001년 건정심회의-**

한시법이었던 국민건강보험재정건전화특별법에 이어 개정된 국민건강보험법에 따르면 건강보험정책심의위원회는 요양급여의 기준, 요양급여비용에 관한 사항, 직장가입자의 보험요율, 지역가입자의 보험료부과점수당 금액 등, 의료보험수가와 보험료에 관련되는 핵심 내용들을 심의 의결한다(국민건강보험법 제4조). 특히 세 대표단이라는 구성과 공급자대표단과 가입자대표단 사이의 갈등 구조로 말미암아 공익대표단의 주축인 정부는 중립적인 위치에서 이견을 조정하고 결정을 이끄는 주체로 기대된다. 그러나 실제로 의료보험수가를 결정하는 데 정부의 역할과 기능은 가입자와 공급자 사이의 중재자나 조정자 이상이다.

건정심의 각 단체대표와 개별단체 주요 인사들의 주장에 따르면, 실제로는 정부가 모든 과정을 통제하고 이끌어간다는 의견에 일치하고 있다. 의료보험수가 결정의 과정과 결과를 분석해 보면, 특히 각 개별단체가 제시한 대안과 건정심의 최종 결정내용을 비교해보면 건정심안에서 정부의 적극적이고 주도적인 활동을 확인할 수 있다. 공급자대표와 가입자대표 사이의 갈등이 심각한 상황에서 정부는 조정자로서 제3의 대안을 제시하고 있으나 사실상 중재자의 자세나 조정 기능을 넘어서 결정을 주도하고 있다.

2002년의 경우만 하더라도 각 단체는 자신에게 유리한 연구용역 결과를 바탕으로 구체적인 안을 제시하였으며 협상과정에서 이견을 좁히고 정부는 각 단체가 제시한 최종안의 중간 수준에 해당하는 중재안을 제시함으로써 안을 확정하였다. 그러나 2003년에 이르러서는 정부에서 먼저 언론을 통해 가이드라인을 제시하였고, 가입자 측이 보험요율과 보험수가의 구체적인 대안을 제시하지 않고 공급자 측 또한 보험요율의 대안을 제시하지 않은 상황에서 정부는 상대적으로 더욱 넓은 활동 영역과 대안 범위를 확보할 수 있었던 것으로 보인다. 결국 정부는 먼저 제시하였던 가이드라인과 연구용역 결과를 바탕으로 3개의 안을 제시하였고 그 가운데 중도안이 확정되었다. 가입자 측과 공급자 측이 각자의 견해를 강력하게 피력하였음에도, 구체적인 대안이나 의견이 부족한 상황에서 정부는 적극적이고 주도적으로 자체 의견을 관철시킬 수 있었다.

건정심의 구성에서도 알 수 있듯이 정부는 다른 단체들보다 동질적인 목표와 성향을 지님으로써 상대적으로 우월한 영향력을 유지할 수 있었다. 공급자대표와 가입자대표들은 개별 협회나 단체에서 추천하는 이들로 임명되었으나 공익대표들은 보건복지부가 추천, 임명하는 인사들이었다. 이때 보건복지부 장관은 자신의 정치적 영향력을 행사할 수 있는데 개인의 정치 노선이나 성향 등에 따라 친가입자 성향 인사를 임명할 수도 있고 친공급자 성향 인사를 임명할 수도 있었다. 최소한 2003년 현장조사 당시까지는 친가입자단체 인사들을 임명하는 경향이 컸던 것으로 보인다.

> 공익단체대표는 정부사람이거나 친정부 성향 인사를 정부가 추천하는 것이고……. 복지부장관의 정치 성향이나 복지부 상황에 따라 어떤 사람을 공익대표로 추천하고 임명하느냐에 영향을 줄 수 있다고 봐야하고……. 정부는 그 사람들을 설득해서 정부안에 찬성하도록 하고 그렇게 (정부안을) 통과시킬 수 있고…….
> **-정부관계자6-**

정부의 주도적 역할을 설명함에 있어 좀 더 근본적으로, 건강보험정책심의위원회의 기본 목표와 설립 배경을 고려할 필요가 있다. 건강보험의 재정위기를 기점으로 설립된 동 위원회의 기본 목표는 건강보험의 재정 안정화이다. 이러한 건정심에서 의료보험수가의 최종 의결을 담당하게 되었다는 것은 결국 정부는 주어진 여건 아래 최대한 수가동결 또는 인하에 무게를 둘 수밖에 없음을 의미한다.

공급자와 가입자대표들이 첨예하게 대립하는 상황과 공급자단체 내부에서 다시 견제와 갈등이 존재하는 상황 또한 정부의 입지를 더욱 높이는 역할을 하였다. 다양한 참여자와 이해관계의 분산은 정부로서는 오히려 결정에 유리한 상황이었고 정부의 실질적인 영향력은 더욱 높아질 수 있었다.

건정심이라는 데가 [공급자대표]여덟 명, [가입자대표] 여덟 명, [공익대표] 여덟 명. 가입자들은 보험료 죽어도 못 올린다, 수가 깎아라. 공급자들은 [수가를] 올려달라고 ***(주장하고), 보험료도 올리자. 공익대표는 교수, 시민단체. 결국 복지부가 조율하는 것이고. 결국은 공익대표가 하는 거죠. 결국 복지부 뜻대로 가는데, 싸움 붙여놓고 그래 우리가 조정해 줄게……. 항상 그런 방식으로 풀고 싶어 해요. 어느 정부든. 수가부분을 풀어가는 방식은 철저히 그 방식으로 가고 있고. 가입자 쪽은 항상 문제 풀 때는 수가와 보험료인상을 항상 연계를 해서 보험료 최소화하면서 보험료 안 올려주는 걸로, 끝까지 거부권 행사하면서 무기를 삼고. 이 쪽(공급자대표단)은 보험료는 ***(관심두지 않고) [수가는] 안 깎일려고 ***(노력하고). 정부는 어쨌든 보험료는 올려야 하니까 이쪽 편 좀 들다가 저쪽에서 반발하면 거기 좀 편들다가……. 이렇게 저렇게 해서 가는데. —약사3—

건정심에 각 단체들은 나름대로 주장이 있는 거고. 결국 뭔가 결정할 때는 정부 역할이 중요하죠. —한의사9—

사안이 재정에 관한 문제인 만큼 정확한 자료와 추계, 그를 바탕으로 한 대안 개발은 필수요건이다. 그러나 자료와 대안 개발이 부족한 상황에서 강경한 주장만을 고수했던 공급자 측과 가입자 측은 상대적으로 많은 정보와 자료의 접근성을 확보하고 있는 정부의 주도에 무력할 수밖에 없었던 것으로 보인다.

따라서 현행, 특히 건정심의 의료보험수가 결정 구조는 공식적으로 이해 관계자들의 참여를 폭넓게 인정하여 조정적 구조의 형태를 갖추고 있지만 다양한 이해관계자들의 참여와 이들 사이의 갈등과 복잡한 전략적 관계는 오히려 상대적으로 정부의 통제력을 높이고 정부의 의지가 관철될 수 있는 여지를 준 것으로 판단된다. 〈표 Ⅱ-1〉의 정부 기능에 대한 Freidson(2001)의 논의를 근거로 판단한다면 정부의 태도는 자체 의도를 가지고 특정 목표를 지향하는 주도적 유형으로 판단되며, 이에 현행 의료보험수가 결정 체제는 전체적으로 주도적ー조정적 유형(Ⅳ)에 속하는 것으로 볼 수 있다.

2004년, 정부는 건정심에 특별 소위원회를 구성하여 종전처럼 표결에 이르지 않고 합의로 보험요율과 보험수가를 결정하였다. 쟁점은 소위원회 안에 세 명의 공익대표 선정이었는데 종전의 친정부 성향에서 양보하여 공급자단체의 의견을 최대한 반영하고 합의를 이끌었다. 이 부분은 전과 견주어 보면, 정부가 얼마간 '반응적' 태도를 보인 것으로 볼 수 있다.

이상과 같이 다른 어떤 분쟁사례에서보다 의료보험체계에서 정부의 영향력과 통제가 일관되게 행사되고 있음을 확인할 수 있는데 '보험재정 안정화'라는 논리는 어떤 단체의 주장보다 우선하는 강력한 것이기 때문이다.

6. 맺음말

　우리나라에서 의료보험제도는 의료정책의 핵심이다. 의료보험제도의 정황과 변화는 의료 서비스 수요자와 공급자 모두에게 영향을 준다. 특정 의료 서비스를 보험급여에 포함시킬 것인가를 두고 특정 의료전문직 안에서, 그리고 서로 다른 의료전문직들 사이에서 갈등이 발생하고 있는데 첩약보험화는 전자의, IMS 분쟁은 후자의 대표적인 사례이다. 사실 앞서 발생한 의약분쟁에서도 그 밑바탕에는 의료보험수가 수준이 주요 쟁점으로 자리하고 있었다.

　서로 다른 의료단체들과 두 차례씩 분쟁을 경험한 세 의료전문직이 함께 관여하는 거의 유일한 사안이 의료보험수가이다. 의료보험수가 체제에서 가장 두드러진 갈등은 의료 서비스 공급자단체와 보험가입자단체대표들 사이에 발생한다. 특히 의사단체와 노동조합대표들 사이의 갈등은 의약분쟁에 이어 정치적·이데올로기적 갈등의 성격을 다시 보여주고 있다. 세 의료전문직은 각기 좀 더 높은 의료보험수가 수준을 확보하고자 경쟁하고 갈등하지만 동일한 의료 서비스 공급자라는 처지에서 전략적으로 협조하는 모습을 보이고 있다.

　의료보험수가 수준에 대해 각 단체는 자신들이 부당하게 낮은 수가를 적용 받고 있으며 다른 의료단체들은 부당하게 높은 수가를 적용받고 있다고 토로하였다. 이러한 주장의 뒷면에는 상대방 의료단체의 전문성에 대한 불인정과 의구심이 자리하고 있었다. 의료행위별 급여 항목이 비교적 체계화되어 있는 의료계는 다른 단체, 특히 약사들에 대한 보험급여비 지급이 부당함을 주장하였다. 이는 뒤집어 보자면 약사들에게 적용되는 현행 급여 항목과 수준은 의료계만큼 합리적으로 전문지식과 기술을 반영하지 못하고 있으며 대신 교육수준이나 일반 사회적 역할 등과 같은 외적 사회적 요인들을 더 많이 포괄하고 있음을 의미한다.

한편 의료보험급여비의 가장 많은 비중을 적용 받고 있는 의사단체이지만 보험수가 인상을 위한 전략에는 냉소적이고 회의적이었다. 보험수가결정의 구조 자체가 의료계를 견제하기 위한 수단이라 인식하고 있었으며 실제로도 수가결정 체계 안에서 가장 강력한 견제를 받고 있었다. 한의계와 약사단체는 의료계와 보조를 맞추면서 보험수가 관련해서는 상대적으로 편이한 위치에 있었다. 두 단체는 보험급여 항목의 개발과 수가 인상을 위해 다각도로 전략적인 노력을 기울이고 있었다.

의료보험체계 내 이해단체들 사이의 갈등에서 정부는 다른 어느 분쟁에서보다 주도적인 상황에 있다. 의료보험수가 결정 과정이 공식적인 제도로 확립되어 있기 때문에 정부는 다른 어떤 갈등 사례에서보다 정해진 제도와 절차에 따라 안정적이고 주도적인 구실을 해오고 있다. 의료보험재정 안정이라는 목표가 사회적으로 중요하게 거론되면서 정부는 이를 바탕으로 의료전문직들의 수가 인상 주장을 효과적으로 제어할 수 있었다. 또한 보험가입자단체와 의료 서비스 공급자단체가 첨예하게 대립한 가운데 재정 통계와 관련 정보를 보유한 정부는 오히려 발언권을 강화할 수 있었다.

Ⅶ 결 론

우리나라 의료전문직 체제를 구성하고 있는 주요 의료단체는 의사단체, 한의사단체, 그리고 약사단체이다. '90년대 이후 최근 10여 년 동안 이들 사이에는 잇달아 분쟁이 발생하였다. 한약분쟁과 의약분쟁은 사회적으로도 파장이 컸던 대표적인 의료전문직 갈등 사례이다. 최근 불 거지고 있는 양한방 갈등은 그 잠재적인 파장이 종전의 어느 분쟁 못지않게 클 것으로 보이며 의약분쟁 이후 중요성이 더욱 커진 의료보험제도는 세 의료단체의 또 다른 갈등 요인이자 갈등의 장으로 등장하고 있다.

본 연구에서는 전문직 체제론이라는 관점에서 이상 네 건의 의료단체 갈등을 분석하였다. 개별 사례 분석을 바탕으로 우리나라 의료전문직 체제가 어떻게 변화하였는지, 분쟁의 성격과 영향요인은 어떻게 달라졌는지, 또한 정부 정책은 어떤 기능을 하였는지 살펴보았다.

1. 의료갈등과 의료전문직 체제 변화

의료갈등을 겪으면서 우리나라 의료전문직 체제는 상당한 변화를 경험하였다. 체제는 여전히 불안정하고 가변적인 상황이며, 의료단체 들 사이의 마찰은 가시적 비가시적으로 지속되고 있다. 분쟁을 통해 개별 전문단체의 영향력과 위상 또한 변화하고 있다. 최근 10여 년 동안 약사회는 의료전문직 체계에서 전문가적 위치를 강화하였으며 한의계도 전문성을 높이고 의료전문직으로서의 위상을 높일 수 있었다. 이와 달리 의사단체는 기존의 영향력에서 적지 않은 손실을 입었다.

약사단체의 위상과 역량 강화는 의료전문직 체제의 변화 가운데서 두드러진 부분이다. '90년대 들어 재정적 여건뿐만 아니라 역할과 위상에서 어려움을 맞았던 약사단체는 한약분쟁과 의약분쟁을 거치면서 위기를 극복하는 일대 전환을 이루었다. 한약분쟁을 통해 한약제조라는 관할권을 공식화하고 한방에서 의약분업의 틀을 마련한 점, 의약분업제도를 통해 약사의 전문가적 관할과 지위를 확보한 점은 약사단체의 장기적인 발전이라는 측면에서 큰 성과이다. 그러나 그 어떤 성과도 약대 6년제로의 개편이라는 가치에 이르지는 못할 듯하다.

전문가주의의 이론적 측면에서 보더라도 교육연한의 연장은 기능의 전문성을 높일 수 있는 장기적이고 근본적인 해결책이다. 특히 교육과 학력이 사회의 어떠한 가치보다 높게 평가되고 있는 우리나라의 상황을 고려해볼 때 약학대학 6년제 개편은 약사들의 사회적 위상을 높이는 데 크게 기여할 것으로 보인다. 또한 현재 의료보험수가가 정확히 전문 기술과 지식만을 반영하고 있지는 않은 상황에서 교육 수준이 높아지면 순수 전문성 제고와는 별도의 요인으로 수가 수준에 영향을 줄 것으로 판단된다. 따라서 의사단체나 한의사단체의 처지에서 본다면 약대 6년제 개편의 의미를 의약분업제도의 시행이나 한약 조제권 변동에 못지않게 중요한 것으로 받아들일 필요가 있었다. 약사단체로서는 의약분업 이후 현장실무에서 약사가 병의원에 종속되고 있다는 우려가 등장하고 있는 상황에서 교육제도 개편을 통해 근본적인 해결책을 마련했다고 볼 수 있다. 약사단체가 이룩한 이상의 제도적 성과는 오랜 기간을 두고 약사회가 지속적으로 추구해 온 장기 과제들이었으며 전문가적 정체성의 위기를 극복하고자 사회적 정치적 네트워크를 개발하고 활용한 결과였다는 점에서 그 계획성과 추진력이 두드러진다.

한약분쟁을 거치면서 한의계는 한약제조의 독점권을 공식적·제도적으로 잃었지만 다른 한편 일반 국민과 정부에게 한의계의 전문가적 위상을 알린 계기가 되었다. 일찍부터 인근 준의료단체와 관할권을 두고 마찰을 빚어 왔던 한의계는 약사단체와의 공개적인 갈등으로 한방의 역사적 가치와 차별성을 분명히 드러낼 수 있었다. 그 뒤 정부와 정치권으로부터 보장받은 계획과 공약에 따라 한의계는 발전 기조를 이어가고 있다.

그러나 한의계는 세 의료단체 가운데 가장 작은 규모의 단체이며 다른 두 단체뿐만 아니라 인근의 준의료단체와 지속적으로 관할권 분쟁을 해야 하는 가장 불안정한 위치에 있다. 한의사들이 주장하는 의료적 특성, 즉 비가시적이고 포괄적인 한방의 특성만큼이나 시술의 표준화 체계화 과학화 작업이 부진하고 그 성과가 '비가시적'이다. 이를 한의계의 특징이라고만 주장하기에는 의료 환경이 너무나 빠르게 변화하고 있고 세계화되어 가고 있으며 경쟁 단체들의 행보는 매우 빨라지고 있다. 실제로 한의계의 가장 중요한 과제이자 논점이라 할 수 있는 한방의 과학화를 두고 한의계 내부에서도 이견과 갈등이 있고 대외적으로는 의사단체의 의료 일원화 공세로 그 행보가 어려워지고 있다.

또한 한의계의 가장 큰 수입원이라 할 수 있는 한약조제를 두고 한약사들과 관할권 분쟁의 소지를 안고 있고 약사들의 한약조제 범위 확대 주장도 계속되고 있어 한의사들이 전문가적 입지를 굳히는 데 어려움이 되고 있다. 이는 다시 첩약보험화 문제와 맞물려, 앞으로 이들 사이의 관계가 어떻게 전개될지 주목된다.

의약분쟁은 의료체계의 주류인 의사단체가 지금까지 가져왔던 전문가적·사회적 영향력을 저하시킨 일대 사건이었다. 의약분쟁은 약의 처방권과 제조권을 둘러싼 전문 관할권 분쟁이었으며, 좀 더 실질적으로는 비공식적이고 비제도적으로 운영되던 의료시장의 가격체계를 공식적이고 제도적인 것으로 전환하는 과정에서 발생한 관련 단체 사이의 마찰이자 저항이었다. 그 과정에서 의료체계 안의 가장 강력한 전문가적 위상에도 불구하고 의사단체는 개혁과 진보성향의 정치적 사회적 환경으로부터 집중 견제를 받았다. 의약분쟁을 통해 의사단체 또한 자체적으로 조직을 정비하고 발전시킬 수 있었으며 다른 단체와의 관계형성과 대응전략 개발을 학습할 수 있었던 점은 긍정적이다. 그러나 분쟁의 고비마다 경제적 측면에 초점을 두고 현실적 대안에 치중함으로써 의사단체의 사회성에 부정적 이미지를 더한 것은 장기적으로 보았을 때 어떤 가시적이고 경제적인 손실보다 큰 타격이었다.

최근 가시화되고 있는 양한방 분쟁에서 의사단체는 의료 일원화를 강력 주장하며 위상과 영향력 강화에 주력하고 있다. 동 사안에서는 경제적 측면보다 의료의 과학성, 공공보건의 중요성 등과 같은 합리적 가치를 강조하고 있어 의약분쟁에서보다는 여론 설득에 유리할 것으로 보인다. 우리나라에서 한의계가 차지하는 위상과 영향력으로 볼 때 의료 일원화가 실행되기는 쉽지 않을 것으로 판단되나 의료시장 개방이라는 외부 요인에 따라 의외로 제도적으로 급물살을 탈 가능성도 배제할 수 없다. 정부는 양한방 협진을 양자 분쟁의 대안으로 권장하고 있다. 2007년 의료법 개정안에서는 그동안 불허하고 있던 서로 다른 종별의 면허를 가진 의료인의 의료기관 개설권을 대폭 완화하여 협진이 본격화할 수 있도록 추진하고 있다.

한편 약가 마진과 같이 비공식적이고 음성적인 수입원이 거의 차단된 상황에서 의료단체들에게 보험수가는 더욱 중요하고 실제적인 이슈가 되고 있다. 보험수가 결정과정에서 의사단체는 재정 안정화를 근거로 가입자단체와 공익단체의 집중 견제를 받았으며, 다른 의료단체는 이런 의사단체를 적당히 보호하고 견제하며 보험수가 결정에서 이익을 최대화하고자 노력하였다. 의료보험수가 종별 계약제도가 정착되면 의료단체 사이의 관계는 더욱 복잡해지고 갈등은 더욱 심화될 것으로 보인다.

의료보험제도가 의료단체 사이에 새로운 갈등 요인과 영역으로 떠오르고 있다는 것은 의료전문직 체제에서 또 다른 중요한 변화이다. 각 단체가 더욱 많은 보험급여비를 지급받고자 경쟁할 뿐만 아니라 새로운 의료 서비스가 개발되고 수입됨에 따라 의료단체들, 특히 의료계와 한의계는 자신들의 전문 관할권을 보호 또는 확대하고자 해당 의료 서비스의 보험적용 여부를 두고 더욱 자주 대립할 것이다. 현재와 같이 정부가 사안별로, 단편적으로 대응하거나 결정 유보 또는 지연에 의존하여 소극적으로 임하는 것은 장기적으로 전혀 해결책이 아니라고 판단된다.

'90년대 이후 의료전문직 갈등이 의료전문직 체제에 가져온 가장 중요한 변화라 이를 만한 것은 양한방에서 의약분업을 제도화한 것이다. 장기적이고 거시적인 계획에 따라 추진되어 온 것은 아니었으나 결과적으로 우리나라 의료체계는 양한방 모두에서 의약분업이 시행되고 있거나 최소한 기본 틀이 갖추어진 상황이다. 양방 의료체계에서 의약분업은 입법화에서 실행에 이르기까지 오랜 시간이 소요되었고 사회적 혼란을 초래하였으나 양방에서 의약분업이라는 것 자체가 전혀 생소하거나 비논리적인 것은 아니었다. 의외는 한의계에서 의약분업의 제도적 틀이 마련되었다는 사실이다. 전인적 치료를 진료의 기본 원리나 철학으로 여겨 오던 한의계가 한약사 제도를 타협점으로 수용한 것은 기본적으로 서양식 의료체계의 틀을 수용하겠다는 동의였으며 근본적인 패러다임의 변화 가능성을 시사하는 것이기 때문이다. 한약사 제도에 대해 기존의 한의계가 적극적인 태도를 보이지 않고 있는 것은 한방에서 분업이라는 개념의 기본적인 한계를 의식하고 있기 때문이다. 그러나 현실적으로 한약사의 수가 증대하고 있고 점차 전문가적 입지에 대한 주장이 강력해지고 있어 한의계에서도 의약분업을 둘러싼 갈등과 분쟁은 피할 수 없을 듯하다.

잇단 의료전문직 갈등은 분쟁의 양상 자체에도 변화를 가져왔다. 한약분쟁과 의약분쟁에서는 파업과 가두시위 등 외향적이고 물리적인 형태의 의견 표출이 큰 비중을 차지하였으나 최근의 양한방 갈등과 의료보험수가 갈등에서는 각 단체들이 자신들의 주장에 학문적이고 논리적인 근거를 확보하려는 노력을 보이고 있다. 또한 최근의 분쟁에서는 장외 투쟁을 통해 여론과 공공의 장에서 영향력을 집결하고 행사하는 데 집중하기보다는 법적 제도적 차원에서 문제를 해결하고자 노력하는 양상이 뚜렷해지고 있다.

2. 의료갈등의 성격과 영향요인

네 가지 사례에서 살펴본 바와 같이 우리나라의 의료전문직 갈등은 전문 관할영역을 둘러싼 분쟁이었고 경제적 마찰이었으며 정치적·이데올로기적 충돌의 경향마저 보였다. 의료전문직 갈등의 이러한 성격을 각각 정리해보면 다음과 같다.

첫째, 본 연구에서 제시한 네 가지 분쟁 사례 모두 Abbott(1988)이 제시한 바대로 전문영역 관할권 분쟁의 특성을 지니고 있다. 한약분쟁은 한의사와 약사 사이에 한약조제라는 영역을 두고 시작된 갈등이었으며 의약분쟁은 약의 처방과 조제라는 관할권을 둘러싼 분쟁이었다. 의사단체와 한의사단체는 IMS 시술이나 침술이라는 세부적인 영역을 두고 마찰을 빚고 있으며, 나아가 양대 의료의 일원화를 논점으로 하는, 근본적인 관할권 갈등을 겪고 있다. IMS 논란의 경우, 특정 의료 서비스에 의료보험제도를 적용시키느냐의 여부는 해당 의료 서비스를 특정 의료단체의 전문영역으로 인정하느냐와 직결된다. 따라서 의료보험제도의 적용과 관련한 갈등 또한 영역 분쟁의 성격을 포함한다.

특별히 우리나라에서는 한약분쟁처럼 단일의 전문영역 관할권을 두고 복수의 단체들이 경쟁, 갈등하는 전형적인 전문영역 분쟁뿐만 아니라 훨씬 복합적이고 역동적인 관할권 분쟁사례가 나타나고 있다. 의약분쟁은 진료권과 약의 조제권이라는 두 개의 전문영역을 두고 두 전문단체가 각기 상대방 영역에 대한 공격자와 자신의 전문영역에 대한 독점권 방어자로서 동시에 기능을 수행하는 복합적인 형태의 전문영역 분쟁이었다. 양한방 갈등에서는 IMS 시술 등과 같은 구체적인 세부 전문영역과 각 의료집단의 영역 전체라는 서로 다른 수위의 전문영역에 대한 갈등이 동시에, 또한 연관되어 발생하였다.

우리나라의 의료갈등은 기본적으로 개별 의료단체의 서로 다른 전문지식, 논리, 정통성을 반영하고 있다. 따라서 매번의 갈등에서 관련 단체들은 전문가적 영역이나 권리와 관련된 사안만이 아니라 전문가적 정체성과 자존심이 걸린 문제로 보았으며 심각한 감정 대립과 불신을 수반하여 격한 상황을 이끌었다.

둘째, 의료전문직 갈등에서 경제적 동기는 Abbott(1988)의 논의에서는 중요하게 다루어지지 않았던 것으로, 우리나라의 사례를 설명할 때 나타나는 특징 가운데 하나이다. 우리나라 의료분쟁 사례에서는 행위별수가제, 현대식 의료장비와 설비 확충의 필요성과 같은 의료체계의 정황적 이유에서 비롯되는 이윤추구 동기가 분명하였다. 자유시장체제 아래 의료 서비스가 수급되는 상황에서 급증하는 의료 인력과 의료기관들 사이의 경쟁은 치열해졌고 이들이 당면한 현실적인 목표는 이윤추구였다.

경제적 이윤추구 동기는 의약분쟁에서 가장 크게 부각되었다. 분쟁의 핵심 쟁점이었던 조제권은 전문영역의 의미뿐만 아니라 약의 판매권이라는 경제적 의미를 동시에 포함하는 것이었고 특정 약품의 선택 및 판매와 관련되는 정상적·비정상적 이윤추구 방법에 접근할 수 있는 통로였다. 약가 마진은 미국에서 이루어지는 제약회사들의 마케팅 수단과 다르지 않은 듯하나 기본 정황은 너무나 달랐다. 미국의 의료체계는 서비스 수급뿐만 아니라 재원조달까지 시장체제에 의존하므로 의료전문인들에게 특별히 의료비 절감 압력이 부과되지 않는다. 따라서 의료인들은 제약회사들의 완벽한 마케팅 대상이며 지급되는 모든 부수입은 개인의 기존 수입에 직접 부가되는 것이었다. 그러나 사회의료보험제도를 택하는 우리나라는 의료비 절감이 중요한 과제였으며 그런 상황에서 낮은 의료보험수가를 보완한 것은 음성적인 약가 마진이라는 수입이었다. 따라서 우리나라의에서 제약회사로부터의 음성수입은 제도적 보험급여 수입과 얽힐 수밖에 없었고 이에 대한 공식적 견해와 현실적 시각의 차이는 극단으로 양분되었다.

　의료체계 전반의 정황적 이유에 더하여 의료전문인들의 개인적 동기와 조직문화 또한 이윤추구 동기를 설명해준다. 의료인들은 경쟁적인 의료공급 체계에서 생존하고자, 그리고 자신의 전문가적 위상에 대한 보상으로 '공정한' 수입을 기대하는 것이 당연하다고 여기고 있었다. 그러나 '공정'의 의미는 의료보험수가 체계에서는 의료전문직에 따라 달리 해석되고 있다. 각 의료단체에 적용되는 의료보험수가 수준이 합리적이고 객관적인 요인, 즉 순수하게 전문가적 기능이나 기술, 지식만을 기준으로 결정되어야 한다는 것은 급여 항목이 압도적으로 다수이고 구체적으로 체계화되어 있는 의사들의 주장이다. 그러나 약사들이 주장하는 수가 수준에는 전문적인 요인뿐만 아니라 사회적인 요인, 예를 들면 사회적 위상과 교육 연한 등 포괄적인 사회적 보상이 포함되어 있다고 보아야 한다. 약사단체가 급여 항목의 개발을 중요한 과제로 삼고 있는 것도 이러한 비가시적인 사회적 보상 부분을 객관적이고 기술적인 내역으로 전환하고자 하는 노력이라 판단된다.

　한편 앞서 다른 쟁점들로 서로 갈등 관계에 있던 세 의료단체가 의료보험수가를 인상하고자 협조 체제를 형성하였다는 점은 이들에게 경제적 이해관계가 현실적으로 얼마나 중요한가를 보여주고 있다. 의료보험제도에서 수입을 보호하고 확대하고자 의료전문 단체들은 갈등보다는 협조 관계를 더욱 강하게 표출하였는데 이는 가입자대표단과 정부에 함께 맞서야 했기 때문이다.

　셋째, 의약분쟁은 의료단체 사이의 갈등이 정치적·이데올로기적 갈등으로 진전될 수 있음을 보여준 대표적인 사례이다. 의약분쟁 이전에도 전통적으로 의사들의 정치 성향은 보수적이라고 알려졌으나 그러한 특징이 표면화한 적은 거의 없었다. 그러나 개혁을 주창하는 진보성향의 집권 정부가 의료분업제도를 강행하자 의사단체의 정치성향은 강력한 반집권당·반진보·친보수로 모습을 드러내었다. 의약분업제도는 두 의료단체 사이의 정치적·이데올로기적 성향의 차이를 촉발하는 계기가 된 것이다. 2002년 대통령 선거는 두 단체가 서로 다른 정치성향을 보여준 대표적인 사례였으며 인의협이나 진보의련에 대한 두 단체들 사이의 이견 또한 서로 다른 정치 성향을 보여주었다. 의사들은 사회주의적 경향이나 진보주의에 반대하고 자유시장체제를 적극 옹호하였으며 약사들은 진보주의와 집권 정당에 상대적으로 우호적인 경향을 보여주었다. 의약분쟁 이후에도 의사단체는 정치세력화를 공개적으로 추진하며 현 정부와 현 의료정책을 강도 높게 비판하고 있으며 사회주의 대 자유시장원리라는 이분법적 대립구도를 강조함으로써 현안에 대한 정치적·이데올로기적 접근을 계속하고 있다.

의료보험수가 결정과정에서도 정치 성향의 대립은 이어졌다. 의료공급자단체의 핵심인 의사단체의 의견에 가장 크게 반대한 이들은 가입자단체의 노동조합대표들이었다. 의사단체와 노동조합은 정치 성향에서 거의 극한이라 할 만큼 대립하였으므로 의료보험체계 안에서도 보수주의 정치성향과 진보주의 정치성향의 충돌은 피할 수 없었다.

한편 Abbott(1988)의 전문직 체제이론의 핵심은 다양한 환경 요인들이 전문직들 사이의 갈등을 일으키고 전문직 체제 전체에 변화를 가져온다는 것이다. 그가 제시하고 있는 다양한 내적요인과 사회·문화적 환경 요인을 우리나라의 사례에 적용해보면, 의료단체들의 조직 발전, 전문직 체제에서의 지배적인 영향력과 분쟁의 실제 결과 사이의 불일치, 정치·경제·사회·문화적 요인들의 역동적이고 강력한 영향 등이 특징으로 두드러졌으며, 의료의 국제적 동향과 의료시장 개방이 새로운 요인으로 확인되고 있다.

먼저 조직내적 요인을 살펴보면, 네 가지 사례 모두에서 구체적이고 역동적인 조직발전 현상이 나타났다. 세 의료단체는 각기 첫 번째 분쟁을 겪으면서 세대교체를 수반한 지도부 교체, 그리고 지도부 내 개혁세력의 등장을 공통적으로 경험하였다. 이는 처음 경험하는 의료갈등의 결과이기도 하였지만 곧 분쟁의 양상을 적극적으로 변화시켰으며 다음 분쟁의 형태와 양상에 영향을 미쳤다. 최근 10여 년 동안의 의료갈등에서 각 의료단체를 이끌고 단체행동을 주도한 중심 세력이 이른바 386

세대였다는 점도 주목되는 부분이다.

갈등을 통해 의료단체들은 조직관리 능력과 대외 전략을 발전시켰다. 인터넷을 통한 의사전달 네트워크의 구축과 정보 공유는 분쟁의 중요한 변수로 작용하였다. 갈등을 겪으면서 각 단체는 외부 단체와의 대응전략을 발전시켰으며 물리적인 단체행동 일변도에서 벗어나 자신들의 주장을 뒷받침할 수 있는 학문적 논리적 근거의 개발에 관심을 두기 시작했다.

각 단체에서 자생한 소규모 단체의 자율적인 활동은 협회의 의사결정 형태와 내용에 영향을 끼쳤다. 동네의원살리기모임, 민주의사회, 동네약국살리기모임, 청년한의사회 등이 그 예이다. 이들은 각 협회의 의사결정 과정에 자신들의 의견을 적극 개진하고 인터넷을 통하여 의견을 표출, 주도하며 협회 운영에 적지 않은 영향을 끼쳤다. 또한 일반회원들이 협회에 의견을 제시하고 직접 투표와 선거를 통해 의사를 표출하는 등, 참여제도를 확대하고 있다. 의약분쟁을 겪으면서 의사협회가 협회장 직접선거제도를 도입하였으며 의약분쟁 뒤 약사회 또한 직접선거방식에 따라 회장을 선출하였다. 한의사협회는 아직 대의원들을 통한 간접선거방식을 택하고 있으나 직접선거방식에 대한 논의를 계속하고 있다.

의료전문직 갈등은 또한 관련 단체의 정치적 역량과 의식을 재조명하는 계기가 되었다. 의료단체들은 정부와 정치권, 시민단체, 언론계 등외부 단체와 어떻게 접촉하고 이들을 어떻게 설득해야 하는가에 관해경험하고 학습하였다. 정치권과 정부라는 핵심 정책결정권역을 설득하기 위한 전략과 상황은 단체마다 달랐으나 첫 번째, 두 번째 분쟁을 거치면서 독자적인 '프로토콜'을 개발하고 정비해나가는 것을 확인할 수 있었다. 정부와 정치권만큼 직접적이지는 않지만 시민단체와 언론의 중요성, 특히 여론 형성에 끼치는 이들의 영향력에 대해서도 분쟁을 경험하면서 분명히 인식하였다.

전문직 체제에 변화를 가져오는 중요한 체제내적 요인 가운데 하나는 체제 안에 존재하는 지배 세력과 그 영향력이다(Abbott, 1988: 135-138). 우리나라의 사례에서는 의료전문직 체제의 지배적인 세력이 분쟁 결과에서 반드시 우월한 성과를 거둔 것은 아니었다. 기존의 전문가적 기능과 입지에서 볼 때 약사는 한의사를 능가하기 어려웠다. 그럼에도 한약분쟁에서 약사는 결코 패자가 아니었다. 의사는 의료 공급자 체계에서 분명 주류였으나 의약분쟁에서 승자가 될 수 없었다. 한의사와 비교하면 의사는 여전히 우월한 지위와 특권을 지니고 있으나 이들 양자 사이의 갈등 상황은 결코 의료계가 희망하는 쪽으로 전개되고 있지는 않다. 의사의 우월한 위상에도 불구하고 의료보험체계에서 이들은 항상 수세였다. 이상에서와 같이 우리나라의 의료갈등 사례에서 우월한 위치에 있는 의사단체는 오히려 견제와 개혁의 대상이 되었으며 분쟁에서 유리한 결과를 이끌지 못했다.

의료공급자 체계에서의 위상과 개별 분쟁의 결과가 이처럼 어긋나고 있는 것은 무엇보다도 현재의 사회적·정치적 상황 때문이다. 진보 개혁 성향의 정부와 이에 부응하는 사회적 풍토가 의료개혁의 주된 대상으로 의사단체를 지목한 것이 대표적인 사례이다. 이는 곧 기존 의료체계의 지배세력과 개혁세력 사이의 충돌이라 볼 수 있는데 지난 10여 년 동안의 의료 정책과 상황은 개혁세력 측에 유리하게 진행되었다.

서구의 경우와는 달리 우리의 사례에서 특정 의료단체 내부의 경쟁과 성층화는 다른 의료단체와 맞서는 데 일종의 원동력이 되었다. 의사단체 안에서 수련의 및 전공의와 전문의 사이의 관계가 한 예이다. 의약분업제도를 반대하고 정부와 약사회를 상대로 '전쟁'을 이끄는 데 수련의와 전공의들은 선두에서 중요한 역할을 하였다. 이들과 전문의 사이의 갈등은 표면화하지 않았으며 대신 의사들은 다른 단체와의 외부 분쟁에 전념하였다. 선후배 사이의 엄격한 상하관계와 회원 사이의 결속력 때문에 의사단체 안에서 전문의-전공의 사이의 분쟁은 당시로서는 전혀 불가능한 것이었다. 의사단체 만큼은 아니지만 한의계와 약사회도 이러한 경향은 엿보이고 있는데, 결과적으로 이들 모두 단체 내부의 갈등보다는 다른 단체와의 갈등으로 눈을 돌렸다.

사회 문화적 요인 또한 의료전문직 갈등에 중요한 영향을 미쳤다. Abbott은 의료체계에 변화를 가져오는 구체적인 사회 문화적 요인으로 기술, 관료제화, 내부적 분업, 전문가적 지식과 윤리적 근거 등을 들었다. 우리나라의 사례에서는 이들 요인 못지않게 근본적이고 포괄적인 사회문화적 정황이 의료단체 사이의 갈등을 일으키고 의료 서비스 공급자 체계를 변화시켰다.

한의계가 관련된 모든 갈등에서는 전통 민족의학이라는 특성이 의료의 과학성과 현대화에 대한 가치와 마찰을 일으켰다. 이러한 논란은 전문지식과 기술에 대한 기본적인 견해차에서 비롯되었으며 전통주의와 민족주의 대 서구식 과학화와 현대화라는 서로 다른 의식과 가치관의 충돌로 진전되었다. 약사회가 관련되는 갈등은 전문가적·사회적 지위를 확보, 유지하려는 약사들의 노력이 다른 전문가단체의 기존 관할영역에서 충돌을 일으킨 것이었다. 또한 의사들이 관여하는 갈등에서는 보수와 진보, 자유시장체제와 사회주의라는 정치적·이데올로기적 논쟁이 매번 등장하였다.

교육체계에 민감한 우리 사회의 특성과 의약분업제도의 실행으로 현장실무에서 더욱 긴밀해진 의사와 약사 사이의 관계를 고려할 때 약학대학의 교육연한을 6년제로 개편한 것은 양 단체들 사이의 관계에 새로운 주요 변수가 될 것으로 판단된다. 새로운 교육제도로 약사에게 임상 전문 교육이 강화될 경우 진료권이라는 전문영역을 두고 양 단체는 의약분쟁 못지않은 마찰을 겪게 될 것으로 보인다.

대체의학의 부상이라는 국제적인 의료 동향과 국내 의료시장 개방이라는 국제통상 압력 또한 의료체계에 영향을 주는 새로운 요인으로 부각되고 있다. 특히 후자는 의료체계 전반에 일대 변혁을 가져올 수 있는 뜻밖의 강력한 변인으로 주목되고 있다.

3. 의료갈등과 정부 정책

전문단체들이 각자의 관할권을 주장하여 갈등이 일어나는 세 개의 장(場)은 전문직 체제이론의 또 다른 중심축이다. 실무현장은 전문영역 관할권 주장의 출발점이며 이들 주장은 여론의 장을 거쳐 법적 영역으로 이어지는 것이 서구의 일반적인 정황이었다.

그러나 서구식 논리가 우리나라의 사례에 그대로 적용되지는 않는다. 무엇보다 우리의 경우 특정 단체가 전문영역의 독점권을 주장하면서 갈등이 촉발된 영역은 대부분 실무현장이 아닌 법적·제도적 영역이었음에 주목할 필요가 있다. 한약분쟁과 의약분쟁에서와 같이 관련 법규의 개정이나 제도의 실행이 분쟁을 본격화시켰다. 의료보험수가 갈등 또한 실무현장이 아닌 공식적인 결정 절차나 기구에서 본격화하였다. 최근의 IMS 건도 현장에서 경쟁이 시작되었으나 본격적으로 갈등이 행해진 것은 273개 의료기관이 건강보험심사평가위원회에 IMS 시술에 대한 의료보험급여비 지급을 신청하면서부터였다. 그러나 법적 제도적 영역이라 하더라도 의료보험수가 갈등과 의료 일원화 논란을 제외하면 정부가 상황 전반을 주도적으로 통제하지는 못하였다. 정부 영역에서의 갈등은 곧 여론의 장으로 이어졌고 분쟁은 사회적인 문제로 확대되었다.

실무 영역에서 세 단체 사이에 갈등이 뚜렷하지 않았다는 점은 우리나라 사례의 특징이다. 세 의료단체는 많은 환자들을 유치하기 위한 경쟁관계에 있을 뿐, 업무상으로 직접 마주하거나 관여하는 경우는 거의 없었기 때문이다. 다만 의약분업제도가 실행되면서 의사와 약사의 기능이 변화하여 이들 사이에 직접적인 경쟁관계가 없어지는 대신 새로운 관계가 형성되고 갈등이 시작되는 점은 주목할 만한 사실이다.

한편 우리나라의 사례에서는 시민단체가 법적·정치적 영역에서도 공식적으로 중요한 구실을 하였으며 정책결정에 직접 참여하였다. 시민단체와 언론이 공공의 장에서 여론을 형성하는 데 중요한 구실을 한 점은 Abbott의 설명과 일치한다. 그러나 시민단체들이 '시민단체대표'라는 공식적인 지위를 거쳐 분쟁의 중재안을 직접 제안하고 이들의 대안이 정부안을 대신하여 채택될 정도로 영향력을 발휘한 점은 서구의 역사적 경험에서와는 다른 특징이다. 이는 최근 10여 년 동안 우리나라에서 시민단체가 진보정당의 중요한 지지 세력으로 기능해 온 것과 관련한다. 또한 이 시기는 진보정당이 정권을 잡은 시기이므로 시민단체가 정책결정 과정에 적극 참여할 수 있었다. 한약분쟁과 의약분쟁 모두 법적·제도적 영역에서 부분적이지만 시민단체가 주도적 역할을 한 것도 이러한 정황에서였다.

각 분쟁 사례별로 서로 다른 장에서 진행된 갈등 양상과 관련 단체들의 영향력을 정리해보면 다음과 같다. 첫째, 한약분쟁에서 한의계에 우호적이었던 여론이 정치권에 영향을 주었을 가능성은 크다. 그러나 행정실무 단계에서 구체적인 규정과 운영체제를 결정하는 데는 약사회의 영향력이 더 크게 반영된 것으로 보인다. 한약분쟁 당시 정치권과 정부를 설득하기 위한 한의계의 전략과 경로는 아직 제대로 정비되지 않은 상태였다. 특히 약사출신의 공무원이 적지 않은 영향력을 행사하고 있었던 정부의 구체적인 실무과정에서 한의계가 유리한 상황을 만들기란 더욱 어려웠다.

한약분쟁의 법적 영역에서는 시민단체가 중재자로서 중요한 기능을 하였다. 시민단체는 분쟁을 해결하기 위한 대안을 제시하였고 분쟁 당사자인 한의사·약사단체와 정부는 시민단체의 대안을 수용하였다. 정부는 편향성을 문제 삼은 분쟁 당사자들로부터 신뢰를 받지 못하고 있었고 따라서 상황을 통제하고 주도하는 데 어려움을 겪고 있었다. 이에 시민단체가 중재자의 기능을 대신하게 되었다. 그럼에도 정부는 갈등 전반에 걸쳐 여전히 중요한 기능을 하였는데, 분쟁의 막바지에 이르러 결국 개별단체와 정부 사이에 협상과 조정이 각기 행해졌기 때문이다.

둘째, 의약분쟁에서 여론과 언론의 초점은 의사들에 대한 비난으로 모아졌다. 분쟁 초기, 시민단체는 제도적 영역에서 의사단체와 약사단체의 중재자로서 합의를 이끌었다. 그러나 의사들이 합의안을 거부하고 투쟁에 나서자 시민단체는 더 이상 중재자가 아닌 의사들에 대한 공격자로 태도를 전환하고 여론의 장에서 영향력을 행사하였다.

정치권과 정부는 두 의료단체 못지않게 중요한 의약분쟁의 당사자였다. 김대중 정부는 집권 이후 의료체제 개혁 차원에서 의약분업제도의 시행을 서둘렀다. 의사들의 저항이 거세지면서 제도 시행의 주도권은 보건복지부에서 시민단체를 거쳐 정치권으로 이전되었다. 행정부가 혼란스러운 상황을 통제하는 데 실패하였고 분쟁에 대한 대처와 정책이 일관되지 못하였다는 점 등에서 비판을 받고 있으나 결과적으로 당초 정부가 의도했던 정책과 제도는 일단 실현을 보았다.

셋째, 의료계와 한의계의 최근 갈등에서 기본 정책방향, 즉 이원화한 의료체계에 대한 정부의 태도는 분명하다. 정부는 의료계와 한의계를 별개로 존속시키는 이원체제를 유지하면서 한방을 독자적으로 발전시켜나갈 것을 거듭 확인하고 있다. 따라서 법적·행정적 영역에서는 일단 한의계가 유리한 상황이다. 여론의 장에서는 논점이 분명하게 드러나지 않고 있는데 아직 갈등의 초기단계인 이유가 큰 것으로 보인다. 양한방 갈등이 한약분쟁 및 의약분쟁과 구분되는 특징은 분쟁 당사자들의 학문적 노력이다. 각자의 주장을 제시하는 데 학문적·이론적 논거가 중요해짐에 따라 학계는 두 전문단체가 충돌하는 새로운 분야로 등장하고 있다.

넷째, 의료보험수가 갈등에서는 다른 의료갈등 사례나 Abbott의 사례들과 비교해볼 때, 여론의 장에서 차이점이 있다. 다른 분쟁 사례에서 막연하고 일반적으로 표현되었던 '여론'이나 '국민의 의견'이 의료보험 체계에서는 법적·제도적 영역의 공식적인 참여자로 등장하였기 때문이다. 의료보험제도에서 일반 시민은 보험재원을 조달하는 주체이다. 따라서 시민단체와 다른 민간단체들은 보험공단 내부의 재정운영위원회 회원으로, 건정심 내 가입자대표단으로 각각 포함되어 다른 분쟁에서보 다 강력하고 조직화한 방식으로 의견을 제시하고 의료단체들을 견제하 였다. 건정심이 아닌 실제 여론의 장에서도 의료단체, 특히 의사단체는 보험요율 증대의 원인 제공자로 비난의 표적이 되었다.

의료보험수가를 결정하는 법적 제도에서는 건정심의 구조와 동 위원 회의 다수결 원칙이 의사결정 과정에 가장 중요한 변수였다. 세 대표단 이 있지만 사실상 의사결정에 지배적인 영향력을 미치는 주체는 정부 였다. 정부는 의료보험재정과 각종 관련 자료를 생성하고 접근하는 데 유리한 위치에 있었으므로 훨씬 현실 가능한 대안을 개발할 수 있었다. 공급자대표단과 가입자대표단이 첨예하게 대립하는 상황도 정부로서는 오히려 결정의 주도권을 행사할 수 있는 유리한 측면이었다. 의료보험 체계 안에서 정부의 현실적인 우선 목표는 보험재정의 안정화였으므로 수가결정과정에서 정부의 적극적인 기능은 공급자단체, 특히 의사단체 에게 결코 유리한 것이 아니었다.

양한방 갈등에서와 같이 의료보험수가 갈등에서도 학계는 중요한 분 쟁 영역으로 등장하였다. 소속 단체의 의료보험수가를 높이고자 개별 의료단체는 논리적인 근거를 필요로 하였으며 깊이 있는 학문과는 차 이가 있지만 기술적이고 재정적인 연구의 중요성을 인식하고 있었다. 의료보험수가 결정 과정에서도 결정기구 차원에서 객관적인 근거 마련 을 위한 연구 용역활동을 필수적으로 행하고 있다. 그러나 단체 사이의 깊은 불신으로 연구자 선정에서부터 마찰을 빚기 시작하여 많은 비용 을 들인 연구 결과는 번번이 무용지물이 되고 있다.

Abbott에게 정부는 다른 외부 단체들과 동일한, 의료체계를 둘러싼 외부 환경 요인의 하나이다. 그러나 우리나라는 정책과정에 정부가 주 도적인 역할을 해 온 체제적 특징과 역사를 지니고 있다. 의료정책의 경우, 그 전문성으로 말미암아 전문가단체의 참여와 충분한 의견 수렴 이 필수적이었으나 '80년대까지 의료보험제도 도입과 시행 등의 주요 정책에서는 무엇보다 정부의 결정권과 영향력이 크게 작용하였다.

'90년대 들어 사회 전반에 민주화 경향이 뚜렷해지면서 정부의 일방적인 정책결정과 집행 경향도 관련 단체의 참여가 높아지는 방향으로 급격히 변화하였다. 이러한 정황에서 발생한 한약분쟁과 의약분쟁에서 정부는 법적 제도적 영역에서조차 주도권을 행사하는 데 한계가 있었다. 분쟁의 당사자인 세 의료단체는 우리 사회에서 가장 영향력 있는 이익단체에 포함되는 의료전문직이었으며 각 단체의 주장은 강력했다. 단체 사이의 마찰로 말미암은 사회적 파장도 정부가 예측하거나 대응할 수 있는 정도를 넘어선 것이었다. 정부의 정책 내용과 분쟁 관리 능력이 신뢰를 잃음에 따라 대신 시민단체의 중재가 힘을 얻는 상황으로 진전되었다.

그럼에도 정부는 앞서 두 차례의 의료대란에서 중앙에 자리하고 있었는데 법규의 개정 또는 제도의 시행을 통해 갈등의 직접적인 원인을 제공하였고 갈등을 중재, 무마하는 과정에서 개별단체와 타협하고 요구를 수용하여 법률 개정, 발전계획 수립, 기구 신설과 제도 변경을 제안하고 실행하였기 때문이다. 〈표 Ⅱ-1〉에서 제시된 Freidson(2001)의 정부정책 유형론을 적용한다면 시민단체 등 외부단체들이 공식적으로 중재 과정에 참여하였으므로 일단 조정적 유형에 포함된다. 그러나 정부의 특정 의도대로 정책이 진행되었느냐와 관련해서는 명확하지 않은데 구체적인 사안에서 관련 단체들이 반발하고 저항할 때마다 정부가 그를 무마하고자 정책적 제도적 대안을 제시하고 결정하였다는 점에서는 반응적 유형이라 할 수 있다(따라서 조정적 – 반응적 유형). 다만 이때의 '반응'이 단체들의 의견을 수렴하고 반영한 민주적인 차원에서의 반응이라기보다는 사안마다 임시방편적으로 급히 대응한 성격이 강하여 혼란을 초래했다는 점은 짚고 넘어가야 할 듯하다. 다른 한편, 의약분쟁의 경우 종국적으로는 정부의 의도대로 의약분업이 실행되었고, 한약분쟁의 경우 약사들에게 한약조제권의 일부가 허용되었으므로 이러한 결과만 두고 본다면 주도적 유형이라고 볼 수 있다

(따라서 조정적－주도적 유형).

최근의 양한방 갈등에서는 구체적인 세부 사안별로 혼선을 빚기도 하나, 전체적으로 정부는 의료 이원화 체계의 지속과 양한방 협진이라는 기조를 일관되게 유지하고 있으며 현재까지는 갈등 관리에서 주도권을 잃지 않고 있는 것으로 보인다. 양한방 갈등에서 정부의 태도와 기능은 〈표 Ⅱ-1〉에서 Freidson(2001)이 제시하는 계층제적－주도적 유형에 가깝다. 외부 다른 단체의 공식적인 참여 없이 정부가 정책과정 전반을 관할하되 정부의 정책 의도를 지속적으로 유지해나가고 있기 때문이다.

2000년 이후 의료보험수가는 사회의 다양한 단체대표들로 구성된 협의체에서 논의를 거쳐 결정하는 방식으로 전환되었다. 보험가입자 측과 의료 서비스 공급자 측이 대립하는 협의체 구조에서 정부는 일견 중재자 역할을 하는 것으로 보이나 사실상 정부안이 통과되도록 주도적인 역할을 해왔다. 의약분쟁이 한창이던 2001년부터 최근 2006년까지의 의료보험수가 결정 과정은 Light(1995)가 주장하는 대항세력이론의 적용 가능성을 보여준다. 특정 전문직, 즉 의료계의 우월한 영향력을 억제하기 위한 정부, 노동조합, 의료 서비스 수요자들의 규제 경향을 일부 확인할 수 있기 때문이다. 또한 〈표 Ⅱ-1〉에서 Freidson(2001)이 제시한 유형론 가운데 조정적－주도적 유형, 즉 공식적으로 정책결정 과정에 외부 단체의 참여를 허용하면서도 정부가 의도한 특정 방향으로 결정이 행해지는 형태가 동기간 의료보험수가 결정과정에서 나타난다.

네 차례의 분쟁 사례를 통해 볼 때 정부의 의료정책은 다음 세 가지 측면에서 의료전문직 갈등에 직접적인 영향을 미쳤으며 중요한 논점을 제시하였다.

첫째, 법률상으로만 존재하였던 정책이나 제도를 오랜 시일이 경과한 뒤 실제 시행하고자 했을 때 분쟁이 발생하는 상황을 확인할 수 있다. 정부가 특정 정책을 '법규대로' 시행코자 할 시점에는 이미 관련 단체들이 기존의 질서나 관행에 익숙해져 있는 상태였다. 법규나 원칙에 따

라 제도를 시행한다는 것은 이러한 기존의 질서와 상황에 변화를 가하
는 것이었기 때문에 어떠한 형태로든 저항이 따랐다. 특히 기존 관행에
따라 특별한 혜택을 받고 있던 단체의 저항은 거셀 수밖에 없었다. 의
약분쟁은 그 대표적인 사례이다. 의약분업제도는 이미 1963년에 법제화
되었으나 2000년까지 시행되지 않고 있었다. 의약분업제도가 35년 동안
이름만으로 존치되는 동안 의사단체와 약사회, 그리고 정부는 기존의
관습적 제도와 편의에 익숙해져 있었고 정부가 분업제도의 실행을 서
두르자 관련 단체들의 저항과 갈등이 분쟁으로 비화하였다.

의료보험수가와 보험요율의 결정도 이러한 예에 속한다. 의료단체들
뿐만 아니라 정부 또한 의료보험제도가 제대로 운영되기 위해서는 보
험수가와 보험요율의 대폭적인 인상이 불가피하다는 점을 인식하고 있
었다. 그러나 여론의 향배와 잇따른 선거를 의식한다면 보험요율 인상
은 정부로서는 위험수였고 따라서 자연히 낮은 수준의 보험수가가 유
지될 수밖에 없었다. 이때 낮은 수가를 보전해 온 것이 제약회사로부터
흘러 들어오는 '약가 마진'이라는 이름의 음성수입이었다. 정부가 의약
분업제도를 실행하고 약가 마진을 없애고자 한 것은 그동안의 공식 수
입과 비공식 음성수입으로 이루어진 의료계의 보수체계를 완전히 공식
적인 것으로 제도화하고자 한 것이었다. 그러나 의료보험수가 인상을
통해 제도화한 보수 규모가 기존의 수입 규모에 이르지 못하면서 의료
체계는 유례없는 대규모 분쟁을 경험하였다. 보험수가의 인상은 불가피
하게 보험요율 인상을 수반하는 것이어서 보험가입자대표단의 압력과
저항에 직면해 있다.

의료전문직 갈등과 관련한 정부 정책의 또 다른 문제점은 의료전문
인력 수급에 대한 미흡한 대책이었다. 의료전문인력의 양성기관인 대학
의 수와 입학정원, 그리고 새로 배출되는 의료인력은 80년대 이후 급격
히 증가하였다. 이에 대한 정부의 대비책이나 장기 인력계획은 거의 전
무하였으며 의료인력 추계 또한 문제가 있었다. 제한된 의료시장에서
의료전문인력의 수는 급증하여 의료기관들, 그리고 의료전문단체들 사

이의 경쟁은 치열해갔다. 또한 의료인들이 기대하는 전문가로서의 경제적 소득은 여전히 높은 수준이었으므로 단체 사이의 갈등과 분쟁은 피할 수 없었다.

둘째, 특정 정책으로 말미암아 갈등이 유발되면 그 갈등에 대한 해결책 자체가 차후 다시 갈등의 원인이 되어 왔다는 점도 우리나라 의료갈등 사례에서 확인되는 특징이다. 한약분쟁의 수습 과정에서 의약분업제도의 시행과 약대 6년제 개편안 수용은 중요한 조건이었다. 이들 각각은 뒤에 또 다른 갈등과 분쟁의 원인이 되었다. 의약분업제도로 말미암은 분쟁은 선행된 한약분쟁보다 더 큰 사회적 파장을 일으켰고 최근 통과된 약대 6년제 건 또한 다른 의료단체들의 강력한 반대에 직면했었다.

의료보험수가 관련해서도 이러한 상황이 확인된다. 의료보험수가 인상은 의약분쟁을 수습하는 과정에서 정부가 제시할 수 있는 가장 현실적인 대안이었다. 그러나 뒤이어 국민건강보험공단이 의료보험의 심각한 재정난을 공표하고 수가의 동결 또는 인하가 시도되자 의료단체들의 비난이 잇따랐으며 건정심에서도 단체 사이에 심각한 갈등이 빚어졌다.

셋째, 좀 더 근본적이고 거시적인 관점에서 본다면 서구 선진국들에서 도입된 서로 다른 의료제도와 정책들 사이의, 또한 수입된 제도와 기존의 의료제도들 사이의 충돌이 갈등과 분쟁의 밑바탕에서 작용하였다. Abbott의 연구에서 주된 사례로 거론되는 영국, 프랑스, 독일, 미국의 의료체계는 오랜 기간에 걸쳐 고유한 정책과 제도를 형성, 정착시켜 왔다. 이에 견주어 단기간에 서구 여러 나라에서 다양한 제도와 정책을 수입하고 이식해 온 것은 우리나라 의료체계를 설명하는 데 중요한 논점이다. 일례로, 전문화와 기능 분화를 바탕으로 하는 서구식 의료 철학과 운영체계는 전인적 치료를 지향하며 질병을 통합적으로 진단하고 치료하는 한방의료의 철학 및 운영체계와 정면으로 충돌하는 것이다. 의사와 약사들은 한방의 전인주의 시술을 신뢰하지 않으며 한

의사들은 양의학의 분화주의적 대증요법적 치료에 회의적이다. 한방에 전문의 제도를 도입하고 한약사 제도를 신설한 것은 모두 서구식 의료 개념과 체계를 전제한 것이므로 이에 대해 한의계 내부에서도 갈등이 크다. 미국에서 도입한 대체의학 또한 의료계와 한의계 사이의 새로운 갈등 요인이 되고 있다.

그러나 무엇보다 중요한 것은 의료의 공공성과 시장성 또는 산업화에 대한 서로 다른 가치체계가 각기 다른 제도와 정책의 이름으로 유입되었다는 사실이다. 먼저 의료 서비스의 수요와 공급에서 우리나라는 미국식 자유경쟁시장체제를 따르고 있어 정부 개입이 최소화할 것으로 기대되어 왔다. 특히 의료전문 단체는 의료 서비스의 가격 설정과 서비스 공급자에 대한 지불 체계에 정부가 최소한으로만 관여해 주기를 기대하고 있다. 의료시설의 90퍼센트 이상을 민간 부문으로 설립하였으므로 그 유지·관리 또한 민간과 시장에 맡겨야 하며 정부의 통제는 적절치 않다는 견해이다. 의료 서비스와 약품에 대한 수요가 높은 문화와 정서에서 의료 서비스 공급자로서 의료인의 기능은 중요하였으며 의료인들 또한 급증하는 의료 수요에 부응하여 경쟁적인 시장체제에 익숙해져 왔다. 2007년의 의료법 개정안은 자유시장체제에서 의료부문이 더욱 산업화할 수 있는 내용들을 담고 있어 관련 단체들 사이에 논란이 되고 있다.

한편 일본에서 도입한 현행 의료보험제도는 그 원형이 유럽대륙계, 좀 더 구체적으로는 독일식 의료보험제도이다. 독일식 의료보험제도는 강제사회보험방식이며 의료 서비스 공급자와 의료체계 전반에 대한 정부의 통제와 관리를 기본으로 한다. 특히 정부는 보험재정 관리의 책임을 지는 궁극적인 주체로서 재정 압박이라는 현안에 정책의 초점을 맞추게 되는데 이는 곧 의료 서비스 공급자의 지불 수준에 영향을 주고 보험수가 통제로 이어진다.

이렇듯 기본적으로 서로 다른 제도와 철학이 우리 의료체계에 동시에 운용되면서 의료 서비스 공급자와 수요자, 정부는 각자의 처지에 서로 다른 가치관을 적용하였으며 각자에게 유리한 주장을 고수하여 갈등은 불가피하였다.

특정 전문영역이나 구체적인 시술 등을 둘러싼 의료전문직 사이의 갈등은 시장체제에서 본다면 오히려 자연스러운 것이라 할 수 있다. 단순하게 본다면 이때의 갈등은 공급자끼리의 경쟁이 심화한 것으로 볼 수 있기 때문이다. 한약분쟁과 양한방 갈등은 상대적으로 이런 성격이 강했던 것으로 판단된다. 물론 복잡한 전문적 경제적 요인과 성격이 작용하였지만 기본적으로 갈등의 성격은 특정 영역을 두고 서로 다른 단체 사이의 경쟁과 마찰이었다.

그러나 의약분쟁은 의료전문직 사이의 특정 영역을 둔 경쟁 상황이라기보다는 의료계와 정부 사이의 갈등 성격이 강했으며 그 뒷면에는 의료에 대한 서로 다른 가치관, 즉 기본적으로 시장체제로 운영되어야 한다는 시각과 의료의 공공성을 바탕으로 정부가 상당한 정도로 관여하고 규제할 수 있어야 한다는 견해 사이의 충돌이었다. 의료보험수가의 갈등도 의료전문직 사이의 갈등이라는 점에 초점을 둔다면 주로 경제적 이득을 둘러싼 경쟁의 성격을 띠게 되지만, 의료 서비스 공급자대 의료보험 가입자와 정부라는 대결 구도에 초점을 둔다면 다시 갈등은 의료가 정부의 규제를 받을 수 있는 또는 받아야 하는 분야인가에대한 가치 충돌로 이해된다.

의료전문직 갈등의 주된 성격이 관련 단체 사이의 경쟁이라면 정부는 중립의 위치에서 중재나 조정의 기능이 먼저이다. 그러나 분쟁이 의료의 공공성과 시장성에 대한 기본적인 가치관의 갈등에 기인한 것이라면 사회 전반의 합의가 깊이 있게 고민되어야 하고 정부는 좀 더 명확한 정책방향을 제시해야 한다.

지금까지의 갈등 사례에서는 의료전문직 사이의 영역에 대한 경쟁과 그로 말미암은 갈등에 초점을 둔 경향이 있으며 정부 또한 먼저 갈등을 중재한다는 측면에서 접근한 경향이 있다. 그동안 관련 사안에서 정부의 태도가 일관성이 없고 미약했다는 비판을 받고 있는 것은 분쟁의 성격을 이러한 관점에서 이해하고 접근했기 때문이며 의료부문에 대한 정부의 명확한 정책방향이 마련되지 않았기 때문이다.

길지 않은 현대 의료체계의 발전 과정에서 수입된 서로 다른 서구 의료제도들 사이, 그리고 전통 의료체계와 서구 의료체계 사이의 갈등은 불가피한 것이다. 장기적인 관점에서 본다면 최근의 모든 갈등은 이들 서로 다른 체계와 정책들이 마찰하고 조정되면서 '고유한' 제도로 정착되어 가는 과정이라고도 할 수 있다. 그러나 현재로서는 그 틈이 여전히 너무 큰 듯하다.

4. 그리고 미래: 지노믹스(Genomics) 시대의
의료전문직 체제와 의료정책

    의사·한의사·약사는 명실 공히 우리나라 의료체계에서 가장 중심된 의료 서비스 공급자들이다. 이들은 '90년대 초반부터 지난 10여 년 동안 이어진 의료갈등의 주체들이었다. 전문성과 정치적 자원을 고려하여 각 단체의 현실적 영향력을 평가하는 것도 간단치 않지만 여기에 개별 쟁점들이 안고 있는 특성과 복잡하게 얽혀있는 정황까지 더하면 단체들의 우열과 승패를 가늠하기란 더욱 어려워진다. 세 단체가 앞으로도 경쟁과 갈등을 겪으면서 불안정한 균형을 계속해갈 수밖에 없는 근본적인 이유가 여기에 있다.

    그러나 '불안정한 균형'이라는 예측도 의료체계를 둘러싼 미래의 환경이 최근 10여 년 동안과 크게 다르지 않을 것이라는 전제 아래서만 가능하다. 기존의 조건과 체계를 근본적으로 변화시킬 수 있는 요인이 등장할 경우 얘기는 전혀 달라진다.

    본문에서 다양한 요인들을 살펴보았지만 무엇보다 전문가주의의 핵심은 전문지식과 기술이다. 21세기로 넘어오면서 인류 과학은, 지금까지 '발전' 또는 '진보' 등으로 표현되었던 변화와는 전혀 다른 성과를 목격하였다. 생명공학(Biotechnology), 특히 유전자 관련 연구를 포괄하는 지노믹스(Genomics)의 등장과 진전이 그것이다. 의료분야에 대한 지노믹스의 영향력을 쉽게 단언할 수 없는 이유는 이들 연구와 기술 발전이 거대 자본을 바탕으로 한 산업화, 그리고 세계화와 함께 움직이고 있기 때문이다. 공학에서는 지노믹스를 유전자(gene)와 염색체(chromosome)의 두 단어를 조합한, 관련 연구분야를 일컫는 용어로만 이해하고 있다. 그러나 사회과학의 일각에서는 유전자(gene) 또는 지놈(genome)과 경제학

(economics)을 조합한 단어로서 지노믹스를 해석하고 있다. 즉, 지놈 연구가 산업과 경제, 나아가 국가의 부(富)를 주도할 것이라는 측면에 주목하고 있는 것이다.

2000년 6월은 인간 설계도라 일컬어지는 인간 지놈 지도의 '초안'이 발표된 획기적인 시점이었다. 그로부터 3년 뒤 인간 유전체의 염기서열에 대한 완전한 해석이 이루어졌다(The Economist, 2003a). 지노믹스의 세부 연구는 놀라운 속도로 진행되고 있는데(The Economist, 2005c), 2006년 노벨 생리의학상과 화학상이 이 분야의 연구에 돌아간 것도 새로운 가능성과 기대를 드높이고 있다.

이들 연구 성과는 의료분야에 직접적인 영향을 미치고 있다. 유전자 질환의 진단과 치료에 새로운 기술이 도입되고 진단 시약과 신약 개발에 박차가 가해지고 있다. 특정 민족이나 개인의 유전자 형태에 근거한 진단과 치료의 가능성이 열려 의학은 더욱 개인화, 개별화할 전망이다. 난치병 치료제들이 개발되고 있고 제약을 목적으로 가축을 사육하거나 농작물을 재배하는 이른바 '파밍(pharming)'으로 만들어진 약품도 본격 상업화를 앞두고 있다(The Economist, 2004a; Nature Biotechnology, 2006).

그러나 지놈 프로젝트의 성과는 단지 의료지식과 기술에 변화를 가져온다는 것에 그치지 않고 의료의 산업화를 주도하는 영역으로 등장하고 있다. 2004년, OECD 회원국의 과학부 장관들과 보건부 장관들이 모여 생명공학이 세계 각국의 지속적인 경제발전에 중요한 원동력이 될 것이라는 데 의견을 같이한 것도 이러한 상황을 반영하고 있다(한국과학재단, 2006b: 49).

현재 생명공학 연구에는 국제적으로 대규모의 자본이 투자되고 있다. 주요 선진국의 정부뿐만 아니라 민간연구소, 다국적 대기업, 소규모 벤처 업체 등에 이르기까지 활발히 연구에 참여하고 있다. 유전자 맞춤형 신약에는 유전자 특징별로 적용 범위가 넓지 않고 개발이 어려워 막대한 자본과 시간이 투자되므로 제품은 고가로 판매될 수밖에 없다. 이 분야야말로 거대 자본력이 투자와 수익창출의 위력을 주저 없이 발휘

하고 있는 영역이다. 생명공학 연구가 당초 기대만큼은 성과를 내지 못
하고 있다는 평가와 주식시장에서는 '생명공학 거품(biotech bubble)'이 존
재한다는 지적도 있으나, 연구 개발에 대규모 자본투자가 계속되고 있
고 그 잠재력에 대형 다국적 의약업체들이 큰 희망을 걸고 있어 여전
히 투자가치가 높은 분야이다(The Economist, 2006).[98]

한편 생명공학을 기반으로 한 의료기술의 발전은 산업화뿐만 아니라
선진국들의 시장개방 요구에 힘을 실어줄 것으로 보인다. 2005년 현재
개발 중에 있는 7,500개 이상의 생명공학과 제약업계 약품들의 대부분은
선진국에 만성화되어 있는 질병치료를 위한 것이고(The Economist, 2005a)
미국을 비롯한 서구 선진국이 이들 연구를 주도하고 있어 그렇지 못한
나라들로서는 의료시장 개방을 통한 교류의 필요성과 압력을 더욱 절감
할 수밖에 없다. 앞서 본문에서도 의료시장 개방은 우리나라 기존의 의
료전문직 체제와 의료체계 전반을 변화시킬 수 있는 중요한 요인이라고
지적한 바 있다. 첨단의 필수 의료 서비스와 약품을 양산하게 될 생명
공학의 발전은 의료시장 개방의 또 다른 불가피한 근거가 되고 있다.

외국의 거대 자본이 지노믹스 연구와 산업을 진전시키고 의료시장
개방과 함께 외국 의약계 기업의 영향력이 국내에 본격 진입하게 될
경우, 기존의 세 의료단체가 형성하던 불안정한 균형은 새로운 국면을
맞을 것으로 보인다.

먼저 의료계는 서구의 과학과 이를 바탕으로 한 의료 전문지식·기술
의 발전을 전문성의 핵심으로 하고 있는 분야이다. 따라서 생명공학에
근거한 새로운 지식과 기술을 가장 자연스럽게 받아들이고 환경 변화
에 가장 빨리 적응할 전문직이라 판단된다. 그러나 새로운 의료지식의
유입은 의료계 안에서 전문성의 계층화 또는 양극화를 가져올 상황을

---

98) 실제로 2004년 생명공학 회사들은 수년 동안 수백억 달러의 자본을 투자한 결과, 기존
　 의 제약회사들보다 더 많은 신약승인을 미국 FDA로부터 얻었다. 전 세계에 분포한
　 4,400개의 생명공학 기업들은 대부분 개인 기업인데, 특히 미국의 생명공학 회사들은
　 유럽 회사들의 약 5배를 투자하여 큰 성과를 거두고 있다(The Economist, 2005c).

배제할 수 없다. 첨단의 의료지식과 기술을 다룰 수 있는 의료인들과 그렇지 못한 의료인들 사이의 분화는 의료계 내부에 새로운 변인이 될 수 있다. 이는 의사 개개인이 새로운 지식과 기술을 습득하느냐의 여부에 따른 분화만을 의미하지 않는다. 신약개발을 위한 투자 양상과 생명공학의 발전 추이를 보면 머지않은 미래에 현존하는 질병의 상당수가 복잡한 수술이나 치료에 의존하지 않고 약 처방과 복용만으로 치유될 수 있을 것으로 본다. 이러한 상황에서 임상실습을 통해 전문성이 강화된 약사들의 등장은 의료체계에 또 다른 긴장을 일으킬 수 있다.

약계는 새로운 의료기술의 발전을 통해 어느 단체 못지않게 성장할 수 있을 것으로 본다. 지놈 프로젝트의 성과로 신약개발에 박차가 가해지고 어려운 수술이나 치료보다 약품 투입만으로 병을 치유할 수 있는 범위가 확대되면 약대 6년제 개편으로 전문성을 강화한 약사들과 의사들 사이의 힘의 균형은 새로운 변화를 맞을 것이다. 그러나 상황이 약사들에게 우호적이지만은 않은데 이미 지노믹스 연구 성과에 대한 정보 공개와 공유의 필요성이 새로운 화두로 떠오르고 있기 때문이다 (GenomeLife, 2004). 신약을 포함한 수많은 약품들에 대한 정보가 정보기술과 결합하여 접근이 쉽고 일반화된다면 약사들의 전문가적 독점성은 다시 위기를 맞을 수 있다.

한의계는 이런 정황에서 가장 긴장해야 할 전문직이다. 현재도 한의계는 진단과 치료, 한약 조제 등에 대한 표준화와 '서양식' 과학화에 적지 않은 거부감과 어려움을 지니고 있다. 이런 한의계가 지노믹스 연구 성과를 바탕으로 한 전문지식과 기술의 변화, 그리고 시장개방과 세계화의 흐름에 어느 정도 적응할 수 있을지는 한의계 스스로의 노력에 달려있다. 더 이상 정부나 다른 단체의 지원, 또는 인근 전문단체의 '공격'으로 말미암은 반사 이익을 기대할 수 있는 상황은 아닌 듯하다. 첨단의 주류 의료계에서 더욱 멀어질 경우 한의계로서는 의료 일원화라는 '최악의 불가피한 선택'에 동의해야할지도 모른다.

지금까지 의료부문이 산업의 외곽에서 타자 또는 객체였다면 지노믹스 시대의 의료는 산업과 일체된 형태로, 주체로서 기능할 것으로 보인다. 지노믹스 연구를 기반으로 한 새로운 진단·치료법과 신약들이 전에 없이 대규모 자본과 지적 재산권을 앞세워 시장화를 기다리고 있으며 그 존재를 부인할 수 없기 때문이다. 이러한 환경 변화에 대응하기 위해서는 의료정책을 산업 및 경제정책과 연계하고 포괄할 수 있는, 패러다임 자체의 변화가 필요하다. 또한 기술적으로는 의료정책 전 과정에서 관련 과학기술과 산업계의 동향을 함께 고려해야 하며 관계 전문가들을 정책과정에 적극 참여시키는 것이 필요하다.

의료분야를 산업부문과 연계 또는 포괄시키고자 할 때 우려되는 것은 의료 서비스 공급자들 사이의 경쟁이 더욱 치열해지고 시장논리에 따라 의료의 공공성이 저해될 수 있다는 점이다. 특히 인간의 지놈을 처음 해독하였고 생명공학 연구에 가장 많이 투자하여 성과를 거두고 있는 미국은 선진국들 가운데서 예외적으로 의료 서비스 수급을 민간 시장에 의존하고 있는 나라이다. 미국은 유럽 국가들과는 달리 의료는 개인의 문제라는 시각이 강하다. 이러한 철학은, 개인의 건강과 질병이 개인적인 문제가 아닌 사회적 문제이므로 사회와 정부 차원에서 해결되어야 한다는 유럽식 관점에서 볼 때 상당히 위험한 것이다. 의료 산업화가 진전될수록 정부의 필수적인 기능이 요구되는 것은 바로 이 때문이다. 공공의료의 마지노선을 지키는 것은 결국 정부의 영역이고 책임이다.

그러나, 가장 기본이 되어야 하는 것은 전문가단체와 정부 등 관계자들 사이의 신뢰이다. 관련 단체들 사이의 신뢰는 정부에 어떠한 제도적 규제나 정책적 조치보다 갈등과 사회적 비용을 최소화할 수 있는 방안이기 때문이다. 전문가들이 제공하는 지식과 기술이 복잡하고 어려울수록 일반인들은 그 가치와 내용을 이해하는 데 어려움을 겪게 되는데 앞으로 이러한 정보의 불균형은 더욱 심해질 것으로 보인다. 전문가주의에서 전문가와 일반인들 사이에 신뢰를 바탕으로 하는 신탁관계가 전통적으로 강조되어 온 것도 이러한 맥락이다. 따라서 미래의 사회에서는 전문지식과 고급 정보를 독점하는 전문가들 스스로 신뢰를 얻고 자 더욱 노력해야 하며, 그러한 풍토가 조성될 수 있도록 정부를 비롯 한 관련 집단의 협조가 필요하다. 특히 지금까지의 상황을 비추어 볼 때 정부와 의사단체 사이의 신뢰관계를 회복하는 것이 현실적으로 가 장 시급하다.

지노믹스 시대는 상상하고 기대했던 것보다 훨씬 빠른 속도로 다가 오고 있다. 의료분야는 그 연구 성과로부터 가장 직접 영향을 받는 분 야이다. 의료 전문지식과 기술은 크게 변화할 것이며 지금까지와는 전 혀 다른 차원의 의료 서비스가 공급될 것이다. 의료단체들의 기존 전문 관할권은 재편될 것이며 동일한 의료단체 안에서도 기능상 분화나 계 층화가 이루어질 가능성이 크다.

2007년의 시작과 함께 의료법 개정안을 두고 의료체계 전체가 다시 갈등에 휩싸였다. 의료단체들은 전문 관할권의 보호 또는 확대를 위해 정부를 압박하고 있으며 시민단체들은 개정안이 지나치게 시장논리에 따르고 있다고 하여 반발하고 있다. 그러나 그 어느 쪽 주장에서도 앞 으로 의료체계 전반의 급격한 환경 변화를 준비하거나 우려하는 목소 리는 찾아보기 힘들다. 구체적인 사안들에 대해 단편적·전술적으로 접 근하기보다, 우리나라 의료체계의 방향과 의료전문직의 소임에 대해 좀 더 깊이 고민하고 공감대를 형성해 나가는 것이 필요한 시점이다.

부록

조사방법과
현장조사의
실제

조사방법은 본 연구의 중요한 특징 가운데 하나이다. 의사단체, 한의사단체, 약사단체의 특성과 이들 사이의 갈등, 그리고 정부의 정책과정과 기능을 파악하는 데 심층 면접조사를 비롯한 질적 조사방법(qualitative methodology)을 활용하였다. 각계의 주요 인사를 대상으로 하는 엘리트 면담을 중심된 조사방법으로 하였다. 이하에서는 조사설계와 예비조사에 이어 실제로 인터뷰 대상자를 어떻게 접촉하고 현장에서 어떻게 면접조사가 진행되었는지 등, 본 연구의 조사방법과 조사과정 전반에 대해 논의한다. 조사방법에 대한 상세한 논의는 질적 연구방법이 활발하게 이루어지지 않고 있는 우리나라의 정책학계 또는 행정학계의 방법론 분야에 경험적인 사례연구로 의미 있을 것으로 기대한다.

I. 조사설계와 예비조사

1. 조사방법

본 연구의 대상은 우리나라 주요 세 의료단체와 이들 사이에 발생한 네 건의 분쟁사례이다. '90년대 이후 2006년 말까지 주요 의료전문단체들 사이에 발생한 한약분쟁, 의약분쟁, 양한방 갈등과 의료보험수가 갈등, 그리고 각각의 관련 정책과정을 분석하고자 본 연구에서 활용한 조사방법은 첫째, 심층면접이다. 연구의 성격상 분쟁 과정과 관련 정책과정에서 내부적으로 실제의 활동 상황을 파악하는 것이 관건이었으므로 관계자들과의 심층면접조사가 필요하였다.99) 면접방식에서는 질의 내용을 구체적으로 구조화하는 형태를 지양하였다. 면접 대상자들의 상당수가 소속단체의 고위직에 있는 인사들이었기 때문에 세부적인 사항에 대한 질의─응답 유형의 면담은 어려울 것으로 판단되었다. 그러나 조사설계 단계에서 이론적인 논의와 틀을 바탕으로, 기본적으로 파악하고자 하는 내용을 범주화하고 구상하여 반구조화한 면접으로 진행하였다.

둘째, 정책결정의 실질 과정과 내부 동향을 연구하기 위한 조사 방법으로, 의사결정에 직접 참여하였거나 중요하게 관여한 핵심 인사들을 대상으로 하는 엘리트 면담을 활용하였다.100) 엘리트 면접조사의 개념

---

99) 실제로 정책로비활동 등과 같은 내부적인 실제 상황을 파악하는 데 가장 일반적인 조사방법은, 많은 시간과 비용이 소요되지만, 관련자들을 직접 대면하여 심층면담하는 것이다. 로비스트나 이익단체의 집행부 인사들에 대해 심층 인터뷰를 실시하여 일반에 알려지지 않은 내부 상황과 결정과정에 대한 정보를 얻는다. 3년에 걸쳐 약 50여 명의 인사를 인터뷰하고 조사 분석한 Woodstock Theological Center(2002)의 연구나 북미, 유럽, 인도, 브라질 등의 지역에서 기업가, 로비스트, 시민단체 관계자와 공무원을 인터뷰하고 관련 전문가, 학자의 도움을 받아 연구한 Institute of Social and Ethical Accountability(2005)의 프로젝트가 대표적이다(최희경, 2006: 37-38).
100) 엘리트 면접조사에 대한 이론적 논의는 최희경(2005: 158-164)참조.

과 범위를 넓게 규정하면, 사회 안에서 특정한 전문지식이나 지위를 가진 집단 구성원을 대상으로 하는 면접조사로 규정된다. 본 연구에서 이 개념을 적용한다면 의료단체의 구성원 모두와 정부 구성원 등 사실상 모든 면접 대상자가 포괄된다. 본 연구는 특별히 의료전문직 갈등 상황과 관련 정책결정 과정의 실제 내부 상황을 파악하는 데 주된 초점이 있으므로 그 개념을 좁혀 관련 단체의 주요 인사만을 엘리트 면접조사의 대상으로 한정하였다.

셋째, 면접 대상자들을 개별로 접촉하여 심층 면담하면서 중요한 내용이나 특정인의 주장에 대해서는 가능한 한 교차 확인하였다. 특정 사안의 로비활동에 대해 "완벽한 진실을 아는 이는 아무도 없(No one actor or group has all the truth)(Woodstock Theological Center, 2002: ix)"으므로, 각 관련 주체가 지니고 있는 사실을 종합, 확인, 정리하는 작업이 필수적이다. 본 연구에서는 관련 단체의 핵심 인사들을 한 자리에 초청하여 논의할 기회를 마련할 수 없었으므로 개별 면담시 다른 단체의 주장과 전략 등에 대해 문의하여 논란이 되는 사안을 상호 교차 확인하고 관점을 비교하여 자료를 총합함으로써 전체적인 상황을 파악하고자 하였다.

넷째, 연구자는 또한 정부와 각 의료전문 단체의 내부 자료를 수집, 활용하였다. 대부분의 내부 자료는 외부인의 접근을 허용하지 않는다. 조사자는 이들 자료에 접근하고자 담당자를 설득하고 협조를 구하는 데 많은 노력과 시간을 들였으며 일정 부분에 있어서는 자료의 개방 정도와 내용 등을 두고 타협을 하였다.

그 밖에 관련 인터넷 웹 사이트와 각 사이트 게시판의 글들을 참고하였으며 신문, 잡지, 정부 간행물 등과 통계자료를 활용하였다. 인터넷 자료들은 의료전문가와 일반 시민의 직접적이고 솔직한 감정과 태도, 성향 등을 파악하는 데 유용하였다. 언론의 보도자료는 의료전문 단체들이 서로 어떤 주장을 하고 분쟁이 어떻게 조정 또는 해결되었는지, 또한 개별 의료단체의 어떤 특징이 분쟁의 결과에 영향을 주었는지를 파악하는 데 유용하였으며 면담자료의 사실 관계를 확인하고 정황을 이해하는 데 도움이 되었다.

2. 조사설계

면접조사에 앞서 Abbott(1988)의 연구를 바탕으로 한 갈등 사례별 분석 논점(〈표 II-2〉)을 근거로, 질문의 큰 범주를 정하고 그에 따라 세부 질문문항을 구성하였다. 이들 문항은 질의에 그대로 활용하기 위한 것이 아니라 실제 면접에서 주제가 크게 벗어나지 않도록 하기 위한, 가능한 한 체계와 일관성을 유지하고자 마련된 예상 또는 가상 질문이었다. 이들 질문은 실제의 면접조사 가운데 연구자가 어떻게 내용을 적절히 통제하고 방향을 유지할 것인지에 대한 지침이 되었고 뒤에 자료의 분석단계에서도 방대한 자료를 분류하고 의미를 찾는 데 유용한 범주와 틀을 제공하였다.

〈표 III-1〉에서 제시된 세부 주제들을 근거로 계획된 가상 질문들로는 첫째, 응답자로부터 분쟁 당시의 개인적인 경험을 질문함으로써 공식적인 뉴스와 정보 이면의 세부적이고 현장감 있는 자료를 구하고자 하였다. 특히 의료전문인들은 분쟁 당사자로서 당시의 행동과 심적 정황 등에 대한 나름대로의 구체적인 정보를 가지고 있기 때문에 분쟁의 사회학적 성격을 밝히는 데 유용할 것으로 판단되었다. 의료전문인 개인의 경험은 소속 의료단체에 대한 정보뿐만 아니라 정부와 시민단체의 성격과 정치적 관리적 역량 등을 제시해줄 것으로 기대되었다. 특히 개별 단체의 지도자급 인사들은 소속 단체의 구체적인 전략과 의사결정 과정에 대한 중요한 자료원으로 기대되었다.

둘째, 다른 단체에 대한 응답자들의 견해와 평가, 특히 정부와 시민단체의 기능과 위상에 대한 의견을 구하고자 하였다. 이들 질문은 의료전문 단체들 사이의 관계와 이들 단체와 정부, 또는 시민단체와의 관계를 밝히는 데 도움이 될 것으로 판단되었다. 정부가 갈등상황을 어떻게 관리하고 갈등에 어떤 영향을 주었는지, 시민단체가 어떻게 분쟁에 개입하였으며 어떤 역할을 하였는지에 대한 자료 또한 이상의 질문을 통해 구할 수 있을 것으로 기대되었다.

셋째, 당시의 사회 일반 정황에 대한 문의를 통해 의료전문직 갈등과 관련 주체들의 행동, 태도와 가치관에 영향을 준 사회, 문화, 기타 환경 요인들을 확인할 수 있을 것으로 기대되었다.

면접조사 내용을 좀 더 구체적으로 설계하고자 면접 대상자들을 소속에 따라 분류하고 각 유형별로 질문 내용을 구상하였다. 면접 대상자는 크게 의료전문단체·정부·시민단체·언론계의 구성원으로 각각 분류되었다. 특히 의료전문 단체 구성원의 경우 각 개별단체의 핵심인사와 일반 의료전문인, 그리고 대형 종합병원의 경영자로 세분화하였다.

각 의료단체의 핵심 인사를 통해서는 소속 단체가 분쟁에 당면하여 내부적으로 어떤 결정을 내리고 어떤 전략으로 임하였는지에 관한 자료를 구하고자 하였으며, 일반 의료전문가와의 면접을 통해 그러한 협회 집행부의 결정에 대한 일반 구성원의 의견과 당시의 포괄적인 정황을 파악하고자 하였다. 대형 종합병원 경영자와의 면접은 의료단체의 또 다른 시각과 견해를 구할 수 있는 기회라고 판단되어 면접대상에 포함하였다. 정부는 분쟁의 촉발과 중재, 종결의 전단계에 걸쳐 중심에 있었으므로 관련 정책을 담당한 공무원을 대상으로 면접을 계획하였다. 분쟁이 심화되고 정부의 신뢰와 영향력이 약화되자 그 대안으로서 시민단체가 등장하였으므로 본 연구는 시민단체대표들을 면접대상으로 포함하였다. 이러한 계획에 따라 현장조사 직전까지 예정된 면접 대상자는 총 41명이었다.

계획된 면접 대상자를 접촉하고자 조사자는 반송봉투와 함께 면담 요청서와 동의 응답서를 발송하였다. 면담 요청서에는 연구의 목적과 인터뷰 주제를 밝히고 면접 내용이 학문적인 목적으로만 활용될 것임을 명시하였다. 조사자는 또한 면접 대상자의 신분은 당사자가 공개를 허락하지 않는 이상 절대 보호될 것임을 약속하였다. 공식 요청서는 우편 외에 전자메일을 통해서도 전달되었으며 전화를 통해서도 내용을 전하였다.

현장조사 준비의 일환으로 지도교수 2명의 추천서가 마련되었다. 추천서에는 조사자의 신분에 대한 보증과 응답자의 비밀보호에 대한 약속이 중요한 내용으로 포함되었다. 이 추천서는 정부 관계자와 각 의료 전문 단체의 핵심 인사를 면접할 때 제시될 것이었다. 외국인 지도교수의 추천서는 일종의 공식 문서로서 실제 면접시 신뢰와 효과를 가져다줄 것으로 기대되었다.

면담 내용을 기록하는 데는 녹음기기와 함께 현장기록을 병행하기로 하였다. 현장기록은 면담의 포괄적인 정황과 대화 이면의 응답자의 의도와 감정 등을 제공해줄 것이라 판단하였다(Denscombe, 1988: 122). 녹음은 응답자의 허락 아래서만 행하기로 하였다.

3. 예비조사(Pilot Survey)와 그 성과

면접조사에 활용될 소주제와 질의 내용을 확인하고 수정, 보완하고자 사전 예비조사를 시행하였다. 예비조사는 또한 당초의 면접 대상자 선정 계획이 적정하였는지를 검토할 수 있는 기회였다. 본 연구의 주제인 의료단체들 사이의 갈등은 민감한 사회 문제이다. 또한 면접 대상자들은 높은 교육을 받은 해당 분야의 전문가들이다. 이러한 상황에서 본 조사에서 실행될 면접조사는 일반인을 대상으로 하는 것보다 더 신중하게 조직되고 시행될 필요가 있었으므로 사전 예비조사가 필수적인 것으로 판단되었다. 예비조사는 주로 전자메일과 전화를 통해 개방형의 질의응답 형태로 진행되었다.

예비조사에는 의사 2명(**의사**5; **의사**12), 정부 관계자 1명(**정부관계자**4), 약사 1명(**약사**1), 한의사 1명(**한의사**1), 그리고 간호학과 교수 1명이 포함되었다. 이들에게 처음 전화나 전자메일로 질의한 내용은 거의 공통된 것이었으나 질문에 대한 개개의 응답은 다른 내용이었으므로 이어지는 질문은 응답자별로 달리 구성하였다. 조사 대상자별로 각각 2회에서 6회에 이르는 질의응답이 교환되었는데 과정이 반복됨에 따라 좀 더 구체적이고 심도 있는 질문 내용과 조사 방향을 설정할 수 있었다. 예비조사를 통해 연구자는 현장조사에 필요한 전략을 구할 수 있었으며 당초의 조사계획을 수정 보완할 수 있었다.

예비조사의 교훈은 다음 세 가지로 구분된다. 먼저 예비조사를 통해 면접조사의 질의와 진행내용이 보완되었으며, 면담 대상자가 수정되었다. 또한 실제 현장조사에서 특별히 유의해야 할 사항과 필요한 전략을 수립하는데 도움이 되었다. 각각의 내용을 살펴보면 다음과 같다.

1) 질의와 조사 내용의 보완

예비조사는 실제 면접 때 행해질 대화 내용이나 면접의 진행 방향을 구체화하는 데 도움이 되었다. 한 의사와 여섯 차례에 걸쳐 전자메일을 통해 행해진 예비조사가 대표적인 사례이다.

의사5에게 보낸 첫 번째 메일에서 조사자는 의과대학의 교육제도 및 일반의와 전문의가 되기 위한 과정 등에 관한 일반적인 질문을 하였다. 메일을 통한 첫 번째 연락에서 응답자가 민감한 사안을 논해줄 것이라고는 기대하지 않았기 때문에 일반적인 정황만을 질문하였다. 예상한 대로 응답자의 답변은 질문의 범위를 넘지 않았으며 당시 최대 이슈였던 의약분쟁과 관련해서는 어떠한 개인적인 의견도 표명하지 않았다(**의사**5의 첫 번째 e-mail, 2001.10.22).

두 번째 질문에서 조사자는 일반의와 전문의의 공식적인 개념과 실제 현장에서 이들의 기능에 관해 좀 더 구체적으로 문의하였다. 조사자는 이 주제가 의료계의 문제점을 이끌어낼 수 있는 실마리가 될 것이라고 판단하였다. 응답자는 동 주제와 관련된 정부의 의료정책을 비판하고 의료체계의 구체적인 문제점을 지적하였다.

한마디로 절망입니다. 레지던트 트레이닝 받을 때 100명도 넘는 환자 보면서 케이스별로 정리해서 컨프런스 하고 매일 저널 읽어 발표하고 그렇게 힘들게 전문의 땄는데 개업하고서는 비만 섭식 클리닉이라고 돈 많은 여자들 체중감량 프로그램이나 짜주고, 피부과는 여드름, 기미 치료해서 먹고살고. 성형외과도 트레이닝 받을 때는 화상환자 같은 중환자 위주로 보다가 개업하고서는 성형수술이나 지방제거술 같은 미용으로 먹고살고. [우리나라에는] 정말 아픈 환자는 의사가 없어서 죽고 의사들은 돈 많은 사람들에게 …… 아부하며 사는 겁니다. …… 제도가 정당한 방법으로는 살지 못하게끔 되어 있으니 자꾸 비정상적인 방향으로만 커지는 겁니다. 이젠 감기 환자를 두고 약사들하고 경쟁을 하고 있으니… 정부는 이런 모든 비합리적인 구조적 문제에 책임을 져야 합니다. **-의사5의 두 번째** e-mail, 2001.10.23-

의사5의 두 번째 전자메일 답신에서 보는 바와 같이 현안에 관한 간단한 질문조차도 의료체계 전반에 대한 의료인의 비판과 감정적 반응을 불러일으켰다.

그 다음 질의문을 통해 조사자는 당시 갈등관계에 있었던 의사와 약사, 그리고 의사와 한의사의 관계에 관하여 직접 질문하였다. 응답자는 약사와의 관계에 대해서만 대답하였는데 약사 측과 정부를 강도 높게 비판하였다.

문제는 동네 수퍼보다 약국이 많다는 겁니다. …… 현 정부와 정책은 의사 죽이기에만 열을 올리고 있구요. **-의사5의 세 번째** e-mail, 2002.2.15-

의사와 한의사와의 관계에 대해서는 언급이 없어 당시 가장 심각한 사안은 의약분업사태를 통한 약사들과의 갈등임을 확인할 수 있었다.

네 번째 전자메일에서 조사자는 앞서 응답이 없었던 한의사와의 관계에 대해 재차 질문하였다. 특히 조사자는 일제 통치 아래서 한의의 역사가 단절되었던 상황을 언급하며 '가슴 아픈' 심경을 표현하였다. 이에 대해 **의사5**는 "그런 ***(불합리한 부문)에 대해서는(**의사5의 네 번째** e mail, 2002.3.17)" 언급할 것이 없음을 표명하는 선에 그쳤다. 대신 약사에 대한 비난은 계속해서 이어졌으며 또한 "현 사태를 불러온 의사협회의 수동적이고 미온적인 대처"를 강도 높게 비판하였다.

다섯 번째의 전자메일은 단지 첫 번째 응답의 일부를 확인하기 위한 것으로서, 모든 전문과목에서 전공의 과정이 4년인지에 대해 질문하였다. 과거에는 전문과목마다 전공의 과정 기간이 달랐음을 언급하면서 응답자는 전문과목 사이의 경쟁과 분화 현상에 우려를 나타내었다. 이어서 그는 당시 상이한 전문과목마다 다른 의료보험수가가 적용됨을 지적하면서 이는 "정부가 의사간의 단합과 영향력을 깨뜨리기 위한 술수(**의사5의 다섯 번째** e-mail, 2002.11.27)"라고 주장하였다. 조사자가 극히 평이하고 중립적인 질문을 하더라도 응답자는 정부와 현 의료체계에 대한 강력한 비난으로 응대하고 있음을 알 수 있다.

마지막 전자메일에서의 질문은 비보험 의료 서비스 가격이 결정되는 과정과 방법, 그리고 왜 의사들이 비보험 의료 서비스를 선호하는지에 대한 것이었다. 이들 내용은 의료보험과 관련된 의료전문 단체들 사이의 갈등을 확인하기 위한 출발점임과 동시에, 수입에 관한 민감한 사안을 우회적으로 알아보기 위한 것이었다. 비보험 의료 서비스 가격이 결정되는 방법에 대해서는 응답자는 대략적이고 간단하게 설명하였다. 대신 의료보험수가체계와 관련, 응답자는 민감한 반응을 보였다.

> [의사들이 비보험 서비스를 선호하는 이유는] 세금을 피할 수 있고 또 비보험 서비스는 그래도 가격이 적정하니까. 의보 비적용 부분은 보험공단에 청구를 안하니까 현금 순환도 빠르고. …… 아직 우리는 의료보호환자 급여를 [1월 30일 현재] 작년 6월 것까지 밖에 받지 못했는데 의료보호환자가 1/3이 넘는 우리로서는 돈이 돌지 않아 죽을 지경입니다. 이런 경우는 국가를 상대로 손해배상 낼 방법은 없습니까? 세금은 제 때 내지 않으면 추징금 칼같이 떼어가면서.   -**의사5의 여섯 번째** e-mail, 2003.1.30-

의사들의 조세회피에 대한 정당화 논리로 **의사**5는 "의료보험수가 제도의 불합리성"을 강조하였다.

> 같은 의사들끼리 심지어 약국하고 경쟁해서 살아남으려면. 또 워낙 의보
> 수가가 낮으니까 살 방도를 찾다보니 탈세도 하고 그렇게 되는 겁니다. 솔
> 직히 지금 상황에서 그렇게 안하면 살아남을 병원이 몇 개나 되겠습니까.
>
> -**의사**5의 **여섯 번째** e-mail, 2003.1.30-

의사5는 정부와 약사들에 대한 분노를 다시 표출하였다. 그의 응답에는 의료보험수가를 두고 의료단체들 사이에 실제적 감정적 갈등이 존재함을 시사하고 있었다.

이상과 같은 여섯 차례에 걸친 **의사**5와의 질의응답과 다른 응답자와의 예비조사를 통해 조사자는 당초 설계했던 면접내용과 질문 가운데 몇 가지 사항을 보완 수정하였다. 먼저 예비조사 응답자 가운데 의사와 한의사는 어느 측면에서든 약사가 '분쟁의 주범'이라고 믿고 있었으며 또한 '정부는 약사의 편'이라고 주장하였다. 조사자는 약사단체의 특성에 좀 더 주목하여 약사들이 어떻게 양대 분쟁에 모두 관여될 수밖에 없었으며 실제로 의료체계에 미치는 영향력이 어느 정도인지 현장조사 때 유념하여 조사할 필요가 있었다.

또한, 예비조사에 응한 의료전문인들은 공통적으로, 의료기관 또는 약국 운영의 재정적 어려움을 토로하였다. 이들은 "다른 쪽(다른 의료단체)에서 우리 몫을 가져가서"라는 형태의 표현을 자주 사용하였다. 따라서 현장조사 동안 분쟁과 관련된 경제적 문제에 더욱 초점을 두기로 하였다.

2) 인터뷰 대상자 선정의 재검토

예비조사를 통해 당초 계획된 인터뷰 대상자를 재검토, 수정하였다.

인터뷰 대상자의 첫 번째 수정은 전자메일과 전화 등으로 다섯 차례에 걸쳐 행해진 한 정부 관계자(**정부관계자4**)와의 예비조사 결과 이루어졌다. 첫 번째 전자메일에서 조사자는 의료전문인의 양성과 공급에 관한 정부 정책에 관해 질문하였다. 조사자는 전반적인 의료정책과정, 의료공급자 체계의 장기계획에 대한 것과 각 의료전문 단체들이 정책결정 과정에 어느 정도 영향력을 행사하는지에 관한 응답자의 사견을 함께 질문하였다. 응답자는 문항별로 비교적 상세한 응답을 전해왔다.

그러나 두 번째 단계에서 조사자가 의료보험수가 결정 과정과 기타 정부 정책 결정 과정의 내부 정황을 질문하였을 때 응답자는 그러한 요청에 당혹감과 난색을 표하였다. 응답자는 정중하면서도 단호하게 답변이 불가능하다는 거절 의사를 전해왔다.

> 그에 대한 정보는 개인적으로 취득하기는 상당히 어려울 것 같습니다. 문의하신 사항은 담당 사무관, 과장, 국장, 실장, 차관, 장관 모두 관여되어 있고 청와대의 개입도 많은데…. 우선 다른 업무와 달리 사무관이나 과장의 실권이 별로 없습니다. 그래서 정확한 흐름은 최소한 국장급 이상이 잘 파악하고 계신데 개별적으로 인터뷰하시는 것은 거의 불가능하실 듯하고 제 능력 밖의 일입니다. …… 또 수가문제 관련해서는 담당하시는 분이 여럿 되는 것으로 알고 있는데 지난해에는 감사원의 특별감사도 한 달 이상 받았고 징계 받으신 분도 여럿 되시고, …… 현실적으로 접근하기가 상당히 곤란할 것 같습니다. 그리고 동 사안 관련해서는 내부문서가 외부 유출이 곤란합니다. 그 목적이 아무리 '순수 학술목적'이라 하더라도 말입니다. …… 워낙 민감한 사안이라 관계자들마다 관점이 많이 다르고 공무원으로서도 내부적인 사정을 자세히 이야기할 수 없습니다. 공무상 취득한 비밀 누설 금지의 원칙 등도 있고. **-정부관계자4의 두 번째** e-mail, 2002.11.23-

대신 그는 관련 사안에 대한 최근의 공식 자료와 보고서를 기꺼이 제공하겠다고 알려왔다. 그 즈음, 면접 대상자로 예정되어 있던 다른 두 명의 정부 관계자로부터도 면접에 응하기 어렵다는 연락을 받았다. 조사자는 정부관계자를 면접조사 하는 것이 현실적으로 매우 어렵다는 사실을 확인할 수 있었고 면접을 한다고 하더라도 구할 수 있는 정보에는 분명한 한계가 있을 것이라는 점을 인지할 수 있었다. 따라서 조사자는 정부 관계자에 준하여 정부 안에서 정책결정 과정에 정통한 이들을 면접 대상자로 선정해야 하는 과제를 안게 되었다.

정부 관계자와의 예비조사 메일을 재검토하던 가운데 연구자는 대안적인 면접 대상자를 선정하는 데 도움이 되는 한 가지 단서를 찾을 수 있었다. **정부관계자**4의 첫 번째 메일에서 그는

> 분쟁과정에서 정부는 어느 집단의 이해관계만 일방적으로 편들 수 없습니다. 따라서 대부분 관련 단체들과 협의하여 타협안을 도출합니다. 타협안을 도출해내는 점에서 정부의 파워가 [의료전문가단체들에 비해] 좀 더 강하다고 볼 수 있습니다. …… 기타 의료정책 수립에 있어서도 관련집단의 주장을 무시할 수는 없지만 결국 실행하는 주체는 정부이므로 정부의 파워가 좀 더 강하다고 할 수 있습니다. 다만, 최근에는 국회의원이 관련 단체의 의견을 대변해서 주장하는 경우가 많아져서 단순히 정부 대 관련집단의 대결 양상보다는 정부 대 국회의 대결 양상이 더 많습니다.
>
> -**정부관계자**4의 **첫 번째** e-mail, 2001.12.10-

의료정책의 내부과정에 정통한 공무원들을 대신하여, 조사자는 국회 보건복지위원회를 지목하였다. 접촉을 시도하고 인터뷰를 부탁한 결과, **정부관계자**2로부터 면담 승낙을 받을 수 있었다.

계획된 면접 대상자의 재검토는 **의사**5와 다른 의료전문인과의 예비조사를 통해서도 그 필요성이 인지되었다. 예비조사에 응한 일반 의료인들, 특히 약사는 약사회 내부의 정황과 의사 결정과정에 대해 정보가 많지 않았다. 의료전문인들은 소속 협회나 단체에 관심과 우려, 또는 자부심을 나타내었으나 정작 집행부의 상황에 대해서는 잘 알지 못했

다. 따라서 각 의료전문 단체가 자체적으로 어떤 결정과 전략을 어떤 방식으로 수립하는지에 관한 내부 과정을 일반 회원으로부터 알아내는 데는 한계가 있는 것으로 확인되었으며, 각 단체의 핵심에서 정책결정에 직접 참여하는 주요 인사들을 면접하는 것이 필수적인 것으로 판단되었다. 당초의 면접조사 계획에도 각 의료단체의 지도자들이 포함되어 있었으나 예비조사를 통해 그 중요성은 더욱 부각되었다.

3) 면접조사의 유의사항과 전략 마련

한편 예비조사는 실제 현장조사에서 활용될 구체적인 전략을 고려하고 준비하는 데도 중요한 자료를 제공하였다. 먼저 의료전문직 사이의 갈등, 특히 감정적 갈등은 짐작했던 것 이상으로 심각하고 강도가 높은 것으로 판단되었다. 의료전문인들의 다른 의료전문직에 대한 평가는 감정적이고 격한 표현으로 일관되었다. 이러한 정황에서 면접이 좀 더 개방적이고 솔직한 내용으로 진행되기 위해서는 조사자가 응답자에 대해 최대한 우호적인 관계(rapport)를 형성할 수 있어야 하고 최소한 '적'으로 여겨지지 않아야 할 것으로 판단되었다.

면접 때 응답자의 지위, 성별, 직업 등 개인의 특성을 고려할 필요가 있었다. 의사5는 조사자와 개인적으로 친분이 있었기 때문에 다른 응답자보다 더 솔직하고 구체적으로 개인의 감정과 생각을 밝힌 것으로 판단된다. 현장에서 대하는 응답자의 태도는 방어적일 수 있으므로 응답자의 개인적 특성을 고려하고 활용하여 개방적인 분위기를 형성할 것이 요청되었다. 한편 일반 의료전문인들은 솔직하고 직접적으로 자신의 의견을 표출할 것으로 예상되나 각 단체 지도급 인사의 반응은 훨씬 절제되고 정치적일 것으로 예상되었다. 따라서 이들 주요 인사로부터 어떻게 솔직하고 개방적인 의견을 이끌어낼 것인지가 관건으로 대두되었다.

예비조사에 따르면, 일단 논란이 되는 사안이 화제로 등장하면 조사자의 아주 간단한 언급에 대해서도 응답자는 민감하게 반응하고 특정 문제에 대한 자신의 주장을 적극적으로 개진하였다. 조사자의 중립적이고 사소한 언급조차 응답자의 감정을 자극할 수 있었으며 응답자로부터 강도 높은 의견을 끌어낼 수 있었다. 이는 면접 때 어느 특정 지점에서 급속도로 상황이 진전 또는 변화할 수 있음을 의미하는 것으로 조사자는 그러한 단서나 상황을 놓치지 않도록 집중해야 함을 시사하였다.

Ⅱ. 현장조사의 실제와 자료분석

1. 면접조사의 실제

면접조사의 실제 과정을 응답 대상자의 식별과 선정, 대상자에 대한 접근과 실제 면담의 순으로 논의하면 다음과 같다.[101]

1) 면접 대상자의 식별과 선정

조사 설계 과정에서 연구자가 당초 계획한 인터뷰 대상자는 총 41명 이었는데 이 가운데 엘리트 범주에 포함되는 이들은 각 의료단체와 시 민단체의 대표 및 해당 정책의 정부 실무책임자 등 총 7명이었다. 그러 나 이러한 당초 계획은 실제로 현장조사가 시작되면서 크게 변화하여 결과적으로는 총 36명 인터뷰에 17명의 엘리트 인사들과의 면담이 이 루어졌다.[102]

현장조사가 진행되는 동안 당초 예정했거나 의도했었던 면접 대상자 가운데 상당수가 변경되었다. 예정된 면담 대상자 가운데 10명과의 일 정을 취소하고 대신 현장조사 기간 동안 추천받거나 알게 된 새로운 인사 21명을 접촉하고 면담하였다. 우선 당초 면담을 약속했던 대상자 가운데 8명이 결정을 번복하여 면담을 취소하거나 '연기'해줄 것을 요 청하였다. 면담을 철회하거나 연기한 공식적인 이유는 '바쁜 일정' 또는 '급한 다른 일' 때문이었으나, 면담 자체를 부담스러워하는 반응이었다.

---

101) 본 논의는 저자의 별도 논문으로 발표되었다(최희경, 2005)
102) 엘리트라는 개념 자체가 특정 지위에 있거나 특정 기능을 하는 사람들에 한정되어 연 구대상자의 본래 규모는 소수일 수밖에 없다. 일례로 우리나라 의료전문 단체 가운데 규모가 가장 큰 의사협회의 경우 상근 이사의 인원은 6~7명 선인데 이 인원은 의약분 업으로 말미암은 의료대란 이후 조직 개편과 함께 증원된 결과이다. 의약분쟁 이전 의 사협회의 상근 이사는 1명이었다(언론인1과의 인터뷰, 2003. 2. 28).

그러나 면접 대상자가 변동된 가장 중요한 원인은 면담을 전혀 기대하지 않았던 주요 인사들을 현장조사 기간 동안 접촉할 수 있었기 때문이다. 면접 대상자로 새롭게 포함된 21명 가운데 각 단체의 주요 인사들이 다수 포함되었다는 점이 이러한 사실을 반영해준다. 따라서 조사자는 당초 계획의 두 배가 넘는 총 17명의 핵심 인사를 면담할 수 있었다.

주요 인사들과의 면접조사가 계획보다 크게 늘어난 것은 엘리트 면담이 시작되면서 새로운 인사들을 소개받거나 면담과정에서 거명된 인사들에게 조사자 스스로 새롭게 접근을 시도하여 성사된 경우가 추가되었기 때문이다. 이는 현장조사 과정에서 엘리트의 개념과 범위가 확대된 것과도 일부 관련된다. 즉 조사 설계 당시 동 연구에서 엘리트의 개념은 "각 단체의 공식적인 지도자 및 대표자로, 관련 정책이나 협상에 대표 자격으로 참여한 인사"로 규정되었다.[103] 그러나 현장조사가 시작되고 인터뷰가 진행되면서, 특정 단체의 이른바 '킹 메이커'와 같이 "각 단체에서 공식적인 지도자는 아니지만 정책과 전략을 실질적으로 개발하고 추진하며 때로는 집행부의 구성에까지 영향력을 행사하는 인사"의 존재가 확인되었고 이들을 엘리트의 범주에 포함시켜 면담 대상자로 포괄하였다.

면담 대상자가 변동된 또 다른 이유는 의료정책과정에서 시민단체와 언론의 중요성이 재차 확인되었기 때문이다. 현장조사를 시작하기 전 시민단체대표 3명을 이미 면접 대상자로 선정하고 연락을 취하던 상태였다. 그러나 이들은 학계 인사로, 현실적이고 정치적인 정보를 제공하는 데는 한계가 있을 것으로 우려되었다. 현장조사를 하면서 조사자는 시민단체대표 가운데 분쟁 당시 중재자로 직접 활동했던 이들을 만날 수 있었다. 따라서 당초 인터뷰 대상자로 예정되었던 시민단체대표들 대신 이들과의 면담을 택하였다.

---

103) 본 개념 규정에 따라, 정책과정의 내부 정황에 정통한 실제 중요한 정보원이면서도 '엘리트 면담'의 범주에 포함되지 않은 인사들도 있는데 언론계 인사들이 대표적이다.

현장에서 새롭게 연결된 주요 인사들을 면담하고 제한된 시간과 비용 안에서 조사를 종결하기 위해서는 사전에 약속된 몇 건의 면담 일정을 취소해야 했다. 취소된 면담 대상자들은 대부분 개인 의원이나 약국을 운영하는 일반 의료인들이었다. 일부의 경우, 당초부터 응답자들이 면담에 소극적이었기 때문에 조사자가 적극적으로 재차 면담을 청하지 않는 것만으로도 자연스럽게 취소될 수 있었다. 그러나 몇 건에 대해서는 조사자가 정중한 사과의 편지를 전하거나 양해를 구하여 취소하였다. 〈부표 1〉은 당초 계획에서부터 실제 현장조사에 이르기까지 변경된 면담 대상자 상황을 정리한 것이다.

본 연구에서 인터뷰 면담 대상자의 식별 정도와 방식을 정리하면 두 가지로 대별된다. 첫째, 각 단체의 공식적인 대표자 또는 지도자들은 조사설계 단계에서 이미 확인되었다. 해당 단체의 인터넷 홈페이지 및

〈부표 1〉 현장조사 전후 면담 대상자 변경 상황(단위: 명)

	최종응답자 (A+B) (C+D)	현장조사 전 계획된 응답자[2]	현장조사 전 접근된 응답자 후보[3] (A)	현장조사에서 새롭게 접근된 응답자(B)	스스로 면담을 취소한 응답자 후보(C)	연구자가 면담 취소한 응답자 후보(D)
계	36	41	33	21	8	10
의사	14 (6)[1]	10 (1)	9	9	2	2
한의사	5 (2)[1]	10 (1)	8	2	2	3
약사	5 (2)[1]	10 (2)	8	2	1	4
정부관계자	4 (4)	7 (1)	4	2	2	
시민단체대표	4 (3)	3 (2)	3	3	1	1
병원경영자	2	1	1	1		
언론인	2			2		

1) ( )안 수치: 해당 단체의 엘리트 면담자 수. '90년대 이후 발생한 의료분쟁에서 소속단체의 공식대표로 협상 및 정부 정책결정 과정에 참여한 이들과 소속단체의 정책 입안이나 결정에 주도적 역할을 한 이들을 포괄함.
2) (A) + 면담을 거절하거나 응답하지 않은 이들의 숫자
3) 면담 응낙자와 대답을 유보한 이들 포함

관련 뉴스와 각종 토론회 및 세미나 자료 등을 검색하여 이들 공식 지도인사의 명단은 비교적 쉽게 확인되었다.

둘째, 현장조사가 시작되면서 더 많은 지도급 인사들이 확인되었는데 이들은 각 단체 내부에서 공식대표들에 버금가는 영향력을 행사하며 실질적인 정책과 전략을 개발하고 결정에 영향을 미치고 있었다. 이들은 어느 정도의 공식적인 지위를 가지고 있었으나 그 지위만으로는 설명되지 않는 권한을 소속단체에서 행사하고 있었는데 이들의 존재는 공식적인 엘리트와의 면담을 통해, 또는 엘리트는 아니지만 내부 정황을 잘 파악하고 있는 언론인과의 면담을 통해 확인되었다.

2) 면접 대상자에 대한 접근

면접 대상자로서 공식적인 지도자급 인사에 대한 접근은 예비조사 단계에서부터 시작되었으나 본격적인 시도는 조사설계와 질문 구성이 마무리된 2002년 말부터 행해졌다. 현장조사가 실시되기 직전인 2003년 1월 31일까지 조사자는 41명의 계획된 면접 대상자 가운데 33명과 접촉하였다. 일반 의료전문인들, 곧 의사, 한의사, 약사들을 접촉하는 데는 조사자 개인의 네트워크를 먼저 활용하였다. 전자메일이나 전화를 통해 연구의 목적에 대해 간단히 설명하고 인터뷰를 요청하였으며 그 뒤 우편으로 면담 요청서를 발송하였다. 7명의 각 단체 주요 인사들과의 접촉은 국내에서 현장조사를 시작하면서 시도하기로 결정하였다. 고위 인사에게 낯선 조사자가 전화나 메일만으로 먼저 접촉을 시도하는 것은 효과적이지 않다고 판단했기 때문이다. 현장조사가 시작되기 직전까지 33명에게 인터뷰를 요청하였으며 그 가운데 22명으로부터 응락을 받았다.104)

---

104) 여기에는 의사 7명, 한의사 5명, 약사 5명, 정부 관계자 2명, 시민단체대표 2명, 종합병원 경영자 1명이 포함되었다. 면접이 허락되지 않은 11명 가운데 6명은 응답이 없었던 경우이며 2명은 정식으로 거절하였다. 전화로 연락이 닿은 3명은 분명한 승낙을 하지

비공식적이지만 실제로 강력한 영향력을 행사하고 있는 인사들에 대해서는 현장조사가 시작된 뒤 비로소 확인된 경우가 많아 이들에 대한 접근은 2003년 2~3월 동안 집중적으로 행해졌다.[105] 먼저 약사 단체의 경우, 연구자의 지인을 통해 약사회의 핵심 인사를 소개받을 수 있었으며 전자메일과 면담 요청서 전달 과정을 거쳐 면담이 확정되었다. 약사 단체의 두 번째 인터뷰 대상자는 조사자가 인터넷 자료 등에서 파악한 인사들 가운데 활동 영역이 본 조사자의 연구 목적에 가장 부합된다고 판단된 이로서, 직접 전화로 연락하여 인터뷰 승낙을 받고 마찬가지로 면담 요청서를 전달하였다.

한의사단체의 경우, 인터넷을 통해 협회의 대표급 인사로 활동하고 있는 임원 2명을 선정하고 전자메일과 전화를 이용하여 직접 연락을 시도하였다. 연구자는 어려움 없이 조사 대상자들로부터 긍정적인 답변을 구할 수 있었다. 특히 이 가운데는 학계 인사가 포함되었는데 연구 활동에 대한 기본적인 이해를 나타내며 연구자의 인터뷰 요청을 우호적으로 받아들였다.

한의계와 약사단체의 인사를 접촉하는 것에 큰 어려움이 없었던 반면 의사단체 인사들과의 접촉은 본격적인 현장조사가 임박한 즈음까지도 진전이 없었다. 현장조사가 시작된 뒤에는 한의사나 약사보다 더 많은 인터뷰를 의사들과 진행하면서 의사단체의 핵심부에 닿고자 방법을 모색하였으나 좀처럼 직접 연결될 기회를 찾지 못하고 있었다. 그러던 가운데 의료인들 사이에 의사전달 수단으로 인터넷의 중요성을 거듭 확인하였으며, 인터넷 게시판에서 비공식적이지만 일반 의사들에게 강력한 영향력을 행사하는 소수의 여론 지도자를 확인할 수 있었다. 여론 지도자들과의 연락과 인터뷰는 조사자의 전화와 직접 방문으로 어려움

않았고 결정을 다음으로 미루었는데 "바쁜 일정"이 공식적인 이유였다.

105) 조사자가 직접 인터넷 자료들을 통하여 확인한 2명의 약사단체 인사의 경우, 1명은 직접적으로 조사관련 내용에 대해 아는 바가 없다고 거절의사를 보내왔으며 다른 한 명은 전혀 응답이 없었다. 또한 개인적으로 접근을 시도한 의료계의 인사 1명에 대해서는 수차의 연락을 했음에도 결국 당사자로부터 아무런 응답을 듣지 못하였다.

없이 이루어졌다.

의료전문 단체들 가운데 가장 먼저 직접선거 제도를 도입한 의사협회는 현장조사 당시, 직선을 통한 두 번째 협회장 선거를 한 달여 앞두고 있었다. 따라서 협회 집행부를 비롯한 후보자들은 어느 때보다 일반회원의 여론에 큰 관심을 두고 있었으며 이러한 정황에서 인터넷상의 여론 지도자들의 역할은 더욱 중요하게 인식되었다. 한 여론 지도자와의 인터뷰가 끝난 뒤 연구자가 협회 인사들과의 인터뷰 주선을 부탁하였을 때 응답자는 즉석에서 주요 인사들에게 연락을 해주었고 쉽게 인터뷰 승낙을 받을 수 있었다. 그 주요 인사들은 면담이 끝난 뒤 다시다른 인사들을 소개해 주어 조사자는 총 6명의 의사단체 핵심 인사들과 면담할 수 있었다.

시민단체 인사들에 대한 접촉은 상대적으로 용이하였다. 이들의 명단은 인터넷이나 다른 응답자들을 통하여 쉽게 구할 수 있었으며 의료단체 인사들과의 면담 과정에서도 어렵지 않게 존재를 확인할 수 있었다. 다른 단체에 견주어 개방적인 시민단체의 속성상 접촉과 인터뷰 요청과정은 신속하게 이루어졌다.

공무원과 국회 인사와의 접촉은 주로 개인적인 관계를 통하여 이루어졌다. 국회 인사로부터의 인터뷰 승낙은 상대적으로 큰 어려움이 없었으나 공무원의 경우, 의사단체와는 또 다른 정황으로, 인터뷰 대상자확보에 어려움이 있었다. 평소 개인적으로 친분이 있었던 공무원들에게 인터뷰 요청과 소개를 부탁하여 한 명으로부터는 인터뷰 승낙만을 받고 다른 한명으로부터는 인터뷰와 소개 모두 정중하고도 분명하게 거절당했다. 다른 부처의 정부 관계자의 소개로 3명의 공무원을 인터뷰 대상자로 확보할 수 있었으나 그 가운데 1명은 나중에 개인 사정을 이유로 인터뷰 약속을 철회하였다. 그 뒤 각 의료단체대표들을 인터뷰하는 과정에서 관련 공무원의 신상을 확인할 수 있었고 개인적으로 접촉을 시도하여 그 가운데 한 명과 면담이 이루어졌다.

본 연구에서의 면담 대상자 접근과정을 분석하면 다음과 같다. 첫째,

기존의 엘리트 면담에 관한 서구의 경험 연구에서와 같이 본 사례에서도 소개자가 누구인가 하는 점이 엘리트 접근에 중요한 요인이 되었다. 소개를 통해 접근을 시도한 인사는 총 10명이었는데 이 가운데 공무원한 경우만 제외하고 모두 인터뷰 승낙을 받았다. 특히 6명의 인사는 현장조사 중에 소개를 받아 면담이 성사된 경우여서, 소속단체에 상관없이 해당 정책에 관여하는 주요 인사를 일단 접촉하기 시작하면 그 뒤로는 의외로 쉽게 다른 인사들과 연결될 수 있음을 알 수 있었다.

둘째, 조사자의 전문가적 배경, 곧 학력과 연구경력 및 소속은 응답자의 가장 우선적인 관심 대상이었다. 연구자가 자신을 소개하였을 때인터뷰 대상자들은 연구자의 학력과 소속에 대해 구체적으로 질문함으로써 연구자의 전문가적 능력과 지위를 확인하고자 하였다. 제3자가 엘리트들에게 연구자를 소개할 때도 연구자의 학력이나 연구경력 등의기본 자료가 제시되었다.

셋째, 17명의 엘리트 인터뷰 대상자 가운데 15명이 인터뷰 당시 현직인사들이었다. 그 밖에 한 명은 인터뷰가 행해지기 약 2년 전 은퇴하였으며 다른 한 명은 조직 안의 다른 부서로 이동하였다. 은퇴 인사와의인터뷰는 매우 개방적이고 적극적이었으며 장시간에 걸쳐 이루어졌다. 상당히 민감한 질문이었음에도 적극적으로 응해주었다. 그러나 직책을옮긴 인사와의 인터뷰는 기대에 미치지 못하였는데 "시간이 좀 지난일이어서……" 등의 표현으로 응답이 지체되고 불투명해지는 경우가 수차례 있었다. 이러한 응답은, 조사 대상자가 직책을 옮긴 뒤 현재의 업무에만 전념하고 있기 때문이기도 하겠으나 직접 책임이 없는 일에 더이상 관여할 수 없는 처지, 그리고 민감한 사안에 대해 언급하기가 여전히 부담스러운 처지 등으로 설명될 수 있을 것이다.

넷째, 인터뷰 대상자에 대한 접근 용이성은 단체별로 차이가 있었는데 이는 개별단체의 대내외적 입지에 영향을 받는 바 큰 것으로 보인다. 약사·한의사단체와 시민단체 인사를 접촉하고 인터뷰 승낙을 받는데는 어려움이 없었으나 의사단체 인사와 공무원들을 접촉하는 데는 많은 시간이 걸리고 큰 어려움이 있었다. 그러나 의사단체 인사들의 경우 협회 선거라는 정황과 여론 지도자의 도움이 주효했던 것은 특기할 만한 사항이다.

다섯째, 인터뷰 승낙은 전자우편이나 전화를 거쳐 정식 인터뷰 요청서와 감독자들의 추천서를 전달하는 과정으로 진행되었다. 연구자가 제출한 인터뷰 요청서와 응답자의 비밀보호에 대한 약속이 그 자체로 인터뷰 승낙에 어느 정도 영향을 주었는지는 확인하기 어렵다. 다만 기본적으로 제시되어야 하는 요건임은 분명하였다. 즉, 두 명의 응답자들이 연구자가 사전에 발송한 면담 요청서를 받지 못했다고 하여 인터뷰 뒤 다시 발송하였는데, 이때 응답자들은 서류를 다시 발송하겠다는 연구자의 의사에 매우 반가워하였다.

3) 면접 대상자의 개방성 확보

인터뷰 대상자들의 개방성은 소속단체별로 차이가 있었다. 먼저 한의사와 약사단체의 인사들은 인터뷰에 적극적이었다. 의료 서비스 공급자들 사이의 경쟁이 치열한 상황에서 상대적으로 '약자'에 속하는 단체들이 면담에 적극적이었는데 이들은 가능한 한 많은 외부 세력의 지원을 필요로 하고 있었으며 최소한 적대 관계는 만들지 말아야 한다는 점을 깊이 인식하고 있었다. 약사와 한의사 단체의 인사들은 평소에도 언론단체, 시민단체, 학계 등과 가능한 우호적인 관계를 유지하려고 노력한다는 것을 인터뷰하는 가운데 수차 확인할 수 있었다. 이들은 상대적으로 일찍 의료단체 사이의 갈등을 겪으면서, 특히 약사회의 경우 양대 분쟁을 겪으면서, '절실하게 생존 전략을 깨쳤'기 때문이다.

이들 두 의료단체가 개방적인 태도를 보인 또 다른 이유는 각 단체의 조직내적 상황 때문이었다. 세 의료단체 모두 첫 분쟁을 겪으면서 내부적으로 지도층의 세대교체와 개혁을 경험하였다. 이들 개혁 세력은 인터뷰 당시 명실 공히 각 단체에서 지도부를 형성하고 있었다. 내부적인 개혁을 먼저 경험한 단체일수록 지도부는 안정세를 유지하고 있었으며 외부로부터의 조사와 인터뷰 요청에 응할 수 있을 만한 '여유'를 가지고 있었다.

이에 견주어 조직의 내부 개혁이 상대적으로 늦었던 의사단체는 인터뷰 당시에도 여전히 내부적으로 불안정한 상태에 있었다. 인터뷰 시점에 협회장 선거로 분주했던 의사단체는 조직 차원에서든 지도급 인사 개인 차원에서든 외부의 면담 요청에 응할 만한 여유는 없었던 것으로 보인다. 또한 의약분쟁이 거의 마무리된 시점에서 그 결과가 의사단체의 기대에 미치지 못했고 당시 집행부는 그러한 결과에 어떤 형태로든 부담을 안고 있었기 때문에 외부 연구자의 인터뷰 요청에 우호적일 수 없었다. 또한 의료 서비스 공급자로서 주류의 우월한 지위를 독점하고 있었던 의사단체는 그동안 다른 외부단체로부터의 협조나 도움을 거의 필요로 하지 않았고 우호적인 관계를 형성하기 위한 노력도 거의 없었다. 이러한 조직적 특성이나 문화는 조사자의 면담요청에 대한 소극적인 반응에 대해서도 마찬가지로 적용, 설명될 수 있다.

그러나 일단 연락이 닿고 인터뷰가 시작되자 대부분의 의사단체 인사들은 매우 적극적이고 솔직하게 면담에 응하였다. 내부 개혁과 세대 교체를 경험하면서 대표급 인사들의 연령대는 크게 낮아져 있었는데 이 점은 조사자의 실제 인터뷰에 긍정적으로 작용하였다. 또한 응답자들은 인터뷰를 기회로 의약분쟁 직후 조직 내외의 어려움을 토로하고자 하였다.

시민단체대표들 또한 인터뷰에 적극적이었다. 이들은 의료분쟁 과정에서 스스로의 미숙했던 대처나 자체적인 오류를 논하는 데도 주저함이 없었다. 시민단체라는 조직 성격상 다른 조직에 견주어 개방적이고 외부인과 우호적인 관계를 맺으려 노력하는 점이 작용한 듯하다. 특히 의료정책 연구자라는 조사자의 위치는 이들에게 긍정적으로 받아들여졌다. 이들은 의료정책 활동에 전문지식을 구하고 있었으며 본 조사자와의 필요한 정보 교환과 공유 가능성에 우호적인 태도를 보였다.

정부 관계자들과의 인터뷰는 접촉과정 이상으로 어려웠다. 의사단체의 경우 접촉과정과 인터뷰 승낙을 얻기까지는 어려웠으나 일단 인터뷰가 진행되면서는 활발한 질의응답과 논의가 행해진 것과는 대조적이었다. 정부 관계자들과의 인터뷰는 모두 1시간을 넘지 않았으며 답변 또한 방어적이고 극히 신중했다. 그러나 공무원들과의 인터뷰는 다른 단체 인사들로부터 수집한 정보를 확인할 수 있는 중요한 기회였다. 특히 동일한 상황에 대한 정부 측의 다른 시각을 확인할 수 있었는데, 다른 단체와 상반되는 의견을 개진할 때는 적극적인 반응을 보였다. 국회 인사와의 인터뷰는 면담이 진행되는 동안 자주 방해를 받아 집중적인 인터뷰가 어려웠다.

엘리트를 대상으로 인터뷰할 때 조사자가 어떠한 태도를 취하는 것이 바람직한가에 대해서는 국외 연구에서도 이견이 있다. 엘리트를 면담할 때 정중함과 친절한 태도가 중요하다는 전통적인 견해와(Odendahl & Shaw, 2001: 311; Burgess, 1991: 111) 지나친 공손은 오히려 바람직하지 않다는 견해(Ostrander, 1995: 143-144)가 그것이다. 본 조사 결과, 대부분의 엘리트 면담에서 조사자가 특별히 일반 면담에서와 다른 태도를 취해야 하는 경우는 거의 없었다. 당초 조사 설계 때에는 인터뷰 대상자들이 각 분야의 최고위층이거나 최고 수준의 정보를 다루는 이들이고 고위층이나 연장자에 대한 예의와 공손함을 강조하는 전통적인 우리 사회의 문화를 감안하여 특별히 예의를 갖추어야 할 것으로 고려되었다. 그러나 실제 인터뷰에서는 많은 응답자들이 각 단체에서 '개혁적이고 진보적인' 인물임을 직접 또는 간접적으로 자처하는 이들이었다. 따라서 인터뷰 가운데 특별히 예의를 갖추거나 조심스럽게 처신해야 하는 경우는 거의 없었으며 오히려 그러한 조사자의 시도에 어색함을 표명하였다.

특별히 세 경우에서는 조사자의 태도와 관련하여 혼란과 어려움이 있었는데 이들은 공식적, 정치적으로 최고위층 인사에 속하고 연령이 높은 인사들이었다. 이들은 인터뷰가 시작되면서 조사자의 인사가 미처 끝나기도 전에 "알고 싶은 게 뭐예요?" 등으로 물어와 '이렇게까지 나를 만나서 도대체 특별히 알고 싶은 것이 무엇이냐' 하는 듯한 부정적인 태도를 비쳤다. 이들을 인터뷰하면서 조사자는 의식적으로 조심스럽고 예의바른 태도를 취하였는데 이는 오히려 응답자들에게 조사자와 조사 내용이 극히 평이하다는 인상을 준 듯하다.[106] 해당 단체에 불리한 질문이나 논란이 많은 주제는 응답자로 하여금 적극적인 변론을 하게 하여 비로소 인터뷰는 활기를 찾을 수 있었다.

본 조사자는 면담 때 각 단체별로 특별히 사용되는 언어나 표현을 활용하고 또 그에 관해 질의하고자 하였는데 이는 상당한 효과를 두었다. 특정 상황이나 인사를 표현하는 그들만의 용어는 각 단체의 일반 의료전문인들과 언론인들을 인터뷰하는 과정에서 이미 확인된 것들이었다. 특히 각 단체마다 인터넷 사이트를 통한 활발한 토론이 행해지고 있었던 만큼 상대방 단체를 비판하거나 자신들의 처지를 비유하는 특정의 표현이 구성원들 사이에 일반화되어 있었다. 이러한 표현들을 활용함으로써 응답자로부터 우호적인 반응을 얻을 수 있었으며 조사자가 그들의 "상황을 잘 이해하고 있"다는 인상을 줄 수 있었다. 또한 일반 의료인과 언론인과의 인터뷰는 특정 상황이나 사건에 대한 사실적인 정보를 수집하는 데도 많은 도움이 되었으며 이는 이어서 엘리트 면담에서 유용하게 활용되었다.

응답자 개인의 전성기적 상황에 대한 질문으로 인터뷰를 시작하는 경우는 대부분 성공적이었다. 특히 각 의료 전문단체의 인사들은 90년대 이후 의료전문직 갈등을 거치면서 단체 내부의 '개혁'을 주도하고 소속단체에서 이른바 '정권을 획득한' 주체들이 대부분이었기 때문에 분쟁의 정황은 곧 자신들의 성공담과 이어져 인터뷰는 적극적인 분위

---

106) 특히 이들 가운데 한 인사와의 인터뷰에서 일반적이고 포괄적인 질문으로 인터뷰를 시작하였을 때, 그에 대한 응답은 "그 문제에 대해서는 이미 신문이나 언론기관에 인터뷰한 내용이 많으니까 찾아보면 되고……"로 돌아와 조사자는 즉시 민감한 문제로 질문을 바꾸고 적극적인 태도로 전환하고자 하였다.

기로 지속되었다.

응답자들의 개방성은 소속단체의 내외적 정황에 따라 분명한 차이가 있었다. 의료 서비스 공급자 체계에서의 위상과 조직 내부의 안정성, 조직의 문화와 성향 등이 응답의 개방 정도에 영향을 주었다. 다시 말해 의료 공급자 체제에서 상황이 불리할수록, 조직 내부 상황이 안정적일수록, 조직이 외부환경에 개방적일수록 솔직하고 적극적으로 면담에 응하는 경향이 있었다. 또한 응답자들이 소속단체 안의 권력 관계에서 어떠한 입지를 확보하고 있느냐에 따라 개방성에 차이가 있었다.

엘리트 인터뷰에서 조사자와 응답자 사이의 신뢰관계 형성은 조사 대상자에 접근을 시도하는 단계에서부터 중요한 사안이었다. 즉 인터뷰 요청을 받은 측에서는 '내가 인터뷰에 응할 만큼 가치 있고 신뢰할 만한 연구이며 조사자인가'를 판단하여 최소한 긍정적인 대답이 가능한 경우에만 인터뷰에 응하는 것을 알 수 있었다. 그러한 긍정적인 판단을 이끌어내고자 조사자는 최대한 자신과 자신의 연구가 가치 있음을 입증해야 했는데, 이와 관련하여 본 사례에서 유리하게 작용한 몇 가지 요인을 살펴보면 다음과 같다.

첫째, 조사자의 적극적인 태도는 신뢰관계 형성에 긍정적으로 작용하였다. 인터뷰를 실행하면서 조사자는 예정 시간보다 항상 20~30분 일찍 도착하여 인터뷰에 차질이 없도록 함과 동시에 조사자의 적극성을 표현하는 기회로 활용하였다.[107] 또한 인터뷰 대상자의 특별 강연 일정 등을 미리 파악하여 참석한 뒤 그에 대한 소감을 전하기도 하였으며 인터뷰 대상자가 관심을 둘 만한 자료를 준비하여 제시하기도 하였다. 인터뷰가 끝난 수개월 뒤 조사자가 8명의 응답자들에게 최근의 상황에 대한 정보를 추가적으로 부탁하였을 때 이들은 모두 전화와 전자메일

---

107) 17차례 엘리트 인터뷰 가운데 응답자가 약속 시간보다 늦게 도착한 경우가 10건이어서 실제로 조사자는 많은 경우 '상당히 오래 기다리고 있'어야 했는데 이러한 정황은 응답자로 하여금 좀 더 적극적으로 인터뷰에 응할 수 있도록 하는 계기가 되었다. 일례로 조사자가 3시간여를 기다린 경우도 있었는데 이에 대해 응답자는 '뒤의 다른 일정들을 취소'하고 인터뷰에 적극 응해주었다.

로 충분한 응답을 전해주었다.

둘째, 조사자가 다른 단체나 기관의 주요 인사들을 이미 인터뷰했었다는 점을 간접적으로 시사한 것 또한 효과적이었다. 반대편의 단체 인사라 하더라도 주요 인사를 만났다는 사실은 한편으로는 조사자의 전문가적 자격을 확인할 수 있는 지표로 받아들여졌으며 또 다른 한편으로는 경쟁단체로서의 견제심리를 자극한 듯 하였다.[108]

셋째, 조사자의 감독자들이 발송한 추천서에는 조사자에 대한 소개 및 협조 요청과 함께 응답자의 비밀보호 약속을 보증한다는 내용이 포함되어 있었는데 응답자들이 별도로 언급할 만큼 추천서는 호응을 얻었으며 조사자가 "준비를 많이 했"다는 인상을 주었다. 개인 연구자가 조사를 행하더라도 연구자의 감독자나 지도자가 조사 내용을 보증해주는 것이 신뢰 확보에 유용함을 알 수 있다. 또한 이러한 서류는 인터뷰 승낙 여부에 영향을 주기보다는 오히려 승낙한 뒤 대면이 이루어지고 인터뷰가 행해지면서 신뢰관계를 형성하는 데 영향을 준 것으로 판단한다.

또한 응답자들은 당시 연구자가 거주하고 있던 영국에서는 동 주제를 어떻게 다루고 있는지 관심을 보였으며 연구자에게 관련 자료와 정보를 청하는 경우도 있었는데 이러한 대화와 상황은 인터뷰를 긍정적인 분위기로 유도하였다.

2. 현장조사 결과와 평가

현장조사는 기대 밖의 성과를 가져왔다. 조사자는 각 의료전문 단체의 핵심 인사들과 관련 단체의 영향력 있는 인사들을 비롯, 다양한 출처를 통해 유용한 자료를 수집할 수 있었다. 이들 자료의 상당 부분이 종전에는 알려지지 않았던 내용 또는 깊이 있는 내용을 담고 있다는

---

108) "저 쪽에서는 뭐라 하던가요?" 등의 반응을 보여, 본 연구자의 다른 단체 인사들과의 면담 사실에 관심을 보였다.

점은 특기할 만하다. 면담 대상자들의 응답 내용과 기타 각 단체의 내부 자료는 분쟁 동안 의료전문직 체제와 정부에서 실제로 어떤 상황이 전개되었으며 왜 갈등이 발생하였는지, 그리고 각 단체와 정부가 어떻게 대처하였는지를 보여주고 있다. 〈부표 2〉는 2003년 초 집중적으로 행해진 본 현장조사 결과를 요약한 것이다. 그 뒤 2006년 초까지 수시로 면담, 전화, 전자메일 등을 통하여 보완적인 자료수집이 행해졌다.

현장조사 기간 동안 면접조사는 총 36명에 대해 39차례에 걸쳐 진행되었으며 약 58시간 20분 동안 행해졌다. 건당 평균 면담시간은 약 1시간 30분이었다. 한의계와 시민단체 응답자들과의 면담이 건당 1시간 45분으로 가장 길었으며 정부 관계자와 병원 경영자들과의 면담은 약 1시간 정도에 그쳤다. 각 의료단체의 주요 인사들은 3~4시간이라는 가장 긴 시간을 할애하여 갈등 상황을 설명하고 자신들의 주장을 밝혔다. 조사자의 개인적인 네트워크를 통해 면담이 이루어진 경우, 비교적 오랜 인터뷰가 행해졌다. 그러나 응답자로부터 다시 소개받아 면담한(snow-balling 방식) 일반 의료전문인들과는 1시간 미만의 인터뷰가 행해졌다.

면담은 대략 다음의 순서로 진행되었다.

① 의료 현장에서 활동하는 일반 의사·한의사·약사들
② 한의계·약계·시민단체의 주요 인사; 언론계 인사; 일반 의사 일부와 병원 경영자
③ 정부 관계자와 의료계 주요 인사

위의 순서는 응답자들의 면담 응낙 순서와 그들의 일정에 따른 것이나 조사자의 당초 계획, 곧 고급 정보원일수록 가능한 나중에 면담한다는 원칙에 거의 일치하는 것이다. 순서에서 알 수 있는 바와 같이 정부 관계자와 의료계 주요 인사들을 만나고 면접하는 것은 현장조사 동안 가장 어려운 일이었으므로 일정상 가장 나중에 이루어졌다.

한편 조사자는 면접을 통한 자료와 개별단체의 서류 및 기록, 회의자료, 백서 등의 공식적인 자료 외에도 중요한 자료를 확보하였다. 특정 내부 자료와 회의 자료 등에 대해서는 특정 공간, 한정된 시간 동안만 접근할 수 있었다.

특정 의료단체의 비상대책위원회 회의에 참석하여 진행 내용 전체를 확인할 수 있었던 것 또한 현장조사의 또 다른 중요한 성과였다. 2003년 3월, IMS 시술을 두고 의료계와 한의계가 대립하였을 때 한의사협회는 비상대책회의를 소집하였다. 조사자는 의료정책 연구자로서 그 회의에 참관할 수 있는 기회를 얻었다. 당시의 회의 내용은 한의사협회의 조직적 특성은 물론이고 다른 의료단체와 현안에 대한 한의사 지도부의 의견과 태도를 잘 보여주었다.

정보의 진실성에 대해서는 다음의 방식으로 확인하였다. 첫째, 제한된 엘리트 집단을 대상으로 하는 심층면담의 성격상, 인터뷰의 후반으로 갈수록 앞에서 면담한 이들의 내용을 확인하고 더욱 구체화·세부화하는 작업의 성격을 띠었다. 특히 본 연구의 대상이었던 의료정책의 경우, 갈등에 관여하는 단체가 분쟁 당사자 집단과 정부, 시민단체 등 다수여서 교차 확인을 통해 응답 내용의 진위를 상당부분 확인할 수 있었다. 둘째, 특정 단체 안의 상황에 대해서는 엘리트뿐만 아니라 일반 회원들에 대한 심층 인터뷰를 병행함으로써 왜곡되거나 편중된 정보가 최소화하도록 하였다. 셋째, 현장조사 과정에서 수집한 회의록 등의 내부 자료와 언론 보도 자료 등을 통해 사실 확인에 최선을 다하였다.

현장조사의 과정과 성과, 특히 주요 인사들과의 면담 과정과 성과를 국내의 다른 연구와 비교하기는 쉽지 않다. 무엇보다 엘리트 면담조사를 주된 조사방법으로 활용한 국내 연구가 많지 않기 때문이다. 또한 엘리트 면담방식을 활용했다고 하더라도 현장조사 과정에 대해 구체적으로 논의한 연구는 거의 없기 때문이다. 그러나 본 현장조사의 과정과 성과를 서구의 사례연구들과 비교한다면 다음 몇 가지 특징을 확인할 수 있다(Ostrander, 1995; Gamson, 1995; Becker, 1995).

〈부표 2〉 현장조사*의 성과 요약

○조사기간: 2003. 2. 10 ~ 4. 26(76일 동안)

○지역: 서울(응답자 26명), 대구, 대전, 울산, 창원 등

○면접 대상자의시도(41명은 현장조사 이전 영국에서 연락), 최종적으로 36명에 대해 39회 면접
- 의사 14명(주요인사 6명 포함)
- 한의사 5명(주요인사 3명 포함)
- 약사 5명(주요인사 2명 포함)
- 정부관계자 4명, 시민단체대표 4명, 종합병원경영자 2명, 언론계 인사 2명

○면접 시간: 총 58시간 20분(1인당 평균 1시간 31분 면담)

○면접 장소: 사무실 또는 회의실 22건, 식당 12건, 커피숍 5건

○기타 수집된 주요 자료: 개별 의료단체와 정부의 내부 자료와 회의록 등

* 2003. 2. 10 ~ 4. 26까지의 본 현장조사에 한함. 그 뒤 2006년 4월까지 응답자 일부와 면담, 전자메일, 전화통화 등을 통해 수차에 걸쳐 보완적으로 자료를 수집함.

첫째, 조사 대상자별 접근의 용이성과 공개성의 차이가 응답자 개인의 지위나 처지보다는 응답자가 속한 단체의 특징과 상황에 크게 관련되었던 것은 서구의 사례들에서보다 분명히 드러난 특징이었다. 가장 큰 이유는 연구 주제가 특정단체들 사이의 첨예한 갈등을 다루는 것이었기 때문으로 판단된다. 의료전문 단체들 사이의 경쟁 상황은 조사자의 자료수집에 오히려 유리하게 작용하였다. 개별 의료전문 단체들은 각자가 처한 상황의 특수성과 어려움을 호소하고자 하였으며 관할권 주장에 가능한 많은 지지자를 얻고자 하였다. 이러한 상황에서 조사자는 종종 '잠정적인 지지자'로 간주되었다. 동시에 조사자는 서로 다른 의료전문인을 만나는 데 중립적이고 객관적인 태도를 취할 필요가 있었다. 조사가 '학문적 목적'으로 이루어진다는 점과 연구자가 현장조사 당시 '해외에서 공부하고 있다'는 상황도 현장조사에 도움이 되었다. 의료체계의 주류라고 할 수 있는 의사단체의 지도층을 접촉하고 면담을 응낙 받기까지는 많은 어려움이 있었으나 일단 면담이 시작된 뒤에는 여느 응답자들보다 적극적이고 솔직한 반응을 보였다.

둘째, 핵심 인사들과의 중요한 인터뷰는 대부분 현장조사 기간 동안에 결정되었다. 이들을 접촉하고 일정을 확정하는 데 가장 효과적인 방법은 직접 방문하여 기다리는 것이었다. 일차적인 전화나 전자메일, 편지 등은 거의 받아들여지지 않았다. 면담을 위한 조사자의 적극적인 태도와 노력은 주효했던 것으로 판단된다. 조사자는 면담 대상자들의 외부 강연이나 모임에 참석함으로써 이들 업무에 대한 관심을 표하였으며 이는 면담 응낙에 결정적인 계기가 되기도 하였다. 일단 조사자에 대한 최소한의 자격과 신뢰를 확인하고 나면 응답자들은 중요한 정보를 제공하거나 면담 뒤 다른 인사들을 소개시켜주는 것으로 조사자를 적극 도와주려고 하였다.

셋째, 일단 엘리트 면담이 시작되어 신뢰를 얻게 되면서 새로운 인사들에 대해 추가 정보를 얻는 것이 용이하였으며 더 많은 면담을 이룰수 있었다. 응답자들은 대립하고 있는 단체의 인사를 면담 대상자로서 권유하기도 하였다. 이는 특정 상황, 특정 계층의 인적 네트워크가 비교적 소규모인 한국적 상황에 기인하는 바가 컸다고 판단된다.

넷째, 접근성과 개방성의 양 측면에서 볼 때, 정부 관계자에 대한 인터뷰가 가장 어렵게 진행되어 정부체제의 내부 과정을 직접 파악하는 것은 여전히 어려운 것으로 나타났다. 정부 관계자들은 면담을 응낙한 뒤에도 실제 인터뷰를 내켜하지 않거나 가능한 회피하고자 하였다. 이들과의 면담은 모두 1시간을 넘지 않았다. 그러나 협상 및 결정과정에 참여한 다른 단체 인사들의 의견을 취합하고, 또 이들의 견해를 정부 관계자들에게 확인함으로써 본 사례에서 엘리트 인터뷰가 의도한 바, 즉 정책과정의 내부적이고 실제적인 상황을 검토하는 데 상당한 성과를 거둘 수 있었다.

다섯째, 예비조사를 통해 현장조사에 필요한 구체적인 소주제와 질의 내용을 개발하고 관련 사안들을 준비한 것은 실제 면담에 유용하였다. 특히 지도교수들의 추천서는 대부분의 응답자들에게 호감과 신뢰를 주었으며 이로서 조사자의 준비성은 높이 평가받을 수 있었다. 조사자 개인의 학문적 배경과 경력 또한 상대방의 주의를 끌었는데 이상의 모든 요건들이 응답자로 하여금 조사자와 연구내용을 신뢰하도록 하는 데 유용하였던 것으로 판단한다.

3. 응답자의 기밀성(confidentiality) 보호와 연구의 정직성(research integrity) 보증을 위한 노력

사회조사에서 비밀성 또는 기밀성(confidentiality)은 응답자를 확인할 수 있는 사적인 자료가 외부에 보고되거나 누설되지 않을 것을 의미한다(Kvale, 1996: 114). 조사자는 연구 대상자의 동의나 다른 정당한 사유 없이는 연구 대상자가 개별적으로 제공한 정보를 다른 사람과 공유하지 않아야 한다(Levine, 1986). 따라서 조사가 진행되는 동안 수집된 모든 정보는 조사 대상자가 공개를 허락하는 사전 서면 동의가 없는 한 기밀로 다루어진다(Folkman, 2000: 51, 89).

응답자의 처지에서 본다면 비밀성이란 조사자와의 전문적인 관계 형성의 과정에서 드러나는 사적인 정보를 보호받아야 하는 권리로 표현된다(Folkman, 2000: 49). 따라서 비밀보호는 사적인 정보에 대한 타인의 접근을 제한하고자 해당 정보 또는 자료의 누설 때 발생할 수 있는 모든 사안에 대해 조사자와 조사 대상자가 합의하고(Sieber, 1992: 52) 조사자는 이를 준수하고자 모든 노력과 조치를 취해야 함을 의미한다.

그러나 비밀보호의 원칙은 연구의 정직성(research integrity) 측면에서 이론의 여지가 있다. 조사자 외에는 어느 누구도 사실상 조사가 실행되었는지, 자료가 실존하는지의 여부를 알 수 없기 때문이다. 이러한 정황은 자료의 위조나 변조, 날조의 위험성을 낳기도 한다.

본 연구에서는 면접 대상자와 주요 자료 제공자에 대한 비밀보호 약속을 전제로 현장조사가 진행되었다. 연구자는 정보원의 비밀성을 지키는 한편 연구 정직성의 차원에서 자료의 진실성을 보증하고자 연구 전반에 걸쳐 다음과 같은 노력과 절차를 행하였다. 이하의 경험 사례는

질적 연구방법과 현장조사에 대한 논의와 경험이 부족한 우리 학계에
의미있는 논점을 제시할 것으로 본다.[109]

먼저 연구자는 대학원 과정에서 '사회조사에서의 윤리적·정치적 이
슈(Ethical and Political Issues in Social Research)'라는 강좌를 이수하였다. 이 강
좌는 대학원생들의 필수과목으로, 사회과학연구의 현장조사에서 제기되
는 다양한 윤리적·정치적 갈등문제를 다루고 토의한다. 연구 윤리 강좌
는 현장조사에 앞서 한 학기 동안 진행된 것인데 계량분석과 질적 연
구방법 등의 일반적인 방법론 강좌들과는 별개로 개설된 것이다. 연구
윤리 강좌는 연구자에게 연구 윤리에 대한 기본 인식과 기초 지식을
제공함으로써 연구의 정직성 확보와 정보원 비밀보호에 노력하고 고민
하도록 하였다.

연구 윤리에 대한 교육은 단순히 '연구 윤리가 중요하다'는 당위성에
대한 강조를 넘어 연구 과정의 구체적인 사례와 단계별로 문제가 될 수
있는 사안을 지적하고 논의하는 것이 핵심이다. 주제는 조사 설계와 척
도개발에서부터 현장조사와 연구결과물 출간 등에 이르는 연구의 모든
단계에서 연구자가 만나게 되는 윤리적 정치적 갈등과 문제점들이며 이
들을 사례 중심으로 논의하였다. 이에는 연구 윤리에 대한 기본 의미뿐
만 아니라 연구자의 가치개입과 가치중립 문제, 연구의 객관성과 후원
기관과의 관계, 연구 결과물의 저작권 문제, 윤리강령의 의의와 한계 등
이 내용으로 포함되었다. 강좌의 내용에 포함된 연구 정직성의 기본 개
념과 의의, 그리고 정보원 비밀보호의 중요성과 방법 등을 논의함으로
써 연구자들은 각 사안의 중요성과 현실 적용상의 한계 등을 익힐 수
있었다.

둘째, 논문 계획서 심사 단계에서 현장조사 설계 내용과 실제 현장조
사에서 제기될 수 있는 윤리 문제들이 집중적으로 검토되었는데 이는
대학의 학위논문작성 규정에 따른 것이다. 최근 동 대학교의 사회정치

---

109) 본 논의는 저자의 별도 논문으로 발표되었다(최희경, 2006). 여기서는 동 논문 가운데
　　연구자의 경험적 사례 부분을 발췌, 요약하여 게재한다.

대학(The School of Social and Political Studies)은 연구 윤리성을 강화하는 제도를 신설하였다. 2004/2005학년도부터 학위논문을 준비하는 모든 대학원생은 연구계획 단계에서 연구 및 현장조사와 관련되는 윤리적 위험성의 검토 서류를 의무적으로 제출해야 한다. 윤리문제 검토는 사안의 심각성에 따라 세 수준으로 구분하여 행해지며 지도교수와 대학의 윤리위원회가 관여한다(The School of Social and Political Studies, 2006; Research and Research Ethics Committee, 2004).110) 정보원의 비밀보호는 이러한 윤리적 위험성 검토 절차에서 중요한 항목으로 포함되어 조사자의 주의를 요하고 있다.

셋째, 실제 현장조사에 앞서 연구자는 면담의 목적과 내용, 비밀유지 등에 관한 내용을 담은 면담 요청서를 조사 대상자들에게 전달하고 동의를 구하였다. 특히 엘리트 면담에서는 두 명의 지도교수들이 서명한 추천서가 첨부되었다. 추천서에는 조사자에 대한 신분 보증 외에 현장조사가 행해지기까지의 사전 연구와 조사설계 과정이 기술되었으며, 특히 앞으로 연구자의 어떠한 연구 결과물에서도 면담 대상자의 신원이 드러나지 않도록 보증한다는 엄준한 문구가 명시되었다.111)

넷째, 본 사례에서 연구자는 논문이 완성되어갈 무렵 지도교수들에게 조사 대상자의 신원을 보호하면서 동시에 수집된 자료의 진실성을 확

---

110) 첫째, 모든 연구자는 지도교수 지도 아래 구체적인 항목별로 윤리 문제의 가능성에 대한 자체 점검표(self-audit based checklist)를 작성한다. 모든 항목에서 윤리성을 해할 위험이 없는 것으로 응답되면 이 단계에서 윤리적 평가는 종료된다. 둘째, 첫 번째 자체 점검에서 윤리적 위험이 있다고 응답되는 항목이 있을 경우, 영국사회학회(BSA), 사회조사학회(SRA), 영연방사회인류학회(ASA) 등의 윤리규정에 기초하여 세부적인 평가와 조처 내용(detailed assessment)을 작성해야 하며 연구윤리위원회는 이를 검토하여 연구 윤리 정책과 절차에 부합되는지 확인해야 한다. 셋째, 조사 대상자들에게 상당한 심리적 육체적 위험이 수반될 것으로 예견되는 연구 조사의 경우, 대학윤리위원회에 회부, 논의되며 위원회의 결정이 있을 때까지 조사는 착수될 수 없다. 필요할 경우 사안은 대학본부의 윤리위원회에 보고된다(The School of Social and Political Studies, 2006; Research and Research Ethics Committee, 2004).

111) "…… All material arising from the interviews will be treated in the strictest confidence and we give you our absolute guarantee that no individual will be identifiable from the fieldwork accounts included in her final PhD thesis, or any publications resulting from this research. ……(Alex & Kerry, 2003)."

보해줄 수 있는 제도적 장치가 있는지 문의하였다. 에딘버러 대학에는 도서관에서 관장하는 Restriction of Theses 제도(이른바 Embargo Policy)가 있다. 이 논문접근 제한정책은 학위논문의 내용이 특별히 비밀을 요할 경우 일정한 기간 동안 논문을 외부에 공개하지 않는 제도이다. 대학은 논문 원본을 보관하되 공개하지 않으며 저자는 논문을 출간·배포하지 않는다. 도서관에 보관된 논문의 열람을 원하는 자는 저자의 서면동의를 필요로 한다. 이 제도는 심사가 통과된 논문을 도서관에 제출할 때 정해진 양식을 작성하고 학과장의 승인을 얻음으로써 발효된다(Sally, 2006).[112]

연구자는 현장조사를 통해 수집한 자료의 근거에 동 제도를 적용할 수 있는지 확인하고자 논문접근 제한제도 신청 사유서를 작성, 지도교수들 편으로 학과장과 도서관 측에 제출하였다. 검토 결과, 접근 제한정책은 논문의 전체본에 한해 적용할 수 있으며 논문의 일부나 관련 내용에 한해서만 적용하는 데는 무리가 있다는 회신을 받았다.

다섯째, 대신 연구자가 현장조사에서 수집한 내부자료와 면담 대상자에 대한 구체적인 신상과 연락처를 작성, 이를 논문심사위원회에 제출하고 논문에 이러한 사실을 명시하는 것으로 결정되었다. 논문심사위원회의 구성원인 지도교수들은 앞서 추천서를 통해 비밀보호를 보증한다고 약속하였고 다른 심사교수들은 대학의 학위논문심사지침에 명시된 심사자의 비밀보호 의무규정[113]을 적용받는다. 따라서 이들에게 정보원을 제출하여 그 진실성을 확인받는 것이 정보원의 비밀보호 약속을 실제로 훼손하는 것은 아니라고 판단되었다.

---

112) 일반적으로 접근제한 기한은 5년까지이나 특수한 경우 연장이 가능하며 지금까지 몇 권에 대해서는 연구자의 철회 요청이 있을 때까지 계속(indefinitely) 접근이 금지된 논문도 있다. 현재 동 대학에서는 매년 평균 20건 정도의 학위 논문이 접근제한 제도를 신청, 적용받고 있다(Sally, 2006).

113) "······ The contents of the thesis and the abstract are proprietary, and examiners must hold them in strict confidence. No copies may be taken, nor disclosure of the contents be made without the prior written permission of the University given by the Secretary to the University and the candidate(The University of Edinburgh, 2005a: 7. *Copyright and Confidentiality*). "

위의 사례는 연구의 정직성과 정보원 비밀보호라는 두 가치를 병행하고자 어떤 노력과 절차가 행해졌는지 보여주고 있다. 이 사례에서 정보원 비밀보호 준수를 위한 규정 및 절차와 논문접근 제한정책 등의 제도적인 장치도 주목되지만 좀 더 기본적으로는 연구의 정직성과 정보원 비밀보호 등, 연구 윤리 전반에 대한 사전 교육과 지도가 연구자의 의사결정과 관련 상황에 중요한 구실을 하였다. 또한 연구자와 지도교수, 그리고 연구 심사위원 사이의 신뢰는 매 단계 의사결정에서 핵심적인 노릇을 하였다. 서구에서 정보원 비밀보호 원칙과 연구 정직성의 양립에 특별히 많은 문제가 제기되지 않고 있는 것은 연구 윤리 강좌와 같은 사전조치와 그를 바탕으로 다져진 학계의 신뢰가 중요한 구실을 하는 것으로 판단된다.

4. 자료분석

자료분석을 위한 틀의 바탕이 된 것은 당초 설계한 면접내용의 소주제별 분류체계와 질의문항들이었다. 이들 체계와 문항은 다시 Abbott 등의 이론적 틀에서 도출된 것이다.[114]

자료분석의 기본 틀이 확정될 때까지는 복잡하고 반복적이며 중복되는 과정이 계속되었는데 기존의 이론적인 틀을 수정하고 구체화하는 작업도 병행되었다. 다음에 기술되는 과정은 본 연구에서 어떻게 자료분석의 틀을 정립하고 수집된 자료를 분석하였는가에 관한 것이다. 분석 과정은 Marshall & Rossman(1995: 113-118)이 제시한 단계에 준하였다.

---

114) 본 연구에서는 분석을 위해 특별히 소프트웨어 프로그램을 활용하지 않았다. NVIVO 등의 질적자료 분석 소프트웨어 프로그램은 인터뷰 원고와 같은 질적 자료의 원문에서 의미가 있다고 판단되는 단어, 문구, 문장마다 특정 코드를 부여한 뒤, 이들 코드를 비슷한 유형별로 묶어 범주화하는 과정을 수차에 걸쳐 반복하여 자료를 체계화해가는 과정을 정형화한 것이다. 본 연구에서는 조사설계 과정에서 이론적 틀에 의거, 분석을 위한 기본 틀을 마련하였고 면접 자료를 직접 파일로 입력하고 정리하는 과정에서 세부적인 내용 파악과 범주화가 상당 부분 행해졌다고 판단되어 별도로 소프트웨어 프로그램을 이용하지 않았다.

자료분석의 첫 번째 단계로서 조사자는 음성파일로 저장된 인터뷰 자료를 모두 문서파일 형태로 입력하였다. 그리고 면접 내용의 중요성과 질적 측면을 기준으로, 자료를 네 집단으로 구분하였다. A집단의 면접자료는 각 단체의 특징과 처지를 가장 잘 드러낸 것으로, 소속단체의 내부 정황과 의사결정 과정, 정부와의 관계에 대한 구체적이고 내부적인 내용을 많이 담고 있다. A집단에 해당하는 면접 원고를 반복하여 숙독한 뒤 인터뷰 내용과 흐름에 따라 문단을 세세히 구분하였다. 면접 때 현장에서의 별도 기록이 이 과정에서 큰 도움이 되었다. 매 단락의 끝 부분마다에는 면접 대상자의 이름을 표시하여 편집 과정에서 혼란이 없도록 하였다.

둘째, 자료분석에서 범주화 과정은 Marshall & Rossman(1995: 114)이 지적한 바와 같이 분석의 전 과정에 걸쳐 가장 어렵고 복잡하며 혼란스러운 단계이다. Glaser and Strauss(1967)도 면접을 통해 수집된 자료를 분석하는 데 가장 기본적이고 어려운 과정은 속성에 따라 사건과 사람, 사물 등의 중요한 범주를 찾아내는 것이라고 하였다. A집단의 면접 원고를 반복하여 검토하면서 먼저 전체를 체계화하는 데 바탕이 되는 중요한 사안들을 정리하였다. 이들 사안은 이론적 배경에서 분류된 하부 주제에 준하였다(〈표 Ⅲ-1〉참조). 자료분석을 위한 첫 번째 틀은 상대적으로 용이한 분류 범주인 주요 참여자별로 분류하였다. 〈표 Ⅳ-3〉에서 보는 바와 같이 자료 내용을 분쟁의 주요 참여자별로 분류하는 방법, 즉 세 주요 의료단체와 정부, 시민단체 및 기타로 분류하는 틀을 구상하였다. 이에 따라 조사자는 A집단 면담 자료의 단락과 구문들을 해당 범주로 분류하는 작업을 시행하였다. 이 작업은 틀의 각 분류체계와 각 단락 원고의 내용을 동시에 고려하고 판단해야 하는 높은 집중력이 요구되는 단계였다.

그러나 이와 같이 분류 정리된 내용은 개별 주체에만 초점을 두고 있다는 취약점이 있었다. 따라서 본 연구의 핵심인 의료단체들 사이의 관계 및 의료전문직 체제와 환경 사이의 상호작용이 간과될 가능성이 높고 원래의 면접 자료들이 보여주는 상황의 역동성과 주체들 사이, 그리고 정황들 사이의 상호작용을 제대로 드러내지 못하는 단점이 있었다.

그 뒤 몇 차례 다른 분석틀이 시도된 뒤 조사자는 기본적인 분쟁의 논점, 즉 분쟁의 원인을 설명할 수 있는 분쟁에 대한 서로 다른 견해에 초점을 두고 이를 소주제로 하여 분석틀을 구성하기로 결정하였다. 최종적으로 확정된 자료분석 틀에는 당초 분석틀에서 제시되었던 주체별 사안이 함께 포괄됨으로써 관련 단체 사이의 상호작용이 종전의 분석틀에서보다 더 강조되었다.

셋째, A집단 인터뷰 자료를 바탕으로 구성된 이상의 자료분석 틀에 따라 다른 등급의 인터뷰 자료들도 분류, 분석되었다. 인터뷰 자료가 분석에 추가되는 과정에서 분석 틀과 구조 자체가 세부적으로 조금씩 수정, 조정되었다.

참고문헌

I. 국내문헌

건강보험심사평가원. (2002). 《건강보험심사통계지표》. 서울.

건강보험정책심의위원회. (2002). 내부자료.

경희대 비대위자료국. (1996). 《1993-1995년 투쟁 자료집》. 1권 ~ 20권.

고미숙, (2006). 《나비와 전사: 근대와 18세기, 그리고 탈근대의 우발적 마주침》. 서울: 휴머니스트.

고수경. (2006). 《양한방협진 실태조사》. 서울: 건강보험심사평가원.

국가균형발전특별법시행령(제정 2004. 3. 29, 대통령령 제18346호).

국무조정실. (2006). 《2006년 규제개선 방안》. 서울.

국민건강보험 요양급여의 기준에 관한 규칙(일부개정 2005.10.11, 보건복지부령 828호).

국민건강보험법(개정 2000. 12. 29, 법률 제6320호).

국민건강보험법시행령(개정 2000. 12. 30, 대통령령 제17067호).

권순만. (2000). 〈건강보험 요양급여비용계약제 시행 방안에 관한 고찰〉. 《보건경제연구》. 6(1): 33-55.

권혁남. (2001). 〈TV 방송의 사회갈등 조정역할에 관한 연구〉. 《한국방송학회》. 15(1): 45-84.

김계현. (2004). 《한방병원과 협진하는 의사 실태 조사연구》. 서울: KMA 의료정책연구소.

김범진. (1994). 《한약조제권 분쟁과정에서 나타난 이익집단의 이익표출활동분석》. 서울대학교 보건대학원 석사학위논문.

김병준. (2001). 〈의료이원화의 문제점과 개선방향〉. 《동서의학연구회》.

김석태. (2006). 〈지방행정체제 재구조화의 협치적 논리 모색〉. 《국가정책연구》. 20(1): 41-72.

김선경. (2003). 〈서울시 정보화관련 공무원들의 인터뷰를 통한 전자정부서비스의 문제점 분석〉. 《한국행정학회》. 2003년도 하계학술대회 발표논문집 1: 909-925.

김수길 외. (2003). 《금고가 비었습니다》. 서울: 중앙 M&B.

김순양. (1994). 〈집단이익의 갈등과 정부개입에 관한 비교연구 : 보건의료 정책분야의 의약분업사례와 한약조제권 분쟁사례의 비교〉. 《한국정치학회보》. 28(1): 375-402.

───. (1995). 〈의료보험 정책과정에서의 참여자 특성 변화에 관한 연구〉. 《한국행정학보》. 29(2): 415-434.

───. (2005). 〈한국 보건의료 개혁과정에서의 정책 네트워크(Policy Networks) 및 정책산출(Policy Outputs) 분석〉. 《한국행정논집》. 17(4): 1063-1096.

김신근. (1990). 〈우리나라 약학교육의 태동〉. 《대한약사회지》. 1(1): 17-27.

김영종. (1995). 《복지정책론》. 서울: 형설출판사.

김용익. (2000a). 〈의약분업의 쟁점과 국민건강〉. 《의료개혁 시민연합 토론자료집》.

───. (2000b). 〈의약분업의 전망과 과제, 의약분업정착과 시민 소비자운동의 역할에 관한 협의회〉. 《의료개혁 시민연합 토론자료집》.

김주환. (1994). 《이익집단갈등에 대한 갈등중재 비교연구》. 고려대학교 대학원 석사학위논문; 박상필. 〈이익집단 갈등과 사회자본〉. 《한국행정학보》. 34(2): 131에서 재인용.

───. (2004). 《정책네트워크의 변화와 정책반응 연구: 의약분업정책 중심으로》. 고려대학교 대학원 박사학위논문.

김한중·손명세·박은철 등. (1999). 〈의료보험 수가 수준의 조정을 위한 의료보험 경제지수의 개발〉. 《보건행정학회지》. 9(1): 156-177.

남궁근. (1990). 〈국가 보건의료정책 발달의 결정요인에 관한 연구: 경쟁적

제관점의 비교평가〉.《한국행정학회》. 24(3): 1399-1420.

남궁근·박창제. (1993). 〈보건의료 보장정책의 성과와 개선방향〉.《한국행정연구특집》. 2(3): 92-110.

남은우·김재수.《병원관리학》. 서울: 신광출판사.

노승숙. (1981). 〈사회개발정책의 분석 평가를 위한 모형: 의료보험제도에의 적용〉.《행정논총》. 19(2): 2280-2297.

대학교육심의회. (1993).《약학대학 수업연한 연장방안 연구》. 서울: 대학교육심의회.

대한병원협회. (2006).《2006 전국병원명부》. 서울.

대한약사회. (1985).《제외국의 약학교육제도: 주요 6개국의 약학교육제도 및 약사국가시험제도를 중심으로》. 서울.

대한의사협회. (2006). 〈대한의사협회 세계윤리선언문〉.

대한의사협회. (2006). 〈대한의사협회 윤리지침〉.

대한의사협회. (2006). 〈대한의사협회 정관〉.

대한의사협회. (2001).《건강보험 재정대책 대토론회 연제집》, 서울.

대한의사협회·대한전공의협의회 비상대책위원회. (2000).《한국의료 새 희망을 위하여》. 서울: 대한의협 의권쟁취투쟁위원회 & 대한전공의협의회 비상대책위원회.

대한한의사협회 의료보험위원회. (1997).《한약(첩약)의료보험대책에 관한 연구》. 대한한의사협회 내부자료.

문옥륜, (1990).《한국의료보험론》. 서울: 신광출판사.

박민정, (2006). 〈의료정책변화의 지대추구론적 분석〉.《한국행정학보》. 40(2): 195-218.

박상필. (2000). 〈이익집단 갈등과 사회자본: 경실련의 한약분쟁 조정 사례 연구〉.《한국행정학보》. 34(2): 121-138.

박윤형 외. (2004a).《의사단체의 정치세력화》. 서울: KMA 의료정책연구소.

───. (2004b).《OECD 보건통계 자료를 통해 살펴본 우리나라 보건의료 현황 분석》. 서울: KMA 의료정책연구소.

박은철. (2003). 〈건강보험 상대가치 수가제도〉.《대한신장학회지》. 22(부록

2): 426-437.

박재영. (2002). 《한국의료, 모든 변화는 진보다》. 서울: 청년의사.

박정호. (1996). 《한국 의료보험 정책과정에서의 정부 역할》. 서울대 박사학위 논문.

백화종 · 황나미. (1997). 《의료인력 양성 및 관리 현황과 개선 방안》. 서울: 한국보건사회연구원,

보건복지부. (1996). 《보건복지부백서》. 서울.

──── . (2002). 《보건복지통계연보》. 서울.

──── . (2006a). 내부자료: 보건복지부의 의사 및 약사출신 공무원 현황.

보건복지부. (2006b). 홈페이지: 보건복지부소개 – 역대장차관.

  (http://www.mohw.go.kr).

보건복지부 · 한국보건사회연구원. (2006). 《제1차 보건의료인력개발 기본계획》. 서울.

보건복지부 · 한국보건산업진흥원. (2002). 《중장기 한방육성대책 수립》. 제2차 실무회의 내부자료.

상대가치운영기획단. (2002). 내부자료.

서울YMCA. (1994). 《민주개혁과 시민사회》. 서울YMCA 시민사회개발부; 박상필. 〈이익집단 갈등과 사회자본〉. 《한국행정학보》. 34(2): 131에서 재인용.

서진완. (1996). 《행정사무화자동화의 종합평가 및 향후 발전방향》. 서울: 한국행정연구원.

송건용 외. (1994). 《2010년의 의사인력 수급 전망》. 서울: 한국보건사회연구원.

송호근 외. 《의약분업에 대한 국민의식 조사연구》. 서울: 서울대학교 사회과학연구원 사회발전연구소, 2001.

송호근. (2003). 《복지국가와 의료정책: 영국, 독일, 미국의 의료보험 구조조정》. 서울: KMA 의료정책연구소.

신무섭 · 홍성영. (1989). 〈의료보장제도에 대한 수혜자의 태도와 생활만족도에 관한 연구〉. 《한국행정학보》. 23(2): 757-770.

신상문 · 유동열. (2002). 〈90년대 한약분쟁의 과정과 역사적 함의: 한방의 약분업과 의료일원화에 미치는 영향을 중심으로〉. 《한의학 논문집》. 10(2): 41-72.

신영석 외. (1999). 《의료보험 진료비 증가요인과 정책과제》. 서울: 한국보건사회연구원.

신영석. (2000). 《국민건강보험의 재정안정화 방안 연구》. 서울: 한국보건사회연구원.

안병철. (2001). 〈정책형성과정의 정치적 성격과 특성: 의약분업정책의 사례분석〉. 《한국정책학회보》. 10(2): 23-55.

──────. (2002a). 〈정책결정과정에서의 NGO의 영향력 요인〉. 《한국사회의 행정연구》. 12(4): 321-337.

──────. (2002b). 〈의약분업 정책변동과 정책실패: 정책어그러짐의 개념을 중심으로〉. 《한국행정학보》. 36(1): 41-58.

안병철 · 조영희 · 박승조. (2003). 〈제도와 조직의 대응행동: 노동부의 임금정책과 복지부의 수가정책을 중심으로〉. 《한국행정학보》. 37(2): 243-262.

양봉민. (1999). 〈국민건강증진과 의약분업, 의약분업정착과 시민 소비자운동의 역할에 관한 협의회〉. 《의료개혁 시민연합 토론자료집》.

여인석 외. (2002). 〈한국의사면허제도의 정착과정: 한말과 일제시대를 중심으로〉. 《醫史學》. 11(2): 137-153.

외교통상부 통상교섭본부. (2005). 《WTO DDA 서비스협상 2차 양허안 해설자료》. 5.31.

원희목. (2003). 《새로운 시작을 위하여》. 서울: TMC.

유승윤. (2005). 《수가계약제 확립을 위한 제도 개선방안》. 서울: KMA 의료정책연구소.

유승흠 · 김한중 · 손명세 · 박은철. (1999). 《의료보험 수가구조 개편을 위한 3차년도 연구》. 서울: 연세대학교 보건정책 및 관리연구소.

유시민. (2005). 《국민건강보험요양급여개선 등에 관한 청원 검토보고서》. 서울: 국회 보건복지위원회.

유 훈. (1997). 〈정책변동요인에 관한 연구〉. 《행정논총》. 35(1): 17-32.

윤현병. (2006). 〈2005 전국 의사회원실태 조사 보고〉. 《의료정책포럼》. 4(3): 143-151.

의료보험심사평가원. (2002). 《건강보험 심사통계지표》. 서울.

이경희 · 권순만. (2004). 〈의약분업정책: 이익집단의 영향과 정책과정의 교훈〉. 《한국정책학회보》. 13(5): 255-277.

이상영 외. (1997). 《양한방 의료협진체계의 현황과 개선방안》. 서울: 한국보건사회연구원.

이수연 · 김상균. (2001). 〈의약분업 분쟁 과정에서 나타난 의사집단의 전문직업성에 대한 해석〉. 《사회복지연구》. 17: 153-174.

이용철. (1995). 《한약분쟁의 조정과정과 정책결정안의 안정성에 관한 연구》. 서울대학교 행정대학원 석사논문.

이은상 · 이준규 · 강병민. (2002). 〈의약업에 대한 추계과세제도의 문제점과 개선방안: 의약분업전후를 중심으로〉. 《회계저널》. 11(1): 51-79.

이은상 · 전동훈. (2001). 〈의약분업 실시로 인한 세수변화에 관한 연구〉. 《사회과학연구》. 40: 119-146.

이의경 외. (2001). 《의약분업 전후의 약제비 변동요인 분석 및 정책과제》. 서울: 한국보건사회연구원.

이종엽. (2003). 《의약분업정책의 정책수용성 평가: 정책수용성 확보 전략 평가를 중심으로》. 한국행정학회 2003 하계학술대회 발표논문집.

이종찬. (2000). 《한국 의료 대논쟁》. 서울: 조합공동체 소나무.

이준영. (2001). 〈독일 의약분업제도 운영에 관한 연구: 한국 의약분업제도에의 함의〉. 《한국사회복지학》. 46: 349-376.

이현우 · 최진영. (2001). 〈의약분업 관련 의견광고에 관한 연구〉. 《광고연구》. 53: 193-211.

이현출. 〈거버넌스와 NGO: 의약분업 사례를 중심으로〉. 《한국정치학회보》. 35(3): 217-237.

이희선. (1994). 〈한약조제권 분쟁의 해결을 위한 의약분업방안에 관한 쟁점〉. 《정책분석평가학회보》. 4(1): 197-220.

인도주의실천의사협의회. (2000). 《의약분업 논의의 진행과정과 인의협의
　　활동》. 서울.

──────. (2001). 홈페이지.

임금자 · 최진우. (2005). 《보건의료 통계 분석: OECD 보건통계 자료를 기
　　초로》. 서울: KMA 의료정책연구소.

임성학. (2002). 〈제 16대 총선 선거자금의 조달과 지출: 인터뷰자료의 분
　　석〉. 《한국정치학회보》. 36(3): 245-268.

장동익. (2003). 《전문 직업인으로서 의사의 의무와 역할에 대한 이론적
　　토대》. 서울: KMA 의료정책연구소.

장원기 · 정혜선. (2003). 《선진 주요국의 의료제도 연구》. 서울: KMA 의료
　　정책연구소.

전영평 · 홍성만. (2005). 〈한국 시민참여의 유형화와 사례분석〉. 《한국정부
　　학회 2005 추계학술대회 발표논문집》. 151-166.

전진석. (2003). 〈의약분업 정책변화에 대한 연구: 정책옹호연합모형을 적
　　응하여〉. 《한국정책학회보》. 12(2): 59-87.

정우진 외. (1997). 《의약분업의 경제적 효과분석과 도입방안》. 서울: 한국
　　보건사회연구원.

──────. (1999). 《의약분업정책 평가모형개발 연구》. 서울: 한국보건사회연
　　구원.

정윤수. (1992). 〈의료재정정책의 변화에 따른 병원행태의 변화: 미국의
　　Medicare 급여방식을 중심으로〉. 《한국행정학보》. 24(4): 1237-1255.

정윤수 · 허만형. (1999). 〈공립병원 의료 서비스의 공공성 분석〉. 《한국행
　　정학보》. 33(4): 355-370.

정종원. (2004). 《언론에서의 反의사정서 극복방안》. 서울: KMA 의료정책
　　연구소.

조병희. (2000a). 〈의료계와 사회의 갈등구조 : 의약분업 사태를 중심으로〉.
　　《경제와 사회》. 48: 132-165.

──────. (2000b). 《의료문제의 사회학: 한국의료체계의 모순과 개혁》. 서울:
　　태일사.

──── . (2000c). 〈의사파업의 사회적 의미〉. 《Healthcare Review》. 275-301.

──── . (2001). 〈보건의료분야에 있어서 시민단체의 역할과 과제: 의약분업중심으로〉. 《보건과 사회과학》. 10: 5-35.

──── . (2003). 《의료개혁과 의료권력》. 서울: 나남출판사.

조석준. (1975). 〈의사결정에 있어서의 CONFLICT 이론의 한국행정과정의 설명능력에 관한 고찰〉. 《한국정치학회》. 1: 363-369.

조영재. (2001). 〈민주화 과정에서의 이익갈등과 2차원 게임: 의약분업 사례를 중심으로〉. 《아세아연구》. 105: 33-64.

조재국 외. (2000). 《의약분업하의 의약품 공급원활화 및 표준약국 모델 개발》. 서울: 한국보건사회연구원.

주재현. (1998). 〈정책변동의 패턴과 원인: 저임금과 공해피해보상 문제에 대한 한국국가의 대응변화를 중심으로〉. 《한국행정학회 1998년도 하계학술대회 발표논문집》. 69-84.

최병호. (1997). 《의료보험 본인부담 실태와 급여체계 개편방안》. 서울: 한국보건사회연구원.

──── . (2000a). 《국민건강보험과 민간의료보험의 보완적 발전방안 연구》. 서울: 한국보건사회연구원.

──── . (2000b). 〈건강보험 요양급여비용 계약제 시행의 정책적 고찰〉. 《보건경제연구》. 6(1): 57-71.

최병호 외. (1998). 《의료보험 통합에 따른 진료비 지출체계 개편 연구》. 서울: 한국보건사회연구원.

최병호·신윤정. (2003). 〈국민건강보험 총액 예산제 도입을 위한 소고〉. 《보건사회연구》. 24(1): 54-91.

최성두. (2000). 〈의약분업정책과 갈등조정〉. 《한국행정연구》. 9(4): 29-52.

최희경. (1997). 《의료재정과 보험요율의 추정》. 경북대학교 대학원 박사학위논문.

──── . (2003). 〈OECD 국가들의 사회복지지출 유형과 한국의 복지체제〉. 《한국행정논집》. 15(4): 835-858.

──── . (2004). 〈의료보험수가 결정 과정과 정부의 역할: 건강보험정책심

의위원회(건정심) 결정 과정을 중심으로〉. 《한국행정학보》. 38(2): 127-147.

─────. (2005). 〈엘리트 면접 조사의 대상자 접근에 관한 사례 연구: 의료 정책결정과정의 사례〉. 《한국정책학회보》. 14(3): 155-181.

─────. (2006a). 〈연구 정직성과 정보원(情報源) 비밀보호의 양립 방안 모색〉. 《한국행정학보》. 40(3): 1-25.

─────. (2006b). 〈주요 의료단체의 정책로비과정 비교〉. 《한국정책학회보》. 15(3): 35-71.

통계청. (2005). KOSIS 통계DB(http://kosis.nso.go.kr).

하용출. (2003). 《보건정책결정과정에서의 국가의 역할: 1998년 한약 조제권 분쟁을 중심으로》. 서울: KMA 의료정책연구소.

한국과학재단. (2006a). 4. 영국의 R&D Scoreboard(2006). 《Science Watch Report》. 31: 23-30.

한국과학재단. (2006b). IV. 〈전문위원실 분석자료: 유전자 발명의 라이센싱을 위한 가이드라인〉. 《Science Watch Report》. 31: 49-56.

한국언론재단. (2000). 《신문의 의약분업보도》. 서울.

한의사전문의의수련및자격인정등에관한규정(개정 2002. 1. 26. 대통령령 17501호).

함윤희 외. (2006). 〈의료시장 개방에 대한 우리나라 의사의 인식과 대응〉. 《한국보건행정학회 2005년 후기 학술대회 연제집》.

홍경표. (2002). 《한국의 서양의학의 도입과 의료체계의 변모》. 보건연구정보센터.

홍석표. (2001). 《건강보험 통합관리운영체계의 효율화 방안》. 서울: 한국보건사회연구원.

황혜신. (2005). 〈주인 대리인 이론의 정책과정에의 시론적 적용 ─ '국민의 정부' 의약분업 사례의 또 다른 해석〉. 《한국정책학회보》. 14(4): 29-56.

언론보도자료 및 인터넷 자료

Hospitallaw. (2006). 의사협회 윤리지침 쟁점내용. 2.19. (http://www.hospitallaw.or.kr).

MBC 시사매거진 2580. (2005). 말기암 환자 중국에 간 까닭. 5.8.

《Biz & Issue》. (2002). 2002 대선 후보 보건의료 분야 공약 쟁점. 12.16. (http://binews.co.kr).

──────. (2003a). 담합과 협력의 경계에서-'맨투맨 담합'서 '공공 협력'으로. 3.18.

──────. (2003b). 의-약 협력. 3.18.

──────. (2003c). 의·약, 멈추지 않는 고발과 비방. 3.18.

──────. (2004). 더 이상 미룰 수 없는 '의약협력'. 8.17.

──────. (2005a). '의약협력' 속뜻은 경영에 목표. 3.25.

──────. (2005b). 의약분업이후 '최대위기' 직면. 1.28.

──────. (2005c). 의약협력, 이제는 필요한 시점이다. 10.1.

《E-헬스통신》. (2005). '양한방 협진' 새로운 경영 키워드로 뜰까? 12.28. (http://www.e-healthnews.com).

《건강과 과학》. (2003). 의학은 하나다-의료일원화. 4.11.(http://hs.or.kr).

《국정브리핑》. (2005)내년 건보 수가 3.5% 인상... 사상 첫 합의 체결. 11.16. (http://www.news.go.kr/wrap/webapp/news).

《뉴시스》. (2006a). 새 의협 수장 탄생… 전공의 노조 탄력 받다. 3.20. (http://www.newsis.com).

──────. (2006b). 의협, 5.31 참패 거울삼아 정치세력화 전략 수정. 6.2.

──────. (2006c). 토익 대신 수능보고 의대 간 것이 취업준비. 4.18.

《데일리메디》. (2002). D-3 의약계 지지후보 표심 극명. 12.16. (http://www.dailymedi.com).

──────. (2003a). "양한방 의료이원화 인정·한의학 육성" 김장관 시민의 신문 인터뷰, 중증질환 부담 낮추는 방안 추진. 5.6.

──────. (2003b). 醫 "국립한의대 설립 철회-양한방 일원화" 국무총리·청와대 등에 성명서 보내. 6.10.

———. (2005a). 약사회 '한약 100처방 제한 철폐돼야'. 12.21.

———. (2005b). 양한방 협진 원조 경희의료원 고객평가는? 7.19.

———. (2006). 메디피플: 대한개원한의사협의회 김현수 회장. 2.13.

《데일리팜》. (2002). 醫-한나라당 藥-민주당 밀어주기 양상. 5.28.
　　　(http://www.dreamdrug.com).

———. (2003a). 김장관 "내년 수가 인상률 3%이내 억제. 11.4.

———. (2003b). 미국식 수가연동제 내년수가 '잣대' 부상. 11.25.

———. (2004a). 2008년 학년부터 6년제... '한약사' 불씨 남아. 6.21.

———. (2004b). 4·15총선이 의약계에 준 교훈. 4.19.

———. (2004c). 약사회는 한약학과를 포용하라. 6.24.

———. (2005a). "복지부, 한방분업 의지 있는지 의심" 박석재 총무이사(대
　　　한한약사회). 9.14.

———. (2005b). 개정약사법 국회 통과...약대 6년제 가속도. 6.30.

———. (2005c). 약국당 월평균 조제수입 5만원 증가 그쳐. 2.25.

———. (2006a). 故 민관식, 약업계 큰 발자취 남기고 소천. 1.16.

———. (2006b). 한방병원 94% 양한방협진체계 구축. 1.23.

《동대신문》. (2002). 집단 이기주의: 전문의제도 논란. 5.6.

《동아일보》. (2003). 의약분업 원점서 다시 풀어야. 3.16.

《메디게이트뉴스》. (2004a). "수가계약 이대로 안돼" 대수술 불가피. 11.15.
　　　(http://medigatenews.com).

———. (2004b). 韓藥 전격 합의, 한의계 내부 '파문'. 6.22.

———. (2005a). 섞여가는 양·한방, '이종교배' 심각〈1〉. 1.3.

———. (2005b). 양·한방 공통분모 찾기 '현재 진행형'〈3〉. 1.5.

———. (2005c). 애들 장난에 같이 놀아야 하나. 5.2.

———. (2005d). 의료계, 유보된 현안 '의료일원화' 쟁점화: 학제 개편 문제
　　　공개된 논의의 장 마련 평가. 8.15.

———. (2005e). 일본, 명치유신 이후 현대의학에 흡수 통합〈2〉. 9.3.

———. (2005f). MBC 2580 한의계 손들기 ... 의료계 '발끈'. 5.9.

———. (2006). 약대, 2009년부터 6년제 전환...시행령 공포. 1.13.

《메디파나뉴스》. (2006). 5.31 지방선거서 의약사 32명 당선: 지역서 20명, 비례대표 12명 진출. 6.1. (http://www.medipana.com).

《메디포뉴스》. (2004). 의협 "수가 불균형 해소 안되면 계약 불가". 11.10. (http://medifonews.com).

《병원신문》. (2004). 차기 건정심, 공단·의약계 수가용역 결과 청취 예정. 11.18. (http://news.kha.or.kr).

───. (2006). 부음: 민관식 박사 별세. 1.17.

《보건신문》. (2005a). 한의계위기인가! 기회인가(1). 5.13. (http://bokuen.co.kr).

───. (2005b). 한의계위기인가! 기회인가(2). 5.20.

───. (2006). 의약분업 시행 약국경영엔 악재로. 6.13.

《세미나 리뷰》. (2003). 내년도 상대가치점수 협상 결렬. 11.21. (http://www.sseminar.net).

《신동아》. (2000). 집중취재: 16대 총선에 대공세 펴는 이익단체. 2월호.

───. (2006). 장동익 신임 대한의사협회장 "정부, 의약분업 강행위해 항생제 권장치 왜곡했다". 49(5): 202-211.

《약사공론》. (2000). 미이수 한약과목 개설 "뜨거운 감자". 3.17. (http://www.kpanews.co.kr).

───. (2003). 의료일원화에 의-약 한목소리. 4.16.

───. (2004). 약사 정책 도출할 싱크탱크 시급: 종별협약 대비 후년 수가연구 지금 시작해야, 조제료항목 개발·환자 기여도 입증 필수. 12.4.

───. (2005). 적정수가 확보하려면 목소리보다 '데이터'. 11.18.

《약업신문》. (2004). 직능별계약 의약사 수가전쟁 예상. 12.6. (http://www.yakup.com).

《연합뉴스》. (2006a). 내년도 건강보험료 6.5% 인상. 12.1.

───. (2006b). 의사는 '한의학 전통침술' 불가. 7.8.

《오마이뉴스》. (2004). 사회주의 의료 개혁해야 ─ 집단이기에 눈먼 의협 22일 전국의사 결의대회... 사회보험노조 등은 '의협해체' 주장. 2.2. (http://www.ohmynews.com).

《오픈닥터스》. (2006). 한미 FTA 의료시장 빗장 풀릴까? 1.31.
　　　　(http://www.opendoctors.net).

《의약뉴스》. (2004a). "건정심서 종별수가계약방식 적용해야" 한국노총, 기
　　　　자회견서 밝혀. 11.22. (http://www.newsmp.com).

――――. (2004b). 건정심 '엇박자' 계속. 11.23.

――――. (2005). 복지부, 의료일원화 논의 "시기상조", 진행근 과장 "사회적
　　　　갈등 우려"...한의계1승. 5.23.

《의협신문》. (2005a). 수가계약 이렇게 진행됐다. 11.16.
　　　　(http://www.kmatimes.com).

――――. (2005b). 한의사 의료기 사용은 실정법 위반. 6.4.

――――. (2005c). IMS 자보수가파동. 12.1.

――――. (2006a). 김 협회장 선거법 위반 유죄선고. 2.8.

――――. (2006b). 보험수가 그대는 변함없는 의료현안. 3.4.

――――. (2006c). 강경투쟁은 이제 그만! 대화협력이 좋다. 3.4.

――――. (2006d). 의료시장 개방? 좋아요. 3.6.

――――. (2006e). 의사들은 어느 정당 지지할까? 3.3.

《이데일리》. (2006). 국민건강보험 재정 또 위기 직면. 8.13.

《일간보사》. (2004). 내년도 수가 보험료 결정 내달초 연기. 11.29.
　　　　(http://www.bosa.co.kr).

《조선일보》. (1996). [동의보감] CD롬 한 장으로 세계 최초 DB화 성공.
　　　　7.11.

――――. (2006). 지방 국립대에 한의학전문대학원. 8.31.

《주간동아》. (2003). 날개 단 '시민단체'. 3.20.

《주간조선》. (2000). 실패의 연구: 휘청거리는 보건복지부. 1624호. 10.19.

――――. (2004). 한의사, 장밋빛만은 아니다. 1795호. 3.18.

《중앙일보》. (2006a). 한의사 CT 사용 못한다. 7.1.

――――. (2006b). 인턴·레지던트 노조 생겼다. 7.6.

《청년의사》. (2003a). 2004년도 수가, 결국 공익대표 몫으로. 11.27.
　　　　(http://www.fromdoctor.com/weekly).

──── . (2003b). 의-한분쟁, 일촉즉발. 3.31.

──── . (2003c). 한방 주치의 임명. '의료계 경악'. 3.31.

──── . (2004). 울고 싶은데 뺨 때려준 격. 12.27.

──── . (2005). 기존 '의료일원화 범의료계대책위' 자원 등 실무활동에 전념. 서울시의, 복지부·의협·국회에 의료일원화 대책위 구성 요구. 2.25.

──── . (2006a). FTA서 의사 등 전문직 상호인정 급물살. 10.30.

──── . (2006b). 건정심 '8:8:8'구성 고착화되나. 11.29.

──── . (2006c). 국립한의학전문대학원 "좋거나 혹은 나쁘거나". 8.31.

──── . (2006d). "내년 수가계약 4개 유형별로 추진하자". 10.14.

──── . (2006e). 내년 수가 2.3%·건보료 6.5% 인상. 12.1.

──── . (2006f). 내년 수가 어떻게 되나? 11.21.

──── . (2006g). 병원계, 수가인상 마지노선 5.2% 촉구.

──── . (2006h). 부적절한 발표, 그리고 의료계의 부적절한 대응. 3.6.

──── . (2006i). 한미FTA 3차협상 의료분야가 핵심쟁점. 9.4.

──── . (2006j). 한미FTA, 의료비 폭등 주범될 것. 3.27.

──── . (2006k). 항생제 남용 소모적 논란 말고 대책 세워야. 3.6.

──── . (2006l). 후보들 공약, 무슨 내용 담고 있나? 2.20.

《청년한의사회》. (2004). 인터뷰: 한약사회 박석재 총무이사. 8.24.

──── . (2005). 첩약 보험급여 토론회 열려. 11.5.

《치과신문》. (2002). 내년 건강보험수가 또 다시 표류. 11.21.
(http://kdentimes.com).

《쿠키뉴스》. (2006). 병원은 약국의 든든한 백그라운드? 문전약국의 씁쓸한 허상. 3.24. (http://www.kukinews.com)

《한겨레》. (2006). 전문의들 "전공과목을 지워라". 8.29. (http://www.hani.co.kr).

《한국의약신문》. (2004). 초점: 학제연장 논란에 꼬이는 '복지행정'. 8.3.
(http://www.koreamnews.com).

──── . (2005). 의협, '한의약발전종합계획' 반발. 12.23.

──── . (2006). 회장후보공약 총론 비슷-각론 따로. 3.10.

《한의대닷컴》. (2004). 한약학과생 제적시한 또 넘겨. 11.20.
(http://www.hanidae.com).

《한의신문》. (2004a). '한약학과 출신만이 한약조제' 약사법 개정. 6.24.
(http://www.akomnews.com).

───. (2004b). 행정법원-한방병원 CT 진단 위법 아니다. 12.21.

───. (2006). 한의사전문의 12월 개선방안 마련. 1.5.

국민건강보험공단. (2006a). 홈페이지: (http://www.nhic.or.kr/wbm/wbmb/03_index.html).

───. (2006b). 홈페이지: 사이버민원실(http://www.nhic.or.kr/wbh/wbha/).

국민건강보험공단 재정운영위원회 가입자단체. (2005). 공동성명: 신뢰할 수
없는 자료를 근거로 건강보험수가와 보험요율을 올려선 안 된다.
11.4.

김방철. (2006). 유형별 수가계약, 다섯 가지를 고민하라. 《청년의사》.
11.16.

김용익. (1998a). 소위 '양심선언'에 대해서 KAMIN의 여러분들께 드리는
글. KAMIN.

───. (1998b). 의약품 비리의 뿌리는 이것입니다. 참여연대 개혁통신.

김종원. (1996). 한약분쟁. 《월간 말》. 7월호.

김현수. (2003). IMS & Needle TENS 토론. 평화방송(PBS) 라디오 프로그램:'열
린 세상 오늘: 월요쟁점'. 3.31.

노병인. (2006). 주요 학회 대표자 연쇄 인터뷰 특집: 보험수가 너무 낮고,
비보험 가격 너무 높다. 《청년의사》. 3.13.

대한개원의협의회. (2003). 이적단체 진보의련에 대한 성명서.

대한의사협회 외. (2003). 공동성명서: 국립한의과대학 설립계획은 반드시 철
회되어야 합니다. 6.12. 대한의사협회·대한의학회·한국의학교육협
의회·한국의과대학학장협의회·한국의학교육학회·기초의학협의회.

대한의사협회. (2003). 성명서: '진보의련' 사건에 대한 의사협회의 입장.

대한한약사회. (2006). 한약사회 소개. 대한한약사회 홈페이지(http://www.hanyaksa.or.kr).

대한한의사협회. (2003). 성명서: 양의사들의 침술행위를 반대한다.

───. (2004). 성명서: 양약대 6년제 개편을 통한 한·양방 통합약사 획

책을 즉각 중단하라. 6.10.

————. (2006a). 홈페이지: 한의학의 특성(http://www.akom.org/info/education.html).

————. (2006b). 홈페이지: 협회소개(http://www.akom.org/introduce/history.html).

민주노총/공공연맹/전국사회보험노동조합. (2004). 성명서: 집단이익에만 눈 먼 의협을 규탄한다. 2.20.

박주영 · 최용준. (2004). 임박한 의료시장 개방: 성격과 전망. 《진보평론》. 제17호. (http://www.jbreview.jinbo.net).

변재환. (1997). 의약분업: 또 하나의 분쟁의 불씨(하). 《여의도정책논단》

————. (2001). 의약품 대금 실거래가 상환제의 허와 실. 《대한병원협회 지》. 7/8.

부산광역시한의사회 비상대책위원회. (2004). 성명서: 양약대 6년제 개편을 통한 한양방 통합약사 획책을 즉각 중단하라. 6.10.

선욱. (2005). 논단: 2006년 수가협상을 지켜보며. 《대한민국 의약정보센터 (KIMS OnLine)(http://www.kimsonline.co.kr/medicalnews/monews)》. 11.28.

시민사회노동농민단체대표. (2002a). 2003년 환산지수와 보험요율 결정에 대한 시민사회노동농민단체의 입장 발표. 11.25.

————. (2002b). 2003년 환산지수와 보험요율 결정에 대한 시민사회노동농 민단체의 입장 발표(II). 11.27.

안호원. (2005). 한의협 내분 격화, 안회장 탄핵. 《Newstown》. 6.1.

양명생. (2001). 수가계약제의 과제.《Hospitallaw(http://www.hospitallaw.or.kr/insurance-contract.html)》. 10.23.

이석현. (2005). 2005년도 건강보험 수가협상이 남긴 문제점과 추후 과제. 《대한병원협회지》. Jan/Feb 2005: 14-17.

주수호. (2003). IMS & Needle TENS 토론. 평화방송(PBS) 라디오 프로그램:'열 린 세상 오늘: 월요쟁점'. 3.31.

《GenomeLIFE Magazine》. (2004). Genomic Medicine: Can We Afford It? No. 6.

《Nature Biotechnology》. (2006). News: Belated approval of first recombinant protein from animal. 24(8): 877.

《The Economist》. (2003a). The Human Genome: This is it. Honest. 4. 17.

《The Economist》. (2003b). Vaccines against Bioterrorism: Who will build our defences? 1. 30.

《The Economist》. (2004a). Reports: Down on the pharm. 9. 16.

《The Economist》. (2004b). Third-world Biotechnology: Southern comfort, eastern promise. 12. 9.

《The Economist》. (2005a). Alternative Medicine. 6. 16.

《The Economist》. (2005b). Biotech Pharmaceuticals: From seed to harvest. 6. 2.

《The Economist》. (2005c). Genetics: The X-files. 3. 17.

Ⅱ. 외국문헌

Abbott, A.D. (1988). *The System of Professions: An Essay on the Division of Expert Labor*. Chicago: University of Chicago Press.

Adler, P. & Adler, P. (1987). *Membership Roles in Field Research*. Beverly Hills: Sage Publications.

_____. (2001). The Reluctant Respondent. In Jaber F. Gubrium and James A. Holstein(eds.). *Handbook of Interview Research*. pp.515~536. London: Sage Publications.

Akin, J.S., Birdsall, N., and Ferranti, D.M. De. (1987). *Financing Health Services in Developing Countries*. Washington, D.C.: The World Bank.

AMA Council on Ethical and Judicial Affairs. (1999). Selected Opinions and Reports (Opinions 7.03 and 8.061: Reports on "Financial Incentives and the Practice of Medicine" and "Sexual Misconduct in the Practice of Medicine"). In Baker R. B., et al.(eds.). *The American*

Medical Ethics Revolution. pp.362~387. Baltimore: The Johns Hopkins University Press.

Angell, Marcia. (1995). The Doctor as Double Agent. In D.C. Thomasma and P.A. Marshall(eds.). *Clinical Medical Ethics Cases and Readings.* pp.613~618. Lanham: University Press of America.

APA(American Psychological Association). (2002). Ethical Principles of Psychologists and Code of Conduct 2002. American Psychological Association(http://www.apa.org).

Avorn, J., M. Chen, et al. (1982). Scientific versus Commercial Sources of Influence on the Prescribing Behaviour Physicians. *American Journal of Medicine.* 73(1): pp.4~8.

Backer, E.L., Lebsack, J.A., et al. (2000). The Value of Pharmaceutical Representative Visits and Medication Samples in Community-Based Family Practices. *Journal of Family Practice.* 49(9): pp.811~816.

Baggott, Rob. (2000). *Public Health: Policy and Politics.* London: Palgrave Macmillan.

_____. (2nd ed.). (1998). *Health and Health Care in Britain.* London: Macmillan Press.

Baker, R. B., et al.(eds.). (1999). *The American Medical Ethics Revolution.* Baltimore: The Johns Hopkins University Press.

Berlant, J.L. (1975). *Profession and Monopoly.* Berkeley: University of California Press.

Berman, P. (1995). *Health Sector Reform in Developing Countries: Making Health Development Sustainable.* Boston: Harvard University Press.

Bernard, H.R. (2000). *Social Research Methods: Qualitative and Quantitative Approaches.* London: Sage Publications.

Blaikie, N. (2000). *Designing Social Research.* Cambridge: Polity Press.

Bok. S. (1989). *Secrets: On the Ethics of Concealment and Revelation.* New

York: Vintage Books.

_____. (2nd ed.). (1999) *Lying: Moral Choice in Public and Private Life*. New York: Vintage Books.

Booth, W.C., Colomb, G.G. and Williams, J.M. (2003). *The Craft of Research*. Chicago: The University of Chicago Press.

Bottery, Mike. (1998). *Professionals and Policy: Management Strategy in a Competitive World*. London: Cassell.

Bowman, M.A. & Pearle, D.L. (1988). Changes in Drug Prescribing Patterns Related to Commercial Company Funding of Continuing Medical Education. *Journal of Continuing Education in the Health Professions*. 8(1): pp.13~20.

Bowman, M.A. (1986). The Impact of Drug Company Funding on the Content of Continuing Medical Education. *Mobius*. 6: pp.66~69.

Brock, Dan W. and Buchanan, Allen. (1986). Ethical Issues in For-Profit Health Care. In Committee on Implications of For-Profit Enterprise in Health Care(ed.). *For-Profit Enterprise in Health Care*. pp.224~249. Washington, D.C.: National Academy Press.

Bruce, Allan and Jonsson, Ernst. (1996). *Competition in the Provision of Health Care*. Aldershot: Ashgate Publishing Limited.

Buchanan, A. E. (1996). Is There a Medical Profession in the House? In G. R. Spece, Jr., et al.(eds.). *Conflicts of Interest in Clinical Practice and Research*. pp.105~136. Oxford: Oxford University Press.

Burgess, R.G. (1991). *In the Field: An Introduction to Field Work*. London: Routledge; M. Stroh. *Qualitative Interviewing*. In Dawn Burton(ed.). *Research Training for Social Scientists: A Handbook for Postgraduate Researcher*. p.209. London: Sage Publications, 2000에 서 재인용.

Burton, D. (2000a). Data Collection Issues in Survey Research. In D.

Burton(ed.). *Research Training for Social Scientists.* pp.320~334. London: Sage Publications.

Caplow, T. (1954). *The Sociology of Work.* Minneapolis: University of Minnesota Press.

Capron, Alexander M. (1999). Professionalism and Professional Ethics. In Baker R. B., et al.(eds.). *The American Medical Ethics Revolution.* pp.180~191. Baltimore: The Johns Hopkins University Press.

Carr Saunders, A.P. and Wilson, P.A. (1933). *The Professions.* Oxford: Oxford University Press.

Caudill, T.S., Johnson, M.S., et al. (1996). Physicians, Pharmaceutical Sales Representatives and the Cost of Prescribing. *Archives of Family Medicine.* 5(4): pp.201~206.

Charlton, Bruce G. (1993). Public Health Medicine - A Different Kind of Medicine?, *Journal of the Royal Society of Medicine.* 86: pp.194~195.

Choi, HeeKyung. (2004). *An Analysis of the Medical Professional Conflicts and Health Care Policy in South Korea.* Doctoral Dissertation. Edinburgh: The University of Edinburgh.

Chren, M., Landefeld, C.S. and Murray, T.H. (1995). Doctors, Drug Companies, and Gifts. In D.C. Thomasma and P.A. Marshall(eds). *Clinical Medical Ethics Cases and Readings.* pp.599~606. Lanham: University Press of America.

Chugh, D., Bazerman, M.H., and Banaji, M.R. (2005). Bounded Ethicality as a Psychological Barrier to Recognizing Conflicts of Interest. In D. A. Moore, et al.(eds). *Conflicts of Interest: Challenges and Solutions in Business, Law, Medicine, and Public Policy,* pp.74~95. Cambridge: Cambridge University Press.

Cichon, M., et al. (1999). *Modelling in Health Care Finance: a*

Compendium of Quantitative Techniques for Health Care Financing. Geneva: International Labour Office.

Coelen, Craig G. (1986). Hospital Ownership and Comparative Hospital Costs. In Committee on Implications of For-Profit Enterprise in Health Care(ed.). *For-Profit Enterprise in Health Care.* pp.322~353. Washington, D.C.: National Academy Press.

Colclough, C.(ed.). (1997). *Marketising Education and Health in Developing Countries.* Oxford: Clarendon Press.

Commission of the European Communities. (2000). *Health Research with Developing Countries.* CEC.

Committee on Implications of For-Profit Enterprise in Health Care(ed). (1986). Committee Report. In Committee on Implications of For-Profit Enterprise in Health Care(ed.). *For-Profit Enterprise in Health Care.* Washington, D.C.: National Academy Press.

_____. (1986). *For-Profit Enterprise in Health Care.* Washington, D.C.: National Academy Press.

Cook, P. and Fabella, R.V. (2001). *Welfare and Political Economy Dimensions of Private vs. State Enterprise.* Centre on Regulation and Competition.

Coombes, H. (2001). *Research Using IT.* New York: Palgrave.

Creswell, J. W. (1994). *Research Design: Qualitative & Quantitative Approaches.* London: Thousand Oaks.

Cullis, J.G. & West, P.A. (1979). *The Economics of Health: An Introduction.* New York: New York University Press.

Cummings, T.G. (1980). *Systems Theory for Organisation Development.* Chichester: John Wiley & Sons.

Daniels, N. (1985). *Just Health Care.* Cambridge: Cambridge University Press.

Davis, Michael and Stark, Andrew(eds.). (2001). *Conflict of Interest in the Professions*. Oxford: Oxford University Press.

Denscombe, M. (1998). *The Good Research Guide for Small-scale Social Research Projects*. Buckingham: Open University Press.

Derber, C. (1984). Physicians and Their Sponsors: the New medical Relations of Productions. In J.B. McKinlay(ed.). *Issues in the Political Economy of Health Care.* pp.217~254. London: Tavistock Publications.

Döhler, Marian. (1989). Physicians' Professional Autonomy in the Welfare State: Endangered or Preserved? In Giorgio Freddie and James W. Björkman(eds.). *Controlling Medical Professionals: The Comparative Politics of Health Governance.* pp.178~197. London: Sage Publications.

Donaldson, Cam and Gerrard, Karen. (1992). *Economics of Health Care Financing.* London: Palgrave Macmillan.

Dunlop, D.W. and Martins, J.M. (1995). *An International Assessment of Health Care Financing: Lessons for Developing Countries.* Edi Seminar Series. Washington, D.C.: The World Bank.

Erde, E. L. (1996). Conflicts of Interests in Medicine: A Philosophical and Ethical Morphology. In G. R. Spece, Jr., et al.(eds.). *Conflicts of Interest in Clinical Practice and Research.* pp.12~41. Oxford: Oxford University Press.

Exworty, M. and Halford, S.(eds.). (1999). *Professionals and the New Managerialism in the Public Sector.* Buckingham: Open University.

Folkman, S. (2000). Privacy and Confidentiality. In B.D. Sales & S. Folkman(eds.). *Ethics in Research with Human Participants.* pp.49~57. Washington, D.C.: American Psychological Association.

Francis, H.W.S. (1982). Of Gossips, Eavesdroppers, and Peeping Toms.

Journal of Medical Ethics. 8: pp.134~143. In A.J. Kimmel. *Ethics and Values in Applied Social Research.* 90. London: Sage Publications. 1988에서 재인용.

Freddie, Giorgio and Björkman, J. W.(eds.). (1989). *Controlling Medical Professionals: The Comparative Politics of Health Governance.* London: Sage Publications.

Freeman, Richard. (2000). *The Politics of Health in Europe: European Policy Studies.* Manchester: Manchester University Press.

Freidson, E. (1970a). *Professional Dominance: the Social Structure of Medical Care.* Chicago: Atherton Press.

_____. (1970b). *Profession of Medicine.* Chicago: University of Chicago.

_____. (1988). *Professional Powers: A Study of the Institutionalisation of Formal Knowledge.* Chicago: University of Chicago Press.

_____. (1994). *Professionalism Reborn: Theory, Prophecy, and Policy.* Cambridge: Polity Press.

_____. (2001). *Professionalism: The 3rd Logic.* Cambridge: Polity Press.

Gamson, Joshua. (1995). Stopping the Spin and Becoming a Prop: Fieldwork on Hollywood Elites. In R. Hertz & J.B. Imber(eds.). *Studying Elites Using Qualitative Methods.* pp.83~93. London: Sage Publications.

Gertler, P.J. (1995). Financing Health Care in Asia: Policy Issues and Responses. Workshop on Financing Human Resources Development in Asia, July pp.11~14. Manila, Philippines: Asian Development Bank. In J.W. Peabody, et al.(eds.). *Policy and Health: Implications for Development in Asia.* p.174. Cambridge: Cambridge University Press. 1999에서 재인용.

Gilbert, Nigel(ed.). (1993). *Researching Social Life.* London: Sage Publications.

Goodman, R. and Peng, I. (1996). The East Asian Welfare States: Peripatetic Learning, Adaptive Change, and Nation-Building. In G. Esping-Andersen(ed.). *Welfare States in Transition.* pp.192~224. London: Sage Publications.

Gorden, R. (1969). *Interviewing: Strategy, Techniques and Tactics.* Homewood: Dorsey.

Greenwood, Ernest. (1957). Attributes of a Profession. *Social Work.* 2(3): pp.44~55.

Gregory, Ian. (2003). *Ethics in Research.* London: Continuum.

Griffiths, A. and Mills, M. (1983) Health Sector Financing and Expenditure Surveys. In K. Lee, and A. Miles(eds.). *The Economics of Health in Developing Countries.* pp.43~63. Oxford University Press.

Gubrium, Jaber F. and Holstein, James A.(eds.). (2001). *Handbook of Interview Research.* London: Sage Publications.

Hakim, C. (1987). *Research Design: Strategies and Choices in the Design of Social Research.* London: Allen & Unwin Publishers.

Hanson, K. and Berman, P. (1998). Private Health Care Provision in Developing Countries: a Preliminary Analysis of Levels and Composition. *Health Policy and Planning* 13(3): pp.195~211.

Harrison, Stephen and Schulz, Rockwell I. (1989). Clinical Autonomy in the United Kingdom and the United States: Contrasts and Convergence. In G. Freddie and J. W. Björkman(eds.). *Controlling Medical Professionals: The Comparative Politics of Health Governance.* pp.198~209. London: Sage Publications.

Hazard, G. C., Jr. (1996). Conflicts of Interest in the Classic Professions. In G. R. Spece, Jr., et al.(eds.). *Conflicts of Interest in Clinical Practice and Research.* pp.85~104. Oxford: Oxford University Press.

Hertz, R. and Imber, J.B.(eds.). (1995). *Studying Elites Using Qualitative Methods.* London: Sage Publications.

Hillman, A.L., Pauly, M.V. & Kerstein, J.J. (1989). How Do Financial Incentives Affect Physicians Clinical Decisions and the Financial Performance of Health Maintenance Organisations? *New England Journal of Medicine.* 321: pp.86~92.

Hsieh, C., and Hu, T.(eds.). (2002). *The Economics of Health Care in Asia-Pacific Countries.* Cheltenham: Edward Elgar Publication.

Hurst, J. and Jee-Hughes, M. (2001). *Performance Measurement and Performance Management in OECD Health Systems, Labour Markets and Social Policy: Occasional Papers No. 47.* Paris: Employment, Labour and Social Affairs Committee, the OECD.

Inglis, B. (1965). *A History of Medicine.* London: Weidenfeld & Nicolson. In Rob Baggott. *Health and Health Care in Britain.* p.43. London: Macmillan Press. 1998에서 재인용.

Jee, M. and Or, Z. (1999). *Health Outcomes in OECD Countries: A Framework of Health Indicators for Outcome-oriented Policymaking, Labour Markets and Social Policy.* Occasional Papers, No. 36. Paris: Employment, Labour and Social Affairs Committee, OECD.

Jessop, Bob. (1999). The Dynamics of Partnership and Governance Failure. In Gerry Stoker(ed). *The New Politics of Local Governance in Britain.* Oxford: Oxford University Press.

Johnson, John M. (2001). In-Depth Interviewing. In J.F. Gubrium and J.A. Holstein(eds.). *Handbook of Interview Research.* pp.103~120. London: Sage Publications.

Johnson, T.J. (1972). *Professions and Power.* London: The Macmillan Press Ltd.

_____. (1995). Governmentality and the Institutionalisation of Expertise. In

T. Johnson, G. Larkin & M. Saks(eds.). *Health Professions and the State in Europe.* pp.7~24. London: Routledge.

Johnson, T., Larkin, G., and Saks, M.(eds.). (1995). *Health Professions and the State in Europe.* London: Routledge.

Jonsen, Albert R. (1990). *The New Medicine and the Old Ethics.* Cambridge: Harvard University Press.

Kalisch, D.W., Aman, T., and Buchele, L.A. (1998). *Social and Health Policies in OECD Countries: A Survey of Current Programmes and Recent Developments, Labour Market and Social Policy.* Paris: Employment, Labour and Social Affairs Committee, OECD.

Kassirer, Jerome. P. (2005). Physicians' Financial Ties with the Pharmaceutical Industry: A Critical Element of a Formidable Marketing Network. In D. A. Moore, et al.(eds.). *Conflicts of Interest: Challenges and Solutions in Business, Law, Medicine, and Public Policy.* pp.133~141. Cambridge: Cambridge University Press.

Katz, D. & Kahn, R.L. (1966). *The Social Psychology of Organizations.* New York: John Wiley & Sons.

Katz, J. (1996). Informed Consent to Medical Entrepreneurialism. (1996). In G. R. Spece, Jr., et al.(eds.). *Conflicts of Interest in Clinical Practice and Research.* pp.286~299. Oxford: Oxford University Press.

Kim, Hunjin. (2003). *An Analysis of Policy-making Process of the National Health Insurance Scheme in the Republic of Korea.* Doctoral Dissertation. Edinburgh: The University of Edinburgh.

Kim, Scott Y. H. (2005). Commentary: Financial Conflicts of Interest and the Identity Academic Medicine. In D. A. Moore, et al.(eds.). *Conflicts of Interest: Challenges and Solutions in Business, Law, Medicine, and Public Policy.* pp.181~186. Cambridge: Cambridge

University Press.

Kimmel, A.J. (1988). *Ethics and Values in Applied Social Research.* London: Sage Publications.

Krone, R.M. (1980). *Systems Analysis and Policy Sciences.* New York: John Wiley & Sons.

Kvale, S. (1996). *InterViews: An Introduction to Qualitative Research Interviewing.* London: Sage Publications.

Larkin, Gerald. (1983). *Occupational Monopoly and Modern Medicine.* London: Tavistock Publications.

Larson, M.S. (1979). *The Rise of Professionalism: A Sociological Analysis.* Berkeley: University of California Press.

Latham, S. R. and Emanuel, L. L. (1999). Who Needs Physicians' Professional Ethics? In Baker R. B., et al.(eds.). *The American Medical Ethics Revolution.* pp.192~203. Baltimore: The Johns Hopkins University Press.

Latham, S. R. (2001). Conflict of Interest in Medical Practice. In M. Davis and A. Stark(eds.). *Conflict of Interest in the Professions.* pp.279~301. New York: Oxford University Press.

Lee, K. and Miles, A.(eds.). (1983). *The Economics of Health in Developing Countries.* Oxford: Oxford University Press.

Lee, R.M. & Renzetti, C.M. (1993). The Problems of Researching Sensitive Topics: An Overview and Introduction. In R.M. Lee & C.M. Renzetti(eds.). *Researching Sensitive Topics.* pp.3~13. London: Sage Publications, Ltd.

Levine, R.J. (1986). *Ethics and Regulation of Clinical Research.* Baltimore: Urban & Schwarzenberg. In B.D. Sales & S. Folkman(eds.). *Ethics in Research with Human Participants.* p.51. Washington, D.C.: American Psychological Association, 2000에서 재인용.

Littlejohn, S.W.(2nd ed.). (1983). *Theories of Human Communication.* Belmont: Wadsworth Publishing Company.

Liu, X. and Mills, A. (1999). Evaluating Payment Mechanisms: How Can We Measure Unnecessary Care? *Health Policy and Planning.* 14(4): pp.409~413.

MacDonald, Keith M. (1995). *The Sociology of the Professions.* London: Sage Publications.

Mann, P.H. (1985). *Methods of Social Investigation.* Oxford: Basil Blackwell Ltd.

Marshall, C. & Rossman, G.B.(2nd ed.). (1995). *Designing Qualitative Research.* London: Sage Publications.

Martin, M.W. and Gabard, D.L. (2001). Conflict of Interest and Physical Therapy. In M. Davis, and A. Stark(eds.). *Conflict of Interest in the Professions.* pp.314~334. New York: Oxford University Press.

McFadden, Charles J. (1961). *Medical Ethics.* Philadelphia: F.A. Davis Co.

MOHW(Ministry of Health and Welfare). (2000). *Traditional Korean Medicine Services.* Seoul: MOHW.

Monge, P.R. (1977). The Systems Perspective as a Theoretical Basis for the Study of Human Communication, *Communication Quarterly.* 25: pp.19~29.

Moore, D.A., et al.(eds.). (2005). *Conflicts of Interest: Challenges and Solutions in Business, Law, Medicine, and Public Policy.* Cambridge: Cambridge University Press.

_____. (2005). Introduction. In D. A. Moore, et al.(eds.). *Conflicts of Interest: Challenges and Solutions in Business, Law, Medicine, and Public Policy.* pp.1~12. Cambridge: Cambridge University Press.

Moore, N. J. (1996). Entrepreneurial Doctors and Lawyers; Regulating Business Activity in the Medical and Legal Professions. In G. R.

Spece, Jr., et al.(eds.). *Conflicts of Interest in Clinical Practice and Research.* pp.171~196. Oxford: Oxford University Press.

Morreim, E. H. (1996). Conflicts of Interest for Physician Entrepreneurs. In G. R. Spece, Jr., et al.(eds.). *Conflicts of Interest in Clinical Practice and Research.* pp.251~285. Oxford: Oxford University Press.

Mossialos, E. and Grand, J. Le(eds.). (1999). *Health Care and Cost Containment in the European Union.* Aldershot: Ashgate Publishing Company.

Mossialos, E., Dixon A., Figueras, J., and Kutzin, J.(eds.). (2002). *Funding Health Care.* Buckingham: Open University Press.

Moyser, G. & Wagstaffe, M. (1987). Studying Elites: Theoretical and Methodological Issues. In G. Moyser and M. Wagstaffe(eds.). *Research Methods for Elite Studies.* pp.1~24. London: Allen & Unwin Publishers.

Musacchio, R., et al. (1986). Hospital Ownership and the Practice of Medicine: Evidence from the Physician's Perspective. In Committee on Implications of For-Profit Enterprise in Health Care(ed.). *For-Profit Enterprise in Health Care.* pp.385~401. Washington, D.C.: National Academy Press.

Navarro, Vincent. (1994). *The Politics of Health Policy: The US Reforms, 1980-1994.* Oxford: Blackwell Publishers.

Normand, C. (1997). Health Insurance: a Solution to the Financing Gap?. In C. Colclough(ed.). *Marketising Education and Health in Developing Countries.* pp.205~221. Oxford: Clarendon Press.

Odendahl, T. & Shaw, A.M. (2001). Interviewing Elites. In J.F. Gubrium and J.A. Holstein(eds.). *Handbook of Interview Research.* pp.299~316. London: Sage Publications.

OECD. (1987). *Financing and Delivering Health Care: A Comparative Analysis of OECD Countries.* OECD Social Policy Studies, No 4. Paris: OECD.

_____. (2000). *OECD Social Expenditure Database 1980-1997.* Paris: OECD.

_____. (2001). Table A1.2. Population that has attained at least upper secondary education, Annex 3 for a description of ISCED-97 levels, ISCED-97 country mappings and national data sources (www.oecd.org /els/education/eag2002).

_____. (2005). *OECD Health Data 2005.* Paris: OECD.

Oliver, P. (2003). *The Student's Guide to Research Ethics.* Berkshire: Open University Press.

Ostrander, Susan A. (1995). Surely You're Not in This Just to Be Helpful: Access, Rapport, and Interviews in Three Studies of Elites, In R. Hertz & J.B. Imber(eds.). *Studying Elites Using Qualitative Methods.* pp.133~150. London: Sage Publications.

Pattison, Robert V. (1986). Response to Financial Incentives Among Investor-Owned and Not-for-Profit Hospitals: An Analysis Based on California Data, 1978-1982. In Committee on Implications of For-Profit Enterprise in Health Care(ed.). *For-Profit Enterprise in Health Care.* pp.290~302. Washington, D.C.: National Academy Press.

Peabody, J.W., et al.(eds.). (1999). *Policy and Health: Implications for Development in Asia(Rand Studies in Policy Analysis).* Cambridge: Cambridge University Press.

Peters, B. Guy and Pierre, J. (1998). Governance without Government? Rethinking Public Administration. *Journal of Public Administration Research and Theory.* 2: pp.223~243.

Phelps, C.E. (1992). *Health Economics.* New York: Harper Collins Publishers.

Pierson, Paul(ed.). (2001). *The New Politics of the Welfare State.* Oxford: Oxford University Press.

Platt, Jennifer. (2001). The History of the Interview. In J.F. Gubrium and J.A. Holstein(eds.). *Handbook of Interview Research.* pp.33~54. London: Sage Publications.

Renzetti, C.M. & Lee, R.M. (1993). *Researching Sensitive Topics.* N.Y.: Sage Publications.

Rhodes, R.A.W. (1996). The New Governance: Governing without Government. *Political Studies.* 44(3): pp.652~677.

Rice, N. and Smith, P.C. (2002). Strategic Resource Allocation and Funding Decisions, In E. Mossialos, A. Dixon, J. Figueras, and J. Kutzin(eds.). *Funding Health Care.* pp.250~271. Buckingham: Open University Press.

Ritsatakis, A. (1988). Problems Related to Future Medical Demography in the European Community, In H. Viefhues(ed.). *Medical Manpower in the European Community.* pp.205~237. Berlin: Springer-Verlag,

Rodwin, M.A. (1993). *Medicine, Money, and Morals: Physicians Conflicts of Interest.* New York: Oxford University Press.

Ron, A., Abel-Smith, B. and Tambuti, G. (1990). *Health Insurance in Developing Countries: the Social Security Approach.* Geneva: International Labour Organisation.

Sales, B.D. & Folkman, S.(eds.). (2000). *Ethics in Research with Human Participants.* Washington, D.C.: American Psychological Association.

Santerre, R.E. & Neun, S.P. (1996). *Health Economics: Theories, Insights, and Industry Studies.* Chicago: Irwin.

Schieber, G.. J. (1997). *Innovations in Health Care Financing: Proceedings* of a World Bank Conference. March 10-11. Washington, D.C.: The World Bank.

Scott, Claudia. Public and Private Roles in Health Care Systems: Reform Experience in Seven OECD Countries. Buckingham: Open University Press.

Shaffir, W.B. & Stebbins, R.A.(eds.). (1991). Experiencing Fieldwork: An Inside View of Qualitative Research. London: Sage Publications.

Shimm, D.S., Spece, G. G., Jr. and DiGregorio, M. B. (1996). Conflicts of Interest in Relationships between Physicians and the Pharmaceutical Industry. In G. R. Spece, Jr., et al.(eds.). Conflicts of Interest in Clinical Practice and Research. pp.321~357. Oxford: Oxford University Press.

Shimm, D.S. and Spece, R.G., Jr. (1996). An Introduction to Conflicts of Interest in Clinical Practice. In G. R. Spece, Jr., et al.(eds.). Conflicts of Interest in Clinical Practice and Research. pp.163~170. Oxford: Oxford University Press.

_____. (1996). Discovering the Ethical Requirements of Physicians; Roles in the Service of Conflicting Interests as Healers and Citizens. In G. R. Spece, Jr., et al.(eds.). Conflicts of Interest in Clinical Practice and Research. pp.42~84. Oxford: Oxford University Press.

_____. (1996). Introduction. In G. R. Spece, Jr., et al.(eds.). Conflicts of Interest in Clinical Practice and Research. pp.1~11. Oxford: Oxford University Press.

Sieber, J.E. (1993). The Ethics and Politics of Sensitive Research. In C.M. Renzetti & R.M. Lee(eds.). Researching Sensitive Topics. pp.14~26. London: Sage Publications, Ltd.

Sieber, W.B. (1992). Planning Ethically Responsible Research. Newbury Park, CA: Sage Publications. In B.D. Sales & S. Folkman(eds.).

Ethics in Research with Human Participants. p.51. Washington, D.C.: American Psychological Association. 2000에서 재인용.

_____.(ed.). (1982). *The Ethics of Social Research: Surveys and Experiments(Part II)*. New York: Springer-Verlag. In A.J. Kimmel. *Ethics and Values in Applied Social Research.* p.93. London: Sage Publications. 1988에서 재인용.

Son, A.H.K. (1998). The Construction of the Medical Insurance System in the Republic of Korea, 1963-1989. *Scandinavian Journal of Social Welfare.* 7: pp.17~26.

Spece, R. G., Jr., Shimm, D.S. and Budhanan, A. E.(eds.). (1996) *Conflicts of Interest in Clinical Practice and Research.* Oxford: Oxford University Press.

Stark, Andrew. (2001). Comparing Conflict of Interest across the Professions. In Michael Davis and Andrew Stark(eds.). *Conflict of Interest in the Professions.* pp.335~352. Oxford: Oxford University Press.

_____. (2005). Why Are (Some) Conflicts of Interest in Medicine So Uniquely Vexing? In D. A. Moore, et al.(eds.). *Conflicts of Interest: Challenges and Solutions in Business, Law, Medicine, and Public Policy.* pp.152~180. Cambridge: Cambridge University Press.

Stewart, D.W. (1990). *Focus Groups: Theory and Practice.* London: Sage Publications.

Stroh, M. (2000). Computers and Qualitative Data Analysis: to use or not to use···? In D. Burton(ed.). *Research Training for Social Scientists.* pp.226~243. London: Sage Publications.

_____. (2000). Qualitative Interviewing. In Dawn Burton(ed.). *Research Training for Social Scientists: A Handbook for Postgraduate Researchers.* pp.196~214. London: Sage Publications.

Tennant, Roger. (1996). *A History of Korea.* London: Kegan Paul

International.

The Economist. (2006). Profitless Prosperity: The Biotechnology Industry Needs to Grow Up. *The Economist.* 4.20.

The University of Edinburgh. (2005). *Guidelines for the Examination of Research Degrees.* Edinburgh: The University of Edinburgh.

_____. (2005). *Postgraduate Assessment Regulations for Research Degrees.* Edinburgh: The University of Edinburgh.

Thomasma, D.C. and Marshall, P.A. (1995). *Clinical Medical Ethics Cases and Readings.* Lanham: University Press of America.

Ubel. Peter A., et al. (2003). The Influence of Cost-Effectiveness Information on Physicians' Cancer Screening Recommendations. *Social Science & Medicine.* 56: pp.1727~1736.

Ubel. Peter A. (2005). Commentary: How Did We Get into This Mess? In D. A. Moore, et al.(eds.). *Conflicts of Interest: Challenges and Solutions in Business, Law, Medicine, and Public Policy.* pp.142~151. Cambridge: Cambridge University Press.

Viefhues, Herbert(ed.). (1988). *Medical Manpower in the European Community.* Berlin: Springer-Verlag.

Vollmer, H.M. & Mills, D. L. (1966). *Professionalization.* New Jersey: Prentice-Hall, Inc.

Warren, C.A.B. (2001). Qualitative Interviewing. In J.F. Gubrium and J.A. Holstein(eds.). *Handbook of Interview Research.* pp.83~102. London: Sage Publications.

Weber, M. (1968). *Economy and Society: An Outline of Interpretive Sociology.* Vol.1. New York: Bedminster Press.

Weiss, Lawrence D. (1997). *Private Medicine and Public Health.* Boulder: Westview Press.

WHO. (1993). *Evaluation of Recent Changes in the Financing of Health*

Services: Report of a WHO Study Group. Technical Report Series, No. 829. Geneva: WHO.

Wilding, Paul. (1982). *Professional Power and Social Welfare.* London: Routledge & Kegan Paul.

Wilsford, David. (1991). *Doctors and the State: The Politics of Health Care in France and the United States.* Durham: Duke University.

Workman, J.P. Jr. (1995). Using Electronic Media to Support Fieldwork in a Corporate Setting. In R. Hertz and J.B. Imber(eds.). *Studying Elites Using Qualitative Methods.* pp.65~71. London: Sage Publications.

Yoder, Sunny G. (1986). Appendix to Chapter 1: Economic Theories of For-Profit and Not-For-Profit Organizations. In Committee on Implications of For-Profit Enterprise in Health Care(ed.). *For-Profit Enterprise in Health Care.* pp.19~25. Washington, D.C.: National Academy Press.

Zuckerman, H. (1972). Interviewing an Ultra-elite. *Public Opinion Quarterly.* 36(2): pp.159~175.

Zussman, Robert. (1992). *Intensive Care: Medical Ethics and the Medical Profession.* Chicago: The University of Chicago Press.

찾아보기

ㄷ

ㄹ

ㅁ

ㅂ